盛宴易散：卡波蒂书信

Too Brief a Treat: The Letters of Truman Capote

〔美〕杜鲁门·卡波蒂 著 李祥坤 陈栩 译

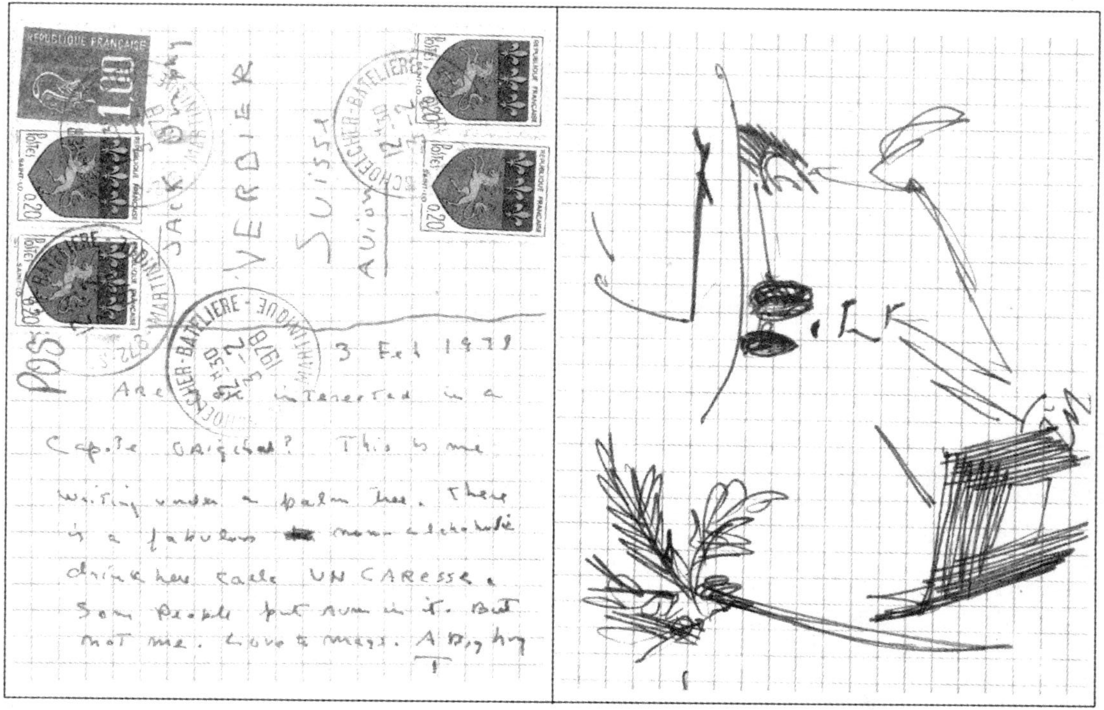
REPUBLIQUE FRANÇAISE 1,00
REPUBLIQUE FRANÇAISE Postes 0,20 SAINT-LO
SCHOELCHER-BATELIERE MARTINIQUE 12 30 3-2 1978
JACK
VERDIER
AVION
3 Feb 1978
writing under a palm tree. There
drink here called UN CARESSE.
Some people put rum in it. But
not me.

献给杜鲁门和杰克，
他们始终真实坦诚
无论阳光下还是阴影里

“你的信如易散的盛宴……”

1949 年 5 月 6 日 致罗伯特 · 林斯科特

“先生——你为什么还没有给我回信？我写信的唯一目的就是为了收到信；请邮资到付好了。”

1950 年 7 月 14 日 致约翰 · 马尔科姆 · 布里宁

目 录

引　言

杜鲁门·卡波蒂给自己的朋友写信时，就像跟他们交谈一样，毫无拘束和禁忌，也没有客套华丽的言辞。塞缪尔·约翰逊曾经抱怨说，由于发表书信成了一种时尚，“我在信里就尽量少地袒露自己”。这种谨小慎微之举不是卡波蒂的风格。他恰好相反：在信里尽情地袒露自己，不管是痛苦还是欢乐，失败还是成功。他显然从未想过自己的书信有朝一日可能会发表。年仅二十一岁时，在一封八卦信的信头，卡波蒂曾经草草写道：“阅后销毁！！！”不过，从随后那句弱弱的说明——“在给芭芭拉看后”——我们不难看出他对该指令并没有怎么当真。

杜鲁门·卡波蒂原名杜鲁门·珀森斯，在父母离异、被养父乔·卡波蒂收养后，才改为现名。本书中的第一封信是一九三六年秋写给他的生父阿奇·珀森斯的，当时杜鲁门十一二岁，这封信是他的身份由旧变新的声明。他对珀森斯说，“大家都叫我杜鲁门·卡波蒂，如果您以后也能这样叫我，我将不胜感激”。

随后的许多封信构成了一部某种意义上的自传。既有非常年轻时的卡波蒂，热情豪迈，意气风发，像孩子一般，在二战结束后的几个月里，纵身跃入纽约文坛的滔滔激流，也有五十年代略微内敛的卡波蒂，多数时间与杰克·邓菲——自一九四八年起就一直是他的伴侣——一起居住在欧洲，忙于创作戏剧、电影剧本、小说和新闻写作实验。

接着还有六十年代早期的卡波蒂，全身心地投入到他一生中最为艰巨、最令他心力交瘁的作品的调查和创作之中。该书名为《冷血》，讲述的是堪萨斯乡村一家四口惨遭灭门及杀害他们的凶手佩里·史密斯和迪克·希科克的故事。《冷血》成为六十年代轰动性的出版事件，它将小说技巧与非虚构类作品的纪实报道相结合，从此永远改变了非虚构类流行作品的创作。由于这本书的成功，加上电视的饥渴眼光和他自己张扬的个性，在随后的几年里，卡波蒂成为美国——也可能是世界上许多其他国家——最负盛名的作家。

最后还有七十年代和八十年代初——他于一九八四年去世——的卡波蒂，对自己的生活和创作感到灰心，越来越依赖于毒品和酒精，而且毫不掩饰。他的信写得越来越少，大多是明信片和电报，本书结尾收录的是置身纽约的卡波蒂给一如既往地在瑞士过冬的邓菲所发的电报。电报的全文是："想念你需要你发电报告诉我何时可以见到你爱你的杜鲁门。"（本书最后附有关于卡波蒂生平的年表。）

从第一封信到最后那封如泣如诉的电报，读者可以领略各种魅力、愉悦和乐趣。卡波蒂并不是在创作"伟大的写信艺术"——这里再次引用约翰逊博士的话。他只是自然而然。凡是署有他名字的所有其他作品，他都会再三修改润色，有时甚至一连花几个小时去搜寻合适的字眼，但写起信来他却速度飞快，并像他有时所说的那样匆匆送到邮局，以赶上最后一次取件。"离邮局关门还有十分钟，"他在给一位朋友的信里说，"所以写得很匆忙。"因此，他的信中有一种那些更为谨慎和刻意的作家书信中往往所缺乏的率性。"你的信如易散的盛宴，"他对一位朋友说，但这何尝不是对他自己所写的书信的描述，它们真的是如易散的盛宴——我将这个选为本书的书名。时至今日，那些信仍然如当年初写时那样意趣盎然，一封封都生气勃勃跃然纸上，邀请人们一读为快。

卡波蒂喜欢八卦，不管是讲还是听。“再给我写一封有趣的八卦信吧；它会让我觉得我们仿佛在某个地方小酌一般，”他在一封信里这样写道。而在另一封信里，他说：“给我写信吧！并回答上述问题。”在五十年代，卡波蒂主要居住在欧洲，他想念曼哈顿的热闹。他说：“秋天的纽约——哎呀，那是最值得逗留的地方。”他好说歹说，请求人们为他提供趣闻轶事。他问一位朋友：“喂！你为什么不给我写信啊？”他还对另一位说：“给我写信吧，因为爱你的这位朋友在对你日思夜想。”

为了开心取乐，同时也是为了缠着那些不按时回信的朋友给他写信，他创造了一个名为“国际雏菊链”的新游戏。“你列出一串名字，”他给纽约的朋友写信说，“这些人得彼此相关，即后面的人与他（或她）之前那位关系暧昧，然后不断加长，看上去越离谱越好。”被这种关系穿起来的人没完没了，但他最喜欢、最离谱的那串名单是把凯博·卡洛威与阿道夫·希特勒连接了起来。根据卡波蒂的算法，在全美国大受欢迎的爵士音乐家与头号恶魔之间，只隔了三个人。

不管是对女人还是对男人，卡波蒂都常常用一些颇具创意的昵称，既有“宝贝”、“亲爱的”和“心爱的”，也有“小心肝”、“亲亲小羊”、“我美丽的玉兰”和“称心梅”。不知情的人会以为他与书中大多数人都有过风流韵事。而实情虽然不那么耸人听闻，却也非常有趣。他就像一个渴望宠爱的孩子，毫无保留地爱着他的朋友——他也一遍一遍地这样告诉他们——并希望他们给予同等的回报。在他与安德鲁·林登之间，性的关系绝无可能，但他在写给林登的信中说：“今天我觉得对你充满了爱，一醒来就想起你，并希望今天不是星期天，那么起码还可望有封信。”谁能拒绝如此热情的表白呢？

对于敌人，卡波蒂的口舌就像刺客的匕首一般犀利尖刻，毫不留情。但是他不给自己的敌人写信。他只写给朋友，他对他们始终慷慨大度，几乎像一个圣人。当他们取得即使是一点点成就时，他总是不吝溢美之词；一旦他们遇到挫折，他总是给予安慰，并提供帮助和钱财，哪怕他自己手头拮据。不过，如果有人背叛了他，他也就绝不饶恕。比如五十年代初，他曾全力帮助过一位住在纽约的得克萨斯作家威廉·戈因，二十五年后，当戈因的妻子请他为她丈夫的第一部小说出版二十五周年的纪念版写一篇好评时，卡波蒂就建议她去看看戈因对《蒂凡尼的早餐》一书所作的轻视乃至鄙薄的评论，以便明白她的请求“是多么可笑”。“在你朋友创作生涯的初期，我对他一直友好帮助——他的回报却是彻底的背叛（就像对凯瑟琳·安·波特和他以前的情人斯蒂芬·斯宾德一样）。”

对朋友热情，喜欢八卦，性格开朗——这都是卡波蒂的特点。几乎直到最后，他还是一位志向远大严谨敬业的作家。“如今，成为艺术家完全是出于一种信念，”他告诉一位朋友，“你从中所能得到的唯有艺术本身所带来的满足感。”写这些话时，他年仅二十五岁，在那时，他就立志要加入福楼拜、普鲁斯特、詹姆斯和福克纳等作家的神圣行列。在交付他的第一部小说《别的声音，别的房间》之前，他在写给兰登书屋编辑罗伯特·林斯科特的信中说：“这最后几页啊，字字都呕心沥血！”而对一位敏感的年轻作家来说，林斯科特则是一位理想的编辑，总是热情鼓励，但觉得必要时也会提出批评。卡波蒂在自己的第二部小说《草竖琴》开头几章得到赞扬时，给林斯科特写信说：“太棒了太棒了太棒了！”而当林斯科特对小说的结尾表示失望时，卡波蒂又深感沮丧。“我无法忍受，你们都认为我的书写砸了，”他说。

事实上，卡波蒂是他自己最好的评论家，对自己的作品与对别人的作品一样具有敏锐的洞察力。在致《纽约客》编辑威廉·肖恩的信中，他说自己写完了一篇作品《俄国革命的女儿》，但完成之后才意识到“它没有很好地跟上节奏”，必须重新修改。后来他将其彻底放弃。“我好像对那篇作品失去了信心，或者起码是觉得我没有能力为之，”他告诉肖恩。对所有的作家——不管是新手还是经验丰富者——来说，他的书信肯定具有教育意义和鼓励作用。但是我想，即使不是作家，从中也同样能够受益匪浅。

“好的书信不在于传达信息或者令收信人开心，”里顿·斯特拉奇写道，“偶尔也可能达到这两种效果，但其根本目的在于表达作者的个性。”本书收录的书信证明了斯特拉奇这一论断的正确性。它们传达了信息——大量的信息——并且往往还旨在令人开心。但尤为重要的是，它们表达了一种十分开朗豁达、对为人要严肃这一公认法则不以为然的个性，这是其他任何方式所无法表达的东西。

杰拉尔德·克拉克

2004 年 4 月 1 日

纽约州布里奇汉普顿

编者的话

这些书信出自杜鲁门·卡波蒂——而不是我——之手，我只是做了些小改动，让它们变得清楚易读。卡波蒂的书信大多是手写而成，但在那十来封用打字机打出的信中，他效仿了许多打字者的坏习惯：无视大写键，一律用小写体打出所有内容(包括人名地名)。由于没有大写字母的信件读起来很别扭，我便不声不响地加上了必要的大写。在包括手写体书信在内的所有信件中，他还很少在意撇号——似乎对它们很反感。他往往把缩略形式的 it's 处理成 its，[①]就像所有格代词一样。他还几乎从不在意表达所有关系的所有格符号，如 Jack's book 可能会写成 Jacks book。如果我将这些疏漏之处一一标出，他的信中就会堆满“[原文如此]”的标记。为避免如此，我在该有的地方都加进了撇号。

我还纠正了明显因为匆忙而致的错误，将其视为打字错误来看待。比如，有好几个地方，卡波蒂显然是要用一个词，却写成了两个，如 the the 或 be be。我便删去了其中一个。又比如他漏掉了 Phoebe 中的 o，这是他的一位挚友的名字，而在其他许多地方他都拼写正确。在这种情况下，我加上了那个明显的字母 o。

不过，我绝对无意对这些信件进行清错净化，当卡波蒂出的错误确属错误时，我就保留原样，随后再加上一个必不可少的“[原文如此]”。多数时候，卡波蒂的拼写都很正确，但有些单词——如 receive，genius 和 disappoint——他总是无法写对，我就保留了其拼写错误——recieve，genuis 和 dissapoint。他也记不清

Tennessee（田纳西）中到底有多少个 n 和 s——而田纳西·威廉斯这个名字又经常出现。我保留了他的错误拼写，但将正确拼写放在随后的方括号里，他拼错的其他名字我也同样处理。偶尔几处语法错误，如 she has not written either Jack or I，已忽略未计。我觉得过多的“[原文如此]”令人反感。

除了提到的这些细小之处外，我将卡波蒂的书信几乎原封未动地呈现出来。我既没有改动也没有删减——我认为一封信应该要么全文收录，要么干脆不用——偶尔的省略或圆括号是他自己而不是我所为。除了脚注，我所做的编辑处理全都置于方括号内。尽管我可以小小地自夸一下，说我是辨认卡波蒂手迹的行家，但仍有几处地方，他的笔迹令我困惑，或者个别词因为影印不清而难以辨识。我没有去擅自揣摩他的意思，而是用方括号标出“[此处不清]”的字样。他常常因疏忽而忘了写日期。当信封上的邮戳也找不到时，我就尽可能地根据信内的证据来判断写信的时间。

在每一封信的最后，我标明了该信原件的保存之处，有时是人，有时是图书馆。但是有好几封收录的信件，我却不知道它们的来源。有的是我十多年前为撰写卡波蒂传记收集材料时碰到的。自那以后的这些年里，给我复印件的人可能已经去世，或转交他人保存。类似这种情形，我只好标明“[佚名收藏]”。我还得到过几封后来被拍卖的信件的复印件，如果不知道那些信由谁买下，我同样标明“[佚名收藏]”。

① 译者注：编者提及的卡波蒂书信中的拼写问题在译文中未能呈现。本书其他注释均为编者注。

1924—1948

豪迈年代：

亚拉巴马的巫师和纽约的精灵

杜鲁门·卡波蒂的人生从一开始就乌云笼罩。一九二四年九月三十日他在新奥尔良出生之时，父母的婚姻就已名存实亡。他的母亲莉莉·梅是一位小镇美女，父亲阿奇·珀森斯是个仪表堂堂却毫不靠谱的策划人，两人各奔东西。因此，童年时的杜鲁门主要被寄养在亚拉巴马州蒙罗维尔的几位中年表亲家里，当年他母亲在失去双亲后，也是由那三位当用人的表姐和一位打光棍的表兄抚养成人。尽管他生活中从未缺少关爱，但从小被父母遗弃的经历却给他留下了终生未能愈合的情感创伤。

杜鲁门个子矮小——“我跟猎枪一般高，也一样响，”他后来这样描述自己——但精力充沛，鬼点子多，在人多的地方总是出尽风头。当年的挚友哈珀·李后来在她的半自传体小说《杀死一只知更鸟》中把他描述成一位“小巫师”。而他母亲早已将自己的乡下名字莉莉·梅改成更为高雅的妮娜，并于一九三二年将卡波蒂接到北方的纽约，与她和她的丈夫——一位名叫乔·卡波蒂的古巴人——一起生活。乔·卡波蒂在华尔街有一份好工作，对孩子也宠爱有加，并在一九三五年正式收养了杜鲁门，于是，杜鲁门·珀森斯变成了杜鲁门·卡波蒂。

一九三九年，卡波蒂一家离开曼哈顿，迁往康涅狄格州格林尼治的高档住宅区。他们居住的地方是成片的都铎式房屋，街道两旁绿树成荫。当卡波蒂还住在亚拉巴马时，就说过自己的理想是成为作家。到了格林尼治高中，他遇到了每一位胸怀大志的作家都需要的贵人——一位富有同情心并且不断鼓励他的老师，她名叫凯瑟琳·伍德。在格林尼治，杜鲁门还找到了一位心灵伴侣菲比·皮尔斯，那是一个漂亮而优雅的姑娘，也立志要成为一名诗人。尽管他写给她的信只有一封——他亲昵地称她为“菲比小鬼”—— 她的名字却在他与其他人的通信中经常出现。

离开三年之后，卡波蒂一家重新回到纽约，住进公园大道1060号公寓。在迟迟才从曼哈顿西区一所私立高中毕业后，卡波蒂在《纽约客》找到一份工作——但只是一位送稿工。那家杂志认为卡波蒂的小说过于标新立异，不符合其正统严肃的斯卡斯代尔小镇品味。当时的女性时尚杂志经常发表美国最具创新的小说，于是，《纽约客》所不屑一顾的天才很快获得两位独具慧眼的小说编辑的青睐，他们是《时尚芭莎》杂志的玛丽·露易丝·阿斯维尔和《小姐》杂志的乔治·戴维斯。两人争相发表卡波蒂的作品，在二战结束后的几个月里，刚刚二十出头的卡波蒂就成了文学市场上炙手可热的人物。

不过，家里的事情却并非事事顺利。妮娜·卡波蒂酗酒上瘾，经常大发雷霆，不是控诉乔的不忠，就是斥责杜鲁门的同性恋。杜鲁门觉得住在公园大道越来越难以从事创作，便于一九四六年暂避于雅都——位于纽约州北部世外桃源般的文艺人士社区。当年夏天同在雅都的一位作家把他比作莎士比亚笔下匡扶正义的精灵，但他还是一个喜欢冒险和恶作剧的精灵。雅都以风流韵事而闻名，卡波蒂也陷入两段恋情，其一是与一位英俊、已婚的历史学家霍华德·多迪，其二是与多迪的好友之一、有时也是其情侣的牛顿·阿文。对杜鲁门而言，与多迪的关系只是一时心血来潮，但两人后来一直是朋友。而对身为马萨诸塞州北安普敦史密斯女子学院文学教授的阿文，他却产生了真爱。

他们之间并不般配。二十二岁的卡波蒂看上去似乎还不到二十，而四十六岁的阿文则像是年过半百，他头顶已秃，戴着眼镜，一副胆小怕事的样子。两人的个性也大相径庭。卡波蒂几乎总是热情洋溢，阿文则腼腆内向，只要离开北安普敦的小天地就很不自在。但阿文的文笔豪放，而且与许多文学教授不一样的是，他本身还是一位优秀的作家、一针见血的评论家和饱学之士。在两人保持关系的两年里——卡波蒂每逢周末就去北安普敦——阿文给他的年轻伴侣提供了他从未接受过的大学教育。卡波蒂常说，阿文就是他的哈佛。

周一到周五的日子，卡波蒂享受着纽约的生活，结交的朋友圈也逐月增多。有一个圈子的中心人物是里奥·勒曼，他性情随和，是文学圈的牛虻，其每周日晚举办的派对成了曼哈顿的一个惯例，吸引着几乎所有的名人，包括作家、编辑、影星和剧作家。另外两个圈子的中心人物分别是他的两位杂志社编辑：《时尚芭莎》那位颇受拥戴的玛丽·露易丝·阿斯维尔和《小姐》杂志那位稍显刻薄的乔治·戴维斯，后者的警言妙语堪与奥斯卡·王尔德媲美。卡波蒂在自己的第一部小说《别的声音，别的房间》出版后，曾经征求戴维斯的意见。“哦，”戴维斯说，“我想总得有人去写童话版的《哈克贝利·费恩历险记》。”

卡波蒂的新出版商是兰登书屋的本内特·瑟夫，当时与妻子菲莉丝住在东区的一栋豪宅里。卡波蒂踏进他们的家门之后，发现了一个更加显赫的名流阶层。在这里，他讲述各种故事，传达各种八卦，也成为圈子的中心人物。战后的那几年，比较活跃的人物——也是卡波蒂经常通信的对象——还包括两位来自佐治亚州的胸怀抱负的作家唐纳德·温德姆和安德鲁·林登，以及诗人、大学教师、后来还成为第92街曼哈顿青年友谊会诗歌中心负责人的约翰·马尔科姆·布里宁。

《别的声音，别的房间》于一九四八年冬出版之后，卡波蒂顿时名扬全国——当时的美国人比现在更看重文学。几个月后，他前往欧洲，不出所料地见到了英国和法国的一些大文豪。回国之后，他发现阿文及其隐士般与世隔绝的方式已经不适合自己。而在卡波蒂离开期间，阿文已经与安德鲁·林登发展出秘密恋情，因此对卡波蒂这位喜欢热闹、常常让他疲惫不堪的伴侣，他也正乐得放手。尽管两人诚挚的友情一直维持到一九六三年阿文去世，但卡波蒂已经开始寻找新的伴侣。

一九四八年十月，他找到了意中人。杰克·邓菲比卡波蒂年长十岁，身材健美——他曾在原创音乐剧《俄克拉何马！》中担任过舞蹈演员——英俊中又有几分傲慢。他心直口快，不管是对卡波蒂还是对其他人。邓菲同样是一位作家——而且很优秀，已出版一部小说，另一部在创作之中，后来还推出几个剧本。这一次的爱情很持久，邓菲成了卡波蒂余生的忠实伴侣。

致阿奇·珀森斯

［纽约州奥西宁圣约翰军事学校］

［约 1936 年秋］

如您所知，我的姓由珀森斯改成了卡波蒂。大家都叫我杜鲁门·卡波蒂，如果您以后也能这样叫我，我将不胜感激。

［杰拉尔德·克拉克收藏］

致托马斯·弗拉纳根[①]

［康涅狄格州格林尼治］

［1939—1941 年］

我在此郑重声明，我可能说过的关于托马斯·弗拉纳根的任何话语，或者我声称他所说过的任何话语，均为我个人的诽谤和谎言。

杜鲁门·卡波蒂

［爱德蒙·米勒收藏］

致凯瑟琳·伍德[②]

［1941 年 7 月 26 日］

［亚拉巴马州蒙罗维尔］

亲爱的伍德小姐，

我在新奥尔良待了三周，昨天晚上才回到蒙罗维尔。收到您美好的来信，我十分惊喜。听到您父亲的消息，我非常难过，真心希望他正在好转。

我一直在四处收集素材，有些相当不错。目前动笔写得很少，笔记却做了许多，并尽量准确记述日后对我有益的事情，（此处本该句号，但我的打字机一滑而出了错。）

您打算去看望皮尔斯小姐吗，我希望您去，因为她在缅因州的住所好像非常幽静舒适——掩映在迷人的树林之中。

来到这里之后，我把南部的地方都游遍了。上周我去了密西西比州的纳奇兹，并且在一处风景优美、可以俯瞰密西西比河的景点野餐。

泰迪[③]的妈妈给我写了一封长信，把他所做的一切都告诉了我，您了解泰迪——就算事关他的性命，他也不愿意给任何人写信。她跟我说您给他写过信了，并请我向您转告她那位乌黑头发

---

① 托马斯·弗拉纳根在格林尼治高中读书时比卡波蒂高一届。在卡波蒂散布有关他的谣言后，他写了这张收回那些言论的声明并让卡波蒂签字。弗拉纳根后来成了一名学者和历史小说家（著有《法国人之年》），并将这份声明保存了近五十年，最后将其夹在他自己的一本杰拉尔德·克拉克所著的传记《卡波蒂》（1988）之中。

② 凯瑟琳·伍德是卡波蒂在格林尼治高中的一位英语老师，可能是第一个鼓励他写作的人。

③ 和菲比·皮尔斯一样，泰迪·沃尔沃思也是卡波蒂在格林尼治的好友之一。

的宝贝儿子的近况：

1. 他在格林尼治一家出租车公司工作，每周能挣 15 美元。

2. 他在梅德斯通俱乐部的晚宴舞会上赢了 130 美元，正拿着这笔钱学飞行。

3. 他妈妈拿他毫无办法！

4. 他们已经搬到新居，地址是格林尼治公园大道 179 号。

5. 他们对泰迪感到满意和高兴，他似乎在长进。废话！

又及：上周六他十七岁了。

我在苦读俄国文学！终于读完了《战争与和平》。我还读了赫胥黎的《旋律的配合》。那本书写得很糟糕，不仅如此，还看得人一头雾水。不过，在超现代的复杂性这一点上，它倒是颇有教益。

我一路穿过了路易斯安那州珍珠河沼泽的腹地。花了三天的时间，就像在丛林之中，只不过更加危险。沼泽地带居住着卡戎人（我相信这个词没有写错），那里很不开化，有些小孩子还从来没有见过白人！这真是一次不同寻常的经历，我收集了各种材料和野花——还有一条小鳄鱼，我会尽快以货到付款的方式经水路运送给您，您很快就会收到。它是一种常见的小坏蛋。

很抱歉我拖延到现在才给您回信，但这实在是难免。请给我写信，告诉我所有的消息，因为我现在几乎是远离文明世界，在这里的人们看来，你如果不说 ain't，就是脑子有问题，双重否定是普遍公认的语法。

给我写信。

祝一切好！

爱您的，

杜鲁门

[纽约公共图书馆收藏]

致凯瑟琳·伍德[1]

路易斯安那州门罗市弗朗西斯酒店

[1942年8月]

Ouachita，读音为“沃希托”

希望这一切不会让您和皮尔斯小姐[2]吃不消。

这里能享受特别美妙的水上生活(沃希托河流入密西西比河)。这条河美极了！我乘坐一艘船屋行驶了157英里，然后再返回，花了一周半的时间。我准备写一个关于那些人的故事，他们住在(我是指真的住在)停在岸边的船屋里，并以从水里捕捉的东西为食！

我想您知道，今年秋天我不会来格林尼治高中就读，因为我们搬进了城里的一套公寓。但是，我当然会经常来格林尼治看望您。菲比[·皮尔斯]今年冬天也会在城里。如果您的新居有客房的话，可以邀请我去度个周末，(我是不是很冒昧？)

真心希望您能看清楚我写的字，因为我自己都看不清。

[佚名收藏]

---

① 这只是一封长信的第二页(第一页已经无处可寻)，是卡波蒂去路易斯安那州门罗市看望他的生父阿奇·珀森斯时所写。

② 指伍德的朋友马乔里·皮尔斯。

致阿奇·珀森斯

［亚拉巴马州蒙罗维尔］

1943 年 12 月 2 日

亲爱的尼德老爸[1]，

请原谅我用铅笔和便笺纸，但我只是匆匆写上几笔，让您知道我收到了您的电报。妈妈把它航空邮寄给了我。

我来到这里后，心里想，说到底，您眼下肯定不愿意让我去打扰您。[2]茉特尔的事，我真的感到非常难过，因为您也知道，我以前很喜欢她。[3]

此外，我还身无分文，之前跟您谈起此事时，只怕您没能明白。我把手头仅有的一点钱用作了来这里的盘缠，但毫无疑问，这<u>显然</u>不是我该来的地方。我在纽约过得要好得多。

当然，您的电报很令人兴奋，最让我激动的就是在新奥尔良见到您并把我的工作做完。但我真的觉得好像不该强求于您——考虑到战争等等。恐怕您现在的状况也不适合对您有所求。

我感冒了，感觉很糟糕，这鬼地方让人太难受了。我想我很快会返回纽约，因为亚拉巴马州显然不是一位作家的天堂。请给我写信，由亚拉巴马州蒙罗维尔 346 号信箱 V. H. 福尔克转交。

非常爱您，代我吻茉特尔

杜鲁门

又及：希望您看得懂这“黑鬼”胡画。

［杰拉尔德·克拉克收藏］

---

① “尼德”是阿奇·珀森斯的昵称之一。

② 他父亲当时住在新奥尔良的罗斯福酒店。

③ 茉特尔是卡波蒂父亲的第二任妻子，不知道卡波蒂为什么在这里谈起她时用“以前”，后面却又要他父亲给她一个吻。

致伊丽莎白·艾姆斯

杜鲁门·卡波蒂

纽约州纽约市公园大道1060号

1946年1月23日

纽约州萨拉托加温泉

雅都主管

伊丽莎白·艾姆斯夫人

亲爱的艾姆斯夫人，

我想知道这个夏天我能否到雅都待上一段时间，因为我正在写一本书，我的第一部小说，希望秋天能够完稿。该书将由兰登书屋出版：我的编辑是罗伯特·N.林斯科特。我在《时尚芭莎》、《小姐》、《故事》、《草原篷车》等杂志发表过短篇小说，还发表过一些小评论。我今年二十一岁，是南方人，现在住在纽约。我在《纽约客》有过一份短期的工作，后来为一家电影公司审过稿，再后来还为一本文摘杂志每月收集一些无聊的小故事。如今在一位出版商的帮助下，我得以从事自己的创作。

几位到过雅都的朋友都说，我肯定会喜欢那里。艾姆斯女士，谢谢您对我这封信可能给予的考虑。①

最诚挚的

杜鲁门·卡波蒂

［纽约公共图书馆收藏］

① 附在这封信后面的雅都便条上，艾姆斯写着："杜鲁门·卡波蒂——我们好好考虑一下他。"第二位只留下姓名首字母的什么人接着写道："我完全同意。"第三个人最后写道："这是一位杰出的天才。"

致罗伯特·林斯科特

纽约州萨拉托加温泉雅都

1946 年 5 月

亲爱的鲍勃，

我已经到了，此刻就在这里，正在慢慢冻死。手指冻成了冰铅笔。但话说回来，总体而言，我觉得这个地方很不错，至少目前是这样。这里的人都很好。眼下待在这里的人有：阿格尼斯·史沫特莱、卡森[·麦卡勒斯]、霍华德·多迪（他特别随和）、里奥·勒曼（总是端着架子）、拉尔夫·贝茨、玛格丽特·杨以及今天刚到的圣凯瑟琳·安·P.。[1]

我在大宅里有一间卧室。有些房间里有蝙蝠飞来飞去，里奥通宵都亮着灯，因为风在怪叫，房门嘎吱作响，上面的塔楼里还隐隐传来蝙蝠吱吱叫的声音：这可不是在开玩笑。我的工作室离大宅有点远，但是很宽敞。它是由谷仓改建而成，阁楼上还存放着一辆老式的四轮四座马车：我总是联想到拉迪亚德的幽灵车影，所以让人非常惶恐不安。[2]我此刻就在工作室里，你无法想象这里有多冷，尽管有一个不错的大炉子，我却不知道怎样让这该死的玩意保持热乎。现在才早上十点，但我觉得自己得来点威士忌暖暖胃。从工作室可以看到山，门外的毛莨植物正在开花。

---

① 史沫特莱是作家和激进思想家；卡森·麦卡勒斯是卡波蒂的密友，有时也是对手；霍华德·多迪是弗朗西斯·帕克曼的传记作者；贝茨和杨都是作家；圣凯瑟琳即凯瑟琳·安·波特，已经因短篇小说而闻名。

② 这里指的是拉迪亚德·吉卜林的恐怖故事《幽灵车影》。

在我离开之前，芭芭拉[·劳伦斯][1]来过电话，说她和你共进了一次令人非常愉快的午餐。我今明两天会把短篇小说写完，可能会先让它放上两周，一边继续写《别的声音》，然后再把它打出来寄走。[2]当然，也会给你寄一份副本。

抱歉写出这样一封絮絮叨叨的信，但我还没有完全适应，没能理出个头绪。下次会尽力写好一些……

祝好

杜

[哥伦比亚大学图书馆收藏]

致玛丽·露易丝·阿斯维尔

[纽约州萨拉托加温泉雅都]

[1946 年 5 月]

阅后销毁！！！（在给芭芭拉看后）

玛丽露，我的天使，

哦，我就知道好日子不会长久：我有麻烦了，全是里奥[·勒曼]的错。

按艾姆斯夫人的说法，我和霍华德·多迪在“不断地迫害”他。[3]你瞧，里奥对蛇真的是怕得要命：他每天从大宅去自己的

---

① 卡波蒂在《纽约客》当送稿工期间，芭芭拉·劳伦斯是那儿的二级编辑，对卡波蒂准备写的短篇小说提出了一些有益的批评意见。后来她成了《时尚芭莎》的姊妹杂志《青年芭莎》的特刊编辑。

② 《别的声音，别的房间》将是他的第一部小说，于 1948 年 1 月 19 日出版。

③ 伊丽莎白·艾姆斯是雅都的女主管。

工作室都要我陪着，但是他这一切做得太过头，简直到了可笑的程度，以至于所有的人都以为他是在半开玩笑。因此，昨天霍华德到我的工作室来吃午饭。[1]离开时，他踩到了我院子里的一条蛇，便把它拎了起来。里奥正站在自己的门口，就在路的对面，他看到后大叫起来："你们真恶毒！真残忍！"然后猛地关上门，拉下所有的窗帘，缩在桌子底下，一下午都不出来，他真的是吓坏了。当然，谁也没想要真的吓唬他。可是，两个给我们的工作室送柴火的工人看到了这一幕，就报告给了艾夫人，她马上送来一张"小蓝条"（这里所有的沟通都是通过这种蓝色便条来进行），说勒曼先生因我们（我和霍华德）"不断的迫害"而致病。我想事情很快会平息，但这一切太荒唐了，简直是难以形容。当然，里奥因为让我们卷入这摊大麻烦也觉得非常过意不去。霍华德写了一张便条，好好地解释了一番（我们觉得自己就像淘气的小学生，这让霍华德很懊恼，因为他是哈佛的教授，而且已经四十二岁）。除此之外，其他一切都好。

"房子"的事情怎么样了？是特里，不是佩里。是特里·穆雷。[2]我的短篇还没有写完。但这一周内会完稿。在上封信里，我跟你提起过玛格丽特·杨。[3]亲爱的，最奇怪的事情还在发生，我迫不及待想告诉你，但又不敢把它写进信里。也许不久后的哪一天我会给你打电话。你肯定会大跌眼镜的。皮吉派和我亲爱的邓尼最近到了吗？我得再给芭芭拉[·劳伦斯]写封信，但我的上一

① 一部分作家和艺术家住在雅都的大宅里，还有一些则在这宽敞的区域拥有私人工作室。卡波蒂已经从大宅搬到了一幢小屋。后来他又回到了大宅。

② 穆雷是卡森·麦卡勒斯的朋友，是男士化妆品生产商。

③ 玛格丽特·杨是诗人、散文家和小说家，其主要作品《麦金托什小姐，我的至爱》出版于1965年。

封她根本就没有回复。把这封给她看看。她见过特里了吗？

卡森[·麦卡勒斯]最近卧病在床，所以才没有给你写信。不过她现在好些了，也许今天就可以下床。我们一起吃的早餐，她看上去好多了。我昨晚吃了一粒速可眠，现在觉得昏沉沉的，几乎连打字机都看不清。凯瑟琳·安·波特和我昨晚跳舞一直跳到深夜。她应该六十岁左右了，但居然还能跳肚皮舞。①她想装出一副十六岁左右的南方淑女的做派。她太不严肃了，很难相信她真能写出什么东西。她就像一个初次参加社交的纽约小姑娘。她觉得我舞跳得好，就让我一直陪她跳：这简直糟透了，因为她连最简单的舞步都丝毫不会跳。我喜欢阿格尼斯·史沫特莱，她为人很好。不过在这里所有的人当中，我最喜欢的是霍华德·多迪。②

噢我最最宝贝的玛丽露，我爱你，也爱芭芭拉，希望你们俩也都爱我：你们是我珍贵的朋友。我真的非常想念你们，思念真的很痛苦。

杜

信里夹有紫罗兰：我知道等你收到时它们会变枯，不过要记住它们曾有多美丽，而我寄给你时，它们就是那么美丽，我最亲爱的玛丽露。

[阿斯维尔家族收藏]

---

① 波特当时其实是五十六岁。

② 他这样说不难理解，因为他当时在与多迪交往。多迪身材瘦长，举止优雅，具有克顿·马瑟后裔的典型特征。

致玛丽·露易丝·阿斯维尔

[纽约州萨拉托加温泉雅都]

[1946年5月18日]

我心爱的宝贝，

又收到你的一封来信，亲爱的！这里正在下雨，又阴又冷，但你美好的话语使一切显得那么快乐。没错，这是个古怪的鬼地方。里奥非常害怕，乃至于通宵都亮着灯，前不久的一个夜晚，他求我让他坐在我的房间里：就缩在一把旧藤椅里，一直熬到天亮。我不害怕，除非有蝙蝠飞进我的房间。我实在受不了它们在黑暗中盘旋时发出的吱吱声。我放弃了谷仓改成的工作室，搬进了大宅的塔楼：你得爬上一截怪异的石梯才能到那儿。据说特拉斯克夫人的同伴——一个西班牙女人——的阴魂还在那儿不散。[①]里奥对它总是退避三舍。理查德[·亨特][②]在这里时见过那个地方，但当时我还没有搬进去。让他给你讲讲吧。他几乎是吓得魂飞魄散。

哦天啊，我想我们还是别谈这房子了。太糟糕了。

我的短篇很快就可以完稿。《米里亚姆》正在被翻译成德语供国务院所用。居然被选为复兴文学，未免有些不可思议！[③]

---

① 雅都始建于1900年，创始人是诗人卡特里娜·特拉斯克和她的金融家丈夫斯宾塞。

② 亨特是一位艺术家，在近十年的时间里，他一直是勒曼的伴侣。

③ 短篇小说《米里亚姆》于1945年发表在《小姐》杂志上，讲述一个邪恶的小姑娘住进一位中年寡妇家，并渐渐掌控她的一生的故事。故事留下一个疑惑未解：小姑娘到底是真实的，还是出自寡妇的想象？这篇小说使卡波蒂在文学界崭露头角，也让《时尚芭莎》的小说编辑玛丽·露易丝·阿斯维尔要求看看他更多的作品。

你什么时候来呢？快快来吧！芭芭拉[·劳伦斯]到底怎么了。她是这个世界上最吝啬的白种女人。连只言片语都没有！我在为她担心，她明知道我多么爱她，还这样让我担心，真是太残忍了。我知道她不怎么擅长写信，但这样也太过分了。

最亲爱的，我有太多的内容要写，但我想还是等到我们见面再说吧。你能想象我有多想你吗？如果你能想象，就是一个天才！要格拉迪斯赶快好起来。我恐怕不能去参加音乐会，但我知道一定会很精彩，我也会想念她，并祝她万般好运。噢玛丽露玛丽露玛丽露。

我爱你爱你爱你

哦真的爱你，真的真的，真的爱你

杜

[阿斯维尔家族收藏]

致里奥·勒曼[1]

[纽约州萨拉托加温泉雅都]

[1946 年 6 月]

里奥——给妈妈打电话：阿特沃特 9－3319

告诉(她)我很好——讲讲我可爱的塔楼——问问她我要不要买个网球拍——是否有人打过电话——要她给我送点小甜饼——

① 里奥·勒曼是纽约的一位文化名人。他是《小姐》和《时尚》杂志的特约编辑，并撰写过关于列奥纳多·达·芬奇、米开朗琪罗和大都会艺术博物馆方面的著作。勒曼在 1940 和 1950 年代举办的周日夜晚派对名声远扬。他于 1945 年认识卡波蒂并与他成为终生好友。正是在他家里，卡波蒂 1948 年遇见了杰克·邓菲。

要她给我送些内衣，向她转达我的爱，要她给我写信。[1]

杜鲁门

[哥伦比亚大学图书馆收藏]

致里奥·勒曼

[纽约州萨拉托加温泉雅都]

[1946年6月28日]

里奥最亲爱的

你可躲不过蓝色便条！而这一张只是想说我有多么想念你，以及这里有多么寂寞。玛格丽特·杨开着一辆漂亮的栗色敞篷车走了：穿着那条休闲裤，头戴那顶缀满圆形亮片的傻乎乎的白帽子；来的时候是那副行头，走的时候还是那样；清楚地表明那姑娘很在意形式。来找她的那个男人唐纳，是你所见过的最俊俏的娘们儿。《生活》杂志的人也走了。[2]菲莉丝给我看了汤森德写给她的一封信。开头写着："雅都照片里的那条狗是**弗兰基所养的奥朗雷**。今年八月就有两岁了。"接着还写了好几页。菲莉丝说她会加上一句说明："这是一条公狗，其主人是艾姆斯夫人的秘书之子。"每次都只有女人才能对付女人。牛顿因为各种工作累得要命，今天就赖在床上看书。乔治[·科尔]留了张字条问能不能给

---

① 勒曼5月初陪同卡波蒂去了雅都。这封信可能写于勒曼从雅都返回纽约之后；他住在第88街东20号，拐角就是卡波蒂的母亲所住的位于公园大道1060号的公寓。

② "《生活》访问雅都"一文（发表于1946年7月15日《生活》杂志）记叙了卡波蒂写作《别的声音，别的房间》以及与玛格丽特·杨交谈的情景。

我画像，这让我感到奇怪，因为他多次说过讨厌画肖像。不过我还是让他画了，结果就有了一张我所见过的最漂亮的画。看上去惟妙惟肖，但奇怪的是有一种病态的紧张感，令人非常费解。这里的人都觉得画得很棒，但我不敢对着它看太久。乔治把它送给了我，所以我会带回家让你看看。我们（我和牛顿）可能在 20 日离开，去阿普尔多尔浅滩岛待上两个星期，然后再回家。[1]我已经重新开始写那本书了，也不打算再介入雅都的社交生活。牛顿向你问好，我当然也一样。

杜

也向亲爱的理查德［·亨特］表示爱意：搂搂脖子啄啄脸。

这套信封和邮票是从牛顿那儿要来的。

［哥伦比亚图大学书馆收藏］

致霍华德·多迪

［纽约州萨拉托加温泉雅都］

［1946 年 6 月或 7 月］

霍华德，亲爱的，

你的来信！真是太好了，谢谢你。你在奥尔巴尼而不是在这边理发是一件好事，我喜欢你以前的样子。

这里没有发生什么值得一提的事情。昨天 E. A.［伊丽莎白·

---

① 浅滩群岛横跨缅因州与新罕布什尔州的分界线，距离海岸六英里，由九个小岛组成。卡波蒂和阿文最后并没有去那里。

艾姆斯]举办了一个鸡尾酒会，所有人——包括 E. A. ——都非常兴奋。伊瑟尔[·罗里克][1]摇摇晃晃地走回家时，突然发现了乔治·文森特，便大叫道："去年夏天我见过你光着上身，哎呀伙计，那可真是一景！"这个插曲让我们的嘉宾(斯莱德夫妇、威利森夫妇等)大吃一惊。里奥与 E. A. 共进午餐，求我过后去接他(害怕蛇，你知道)，结果我到达时，看到他坐在草地上，而 E. A. 正弯着腰，对他念着《圣经》里的诅咒，里奥则低声反驳："但你就不相信终极善举吗？"不过，这两个人似乎比以前相处得好一些了。霍华德，我觉得你对她不该那么偏激；她毕竟只是一个很无知的女人，而天知道，对这种事情可以淡然处之。她今天给了我一张便条，"我干了一件奇事：你愿意待到 7 月 30 日再走吗？"我还没有写回复，也没有做出决定。N. A. [牛顿·阿文]非常棒，我爱他，但在这封信里我不想多写，因为要说的话太多了。

昨天与卡森通了电话。她五点左右打来的，我当时在楼上洗澡，于是衣衫不整地飞奔下来。她说星期五要去火岛，身体似乎不错，其他的没什么消息，当然，除了"向亲爱的霍华德表示爱意"。我也表示爱意：搂搂脖子啄啄脸。

杜

又及：星期四要想着我，并祝我好运，我想念你！

[佚名收藏]

致里奥·勒曼

[纽约州萨拉托加温泉雅都]

[1946 年 7 月 9 日]

---

① 罗里克是一位艺术家。

里奥最亲爱的孩子，

终于……来了一封信，在我刚刚彻底放弃希望的时候……而且还是一封很贴心的信。我非常高兴你喜欢菲比[·皮尔斯]，因为她是个了不起的姑娘，才华过人：你知道，我们曾经十分相爱，我现在仍然爱她，尽管方式也许不完全相同；不过我们已经相识了那么久，共同经历了那么多(用他们的说法)，我想，我们之间将永远有着一种深层次的联系，无论我多么努力地想割断它。是的，乔治[·科尔]跟我是朋友，我希望是好朋友，我十分惭愧，以前没有发现他如此出众的品质；他慷慨、可爱、忠诚、智慧：哦天哪，你说的评判是什么意思……我吗？不，绝对不是，亲爱的，只要是让理查德[·亨特]开心、让你开心的事情，对我来说就百分之百没问题，因为我爱你们两人，对你们真心实意，对乔治也是：我知道你能给他一个途径，让他得到他迫切需要的东西，而且这轻而易举，也是一件好事，起码在我看来是这样。

牛顿最近很好，我向他转达了你的问候，他很感谢，也向你表示问候。当然，我爱他，这同样很简单，合情合理，毫不复杂。对我来说，他太好了，太体贴，太善良：我只是庆幸自己能够欣赏他，了解他的不可多得、优雅完美：还有比他更敏感的人吗？在如今这种年代，像他这样敏感的人几乎不合时宜。你是否有过这样的经历：在那美好、恣肆的青春年华，突然之间，你看到一样东西——一片傍晚时的天空，一只野外的鸟儿，一道风景——它美轮美奂，让你一下子恐惧到了骨髓？你很担心，唯恐哪怕是最细微的动静(比如一片在风中飘动的树叶)，也会让它骤然消失？我想，爱就是这样，或者应该是这样：让人生活在美丽的恐惧之中。

玛丽露和B.[芭芭拉·劳伦斯]来了，我们过得很开心；E.A.

[伊丽莎白·艾姆斯]对她们很热情，邀请她们共进晚餐，还在松园举办了派对。杰尔[·曼吉欧尼][1]为她们办了个小聚会，我在这塔楼里也办了一个。我完全相信她们过得愉快而兴奋。玛丽露是个天使；她与牛顿有共同之处：好得令人难以置信。乔治[·科尔]又给我画了一幅很美的画像，简直是栩栩如生，因为我是一个很难画的人，玛丽露把这幅画和关于乔治的一篇小文章登在了《芭莎》上。

霍华德[·多迪]昨天回来了。他真的是一个亲切友好的人，特别善解人意，他非常想念你：他说，没有你，他不知道该怎么在这里过下去。你得给他写封信，因为他是那种从不主动写信的人。你真的得写。我非常高兴你要带妈妈去吃午饭：以前也带过吧？吃得怎么样？把这些都写信告诉我。我在继续写那本书，不管是以前还是现在，回头去写很不容易，但一切都会顺利的。我想你，亲爱的里奥，我爱你，迫不及待想见到你。我和牛顿将于25日离开这里，去别的地方待上一周，然后我再回家。全身心地爱你，心爱的最爱的里奥。

杜

[哥伦比亚大学图书馆收藏]

致玛丽·露易丝·阿斯维尔

[马萨诸塞州北安普敦前景大街45号]

[1946年7月31日]

---

① 曼吉欧尼是一位作家。

亲爱的，

我早上收到了你的来信，很抱歉你之前不知道我在哪里；到达纽约州时，我真该给你打个电话的，但我只有半个小时的时间，就赶火车来这儿了。

宝贝，你不必为钱的事而苦恼——我完全理解，也知道这根本不是你的错，我一开始就不该这样要求的，但这趟旅行开销特别大，个中缘由我以后再向你一一述说，但这一趟我肯定会亏本，这真是一种讽刺，因为我有生以来还从来没有这么卖力过——几乎要累死，甚至还去看过这里的医生——不过我不是在抱怨，真的，因为这一趟既奇妙又有趣：就像他们说的，是一种经历，而且我特别喜欢[亨利·]卡蒂埃-布勒松。①

关于小说的改动。②为了你，亲爱的，没问题。他可以用手捂住那男孩的嘴。我会就此跟珀尔[·卡津]谈一谈。③

我和牛顿在这里非常愉快。到了秋天，他将在这里做一场有关当代美国文学的大型讲座，那么你就有文章了：很棒，对吧？他向你问好，当然，我也向我的宝贝亲爱的珍爱的玛丽露问好。也问候皮吉派和邓尼，祝你们过得愉快，亲爱的，因为我非常非常爱你们仨。

杜

又及：有机会请写信：我将于星期五回到[公园大道]1060号。

[阿斯维尔家族收藏]

---

① 卡波蒂指的是去新奥尔良为《时尚芭莎》的一篇游记做调研，卡蒂埃-布勒松负责摄影。

② 《无头鹰》发表在1946年11月《时尚芭莎》上。

③ 珀尔·卡津是《时尚芭莎》的编辑。

致玛丽·露易丝·阿斯维尔

［纽约公园大道 1060 号］

［1946 年 8 月 4 日］

最亲爱的，

最近过得开心吗？还有邓尼，以及我最爱的小女友，过得怎么样？亲爱的，说真的，我打心眼里羡慕你，亲爱的，因为你离海边肯定不远，也可能已在海上，应该是吧，我多么渴望大海啊：我已经多年没有尝过海水的咸味或被海浪冲倒了。①

这台破打字机的空格键出了问题！请谅解。

我在新奥尔良过得非常不愉快：我有生以来从来没有那么卖力，也希望以后再也不会那样，我现在就能看出这桩小活计肯定会亏钱，因为开销大得惊人……其中的原因我现在不想多说。《芭莎》的态度很恶劣，但请你不要为此烦恼，因为这不属于你操心的范围，也许等我去跟他们谈谈，一切就会迎刃而解，我现在还没有跟他们谈……但是，他们给我寄来了一份在那儿开销的账单……未免岂有此理吧？②只是珀尔告诉我，他们现在想在十月刊上发表有关新奥尔良那篇文章，而把我的小说不知道要往后推到什么时候。③嗯，这当然让我心烦，我当初放下手头的书来写这篇文章的原因之一——其实也是主要原因——就在于，我几乎有一年没有发表小说了，而我应该发表小说，这非常重要，所以他们真的必须必须必须在十月刊上发表那篇小说。反正我还没有把新

---

① 阿斯维尔和她的两个孩子正在缅因州的熊岛度假。

② 《时尚芭莎》由美国赫斯特国际集团所有，该公司因对其作家非常吝啬而闻名。

③ 这篇小说就是《无头鹰》。

奥尔良那篇稿子交给他们，我想我会一直拖着，直到他们等不及，等等，而且如果他们不给我报酬，我就绝对不向他们交稿。不过就像我刚才说的，别让你那可爱的珍贵的脑袋为这些琐事费神，因为这不关你的事。珀尔是个好人。你得到她真的很幸运，而且她特别敬佩你。亲爱的玛丽露，每个人都那么爱你！我真的很嫉妒，因为我比所有的人都更爱你，但每个人都口口声声说有多么爱你，好像没有意识到你属于我，我比任何人都更爱你……哦天啊，我有些蛮不讲理了……是因为喝太多的酒，以及想同时思考太多的问题而造成的。

我和牛顿在北安普敦过得很开心。我对他满腔柔情，满腔爱意，无法用言语向你描述，因为他是我所见过的——除你之外——最亲切、最温和的人。我与你的另一位忠实粉丝玛格丽特[·杨]共进了晚餐，前几天还与里奥[·勒曼]共进了早餐。你知道，里奥不管有什么缺点，还是一个好人，为人厚道。我还没有见到 B.[芭芭拉·劳伦斯]，只是有过匆匆一瞥，不过这周会见到她的。卡森[·麦卡勒斯]在楠塔基特岛拜访田纳西·威廉斯，在那儿过得很愉快。她把欧洲之行无限期地搁置下来了，我就知道她不会去的。

玛丽露，我最亲爱的，我永远无法告诉你你对我的真正意义，我不知道该如何表达……不过，你是这个世界上让我爱彻心底的寥寥几人之一，尽管我希望你尽量开心、尽量长久地享受你的假期，但是，赶快回到我身边吧，亲爱的，赶快……因为我每时每刻都不想没有你。

杜

[阿斯维尔家族收藏]

致约翰·马尔科姆·布里宁

[纽约公园大道1060号]

[1946年8月初]

谢谢你，最亲爱的马尔科姆，谢谢你特别精彩的来信，也请原谅我没能早些回复，不过你也许想象得到，事情非常乱，乱成了一团糟：我的新奥尔良之行有双重成效：无数水泡和足弓下陷，这就是我的所获；不过也有有趣的一面，真的，因为我们把所有的一切都拍了下来，不管是路易斯安那州的豪宅，还是精神病院的病人；照片很美，真的，我只希望我的文章能够大致配得上它们。不过，我在北安普敦与牛顿待了一周，他特有的智慧治愈了我的大部分痛苦。他非常喜欢你，为此我深感庆幸，因为我希望你们成为朋友，马尔科姆，你不会遇到比他更能欣赏你品质的人。

我昨晚与玛格丽特[·杨]共进了晚餐，还发生了一件趣事；隔壁的人在举办派对，主人(我忘了他的名字)盛情邀请我们过去喝一杯；玛格丽特似乎有些犹疑，但我们还是去了，你绝对想象不到，你的朋友霍华德·摩斯和安琦·拉拉比也在那儿。[1]他们对我非常好，我也十分喜欢他们；那姑娘显然不像有人告诉我的那样是个奇葩；相反，我觉得她非常有趣，有点小疯小癫，但十分可爱；霍华德也风度翩翩。但那个派对啊！玛格丽特迫不及待地催我出来了，所以我没什么机会与霍华德交谈，但改天我会很乐意的。

---

① 霍华德·摩斯是诗人和评论家，后来成为《纽约客》的诗歌编辑，并且在那个职位上干了将近40年；安琦·拉拉比是个年轻的交际花，后来被卡波蒂用作《蒂凡尼的早餐》中霍莉·格莱特利的原型。

很抱歉你没能得到我的房间，但如果那里没人，你就可以用用露台，对吧？[①]我想你，马尔科姆，给我写信吧，求求你了，让我们尽快见面……同样求求你。

爱你的

杜

[特拉华大学图书馆收藏]

致玛丽·露易丝·阿斯维尔

[纽约公园大道1060号]

[1946年8月10日]

心爱的你，

今天早上收到你贴心的来信，我亲爱的玛丽露，也希望我的信你能够在动身去克林顿之前收到；[②]熊岛肯定非常美；我一直都很想去岛上，希望哪天能去缅因州……最好去海滨，可以看到冰冷的巨浪冲刷着古老的黑色悬崖，就像悬疑小说中描述的那样。

当然，分手协议对你来说似乎意味着失败，但我觉得，这是一种非常错误的想法；我要说的是，最亲爱的，它是迈向正确方向的一步，因为说到底，那一段生活让你联想到的往往不都是不开心的事情吗？[③]你有两个可爱的孩子，你将永远拥有他们，谁也

---

① 卡波蒂指的是他以前在雅都的房间。

② 克林顿县位于纽约州东北角，与尚普兰湖毗邻。

③ 她正在与丈夫爱德华·阿斯维尔办理离婚手续。爱德华·阿斯维尔是哈珀兄弟出版社的编辑，其最为有名的成就在于整理了托马斯·伍尔夫的三部字迹潦草的遗作的手稿，那三部小说为《蛛网和磐石》、《背井离乡》和《远山》。

不能把他们从你身边夺走；他们享有爱的安全，亲爱的，而这是孩子最为需要的一种安全。[1]我知道。他们也会一直享有比我当年要多得多的各种安全。不过，我理解你现在的挫败感：这事儿很棘手，是各种的妄自菲薄所致。牛顿对这种事情也非常了解；他曾经与一个女人共同生活了八年，对方每天都在尽力向他强调他是多么微不足道，结果几乎把他逼疯。[2]人们怎么可以这么无情呢，玛丽露？在做人方面，你和牛顿是我所认识的最为成功的，因为你们都非常坚强、温和而又漂亮。当然，牛顿经历了极大的痛苦，认为再也无法让自己的生活步入正轨，在很长很长的时间里都觉得毫无希望……但其实有希望，他现在又过上了非常心满意足的生活……他觉得一切都很美满，很幸福。亲爱的，我认为你绝对不可能跌入他那样的低谷……你还有许许多多值得珍惜。你的孩子都很棒，玛丽露，他们是你的，你会拥有他们……所有的实际问题也都会自行解决：这不可思议，但你知道，我从来没有为此担心，因为我对事情有感觉（我几乎是一个完全凭直觉的人），而且早就知道，事情的结局会比你想象的要好得多和简单得多。

前几天我和珀尔·卡津一起喝酒，她很友好，也非常聪明，我觉得比她哥哥要聪明得多，她哥哥的作品我发现已经大大不如以前。[3]昨晚我和玛格丽特共进晚餐，我们谈起了你，说到我们有

---

① 阿斯维尔的两个孩子是邓肯和玛丽。

② 阿文 1932 年与自己的一个学生玛丽·加里森结婚，两人 1940 年离婚。不过，卡波蒂的这一说法有失公平：只是在结婚好几年后，加里森才发现她丈夫的性取向在于同性而不在异性。

③ 她哥哥是阿尔弗雷德·卡津，他的第一部作品《在家乡的土地上》（1942）刚一问世，就确立了他作为评论家的地位。

多么爱你。(谁不是这样呢?)B.[芭芭拉·劳伦斯]好像忙得不可开交,但情绪很好,里奥则已经外出一两周了。我和卡蒂埃[亨利·卡蒂埃-布勒松]带着在新奥尔良拍的照片去见了[弗朗西丝·]麦克法登[1],他们都非常满意;那些照片真的棒极了,但愿他们有一半这么喜欢我的文章;我下星期初就会交稿。麦克法登人很好。我明白你为什么那么喜欢她了。

牛顿在卫斯理干得很漂亮,让听众捧腹大笑,乔治·科尔的来信是这样说的。[2]我下周末会去看望牛顿;非常希望你们两人能成为真正的朋友,因为在这个世界上——包括所有的人——你们两人对我最为重要。深深地爱你。

杜

[阿斯维尔家族收藏]

致约翰·马尔科姆·布里宁

[纽约]

[1946年8月中旬]

马尔科姆亲爱的,

你是一位多么令人愉快——尽管我得说,并不是特别及时——的通信人:这样一封意味深长的信,亲爱的,对重要的事情总是旁敲侧击(亨丽艾塔到底怎么了?),而且让人觉得比实际

① 麦克法登是《时尚芭莎》的执行编辑、卡梅尔·斯诺的副手。
② 阿文在康涅狄格州米德尔顿的卫斯理学院讲授夏季课程,该学院当时是一所男校。

情况可能更加严重。不过你说得很对，我对雅都好像的确没有太关注，这很奇怪，因为我对那些小手段、小伎俩一向是兴趣盎然的……但现在无暇顾及：我只是完全陷在一团乱麻似的个人生活之中。你是个明智的家伙，马尔科姆，远离纽约；这里根本不适合你，无疑也不适合我；恐怕我没有那必不可少的嘲弄嬉笑的外表，来适应这座巨大的疯人院；这里每个人所说的——或者没有说过的话——似乎都被传来传去；谁是某某人的朋友，谁不是；没有从来不是没有，有也从来不是有，一切都与表面看到的大相径庭：我觉得卡夫卡可能会喜欢纽约。

我又碰到了安琦[·拉拉比]和霍华德，你肯定想象不到，居然是在B.[芭芭拉·]劳伦斯家里，我一直都很担心，唯恐他们会觉得我那天晚上很无礼，但其实我当时就感觉很难受，一直怪怪的，而且不是没来由，因为第二天醒来时，我发现自己烧到了三十八度九，左脚肿得像个气球：感染非常严重，医生也没找出原因：反正就成那样了。所以我现在躺在病床上，打字机架在膝盖上。我得服硫黄片，这让我时不时地发晕，但我在工作……整理有关新奥尔良的笔记，写那本书，还有为一本名为《艺术与风格》的非常精致的法国杂志写的一篇文章。这篇文章旨在反驳法国人的一种观点，认为美国作家就只有福克纳、斯坦贝克、达希尔·哈米特和海明威。我将在文中提到你，你不介意吧？你是一位“年轻而优秀的美国诗人，作品应该受到全世界的关注”。太棒了！这要值二十五美元呢。

马尔科姆，有件事情我一直想写信跟你说……专门写一封，但还是在这封信里说好了。卡蒂埃-布勒松的妹妹妮可十一月要来纽约；她是一位极具天赋的诗人：她的书《双双启程》去年获得保尔·瓦雷里奖；我手头就有一本，写得很棒；她二十二岁，非常迷人(从我见过的照片上看)。她想给大学生讲一讲法国的年轻诗人；她在维也纳、瑞士，我想还有西班牙都做过讲座。我想瓦萨学院可能有兴趣，你可以做些安排：卡蒂埃希望在她到来之前把讲座安排妥当，因为她在这里不会待太久；莱昂内尔·特里林——我跟他谈起过她——和牛顿都同意了，我只是想你可能也会感兴趣。[①]把你的想法告诉我。

是的，卡蒂埃拍摄了一些半身照(我得说，它们都怪怪的，但效果当然很美)。如果他冲洗出来给我几张，我会寄一张给你，可他全都拿去卖掉了，这意味着我得等它们刊登出来才能得到。

我听说，G.[乔治·]戴维斯对我恼火透了；(某某人说我说了等等。天哪！)尽管我很喜欢乔治，我想我还是不会费神去澄清，因为恐怕那只会越描越黑。不过这真是糟糕。

如果我的脚大大好转的话，这个周末我就去看牛顿：今天我给他写了信，把你八卦的那些内容都转达给了他，肯定会让他乐坏了。

我开始感觉有点头晕了，亲爱的马尔科姆，所以如果我去上厕所，就请原谅；给我写信，记住我想你。爱你

杜

又及：《芭莎》告诉我他们收到了一首很美的诗。就是我们的马尔科姆！

[特拉华大学图书馆收藏]

① 布里宁在瓦萨学院任教。

致玛丽·露易丝·阿斯维尔

［纽约公园大道1060号］

［1946年8月12日开始的那一周］

我亲爱的，

希望你在克林顿时收到这封信，也希望你和老朋友们过得愉快；我遇见桑德斯夫人的那天晚上，（在俄罗斯茶馆，记得吧？）她那么友好，我知道她会好好照顾你，宝贝。

牛顿写信来说他前几天给你寄了一封信；你收到了吗？我们将在北安普敦共度周末……显然也会经常谈起你，因为我们两人都非常爱你。我比任何人都更爱你：记住这一点，年轻的女士，不要轻易把你的感情四处抛撒。

今天我把新奥尔良那篇文章送到了《芭莎》，他们好像非常满意，我的钱款问题也差不多处理好了，所以西线无战事。而且，麦克法登似乎考虑十月份还是要发表我的小说。①我花几分钟与亲爱的小珀尔［·卡津］以及B.［芭芭拉·劳伦斯］见了一面，两个人看上去都很好，尽管很忙很忙很忙。

我可能写信跟你说过，卡森一直在楠塔基特岛，与田纳西·威廉斯一起将《小傧相》改编成剧本。②她比我以往见过的任何时候都要好。她说向你问好，并且等你一回来就去看你。

玛格丽特［·杨］告诉我尤多拉［·韦尔蒂］要到纽约来居住……九月份。牛顿一直催我给海伦·尤斯蒂斯打电话，约个时

---

① 《新奥尔良随记》发表于《时尚芭莎》1946年10月刊。弗朗西丝·麦克法登是杂志的执行编辑，地位仅次于主编卡梅尔·斯诺。

② 卡森·麦卡勒斯的小说《婚礼小傧相》出版于1946年。

间吃午餐，但我不喜欢处理这种事情，所以你回来后，能不能安排我们三个人一起聚个餐？[1]

里奥眼下不在城里，但下周会回来。我非常爱他；我很惭愧没有从一开始就看清——真正看清——他是一个多么亲切友好的人。上周六我与特里林兄妹一起乘车去了康涅狄格州（事情的发生非常有趣；里奥以前给我看过他们的一些照片，就在我买火车票时，没想到在我后面排队的居然就是……于是我做了自我介绍，很唐突吧？我们相处得非常愉快），我非常喜欢他们。[2]

玛丽露，我的宝贝，我特别想你，我爱你：搂搂脖子啄啄脸。

杜

［阿斯维尔家族收藏］

致里奥·勒曼

［马萨诸塞州北安普敦］

［1946年8月16日］

最亲爱的里奥——

假期过得怎么样？希望很好。

我坐在这里等牛顿从卫斯理回来，便想到要给你写一封“欢迎回家”的短信——主要是想说，我觉得你关于卡万的那篇评论

① 海伦·尤斯蒂斯是《时尚芭莎》的另一位编辑。

② 莱昂内尔和戴安娜·特里林兄妹两人都是著名的文学评论家。

非常棒。[1]那是一篇精彩的作品，里奥，我为你自豪。

《芭莎》收到了我关于新奥尔良的稿子，他们似乎很满意。我可能会比你先回到纽约——你到家后给我打电话——我们要好好聊一聊，我还要给你看看那篇“文章”。

发生了一件离奇的事——你走的那个星期六，我去了康涅狄格州，排队买票时站在我旁边的居然是特里林兄妹[2]：我认出了他们，因为你给我看过他们的照片。所以我做了自我介绍，我很庆幸这样做了，因为他们非常友好，我们乘车的一路上相处得很愉快。他们要去西港。我特别喜欢他们——不过，由于多种原因，恐怕我当时很紧张，给他们留下了不好的印象。不过，他们非常爱你——我也一样。

杜

［哥伦比亚大学图书馆收藏］

致玛丽·露易丝·阿斯维尔

［马萨诸塞州北安普敦］

［1946 年 9 月 17 日］

亲爱的

一封短信，只是想说我收到了你的宝贵来信；有趣的是，我也是那同一天跟你写了信，所以星期一你肯定也收到了我的信。信到了吗？我想不起桑德斯夫人的姓名首字母了。

① 勒曼撰写了关于英国作家安娜·卡万的短篇小说集《疯人院故事》的评论文章，发表在 1946 年 8 月 10 日的《星期六文学评论》上。

② 即评论家戴安娜和莱昂内尔·特里林。

天气好极了，很像是秋天，我只能祈祷这样持续下去。欧·亨利小说奖的评论对我非常友善，不只是友善，还有点可笑：比如，《时代周刊》说我的小说是“自亨利·詹姆斯以来所问世的最令人难忘的作品”，《邮报》说这是“一篇杰作”，等等等等。为我们的团队欢呼吧！欧·亨利小说奖的介绍说《夜树》这篇小说比《米里亚姆》还要好——当然是这样——并对其赞不绝口。等他们读到《无头鹰》时再看吧：他们还没见过真东西呢。

牛顿周末来了，哦，我们在一起真开心，也非常想念你。毕蒂来吃了晚饭，还有芭芭拉，我和牛顿看了《亨利五世》，并与里奥和玛格丽特共进午餐……唯一缺少的，亲爱的，就是你。牛顿这个星期五又会回来……为什么哦为什么你不在这儿？！！我们星期六准备与卡森一起度过。最亲爱的珍爱的玛丽露，我全身心地爱你。

杜

［阿斯维尔家族收藏］

致约翰·马尔科姆·布里宁

［纽约公园大道 1060 号］

［1946 年 9 月］

忠诚的朋友，

你的信和我几乎同时抵达纽约，但状态大不相同：你的信欢快、风趣而亲切，是一封绝妙的好信；而我呢，却病恹恹的，蓬头垢面，浑身发痛：我患了流感，当然并不是太严重，只是要我卧床。不过我在北安普敦过得很开心。像往常一样。牛顿一切都好，但是非常累：在卫斯理的那六周压力很大……而且他手头有太多的工作，开讲史密斯的课，动手写梅尔维尔，准备十一月份的一场讲座……[1]牛顿对所有这些都非常认真，当然他本该这样。不过，我知道他打算给你写信的，他已经说过好几次。

想念你可真是痛苦！我当然计划十月五日见你。如果你愿意的话，可以住在我这公寓里（拜托，布里宁先生，别那么惊讶！），我向你保证，你在这里绝对安全，因为我近来很循规蹈矩。[2]在北安普敦时，我收到过亨利的一封来信，他对底特律计划感到失望；而芭芭拉[·劳伦斯]在一封信中，则对那篇诗配画的作品感到特别兴奋。

你的古巴朋友会不会就是上周六来拜访我的那位先生？遗憾的是我当时不在，但乔跟他交流得特别愉快。[3]

哦，我本该把那张照片寄给你……但是该去哪儿冲洗呢？也许玛丽露[·阿斯维尔]会帮我洗几张，因为她自己也准备留一张。照片会发表在他们的十一月刊上：这是不是多少有点用？而说到照片，你答应过要给我一张……我还从未收到。

现在那个该死的乔治[·戴维斯]认为我辜负了他。哈哈。我还在笑呢。

我的小说集基本上停了下来。事情都非常复杂，眼下反对意见压倒了支持意见，就连在我自己心里也这样。不过，决定权仍然在我自己；只要我想，就可以继续，起码兰登（书屋）是这么说的。但不管怎样，我都想跟你谈谈这件事。

---

① 阿文在动手撰写赫曼·梅尔维尔的传记。
② 卡波蒂住在他母亲和继父位于公园大道 1060 号的公寓。
③ 卡波蒂的继父乔·卡波蒂也是古巴人。

就在离开之前，玛雅·德伦打来电话简单聊了几句。[1]你以前知道她曾是牛顿的学生吗？他对她没有一点好印象。不过我还算喜欢她……在那天。她对这些电影非常认真，对吧？她的一些想法也很有趣。不过，我怀疑她是否有那种成事的才能。我近来在读加里格的诗歌：哦，马尔科姆，那写得太烂了！[2]你简直找不出任何价值！你读过《孤心小姐》吗，[3]我想你会喜欢。

给我写信吧，亲爱的马尔科姆，记着我想你。9月30日给我寄一张贺卡（或者是杜森博格车的一张小图片，如果你愿意的话），因为那天是我生日：我马上就22岁了。非常爱你。

杜

［特拉华大学图书馆收藏］

致霍华德·多迪

［纽约］

［1946年9月30日］

霍华德亲爱的，

我原本想早些写信的，但因为流感而卧床了整整一周；其实我该再休息几天，但今天是我的生日，我实在无法放弃实现计划好的庆祝活动；居然有里兹饭店的午宴，居然有圣瑞吉斯酒店的鸡尾酒会，还有在阿斯维尔夫人家里举办的晚会。这些活动之后，我会再回到床上休养一个星期。

---

① 玛雅·德伦是一位前卫电影制作人及影评人。
② 让·加里格尽管有个法国名字，但出生在印第安纳州埃文斯维尔。
③ 纳萨内尔·韦斯特的小说《孤心小姐》于1933年出版。

马尔科姆给我来过信，说他正在前往雅都的途中。你们过得愉快吗？希望是的。

前几天伊瑟尔·罗里克气喘吁吁地跑过来，给我搬来一尊大雕像；她说周末要去新奥尔良。《芭莎》九月刊上登载了玛格丽特小说中很长的一个章节，不过我猜你还没有看到。牛顿在最新一期《党派评论》上发表了一篇关于奥威尔的精彩评论。据我所知，卡森已经放弃了她那部剧本，真是遗憾，因为从她给我读过的那部分来看，写得的确很棒。里奥正忙得不亦乐乎；起码是像没头的小鸡那样四处乱窜，并且在一些奇怪的时间来访：比如凌晨两点等等。

告诉我，霍华德，你是不是对我不高兴或者生气了？你的信里只有一些冷冰冰的敷衍话，落款也从“爱你的”变成“此致”、“致”、“祝好”。如果你有不满的话，希望你告诉我。仍然非常爱你

杜

[佚名收藏]

致玛丽·露易丝·阿斯维尔

[马萨诸塞州北安普敦]

[1946 年 10 月]

亲爱的姐姐，

你在那种怪异的日子发来电报，真是太周到、太像你一贯的风格了！我很高兴你喜欢《新奥尔良随记》——这是最让我开心的事情。

这里天气很好，晴朗无云。城市周围的山脉呈现出一片深绿

或青灰，秋天的那抹淡褐色已经随处可见；窗外长着一很大的苹果树，果实累累；除了葱茏的树叶，最能引发怀旧意绪的莫过于十月里成熟苹果的芬芳吧？

我在努力工作，而且思路清晰，我非常高兴现在与牛顿在一起：他对我非常好，事事都为我着想。他此时正在自己办公室，否则也会寄一张爱的短笺，就像你那样（让他深受感动）——不过他深情地问候你，亲爱的姐姐，当然我也一样。

你的小弟

杜

又及：请向我的另一姐姐致意，并问候可爱的珀尔。

［阿斯维尔家族收藏］

致霍华德·多迪

［纽约公园大道1060号］

［1946年10月17—19日］

霍华德亲爱的，

你写信来太好了，谢谢你；我非常失望没有见到你；跟里奥一起肯定很开心，他的公寓是不是很棒？《时尚》杂志准备星期一在那里给我拍照，让我置身于书籍和音乐盒之中。照片出来后，我可能就会离开纽约。

星期三我要去医院；不知道会在那儿待多久，我想不会超过几天吧。[1]再说，除了这些病痛之外，开销也令我震惊；简直难以

① 他准备摘除扁桃体。

置信！我的银行存款正像流水一样，而且流得很快。不过，我想我会好起来的，而且用不了多久。

我上周末和牛顿一起很开心。我非常喜欢十月份，但愿能永远都是十月，我们到乡下去了一天……去了迪尔菲尔德，阿默斯特，还有其他地方……简直是美极了。

我这个病的不好之处就是总让我觉得疲惫，疲惫得让我心烦，尽管这封信我想继续不断地写下去，但我现在得去躺一躺了。我经常想到你，霍华德，亲爱的，我想念你。

爱你的，

杜

［佚名收藏］

致约翰·马尔科姆·布里宁

［纽约公园大道 1060 号］

［1946 年 10 月或 11 月］

马尔科姆，我的宝贝

你真是写信的高手，今天上午这封让我开心不已；由于我明天要去死牢，这是我所能指望的最美的告别了。这一趟的原因如下：我的红细胞在消灭白细胞，很像白血病，但其实并没有那么致命，我向你保证。这病的根源之一是我的扁桃体，所以它们被摘掉了；除此之外就只能服用各种没完没了令人厌烦的药物。不过，我在医院只会待上几天，因为其他的治疗在任何地方都能进行……其实并没有什么疼痛，只是一直觉得疲劳。不管怎样，这应该很快就会过去。我又会变成一个快乐小伙儿，因为我一直无法工作(这让我真的病了)，这些烦心事的确让人活动受限。

就我所知，牛顿还是不准备到纽约来讲学了……他太忙：你知道他工作非常辛苦，他一贯兢兢业业……但十一月二十三日星期六他会来这里。如果你也在的话，也许我们可以共进晚餐。至于伊丽莎白[·艾姆斯]：不，我想她丝毫没有这种意思；她只是一个非常大大咧咧的人。她现在就在纽约，给我寄来了一张卡，问我是否愿意给她打电话……可我有这一堆的麻烦，还没能联系她。伊丽跟我提到你们周日的小聚，说她非常开心，尽管她发着高烧。说[到]发烧，我连着两周烧到三十八度九：小杜从来不会白白放过任何东西，所以当然把各种有趣的变形情景都记了下来。

没错，《新奥尔良随记》还没有出来，但星期六应该可以看到。可怜的《芭莎》，跟印刷商有了麻烦，十月刊到了十一月份才出来。

麦卡锡和博登真是可笑。[1]你跟他们不一样，马尔科姆。很不一样。他们代表了我最讨厌的一切。这些人哪怕是稍稍诚实一点也好。他们属于冷酷无情的那种人，这样的人越来越多。如果丝毫不讲感情，就像他们那样，那么你内心就会一天一天地死去。当然了，麦卡锡有些天赋，尽管是不良的天赋，但博登呢，你觉得他是怎样想方设法让自己相信自己的？不过你知道，在那孩子的内心，肯定还存有一丝善良：他小时候肯定遭了很多的罪。所以很奇怪，对吧，他的价值观居然这么消极、这么扭曲？请原谅这些胡言乱语。

---

① 玛丽·麦卡锡是小说家和尖锐的社会评论家，她的第三任丈夫博登·布罗德沃特在《纽约客》任职。

你给霍华德[·多迪]写信时，自己充分表达之后，请转达我对他的爱。

杜

[特拉华大学图书馆收藏]

致约翰·马尔科姆·布里宁

[纽约公园大道 1060 号]

[1946 年 11 月下旬]

马尔科姆亲爱的，

喂！你怎么没有给我写信呢？亲爱的，你显然应该知道，我处于这种不确定状态，需要朋友们所能给予的各种鼓励啊。还是你不知道我处于不确定状态？起码是不确定到让我住进了医院……星期三。[①]给我送几支兰花，还有一点爱吧。

安琦[·拉拉比]昨天来看了我，我们一起度过了一个愉快的下午，我靠在床上，她倚着一个蓝色水丝枕坐在床尾，我们边喝酒边吃炸鸡。安琦是个了不起的姑娘，我喜欢她；事实上，我好像从来没有像对她那样对任何人充满柔情。

你可能知道，霍华德[·多迪]上周末来到了城里，但我没有见到他，因为我当时在北安普敦；不过，他给牛顿打了电话，我也跟他聊了聊，他听上去好像情绪很好。另外，我还听到了好消息，说《作家》系列想要他的《帕克曼》。[②]这该是他所需要的提

① 他刚刚摘除了扁桃体，正在康复。

② 霍华德·多迪在撰写十九世纪美国历史学家弗朗西斯·帕克曼的传记。

神剂了。

你看了关于阿娜伊斯作品的评论了吗？[1]《时代周刊》称之为一部超现实主义肥皂剧。当然，我觉得它应该得到稍高一点的评价，但也不是太高。[爱德蒙·]威尔森星期二将在这里出庭，他请牛顿过来为他作证，但他来不了。

我有没有告诉过你，我觉得比尔·里德是个非常亲切随和的人？[2]

里奥·勒曼今天下午要为卡森举办一场高雅的聚会，尽管我状态不佳，我还是准备去稍微露个脸。我会向所有人转达你的问候。

乔治·戴维斯跟我已经冰释前嫌，他现在对我非常好，还送给我一套吉泽金的唱片。[3]鲍勃·劳利（你认识他，对吧？）已经搬到乔治那儿去了，他们经常举行小型"家庭招待会"，令人非常愉快。

我开始觉得你是对的……关于芭蕾舞。我上周去了，演出很糟糕，把明斯基与莫扎克的音乐搅在了一起。我希望永不再看。

向瓦萨学院的人问好，爱你。

杜

又及：如有时间，请给牛顿写一封长长的信，因为他正在并且一直在超负荷地工作，你那独一无二的消遣风格肯定会带给他莫大的快乐。但是不要提我的病。谢谢你，马尔科姆。

[特拉华大学图书馆收藏]

---

① 这里指的是阿娜伊斯·宁的《爬梯取火》一书。
② 里德是（或者很快成为）布里宁的终身伴侣。
③ 沃尔特·吉泽金是德国钢琴家，以演奏德彪西和拉威尔的作品而闻名。

致约翰·马尔科姆·布里宁

纽约州布鲁克林区克利夫顿广场17号

[1946年11月下旬]

马尔科姆亲爱的，

收到你的信真是太好、太美妙了；原谅我没有早些回信，但是我又住院了(北安普敦医院)，这一次是多种感染。我见到了霍华德，你可能也知道：他与格兰维尔[·希克斯][1]一起驾车从北安普敦经过。我很高兴看到他如此精神焕发。

如你所见，我改变了地址，搬到了偏远的布鲁克林某个无人知晓的鹰棚……出于各种原因：最迫切地想要摆脱那经常上演、令人伤透脑筋的影响，逃得远远地去继续从事我的创作。[2]我高度紧张，已经到了连烟都拿不稳的地步，工作的进展也不太顺利。所以，我现在住在一栋宁静而气派的维多利亚式房屋里，这是一栋私宅，属于两位上了年纪的疯疯癫癫的老太太；我有一间(比较)漂亮的客厅，一间格调非常欢快的卧室：我迫不及待地想让你看一看。这里有电话：梅茵2-7070……但是千万不要告诉任何人，不管是家人(就连我妈妈也不能知道)还是朋友。我想联系安琦[·拉拉比]。请把她的地址告诉我。还有什么别的消息呢？牛顿很好。他在史密斯作了一场精彩的晚间讲座，然后《芭莎》将它买了下来。他下周末会在纽约。

最亲爱的马尔科姆，希望你一切顺利。我想念见到你的情

① 格兰维尔·希克斯是评论家——从马克思主义视角研究美国文学——也是阿文的朋友。

② “令人伤透脑筋的影响”指的是他母亲发酒疯。

景，非常希望见到你。下回你来城里的时候，一定要尽量多留些时间给我。马上给我写信。非常爱你，亲爱的

杜

［特拉华大学图书馆收藏］

致约翰·马尔科姆·布里宁

［纽约公园大道 1060 号］

［1946 年 12 月］

马尔科姆亲爱的，

谢谢你的来信；它让我大为振奋——甚至这个冰冷的日子也不再那么寒气袭人了。得知你与霍华德［·多迪］周末过得很愉快，我很高兴。但是我亲爱的孩子，在这么长的时间里，你到底是怎么应付五位重量级人物的？

也谢谢你对《鹰》那么好。①如果你真的喜欢它，那我就最开心不过了。《大西洋月刊》将发表一个短篇，我对那一篇稍稍更为满意。②

昨晚我和亚伦·科普兰共进了晚餐。他想要我为一部歌剧写剧本。不过，我觉得自己根本就干不了。你是否有兴趣？

是的，我当然希望能够扫除一些障碍，好“埋头”创作。唉，障碍太多了！听起来可能有些夸张，但我真的不知道能否熬过这个冬天：我做的所有事情似乎都跟我作对。现在我一个人非

① 指《无头鹰》。

② 指《关上最后那扇门》，发表于《大西洋月刊》（1947 年 8 月）。

常艰难：有那么多的事情我都无法为自己去做。可我又没有任何人可以求助，真的没有。牛顿呢，可怜的家伙，从来就对付不了，尽管他很尽力，也很愿意。当然，所有的朋友都对我很好，我也知道，大家都愿意为我做几乎任何事情。遗憾的是，这种情况不可能长久。哦马尔科姆，亲爱的马尔科姆，请一定原谅我这样信口胡说：我为自己这么任性而感到非常惭愧。不管怎么说，我希望新年能带给我好运气。

我星期五会去北安普敦，下星期二回来。如果你要来城里，就写信告诉我一声。真诚地爱你

杜

又及：我读了《伤口与天气》。[①]没有特别令人兴奋的才华，但显然是一部使人愉快的作品。有三四首诗近乎完美。我想我会对他的第二本书更感兴趣。

[特拉华大学图书馆收藏]

致霍华德·多迪

纽约州布鲁克林区克利夫顿街 17 号

1946 年 12 月 18 日

霍华德亲爱的，

已经很久没有见到你或收到你的来信；当然，我可能还一直欠着你一封信，但我也不确定：反正我写信从来不按这种逻辑，而只是在真正特别想写的时候才写。

① 霍华德·摩斯的诗集《伤口与天气》，刚刚发表。

你也许知道，我已经搬到布鲁克林，住进了一栋维多利亚式老房子，我猜想，主人是在读过贝洛克·朗蒂丝夫人的某部廉价惊险小说之后，才把房子装修成这样。不过这里很舒适、安静而温暖，比起我曾经非常可笑地称为“自己的小天地”的住处，这里真是令人如释重负。马尔科姆到这儿来过，所以可能向你作了描述。我在这里可能会一直待到五月……除非能找到一个更方便的去处。

自从在北安普敦见过你之后，我又住进了另一家医院。我那神秘病症不知道是怎么回事，已经让我很腻烦了。

前几天我与伊丽莎白[·艾姆斯]一起喝了鸡尾酒；当时真的非常愉快，我很开心；一旦离开雅都，她就显得亲切随和得多。她告诉我你在努力工作，这当然是好消息。说到工作，牛顿真的一直在超负荷，而且，恐怕还处在一种高度紧张的状态。我周六会去那里，而且会在那儿过圣诞。刚刚过去的这一周的每一天，我都在忙着为他买礼物，我想我干得还不错：一个刻有他名字首字母、带有蓝色皮革内衬的马克·克劳斯公文包，一对非常漂亮的水银玻璃仿古烛台，杜米埃的新书，马吉·泰特的一套唱片，①还有一套分开精选收录的唱片。天知道我该怎样把这一堆东西搬到北安普敦。

我上周与西里尔·康诺利共进了晚餐。②他是个肥胖、清高但还讨人喜欢的人，答应在《地平线》上登一篇小说。

马尔科姆在《青年芭莎》上的照片棒极了。你看到了吗？

---

① 马吉·泰特是著名的英国女高音歌唱家。

② 西里尔·康诺利是著名的英语文学评论家，并与斯蒂芬·斯宾德共同创办了一份发行量小但很有影响的英语文学杂志《地平线》。

莱昂内尔·特里林的小说已经完稿；我还没有读，但有人说写得不是太好。[1]卡森来信说她病了，不过她爱上了巴黎；她准备住到埃蒂塔·莫里斯[2]家里，在巴黎城外约二十英里处。还有什么别的消息呢？我也许会为亚伦·科普兰可能问世的歌剧写剧本；起码他邀请了我。我只是还拿不定主意。我写了一个新的短篇，将发表在《大西洋月刊》上，你不会想到吧。牛顿十一月所做的讲座将登在《时尚芭莎》三月刊上。内容很精彩。

亲爱的霍华德，随这封信寄来的除了爱，还有我十分诚挚的新年祝福。

杜

［佚名收藏］

致约翰·马尔科姆·布里宁

［布鲁克林区克利夫顿街 17 号］

［1947 年 2 月 2 日星期天］

马尔科姆亲爱的——

我已经太久没收到你的信了；希望这并不意味着你近况欠佳。而我呢，各种病症似乎已经稳定下来，不用说，我为此感到庆幸。

我还在布鲁克林——断断续续地——不常在这里，其实。我家人这周要去古巴，所以我要去公园大道照看几周：因此，如果

① 特里林的这部小说是《旅途中》（1947）。
② 埃蒂塔·莫里斯是一位作家。

你进城，请往那边给我打电话：阿特沃特9－3319。说到这里，我想起了一件事：你干吗不专程来一趟呢？我们已经很长很久没有对我们的朋友评头论足说三道四了，你可以住另一间卧室（绝对安全，我向你保证）。牛顿下周末要来；我们要去看安德鲁克里斯，我会给他办个小聚会：有亨利和爱丽，玛丽露和芭芭拉，亚伦·科普兰和他的朋友维克多，你愿意成为第九人吗？当然，这是个很短的小聚，五点半到七点，周日，九号。不过，也许你会出席亨利周二晚上的开幕式。

《小姐》上你在伞下的那张照片非常漂亮。最新的二月一日的《时尚》杂志里，有我的一张病态的照片；我非常厌烦那些瘾君子似的照片，我猜它们很有趣，但毕竟并不真的像我。或者有点像？那同一期里还有你的朋友瓦勒里·贝蒂斯的一张照片。[①]

霍华德来信说你不久要去雅都。嗯，祝你好运。你觉得今年夏天你会去那儿待一阵吗？

知道你对电影情有独钟，让我提醒你别错过《天堂的孩子》，它将于下周在这里公映。还有，千万不要去看《黄金时代》，那是一部伤感、虚伪、无聊而空洞的片子！

当然，在信中有很多的事情要跟你说，但时间不早了，而且我还有个约会。让我收到你的信吧。一直深爱你的

杜

［特拉华大学图书馆收藏］

① 瓦勒里·贝蒂斯是一名演员和舞蹈编导。

致玛丽·露易丝·阿斯维尔

［马萨诸塞州北安普敦］

［1947 年 4 月 16 日］

玛丽露，我心爱的仙女，

这肯定就是爱！因为你是我唯一写信的人：是的，这就是爱，但话说回来，像玛丽露这样美丽迷人的女子，当然是人见人爱。其实，亲爱的，我不知道我改变了你的生命历程（就像布罗德登·博沃特先生[①]所指的那样），但是你，美人，已经改变了我的历程：哪怕是上百万元请来的高人，也不及你对我的帮助。嗯，等你最终离开麦迪逊大道 572 号，开始实施你独创的精神疗法时，可以引此为证。[②]我可以想象那种情景，宝贝！哦是的，阿斯维尔疗法，也就是："姑娘们，如果你们想保持清醒的头脑和［此处不清］的身材，那么我告诉你们：忘掉男人、性、食物、衣、威士忌、朋友（尤其是如果他们名叫劳伦斯或芭芭拉：那两个名字总是跟一群危险分子在一起）、家具、音乐、书籍和政治——换句话说，姑娘们，只管躺在夏日的海滩上，忘掉一切：这就是阿斯维尔的幸福秘籍。"亲爱的，有了这个方法，我敢打赌你能很快挣大钱。要不要编写一份宣传手册？

我最近在看查尔斯·奥尔森的书，对你和珀尔那么喜欢它感到很不解。[③]它显出了几分才能，我得承认，但整体而言，我觉得

---

① 对"博登·布罗德沃特"名字的戏仿。

② 《时尚芭莎》的办公场所在麦迪逊大道 572 号。

③ 查尔斯·奥尔森是前卫派评论家和诗人。他的《叫我以实玛利》一书研究文学对梅尔维尔的《白鲸》所产生的影响。卡波蒂的观点可能受到阿文的影响，当时阿文正在撰写梅尔维尔的传记。

像是一种欺诈行为：非常以偏概全的陈述，我知道，也许还不容易站住脚——不过，告诉珀尔，等我上几次纸牌课后，我要跟她较量较量——还要给她一个大大的吻，因为她是个百里挑一的姑娘，我特别特别喜欢她。

你看到古根海姆奖获奖名单了吗？！有拉尔夫·贝茨[1]！你知不知道玛格丽特[·杨]鼻子都气歪了？我想我们应该一起凑点钱，帮她买一管炸药去炸掉莫伊先生的______（千万别说我不是一位绅士）。给你讲点花边新闻吧，亲爱的：艾瑞斯·巴里跟一个毛都没长齐的男孩好上了。[2]

牛顿很好，但当然忙得要命：法国有人想翻译《美国新作家》那篇文章，一家意大利杂志也愿意发表。至于我呢，在不停地工作，也享受一点阳光。天气非常好。

我爱我们的姐姐芭芭拉——但看在老天的分上别告诉她！你只要表扬她一句，那姑娘就会让你受不了。

永远爱你的坏孩子

杜

［阿斯维尔家族收藏］

致罗伯特·林斯科特

［1947年5月左右］

亲爱的鲍勃，

谢谢你的来信，非常感谢，我很高兴你喜欢这篇小说：当

① 贝茨是作家，曾经与卡波蒂和杨一起客居雅都。
② 艾瑞斯·巴里是现代艺术博物馆电影馆藏的负责人。

然，我知道里面还有一些不足，但就我而言，我的意图起码有百分之八十得到完成，对这么难以把握的题材来说，我已经非常满意了。[①]比如说，它的主题不像我所希望的那么集中，但由于素材具有一定的诗意性质，而无法像钻石那样聚焦：我得用柔和镜头，用暗示手法。我真心希望会取得一定的成功；也就是说，希望有些读者能够多少明白和体会到我所付出的心血，因为我最不愿意糊弄人，我说的“糊弄人”指的是让读者看一些浪费他们时间的东西。它被《小姐》杂志拒绝（为此我谢天谢地！），原因非常复杂，也非常具有个人色彩：我和乔治·戴维斯发生了激烈争执，他说了一些难听的话，甚至说我“自命不凡”等等：而这只是因为我不同意删减小说，也拒绝修改那些更加——用布莱克威尔夫人的话说——“令人震惊的部分”。[②]另外，不知道他是通过什么方式获悉玛丽露读过这篇小说，他觉得这也“令人震惊”。整个事情最后闹得特别令人恶心，特别没有专业水准，而这种情形是我绝对不允许自己卷入的。你知道，我真的非常担心他们会印出来，那对我来说将是一场悲剧，所以总而言之，我对结果还算满意。我希望玛丽露没有麻烦，我的意思是说希望她的业务部门让她把它买下来。目前我还没有得到她的消息。我也希望丽塔[·史密斯]吃一堑长一智，因为这一切都是她的错：当然她完全是好心，我也欣赏她的忠诚，但有时候，关于什么叫忠诚，她的确有一些很奇怪的想法。[③]我想她现在出了错，应该已经意识到了。我

① 不清楚他指的是哪一篇小说。

② 乔治·戴维斯是《小姐》杂志的小说编辑，贝特西·塔尔博特·布莱克威尔是他的上司、杂志的总编。

③ 丽塔·史密斯是乔治·戴维斯在《小姐》杂志的助手，是她最先让卡波蒂得到戴维斯的关注；她还是卡森·麦卡勒斯的妹妹。

也希望你在阅读这篇小说时，头脑更为清晰。

我还在写这本书[1]，我真的很爱它，今天写了两页，哦鲍勃，我真的希望它成为一本好书，因为在我看来，尽量把书写好非常重要，而现在更是如此，因为世界太疯狂，只有艺术有理智，历史已经一遍又一遍地证明，文明的废墟被清理之后，剩下来的就只有诗歌、绘画、雕塑和书籍。

《生活》杂志上个星期一直在这里，他们给我拍了许多照片，我希望到头来有几张还不错，虽然我觉得即使那样，他们可能也只会用一张。亲爱的鲍勃，你在那儿度假，我想你可能不太想写信，不过如果你想写，请一定给我写信。我想你。

永远的爱你的

杜

［华盛顿大学图书馆收藏］

致约翰·马尔科姆·布里宁

［纽约公园大道 1060 号］

［1947 年 5 月］

马尔科姆，甜心，

我敢说你的体重肯定减了许多；我花了好几个月才恢复去年夏天在新奥尔良掉下去的体重；不过说真的，倒是很有趣呢，老天知道你是在第一次看美国……尽管到头来那可能会是你最后看到的东西。说起看东西，你有没有看到最新一期《生活》杂志上

① 该书即《别的声音，别的房间》。

我那张吓人的照片？[①]相信我，再也不会了！太滑稽了。

你有没有收到我写给你的另一封信？

嗯，你大概知道，霍华德[·多迪]现在住在马萨诸塞州弥尔顿市。他去那里时，顺道来北安普敦看了我和牛顿；我觉得他气色很好，似乎心情也很愉快。牛顿上周带我去了波士顿；这是我第一次去那儿，过得非常开心：我们做了很多事情，比如与F.O.玛蒂森共进晚餐，还去了老霍华德剧院[②]：你知道，我是滑稽歌舞剧的老剧迷。我不是特别喜欢玛蒂森，但是得进行普鲁斯特式的分析才能解释其中的原因，所以留到以后再说吧。不过，我很喜欢哈利·拉文。[③]玛格丽特[·杨]目前在雅都，她写信说那里有很多有趣好玩的人，如罗伯特·洛威尔，欧文·埃德曼，[马尔科姆·]考利，奥斯丁·华伦，J. F. 鲍尔斯等。你什么时候去？或者你准备去吗？我十日(星期二)会去斯康赛特[④]，但由于我不确定地址，你还是写信到这里再让人转寄给我吧；马尔科姆，请一定来看看我。

玛丽露和芭芭拉[·劳伦斯]一切都好；我们经常谈到你。我的生活中没有新结识的人，除了[克里斯托弗·]艾什伍德，我现在经常见到他，也很喜欢他，尽管他让我有点费解。牛顿的课上

---

① 《生活》杂志(1947年6月2日)发表了一篇题为《年轻的美国作家》的长文，其中提到了一些人，但只在首页登载了“神秘的、出生于新奥尔良的杜鲁门·卡波蒂”一个人的照片，他神情忧郁，毫无笑容，穿着西装马甲，打着领带。几乎可以肯定地说，尽管他声明过不抱太大希望，但对该杂志登出的照片，他还是非常满意。

② 老霍华德剧院是位于波士顿斯科雷广场的著名剧院；之前曾经是一座富丽堂皇的歌剧院，但这时已经变成一座装饰花哨的滑稽歌舞剧院。

③ F.O.玛蒂森和哈利·拉文是阿文的朋友，两人都是哈佛颇有声望的文学教授。

④ 斯康赛特是西亚斯康赛特的常用名。

完了，精神好了很多；甚至比我见过的任何时候都好。你应该至少给他寄一张明信片；他那么喜欢你。

告诉亨利我试着给伊丽打了无数次电话，却都没有打通。她周末出城了，但预计今天下午会回来，所以我会再试试。向他问好。他们也准备去雅都吗?

我的书真的已经在收尾了；压力特别大，我非常担心写砸了。天哪，辛辛苦苦了这么多，而且这么久。不过，我的确觉得自己已经被置于一个不公平的位置，我也不喜欢这种压力。哦，就这样吧。

我非常想念你，马尔科姆。请给我写信。

非常爱你

杜

[特拉华大学图书馆收藏]

致罗伯特·林斯科特

[马萨诸塞州楠塔基特岛]

[1947 年 7 月下旬]

亲爱的鲍勃——

太感谢你的来信了！在这孤岛上，邮件的到来是唯一值得关注的事情。

当然，我对自己没有早些将《声音》[1]寄出感到十分抱歉。但最后这几页啊！每个字都呕心沥血，我不知道怎么会这样，特别

① 即《别的声音，别的房间》。

是我明明知道自己在做什么。我前面两周已经把书写完，只剩下最后那五六页。当然，我还在这里那里做些小改动，我是指全书而言。

无论如何，我非常确定本周末就会完稿。然后我会把它寄给玛丽安[①]，她会马上交给你。届时你可能会返回纽约了。

艾什伍德来这里待了一周，我们过得开心极了。[②]我知道你会喜欢他的。他八月份的什么时候可能会去拜访米娜 · 柯蒂斯，所以你到时候也许会见到他。[③]说到这里，我想起自己从伊莱恩 · 莎普林那儿借的书还没有还；从这里邮寄东西实在太难，但告诉她别担心。

那位英国出版商约翰 · 莱恩给出了一百五十英镑的定金来买我的书。我应该收吗？可能等一等更好，因为有七个人给我开了价，特别是西里尔 · 康诺利也要做出版了，她给我开了个很好的价钱。

我想你鲍勃。要有信心！爱你的

杜

［哥伦比亚大学图书馆收藏］

致里奥 · 勒曼等

加利福尼亚州好莱坞日落大道 8358 号日落塔

1947 年 12 月 8 日

① 玛丽安 · 艾维斯是他的文学经纪人。

② 克里斯托弗 · 艾什伍德和他的伴侣比尔 · 卡斯基于 7 月 13 日到达。

③ 米娜 · 柯蒂斯当时正在编辑一本普鲁斯特的书信集。

最亲爱的兄弟姐妹①

宝贝们，我害怕得快要疯了：等我回来之后——如果我真的回来的话——我会抓住你们所有人的可爱的小爪子，要你们向我发誓，永远永远不会踏进洛杉矶县。天哪！我住在一幢非常豪华的建筑里，叫日落塔，据本地一些上层人士告诉我，所有发生过的丑闻都是在这里发生的；这主要是一家风尘女子频繁光顾的酒店——亲爱的你们，这辈子真该来看一眼加利福尼亚不遗余力地要保留的是什么。不过，我星期三会在霍伊宁根-休恩②的陪伴下去死亡谷，回来后就搬到别的地方。

与其在好莱坞生活，不如在威尼斯死去。说到这里，顺便提一下，[凯瑟琳·安·]波特准备离开这里，去威尼斯生活。③下一次猫头俱乐部聚会时，请勒曼主席提议我们改变一下对波特小姐的正式态度好吗？她对我一直非常好；真的，而且，我最近生病时——那是星期六——她给我送来了牛脚冻和一束山茶花。到目前为止，一切都非常顺利。阿斯维尔经理的朋友弗罗·霍穆尔卡④昨天为我举行了晚宴，非常温馨愉快，只不过我坐在一个——用弗朗西丝·麦克法登的话说——“很不起眼”的小个子男人身边，他一直不停地盯着我，仿佛在盘算着什么不可告人的邪恶勾当；没想到他竟然是利翁·福伊希特万格⑤；只不过我还以为是弗

① “兄弟姐妹”是对聚集在勒曼身边的朋友的一种诙谐称呼。

② 指的是摄影师乔治·霍伊宁根-休恩。

③ 波特正在好莱坞写剧本。

④ 摄影师弗罗伦丝·霍穆尔卡是演员奥斯卡·霍穆尔卡的妻子。她的母亲艾格尼丝·梅耶是托马斯·曼的朋友和译者。

⑤ 利翁·福伊希特万格是德国犹太裔历史小说家，他的《奥倍曼兄妹》(1933)是流亡中的德国作家所创作的第一部反纳粹小说。他于1940年逃离欧洲，在美国度过余生。

兰茨·韦菲尔[1]；也就是说，我对他说，他的《穆萨达的四十天》和《圣女之歌》都非常精彩，他这些作品的灵感是从哪儿来的?

我在卓别林家吃了晚饭——我想是星期五——一次相当可怕的经历——然后与沃尔特·康拉德·阿伦斯伯格[2]一起度过了一个真正美好的下午，他非常亲切友好：勒曼和林顿老兄会为他、他的房子以及那些画而神魂颠倒的。但所有这些关于人和地的事情都等到猫头聚会时再说吧。

我干了一件大大的倒霉事：从浴缸里出来时，不小心踩在一台电暖器上，脚都烧焦了。这不是开玩笑。我不得不去看医生，现在走路都拄着拐杖。

离开这儿后，我会去旧金山待上一阵。不过，我很有可能在圣诞节前回来。这段时间里，在窗前亮一盏灯吧，你们这帮猫头，记着我爱你们每一位，爱你们所有人。从远方寄给你们上万次的吻，上万分的爱

杜

［一幅小画，上面是一只穿着燕尾服的猫，一手握着手杖，一手拿着烟，头顶繁星点点］

转告B老兄——我会与帕森斯小姐和赫本小姐见面——都在下周二。

［哥伦比亚大学图书馆收藏］

① 弗兰茨·韦菲尔是出生于捷克的奥地利籍犹太剧作家和小说家，作品包括《穆萨达的四十天》(1933)和《圣女之歌》(1941)。韦菲尔1940年逃离欧洲，在南加州住了下来，直到1945年去世。

② 诗人和艺术收藏家。

致卡罗尔和威廉·萨洛扬

纽约州纽约公园大道1060号

1947年12月26日

卡罗尔和比尔，你们好；瞧，我又回到了落基山的东面，窗户外面，天啊，是一场完全不亚于一八八三年的铺天盖地的暴风雪。①其实，大雪已经连着下了两天，我还时不时地冒出一个念头，想在脖子上挂一桶白兰地，跋涉着去救助那些无助的人。

与你们一起在旧金山的那个夜晚非常愉快。真希望我有写日记的习惯；翻开日记重温旧事，该是多么美好。无论如何，在记忆所保存的美好情景之中，它将永远占有一席之地。

我很高兴《别生着气离开》——顺便说一下，这个剧名很有趣——已经完成：你们两人肯定都嘘了一口气。②这里祝愿新的一年将带给我们热切的观众和读者。

此时此刻，我的书正在奔往你们那儿的途中。③请一定让我知道你们的想法，不管是好还是不好，与此同时，记着我在想你们，并期待着你们的纽约之行。

永远爱你们的，

杜鲁门

［佚名收藏］

---

① 他指的是1888年（而不是1883年）3月那场灾难性的暴风雪。1947年12月的暴风雪创造了一项保持近半个世纪的纪录，直到1996年1月才出现了一场类似的暴风雪。

② 萨洛扬的戏剧《别生着气离开》于1949年推出。

③ 即《别的声音，别的房间》，出版日期为1948年1月19日。

致里奥·勒曼

[海地太子港堡垒酒店]

[1948 年 2 月]

亲爱的里奥，

我直到今天才写信，因为直到昨天晚上我才真正见到理查德[·亨特]：他来这里喝鸡尾酒、吃晚餐；非常愉快；后来，我们坐在这家漂亮酒店的最漂亮的露台上，在月光下交谈；大约十二点时，理查德走进夜幕之中，独自下山，回到那座神秘的爬满九重葛的伊科塞尔斯酒店。要汇报我们的谈话有点困难。[1]首先，他似乎很不一样；一则外形更加英俊，清瘦身材，褐色肌肤，相当结实；而且好像更有个性。我想他有生以来第一次真正感觉到了孤独，也拼命想建立一种价值意识，但又为眼下的情形而困扰。事实上，我们谈的几乎全是这个话题。说起你时，他带着一种令人心碎的柔情，总而言之，我相信他爱你胜过世界上的任何事、任何人。他十分"了解"霍华德[·罗斯柴尔德]，不仅知道而且还说自己从霍华德那里所能得到的只有毁灭。他将于 3 月 1 日左右回来，到时候他想和你远走高飞，也许去欧洲，至少去一个你可以写作、他也能照顾你的地方。另一方面，霍华德一直对他纠缠不休，现在的情况是这样：他接二连三地给理查德发电报、写信、打长途电话，这一切使理查德的妈妈对他很恼火，在很大程度上也让理查德很恼火。我觉得理查德其实瞧不起他……

① 理查德·亨特与里奥·勒曼友好地结束了两人十多年的伴侣关系，亨特后来与一位艺术家同行霍华德·罗斯柴尔德有了交往。罗斯柴尔德虽然有来自家庭的一定收入，但并非那个著名银行家族的成员。

就像狐狸瞧不起穿红衣服的牧羊人那样。但他依然脆弱的自我又从中汲取了一些有害的养分。这并不是说我质疑你保持沉默的智慧：你这是极为明智之举，因为总体来说，这让霍华德的愚蠢已经自行暴露出来。昨天，霍华德打来电话，说他已经做好预订，将于 16 日到达这里。但我不会为此而烦恼；在某种意义上，我觉得霍华德是在孤注一掷。理查德以霍华德准备前往欧洲、两人将不再相见为由而没有计较。坦率地说，如果我是你的话，我会暂时不做评价，直到理查德回来；等他回来之后，如果按现在所说的去做，你就可以完全相信，并忘掉这一切了。

多年以来，海地是第一个让我感到兴奋的地方；你一定要来这儿；不过具体情况我会留到去花神咖啡厅时再告诉你。

最亲爱的宝贝，我有没有告诉过你我爱你？我真的爱你，你知道，非常非常爱你。百万分的爱，茉特，还有百万次的吻。

玛吉①

又及：给我写信。理查德喜欢巧克力涂层小蛋糕的情人节礼物。写信告诉我怎么做吧

你的海地密探

[哥伦比亚大学图书馆收藏]

---

① 卡波蒂常常称勒曼为“茉特”，自己则署名为“玛吉”，因为两人都非常喜欢一部比较老的广播连续剧《茉特与玛吉》(1931—1942)，该剧讲述的是一位努力打拼的歌舞团女演员(茉特)与她的女儿(玛吉)争抢相同的剧中角色和相同的男人。“真的非常精彩，”卡波蒂说，“这是一种最离奇、独特、超现实主义的事情。我一直没碰到任何听说过这个节目的人，直到有一天，我跟里奥·勒曼谈起它。‘《茉特与玛吉》？那是我最喜欢的节目之一！’他说。从那以后，我们就经常拿茉特与玛吉来说事。这让我们两个人都觉得开心。”

致伊丽莎白·艾姆斯

纽约州纽约公园大道 1060 号

1948 年 3 月 2 日

亲爱的伊丽莎白，

你的来信让我非常高兴：你喜欢这本书，令我如释重负，因为你是我最初的赞助人之一，对你，对你们所有人，我都深怀感激。你对我一直那么好，伊丽莎白；还有牛顿，如果没有他，我不知道自己会怎么样。所以你瞧，我对雅都深怀感激。

我希望能说一些我自己的好消息。在某种意义上，也的确可以，因为我很受鼓舞，充满希望。不过你也知道，在过去一年左右的时间里，我的身体其实不是太好。我总是时不时就病倒。但现在我也许会好上一段时间。

伊丽莎白，我认识的一位年轻作家非常希望和需要被邀请去雅都。她名叫帕特丽夏·海史密斯，住在纽约第五十六街东 353 号。她的确天赋过人，她的一部短篇小说已经显示出我所见过的最杰出的才华。而且她很可爱，总是彬彬有礼，我肯定你会喜欢她。她现在正在写一部长篇，需要只有雅都才能提供的那种氛围。我已经要她给你写信；如果你觉得可以关心一下的话，那就太好了。①

我非常渴望见到你；你那么令人安心，那么慈悲心肠，而我要说的话也太多太多。也许你下次来这里时，会让我知道。

---

① 雅都接受了海史密斯，她在那里创作了自己的第一部长篇小说《列车上的陌生人》，并于 1950 年发表。卡波蒂对她作品的高度评价从未动摇。

与此同时，记着我想你，伊丽莎白，并接受我的所有祝福。

爱你的

杜鲁门

［纽约公共图书馆收藏］

致里奥·勒曼

［巴黎］

［1948年6月8日］

茉特，我最亲爱的妈妈，

这儿太美妙了，但我每天早晨醒来时，仍然有点想家，心里想着，不知道这部肥皂剧的另一半在干什么……她为什么没有给我写信？虽然我知道自己没有什么权利去责备，但我的生活简直成了一团乱麻，而想起要将这一大堆活动详细道来，我就十分沮丧。有件事情你可能会感兴趣，那就是我在英国经常见到大卫·塞希尔：[1]你不是非常喜欢他吗？他特别友好亲切，也很想来美国，如果有大学邀请的话——最好是哥伦比亚大学。芝加哥倒是邀请了，但他不想去那儿。你不妨向［莱昂内尔·］特里林[2]建议一下。我在伦敦过得非常愉快，但是天啊，那个地方太枯燥。但是巴黎却美极了，这是我有生以来唯一一次感到真正放松；我睡得足，吃得多，我想也许这对我会大有好处。另外，我又开始工作了。离开美国是我当时所能做的最正确之举，只要我现在好好安

① 大卫·塞希尔勋爵是作家和牛津大学教授。

② 特里林是哥伦比亚的文学教授。

排；来到这里，远离多少年来一直让我深感痛苦的各种压力，这种解脱感——尽管可能只是暂时的——我简直难以形容。如果不是因为牛顿和你以及其他的朋友，我会永远不再回来。不是说我觉得这里好很多，而只是说我自己更好了。也许只是因为到目前为止，对各种人和事，我还不太明白它们的意思，所以不会受到干扰，不会像在家里那样，因为一个孩子的脸色、某种语气、某种口音或街灯的亮度而烦恼：没有什么会激起往事，或挥之不去：你明白我的意思吗？不被迫不及待的知识所累，这是多么惬意啊！

各种有趣的故事有很多，亲爱的，但现在时间不早了，而且我还约了人一起吃晚餐。我将于7月1日离开这里，前往罗马和卡普里岛；但是请马上写信给我，经巴黎美国运通转发……而我呢，下次会尽量写一封更有趣的信。我非常爱你；这话说起来很动听，但只有对很少的人，我们才是真心实意地说这话。来自巴黎的吻

杜

[哥伦比亚大学图书馆收藏]

致玛丽·露易丝·阿斯维尔

巴黎

1948年6月15日

亲爱的玛丽露，

非常感谢你的来信，亲爱的；没有收到你的信时我很担心，但你好像一切都很不错，而这正是我对你的希望。自从我前几天写过信后，没有发生什么特别的事情……除了我和纪德一起吃过

饭……这件事我在刚刚写给北安普敦的那位先生[1]的信中谈起过，说起来简直话长，我就不再赘述了：让我们等到哪个宁静的下午，来一杯带劲的好酒时再说吧。巴黎似乎一天比一天美，我还在房间里摆满了鲜花。尽管如此，几周后我将离开这里。我要去丹麦。没有特殊的原因，只是觉得我可能喜欢那儿。我猜离开之前应该买点东西；我还什么都没有买，只买了一大瓶迪奥香水……那味道会熏得路上的人喘不过气来。

亲爱的，你能在你们的一月刊上给《买梦人》[2]预留一点版面吗？我现在正在写另外一篇[3]，所以《买梦人》大概要到八月下旬才能完成……也就是说，我很可能在九月份把它带回家。

还有一件事。请给罗兰和洛伊德[4]打个电话，告诉他们我在这里为他们预定了 7 月 10 日的皇家桥酒店。这是个值得一待的地方，我肯定他们会喜欢。

我为芭芭拉[·劳伦斯]的事情感到欣慰，也就是说，我很欣慰她在利用自己的诊断天赋。听说她跟你分手了，不过就目前的情形，这样其实最好，起码对你而言最好，尽管我知道，这对她来说肯定非常艰难：她崇拜你。可怜的宝贝，我真的爱她，尽管她上一次的表现很过激……但从某种意义上说当时就完了：她的那些猜测实在是太过头。

这么说，小珀尔[·卡津]当阿姨了；给她一个庆贺之吻。我的菲比[·皮尔斯]天使怎么样？告诉她们两个人，我深深地爱她

① 牛顿·阿文。

② 以“悲伤少年”为题发表于 1949 年 1 月的《地平线》和 1949 年 2 月的《时尚芭莎》杂志。

③ 指《过生日的孩子》。

④ 指诗人洛伊德·弗兰肯伯格和他的艺术家妻子罗兰·麦克伊弗。

们。昨天我跟牛顿通过电话。非常开心。真希望你们会见到他。他说一直没有收到你们任何人的信，你们这些小气鬼！

这里现在已近黄昏，啊，此刻的巴黎真是美极了。大街上撒满淡蓝色的灯光，星形广场上那些柔和的红灯已经亮起，码头上有一群孩子或上或下，口里唱着《玫瑰人生》。如果我们大家都能在这里，该是多么令人开心啊！

你爱我吗？你能不能想象我有多么

爱

你？

杜

［哥伦比亚大学图书馆收藏］

致安德鲁·林登

巴黎

1948 年 6 月 29 日

亲爱的小安

我多么伤心啊：你——尤其是你——从没给我写过只言片字！真的，我亲爱的，你太可恨了。牛顿说你和哈罗德［·哈尔马］[1]想把 339 号转租出去。我由此猜测你们已经找到别的房子。果真如此的话，就太好了！你在工作吗？求求你，天使，我希望是这样——尽管天知道我没有权利说这些——不过，我好像终于，

① 哈罗德·哈尔马是林登的伴侣，正是他为卡波蒂拍摄了那张迷人地躺在一把躺椅上的著名照片，该照片被用在《别的声音，别的房间》的封套上。

终于能够控制自己了。但巴黎是一个特别令人分心的地方。这仙境一般的城市啊，如果你、牛顿和菲比[·皮尔斯]都在这里，我肯定会开心至极。我学会了骑摩托车，所以骑着它在这里到处转；事实上，我准备骑车去威尼斯，可能星期四出发：就像乘游艇横渡大西洋，对吧？不过我不确定，我这个星期感觉不是太好，所以也许会推迟行期。昨天我给你买了一份礼物：一本由斯基拉出版社出版的布拉克的大画册。这里有非常精美的艺术图书。你有什么想要的吗？有就告诉我。我看到了一张可以送给哈罗德的精致的小桌子，如果我能想出什么办法把它弄回家的话。大约两周之前，田[田纳西·威廉斯]也在这里（简直吓坏了，因为潘乔①发电报给他，说自己正在来这儿的路上），但他所有的时间都与戈尔[·韦达尔]在一起：尽管看起来不可思议，但田真心实意地爱着他。桑迪·坎贝尔②也来过这里，我跟他一起吃过饭，觉得他很讨人喜欢。我猜你现在已经听说纪德的风流韵事，③以及我因为携带海洛因而被捕的消息：当时还真让我担心了一阵，不瞒你说。

我与温迪·希勒不同，我不知道自己要去何方——至少不明确。④我会给美国运通留一个转发地址，而且我以后反正会回到这里。不过，无论如何，我都会及时回家与牛顿一起去韦尔弗利特。给我写信，寄到巴黎。爱你，宝贝天使，也问候哈罗德。一百万个吻

杜

① 田纳西·威廉斯的伴侣是潘乔·罗德里格斯-冈萨雷斯。

② 坎贝尔是一位年轻演员，是卡波蒂的朋友唐纳德·温德姆的伴侣。

③ 遗憾的是，这里所说的纪德的风流韵事已经无史可查。

④ 温迪·希勒是英国电影演员，曾主演《我知道自己要去何方》（又译《我走我路》）(1945)。

又及：告诉菲比给我写信，也给她一百万个吻。

［纽约公共图书馆收藏］

致唐纳德·温德姆[①]

［巴黎蒙塔龙贝路7号皇家桥酒店］

［1948年8月3日］

宝贝蜜桃

只是简单写上几句……因为我手头很忙……也就是说，要做出发的各种准备；亲爱的，我们本该在西尔米奥了！这里热得吓人，而且是一座鬼城，除了有成千上万的美国人：当然，都是些乌合之众。我无法告诉你我来这儿的旅程有多么糟糕：不仅没能弄到卧铺[②]，而且直到瑞士之后才有座位……没错，顶着最热的天气站了一路。不管怎么说，田在这里——尽管没有出席他的剧作在伦敦的首演。我们昨晚去跳舞了。那部剧[③]的反响相当差，他为此好像很沮丧，尽管我想不通为什么：天啊，谁会在乎任何英国人的看法呢？哦，他母亲和弟弟今天上午不期而至，看上去怒气冲冲，所以我还没有见到他。哦是的……他叫那孩子从罗马过来的，准备把他带到纽约。我觉得这真是愚蠢。我们可能会乘同一艘船，因为我正在想办法搭乘"玛丽皇后号"，7日起航……他乘的也是这

① 唐纳德·温德姆是美国长短篇小说家，其最为出名之处可能是与田纳西·威廉斯合作，将D. H. 劳伦斯的短篇小说《你摸了我！》改编成了剧本（1945）。

② 欧洲列车上的卧铺。

③ 指《玻璃动物园》。

艘船。[1]我希望你现在好运当头，蜜桃……并努力工作。这是一本很美的书，而且真的很重要。[2]写完后，就快回家。满腔的爱

杜

又及：我在纽约的地址是公园大道1060号

［耶鲁大学贝尼克图书馆收藏］

致唐纳德·温德姆

纽约

1948年10月19日

唐尼小羊，

谢谢你的明信片，甜心；我非常抱歉没有早些给你写信，但是，啊！在经历了一些不快的经历之后，我才刚刚喘过气来；不过，我想一切都会好起来的。我又开始动手写那篇在西尔米奥没有写完的小说了，希望本周能够完成。[3]听到你已经把书稿寄出，我特别开心：它非常美，非常动人，我常常想起它。但关于出版商的事情非常重要，亲爱的；我绝不允许你让那本书被人随便埋没掉。必须由一流的出版社出版……这里的一流可不包括哈考特，原因有很多。我很希望由兰登来做，尤其是如果［阿尔伯特·］厄斯金或［罗伯特·］林斯科特愿意接过去的话。他们已经向［奥黛丽·］伍德[4]要求过，但我不知道她是否已经收到书稿。

① 卡波蒂的确上了船，他和威廉斯一起回到美国。
② 温德姆在创作自己的第一部小说《天狼星》。
③ 这里指的可能是《悲伤少年》或《过生日的孩子》。
④ 奥黛丽·伍德是文学经纪人。

祝贺我吧，甜心，我获得了欧·亨利小说奖，[1]三百美元，然后马上跑出去，在珂尼兹店花四百美元为自己定制了一套西服……只是想让你看看我离疯狂的边缘有多近。另外，桑迪[·坎贝尔]可能在信中跟你说过，我因非法闯入田的公寓而被拘留，温切尔先生和其他人对当时的情景感到特别好笑。这个故事太复杂，在此不便赘述，但有朝一日，我们一起轻轻松松地喝一杯马丁尼时，我保证会让你乐上半个小时。[2]

田昨晚举办了一个派对，为桑迪和他的朋友送行……非常愉快，马龙[·白兰度][3]也到场了，穿的衣服就像一套弹力连衫裤。桑迪新染了头发，我不是很喜欢。[4]不过他是个讨人喜欢的孩子。我回来后见过他两三次。他非常想念你，毫无疑问。但话说回来，我也一样……这就是说，你什么时候回来呢？尽快吧，尽快吧，亲爱的；与此同时，深爱你的

杜

又及：请把你的书单寄给我。

［耶鲁大学贝尼克图书馆收藏］

---

① 卡波蒂因短篇小说《关上最后那扇门》而获得欧·亨利小说奖年度一等奖，该作品发表在1947年8月的《大西洋月刊》。

② 这的确是一有趣的故事。一天晚上，卡波蒂和安德鲁·林登决定不打招呼就去拜访田纳西·威廉斯。敲门没有应答后，卡波蒂建议两人进屋去等候，并让林登推着自己钻门顶的气窗。这敏捷的身手引起了正好经过的三位法律维护者——两名便衣和一名女警——的注意。他们紧随而至，将他们拘留，直到威廉斯在戈尔·韦达尔的陪伴下终于回家。“他们闯进你家里——你想起诉吗？”警察问威廉斯。威廉斯乐坏了，显出犹豫不决的样子。“听着，田纳西，”卡波蒂说，“你可别干这种事！”威廉斯没有起诉，闯入者随之被释放。

③ 威廉斯的戏剧《夏与烟》将于1949年1月1日结束公演。白兰度是当时在百老汇上演的威廉斯的另一部剧《欲望号街车》的男主演。

④ 坎贝尔也参演了《欲望号街车》。

1949—1959

冒险年代：
外出闯荡

从 1949 到 1959 年，杜鲁门 · 卡波蒂在国外生活了十年，即使返回美国，也只是相对短暂地逗留。1949 年 2 月底，他与杰克 · 邓菲相遇，几个月后，两人一起搭乘“玛丽皇后号”去了欧洲。他们游历了法国（二战期间邓菲在那儿战斗过），然后到达意大利，在距离那不勒斯不远的伊斯基亚岛上待了几周，再从伊斯基亚前往丹吉尔，在那里停留了较久。他们于年底回到纽约，然后又于 1950 年 4 月乘船重返欧洲，最终抵达西西里岛上一个古老的风景胜地陶尔米纳，并租住在 D. H. 劳伦斯二十五年前曾经住过的房子里。

继《别的声音，别的房间》之后，卡波蒂开始创作第二部小说，一部以纽约为背景的社会喜剧，他将书名定为《夏日的跨越》。最后他觉得那部作品——用他自己的话说——“单薄、要小聪明而缺乏感情”，于是选择了一种更贴近自己内心的题材，也就是他在亚拉巴马州度过的童年时光。那本书名为《草竖琴》，于 1951 年出版，里面的人物源自在蒙罗维尔抚养过他的几位老表亲。接着，在一位频频打造热门剧的制作人阿诺德 · 圣苏伯的敦促下，卡波蒂将其改编成百老汇剧本。但是，《草竖琴》未能成为圣苏伯的成功之作，于是卡波蒂和邓菲又回到意大利，在那里，不久就有人邀请卡波蒂去帮助挽救两部濒临夭折的剧本——其一是维托里奥 · 德 · 西卡的《终站》（在美国名为《美国妻子的轻浮》)，其二是约翰·休斯顿的《战胜恶魔》。第一部影片由珍妮弗·琼斯和蒙哥马利·克里弗特主演，连卡波蒂自己都不喜欢。但他对《战胜恶魔》钟爱有加，并为其承担起更多的责任——整个剧本几乎出自他一人之手。该片由亨弗莱·鲍嘉、珍妮弗·琼斯、吉娜·劳洛布里吉达和罗伯特·莫里主演，确实是一部喜剧佳作，直至今日看来，仍然如1953年那样手法奇特，令人耳目一新。

1954年初，卡波蒂不得不匆忙回国。乔·卡波蒂已被华尔街解雇，不仅丢了工作，还面临挪用资金的指控；在经济问题的困扰下，他母亲妮娜服下一瓶安眠药后昏迷不醒。未等卡波蒂赶到床边，就于1月4日去世，距离自己的四十九岁生日还差几个星期。长久以来，卡波蒂一直是她和乔·卡波蒂的主要支柱，尽管母子之间差异甚远，作为妮娜的独子，卡波蒂仍然深受打击。“她不该走这条路，”他对安德鲁·林登说，“她不该去寻死。我有钱。”

母亲葬礼之后不久，卡波蒂重新投入工作之中，着手圣苏伯说服他去创作的另一部剧本：把自己的短篇小说《花房》改编成音乐剧。音乐剧版本以海地太子港为背景，剧情围绕城里两名地位显赫的女士的争斗及卷入其中的几位单纯而年轻的恋人而展开。卡波蒂负责写剧，哈罗德·阿伦作曲，然后两人合作写歌词。圣苏伯再度呈现了一部一流的作品，但卡波蒂的戏剧再次注定上演时间相对较短，只演出了165场。1955年5月，就在公演结束几小时后，卡波蒂和邓菲又重返欧洲。

好几年来，卡波蒂一直对非虚构小说的可能性很感兴趣。他写了许多短篇纪实文章，大多是关于他游历过的地方，但1955年底，他有了一个写长篇作品的机会。一个全部由黑人组成的剧团即将开启冷战时期的破冰行动，准备前往苏联，在莫斯科和列宁格勒（现圣彼得堡）演出乔治·盖西文的《乞丐与荡妇》。卡波蒂一路随行，于是就有了《缪斯入耳》，这本小书被一位评论家精辟地描述为“顽皮、风趣、一针见血”。

50年代末，卡波蒂终于写出一部以纽约为背景的社会喜剧。他将其命名为《蒂凡尼的早餐》，那位毫无城府的女主人公霍莉·格莱特利的原型，取自他于二战期间及之后在曼哈顿一带所结识的几位迷人的年轻美女。名列榜首的就是他在格林尼治时的老朋友菲比·皮尔斯，不过还包括格洛莉亚·范德比尔特、卡罗尔·马科斯、多丽丝·莉莉、安琦·拉拉比和尤金·奥尼尔的女儿乌娜·奥尼尔。诺曼·梅勒在读完《蒂凡尼的早餐》后，称卡波蒂是“我们这一代最优秀的作家”，并且指出，“他的句子写得很完美，字字珠玑，节奏感强。如果是我，也不会改动《蒂凡尼的早餐》中的任何词语，它会成为一部短小精悍的经典之作”。

卡波蒂在50年代的写信对象仍然包括他在40年代所结识的人物，其中有里奥·勒曼、唐纳德·温德姆、约翰·马尔科姆·布里宁和安德鲁·林登。不过还有所增加，比如牛顿·阿文（此前似乎也写过信，但即使真有，也已经无处可寻），以及来自得克萨斯州的作家威廉·戈因，卡波蒂对他的创作给予过鼓励。另外还有兰登书屋出版商本内特·瑟夫和他妻子菲莉丝，以及《飘》的制作人大卫·O.塞尔兹尼克及其妻子珍妮弗·琼斯。

也有几封写给《纽约客》杂志的编辑威廉·肖恩的更为正式的信件。该杂志终于在1950年刊登了卡波蒂的一篇名为《穿越西班牙》的文章，并在随后的十五年里相继发表了另外几篇。写给他所敬重的兰登书屋编辑罗伯特·林斯科特的信件在逐渐减少，因为卡波蒂把更多时间花在了戏剧和电影剧本上，而不是用来写书。随着林斯科特于1958年退休，信件也完全终止。卡波蒂最好的新朋友及最有趣的通信人之一也许当属塞西尔·比顿。先后在哈罗公学和剑桥大学受过教育的比顿，既是最受英国王室青睐的摄影师，又是伦敦和纽约的顶级舞台设计师。比顿对卡波蒂赏识有加，卡波蒂对比顿也十分喜爱——但两人更似兄弟而非情人，尽管卡波蒂多次称呼“塞西尔最亲爱的”。

卡波蒂的信中频频提及战争和对战争的忧虑，今天的读者可能会感到不解。1950年7月，在北朝鲜进攻南朝鲜以及美国为阻止共产党接管而出兵的数日之后，他在写于西西里的一封信中说：“这里似乎没有人觉得会有一场大的战争。”但在平静的西西里岛之外，许多人认为可能会有一场大战，而且好几年来，东西方发生冲突的可能性其实已经显而易见。

致安德鲁·林登

[罗马安格特瑞酒店]

[1949年3月18日]

下一步的新地址：西西里陶尔米纳贝尔索吉奥诺酒店[①]

可爱的你——

你那两封动人的信我已于今天收到——我自己刚刚从佛罗伦萨回来：是田[田纳西·威廉斯]开车带我们去的；这一趟真不容易，亲爱的，不仅田丢失了自己新剧的手稿，警察还逮捕了弗兰基[·梅洛][②](因为违反交通法规)，我们全都折腾得精疲力竭：等我们终于回到罗马时，却发现某个不法之徒已经洗劫了田纳西·威廉斯的公寓，而我们大家都不敢去监狱指认他。在踏上前往佛罗伦萨的这趟不幸之旅之前，我们上个星期就在罗马。而在威尼斯时，有个男孩在我们正在参观的佩吉·古根海姆公馆闹自杀。我真是无语！但现在这里很美，简直令人心旷神怡。玛丽安[·艾维斯]给我寄来了一堆评论，[③]多数都很棒，尽管也有些小镇报纸完全言过其实：亲爱的，你知道你所交往的是一个“病态的、惊恐的孩子”吗？如果《纽约客》上有评论，请一定寄给我。

我对兰登书屋和菲比很失望。不管怎么说，这一切都太愚蠢。他们一定是疯了。我会给林斯科特写信，把这个意思告诉他。《大西洋月刊》也很愚蠢。[4]为什么不把它寄给《小姐》杂志呢？我希望能看到你的新作。

宝贝，你能给我寄些杂志吗，比如《党派评论》、《纽约客》等。我们没有任何东西可读。我知道（航空邮递）会很贵，但如果不超过10美元，就一定拜托你，我会给你寄支票的。《生活》杂志刊登了你妹妹和你祖母格罗弗·惠伦的照片吗？

M. L. A.［玛丽·露易丝·阿斯维尔］真是有趣。你觉得她那个老头儿是不是让她扫兴了？她该朝那个老王八蛋的臭球（？）上猛踹一脚，再把他扔到大街上。[5]

杰克很好，并向你问好。给哈罗德一个大大的吻，告诉他我眼下拥有他一直——每日每夜及茶余饭后——都希望我拥有的<u>一切</u>。

我爱你；爱你棕色的大眼睛和那长长的睫毛。哦天啊，我真的很想你

杜

［纽约公共图书馆收藏］

---

① 实际上，他并没有去西西里。

② 梅洛是威廉斯的新情人。

③ 评论是关于他的第二本书《夜树及其他》，1949年2月28日由兰登书屋出版。

④ 《大西洋月刊》显然拒绝了林登的一部短篇小说。

⑤ 玛丽·露易丝与爱德华·阿斯维尔离婚后，嫁给了作家弗里茨·彼得斯。彼得斯小时候主要跟曾领导过一场半宗教运动的希腊-亚美尼亚神秘主义者葛吉夫一起度过。卡波蒂几乎无疑准确地声称彼得斯曾试图勾引他，因而试图阻止这段婚姻，此举导致他与一个他显然非常爱戴的女人的关系出现暂时的裂痕。

致唐纳德·温德姆和桑迪·坎贝尔

［罗马安格特瑞酒店］

［1949 年 3 月 25 日前后］

唐尼亲爱的，桑迪小羊羔——

我已经没有了时间概念，但觉得我是一星期前到的罗马：不过我们刚一落脚(丝毫也不夸张)，T. W. 和 F.［田纳西·威廉斯和弗兰基·梅洛］就让我们钻进车里，趔趔趄趄地(这个词毫不夸张)翻山越岭，去了杏花绽放、春意盎然的佛罗伦萨——不过我们这一趟的确是一场小冒险，哦这话丝毫不假：首先，T.［田纳西］丢失了自己的打字机和新剧的手稿(仍然没有找到，尽管暂时还抱着希望)；其次，F. 与佛罗伦萨的警察在某些交通法规上存在分歧(以前很少听说等等)；最后，我们灰溜溜地回到罗马，却发现威廉斯家里已遭窃贼光顾——事件的嫌疑人现在已被拘留，但 T. 不肯前去指认他们：他似乎有些担心，怕那帮人会怀恨报复。顺便说一下，T. 的气色好像很不错，也许有点心神不宁；他深深地爱着 F.——那孩子显然也温和可爱。他们不久会离开罗马，去西西里或者巴黎：这里已经有消息说，玛丽亚·B.［布里特涅娃］已经在路上了。[1]她几乎每天都给 T. 写信。请告诉她，那一沓文件我已经转交了——但如果她见到我，最好躲开，否则我会扇她的胸脯，并把她从西班牙台阶上踢下去：你该看看她在给 T. 的信中是怎么说我的！真是个婊子。我不是开玩笑，你告诉她。她是个说谎大王。这里的人常常问起唐尼，想知道他什么时候回来：他们

---

① 玛丽亚·布里特涅娃，后来叫玛丽亚·圣朱斯特，是田纳西·威廉斯的密友之一和作品经纪人，也是《热铁皮屋顶上的猫》(1955)中玛吉的原型。

说他“入乡随俗”，不管这话是什么意思。你们会来吗，宝贝？我们下周一启程去西西里；天知道会待多久，所以一定要尽快给我写信。地址是：西西里岛陶尔米纳贝尔索吉奥诺酒店。爱你们俩

杜

又及：唐尼，诺夫那边怎么样了？

［耶鲁大学贝尼克图书馆收藏］

致里奥·勒曼

意大利那不勒斯伊斯基亚岛福里奥卢斯特罗旅店

1949 年 3 月 25 日

里奥宝贝——

终于安顿下来了，亲爱的——在这个距离那不勒斯海岸不远的既奇怪又非常奇妙的小岛：但是天啊，在到达这儿之前，我们那一连串的旅程啊——巴黎，威尼斯，佛罗伦萨，佩鲁贾，罗马，那不勒斯——有些地方美丽宜人，但所到之处都很寒冷。不过这个地方很棒；我们住的是一套漂亮的公寓，位置较高，可以俯瞰地中海；也许有点原始（天黑之后我们就像在 1453 号那样用烛光照明[①]），而且很有些与世隔绝，但我觉得这儿是值得一待的好地方：巴黎和罗马到处是怪物，多得超出于斯曼[②]的想象。我们决定不去西西里：关于那边的所有报道都千篇一律地无趣，而福里奥则除了风景美丽之外，还有一个优势，就是物价便宜得

---

① 勒曼的地址是莱克星顿大道 1453 号。
② 比利时自然主义小说家 J. K. 于斯曼。

多——我们一起的生活费用每天只需要两美元，包括公寓、用人和所有的食物（还美味可口）。如果理查德[·亨特]乘船经停那不勒斯，让他来看看我们——让他一定要来。当然他们会更喜欢城市。不过，罗马和巴黎都很贵。里拉的兑换率一路下跌。告诉他们到了罗马再换钱。我想你，里奥亲爱的，总是希望你会来这里。给我写信吧，告知你的一切，致以你全部的爱——就像我致以你的一样

杜

[哥伦比亚大学图书馆收藏]

致塞西尔·比顿

意大利那不勒斯省伊斯基亚福里奥卢斯特罗旅店

1949 年 3 月 25 日

塞西尔最亲爱的——

在经历一趟不太愉快但显然还行的航程之后，我们抵达了巴黎，大家都心烦气躁，天气也寒冷逼人——我们看上去简直就像狼狈不堪的吉卜赛姑娘。我试着给布罗德查尔克 211 号打了两次电话：第一次没有打通，再试第二次时，与某位英国太太十分费力地交流一番后，她才终于说清这不是塞西尔·比顿先生的住所。唉，随后我们去了飘雪的威尼斯、下雨的佛罗伦萨、开销昂贵的罗马、道路蜿蜒的那不勒斯——再从那儿乘船来到这个岛屿——我得说，这里完全是另一番景象：风光的确非常美丽和少见：我们在岸边差不多有整整一层楼可以俯瞰大海，太阳如钻石般光彩夺目，到处都散发着南方的紫藤和柠檬叶的怡人芳香。亲

爱的，我真希望你能飞到这儿，住上一周左右：我们可以整日泡澡(这里有温泉流向大海)，整夜欢笑：想想看，晒出意大利人黝黑肤色的你看上去会有多么迷人。还有皮肤黝黑的意大利人：这里有很多自然美人。你乘船离开的那天晚上，眼神是多么快乐明亮：你的目光仍然闪闪发亮吗？请一定这样，我希望这样。我在写一本书，尽管我像一只呆鹅，却似乎觉得很开心——也许我的确很开心。但不管开心与否，我都很想念你，亲爱的塞西尔，并且非常渴望见到你。给我写信吧——此致，

满腔的爱

杜鲁门

[剑桥大学圣约翰学院收藏]

致安德鲁·林登

那不勒斯伊斯基亚福里奥卢斯特罗旅店

1949 年 3 月 28 日

亲爱的——

你那封从罗马转来的信今天早上收到——真是一件乐事，尽管里面还附有那篇文章：刊登它的那家杂志曾经自诩为“迪比克的老太太不宜”，事实却恰恰相反，他们现在所针对的读者肯定就是那些老太太。对麦卡锡和特里林两位女士[1]，我感到好笑。如果戴安娜真想知道“dickey-lickers 的人”为什么“令人恐惧地”越来

[1] 评论家玛丽·麦卡锡和戴安娜·特里林。

越多，她所要做的就是坐下来，对着镜子好好地照照自己。[1]至于弗里茨，你是说他在写第三部小说吗？或者是第二本？哦天啊，《弗里茨·彼得斯短暂的幸福生活》。希望他真的能从好莱坞拿到五位数——然后就可以退休，去新墨西哥给牛捉跳蚤了。关于雅都的那些有趣的八卦你是从哪儿听来的？我很高兴牛顿的辞呈未被接受；只要雅都还存在，他就不该置身事外。[2]他去纽约了吗？我有好几个星期没有收到他的信了。

伊斯基亚是个非常奇特、令人难忘的美丽地方；哪怕写上一百页纸也无法形容。我们有一套十分宽敞的公寓，位置很高，可以俯瞰大海；我已经晒出了有生以来最好的棕褐色——阳光非常强烈，但夜晚十分寒冷。乘船去那不勒斯需要三个小时，而且每周只有三趟，因此当我们想去城里开开心时，晚上就得待在那里。那不勒斯是个疯狂的地方。

田纳西和弗兰基驾车把我们从罗马带到那不勒斯；没有必要将其中的细节一一道来(如果真要细说，肯定就会像伦敦的电话号码簿一样没完没了)，但他们简直让我受不了，我都恨不得要杀人。他们也要来伊斯基亚，但在那不勒斯时，我们几个人大吵了一架，于是我和杰克就单独行动了。[3]可我们在这里才过了两天，就发现有人从水中向岸边走来，居然是他们两个。我差点要大声

① 戴安娜·特里林写过一篇文章，对战后作品中的同性恋题材表达了不满。
② 阿文是雅都理事会成员。
③ 这场争执发生在卡波蒂复述了一个他从纽约的朋友那儿听来的故事之后：《夏天与烟雾》的制作人玛尔戈·琼斯将剧组的人召集起来，对他们说，“这个剧本出自一个垂死之人”。威廉斯是出名的疑病症患者，对此不禁恼羞成怒。他拎起他们所住的那不勒斯大酒店里的一张桌子，朝卡波蒂扔去，然后转身走了。“告诉我！”威廉斯在3月23日写给唐纳德·温德姆的信中说，“你认为卡波蒂是个什么样的人？是不是混蛋？对这一点我一直都无法确定。”

尖叫！但他们已经决定不计前嫌（老天保佑！），所以眼下他们也在这里。我们每时每刻都祈祷他们会离开。就某些细小的方面而言，我其实很喜欢他们两人，可是亲爱的，我无法向你描述这种情形。他们简直像牛皮糖一样缠上了我们。弗兰基对田纳西日夜唠叨，而田纳西呢，据我发现，就是个不折不扣的偏执狂。请别把这些告诉任何人。我也给菲比写了信，但最好不要让其他人知道这些。

除此之外，宝贝，我一切都好——愿老天保佑。我们将一直待在这里，可能会直到六月回到巴黎。

真的很想很想你。杰克向你问好。给哈罗德一个大大的吻，

深爱着你的

杜

又及：亲爱的，你能否顺道看看佩罗凯是否真的关了门？我提前向那些骗子付了款，而且一切都那么自然。

［纽约公共图书馆收藏］

致罗伯特·林斯科特

意大利那不勒斯伊斯基亚福里奥卢斯特罗旅店

1949 年 4 月 1 日

亲爱的鲍勃——

这是个多么奇特、多么奇特而迷人的地方：地中海上的海市蜃楼。这座岛屿离那不勒斯海岸不远，非常原始，居民大多是酿酒者和牧羊人，还有 W. H. 奥登和墨索里尼家族。我有一间俯瞰大海的房间：在里面工作很惬意，而我也干了不少活儿。田纳西 · W 上个星期和我们在一起，不过今天就要走了。除了写作和

阅读之外，这里无事可做，而谢天谢地，我感到心满意足。我的大部分评论都不知所踪，但真正收到的那些总的来说不是太糟，或者不是出自那个人们对这种事情非常介意的特定圈子，所以我也懒得在乎。不过到底怎么样？我是指那本书：你觉得满意还是失望？你可以坦诚地告诉我。我比较看好《夏日的跨越》，写作时也觉得有活力，有动机，但它也一直让我很紧张，这可能是个好迹象，而且我不想谈论它，这是另一个好迹象。[①]

我猜过不了多久，你就要动身去农场了——希望这将是一个可爱的春天，鲍勃，希望你在那儿度过的所有周末都如你自己一样美好。

我想你，给我写信吧——至爱你的

杜鲁门

［哥伦比亚大学图书馆收藏］

致唐纳德·温德姆

伊斯基亚福里奥卢斯特罗旅店

1949 年 4 月 12 日

唐尼亲爱的——

跟你不一样，我对你没有获得古根海姆奖感到意外：这个奖舍你其谁？你那些出版商都非常优秀，我以为你可能会获奖。何况还有兰登书屋。我给林斯科特写了信，不过他还没有回复。谢谢你的评论，亲爱的。这是那本书所得到的唯一有见地的评论，

① 《夏日的跨越》是继《别的声音》之后他的第一部小说，不久就被放弃。

所以看到它我很高兴。田纳西和弗兰基已经回到罗马。他们有自己的麻烦，我隐约感到我们加剧了他们的矛盾；没有外人时，我觉得他们可以相安无事：一旦有旁人在场，情人的举止可能就变得特别意味深长，相形之下就特别突出——尤其是对 T. 和 F. 这样的两个人而言，他们对彼此都缺乏把握。

你问到[威廉·]阿尔托和[詹姆斯·]斯凯勒。[①]嗯，这是个故事。他们已经分手，闹得不可开交。按吉米的说法，阿尔托疯了，而且已经疯了很长一段时间，而他一直毫不介意，直到大约两个月前的一个晚上阿尔托想杀死他。[②]我私底下怀疑他们双方都有很多问题。吉米还在这里，在跟一个名叫查尔斯·赫尔曼的无聊的小个子交往。阿尔托住在罗马，一天给吉米寄三封信，这可能是疯狂的表现，但作为一个不可救药的浪漫主义者，我却觉得这很甜蜜，因为信里写的全是我爱你，快回来！快回来！

萨瓦托利在这里。他是在自己的新监护人布[罗伯特]·福克纳的陪同下到来的，就在田纳西离开几小时之后——亲爱的田纳西，幸运到最后。尽管我很少跟他说话，他看上去是个英俊文静的男孩。不过遗憾的是，他得跟着那个落魄的败家子一起晃荡。他有一张你的照片，放在钱包里——他喜欢向人炫耀："我的好朋友，唐纳德·温德姆，你认识他吗？"

---

① 阿尔托是一位共产主义者，三十年代后期曾在西班牙内战中参战。美国加入第二次世界大战后不久，他被中央情报局的前身战略情报局招募。得知他是同性恋后，战略情报局和共产党双双将其开除，表明偏见并无意识形态之分。年龄稍轻的斯凯勒没有那么跌宕起伏的过去；他被视为纽约派诗人的一员，该学派还包括约翰·阿什贝利、弗兰克·奥哈拉、肯尼斯·科赫和芭芭拉·格斯特。

② 根据唐纳德·温德姆的回忆录《失去的友谊》，阿尔托将一个格拉巴酒瓶砸向斯凯勒的脑袋，瓶子都砸破了。

这么说，桑迪会留在剧组。[1]这是否意味着你整个夏天都会待在纽约？你想不想去雅都待上一两个月？如果想去的话，就马上给伊丽莎白·艾姆斯写信，我也会给她去信。你会喜欢那里的。我以前就很喜欢。

你觉得《圣诞树》怎么样？[2]我觉得还不错——约有两百万条保留意见。

向桑迪转达我的爱。我每天想你二十五个小时。至爱你的

杜

［耶鲁大学贝尼克图书馆收藏］

致约翰·马尔科姆·布里宁

那不勒斯伊斯基亚福里奥卢斯特罗旅店

1949年4月19日

马尔科姆亲爱的，

你现在无疑收到了我之前那封信，你的第二封信昨天已经到达。祝贺你新当选为诗歌中心的主任。[3]至于你的建议，我觉得很好，也会乐意接受——不过我想，这有点取决于何时举行这样的活动：你考虑好日期后一定告诉我。[4]

是的，我给M.L.［·阿斯维尔］写了信，是一种即使非常虚伪

① 《欲望号街车》。

② 《圣诞树》（1949）是伊莎贝尔·博尔顿（玛丽·布里顿·米勒的笔名）的第二部小说。

③ 1949年至1956年，布里宁任犹太男女青年协会诗歌中心主任，该团体常被称为“第92街青年会”。

④ 布里宁显然已经邀请卡波蒂到诗歌中心朗诵作品。

但却合乎礼节的情感表达。[1]芭芭拉·劳伦斯对此有何感想？M. L. 给我写信说，他们九月份会来这里。

洛威尔的情况太不幸了。[2]我收到牛顿的一封长信，把事情前前后后都说了。他与伯福德经常见面：两人的关系很单纯，或者他是这么说的，显然也的确如此。伯福德究竟是个什么样的人？我对他毫无印象。我也希望你别再调侃，而跟我讲讲比尔的情况。说到这里，波士顿的那位比尔怎么样了？你实在是很随意。

关于我的书，你有没有听说什么？真是太奇怪了——根本就无人提及，就连林斯科特在给我的信中也只字未提。我觉得它就像是人间蒸发，甚至根本就不曾印刷。

杰克很好：肤色美极了。他在学习如何驾船。过去的这个周末，我们环岛游了一圈。你了解那个名叫威廉·戈因的孩子的任何情况吗？他在《地平线》三月刊上的那篇小说，故事虽然的确很烂，写作技法却显然很棒。你应该试试把他介绍给 D. M. 。[3]至爱，[此处不清]

杜

[特拉华大学图书馆收藏]

致安德鲁·林登

伊斯基亚福里奥

1949 年 4 月 20 日

---

① 一封祝贺她与弗里茨·彼得斯结婚的贺信。

② 罗伯特·洛威尔发生过几次精神崩溃。

③ 多德米德，出版公司。

亲爱的宝贝——

为什么我是一个怪孩子呢？我的爱每分每秒伴随着你，比复活节的星星还要明亮地守护着你。我满心想念的就是你和菲比[·皮尔斯]。谢谢你的古根海姆奖获奖名单，亲爱的。那到底是些什么人？真让我觉得恶心。乔治没能获奖太遗憾了。[①]真希望他能获奖的；不过像往常一样，姐姐，你的预言应验了。

这是我写信的新风格——看起来很像无韵诗：自由自在不讲章法。或者说像亲爱的比蒂[海伦·尤斯蒂斯]常说的那样，是狗屁胡说。

阿瑟·米勒实在是乏味；在这件事情上，唯一可悲的是，既然他的剧本在某些方面还不错，又没有其他明显更好的作品，我们就只能鼓掌叫好了。[②]

说到李·威利，我真嫉妒你。[③]唉，留声机坏了，所以我甚至连这点安慰都没有。我在这里已经厌倦了奥登的作品集。它们简直让人受不了。不少无聊的人上周来到了这里，但我们打算一直住到五月底，因为这真的是个美丽的地方。

明天我们要去离这儿不远的一个名叫圣安吉洛的小渔村，将在那里待上几天。有两位德国女子在那儿开了一家温馨的小旅店。

亲爱的，时间不早了，我很想把这封信尽快给你发出去。向哈罗德转达我的爱，向我可爱的姐姐献上五十七种不同的爱和吻

杜

[纽约公共图书馆收藏]

---

① 这位未被授予古根海姆奖的乔治不确定是谁。

② 阿瑟·米勒的戏剧《推销员之死》(1949)获得普利策戏剧奖。

③ 李·威利是一位歌手，与埃迪·康敦和鲍比·哈克特等爵士巨人一起录制过歌曲。

致塞西尔·比顿

意大利那不勒斯省伊斯基亚福里奥卢斯特罗旅店

1949 年 5 月 1 日

塞西尔，亲爱的——

或者比顿宝贝，

你的信多么令人开心；尽管你的感冒一事很愚蠢；不过我敢肯定，你现在已经完全康复，又可以干有趣的事情了，而我却仍然懒洋洋地留在这座原始的偏僻小岛上。不过，我想再待一个月，然后去巴黎，度过六月份的大半时间：也许到那时，我们总能见到你。

就个人而言，我更愿意想象你置身于自己的玫瑰与牛群之间，①而不是在广场或［W. 萨默塞特·］毛姆先生的水暖设施之中；而且，这地方更适合你完成第二幕的手术；②至于说身边没有亲朋好友，亲爱的，这有时还可能是一件好事。特别是当你想要工作的时候。

我远在万里之外，却似乎会被赶出我在纽约的公寓。房主自己要用。真是令人头疼至极。

亲爱的朱丽叶·达芙说得很对：戏剧艺术与我何干？③事实

---

① 比顿前不久刚刚搬进伦敦西面的乡村威尔特郡的一座新的乡间别墅。

② 此前的冬天，比顿在毛姆位于法国南部的家也即莫莱斯库庄园度过了一段时日。毛姆是赫赫有名的剧作家和小说家，对比顿的剧本《盖恩斯伯格女孩》提出了修改建议。但这一切无济于事。评论者毫不留情，该剧一败涂地。

③ 朱丽叶·达芙夫人是兰斯代尔伯爵四世的女儿，与作家、政治家和艺术家交往密切。

证明小[理查德·]阿维顿大大辜负了人们的期望。[1]但是请一定代我向那小淘气表达诚挚的问候。

皮特·华生回到伦敦了吗？是不是与沃尔德马一起？[2]那个可怜的家伙。

威斯坦·奥登来到了福里奥，随行的是一帮特没劲的年轻人——有些也不是那么年轻。而且除威斯坦之外，他们都不怎么随和，而是摆出一副清高冷漠的样子。我还听说，鬼见愁——我指的是布莱恩·霍华德——正在来这儿的路上。[3]

所以我敢肯定，到五月底我们会毫无遗憾地离开。

我现在比较能够集中精力投入工作；为此我很满意；杰克也一样，他充分证明了自己的不同寻常——具有极为少见的洞察力和无与伦比的力量。他说你有一双漂亮的眼睛——它们的确很漂亮，塞西尔亲爱的：温柔，湛蓝

像你一样可爱

深深地爱你

杜

[剑桥大学圣约翰学院收藏]

---

① 理查德·阿维顿是《时尚芭莎》的主要摄影师之一。

② 皮特·华生是一位英国百万富翁和艺术赞助商；沃尔德马·汉森是美国作家，与卡波蒂同龄，是皮特·华生的情人。

③ 布莱恩·霍华德的父母都是美国人，但他本人是在伊顿和牛津接受的教育，所以骨子里是个英国人。在二十年代，作为牛津的风云美男之一，他成了伊夫林·沃作品中一些人物的原型，包括《多升几面旗》中的安布罗斯·西尔克和《旧地重游》中的安东尼·布兰奇。沃借用曾经用在拜伦勋爵身上的话，形容他是一个“疯子，坏蛋，交往起来很危险的人物”。

致安德鲁·林登

伊斯基亚福里奥

1949年5月[2]日

安德鲁亲爱的——

我有一种感觉，你去了梅肯；嗯，起码有一点我没有说错：有人离开了。据我们美丽的菲比[·皮尔斯]所说，哈罗德去了加州：为什么？代我亲吻他，告诉他我很高兴他又回家了——我不喜欢想象他在弥漫着草莓味咖啡气息的异乡的情景。

埃莉诺·M的晚会听起来似乎起码还有点意思：有那位可爱的李·威利。菲比说乔丹[·梅西]到了城里：他这个人怎么样？为什么去那儿？[①]关于玛丽·露易丝的晚会，我听说了两个版本；一个是菲比的，另一个来自马尔科姆——他对你们俩赞不绝口——说你英俊聪明——说菲比"热情友好，魅力四射"。可怜的马尔科姆，他的好事吹了，很不开心。

我觉得菲比的新短篇的题目很好：《雨之秋》。你呢，心爱的玉兰花，在忙些什么？如果有了新作，请寄给我看看。

至于我的书，自从向你简单地勾勒过之后，又有了一些变动。[②]我明显地感觉到我的写作水平有所提高（尽管可能是个错觉），现在该承担起一些真正的责任了；也就是说，我终于想提出一个问题，并提供一个答案。我毕竟的确声称有某种风格，而这只是我可以希望去改进的；但有关题材和我所持的观点则与我以往所尝试的大相径庭。天啊，弄得不好可能就会一团糟。很有

① 梅西是卡森·麦卡勒斯的表亲。

② 指《夏日的跨越》。

可能。

昨天我收到牛顿的一封信：在信的中间，他以惯有的巧妙方式插入了几句话，表明他将把自己的书献给大卫[·利连索尔]。[①]这十分反常，因为你想想看，他多次提过会献给我的。这与我们现在的状况毫无关系；我现在才明白，他从未打算把那本书献给我：老实说，对此我并不在乎，但其中的象征意味太过明显，我无法视而不见。可怜的家伙，他是个地道的懦夫；更糟糕的是，还是个性格中庸的懦夫。中庸是他性格的核心。我如果鄙视他，就未免愚蠢，所以我不这样；但我如果不鄙视自己，就未免更蠢。多么可悲啊，我居然把满腔的爱置于如此无力的手中——那双手从未将它握住，而是任它像水一般从指缝间流走。

约翰·霍恩·伯恩斯的新书你浏览过吗？[②]有没有看过《南太平洋》、《侦探小说》或一部名为《坍塌的偶像》的电影？*Diable Au Corps* 有没有上映？[③]你从里奥那里得到克里斯托弗的信了吗？他都说了些什么？把这些都告诉我。这里的生活圈子太小了。而雪上加霜的是，我的眼镜摔破了，所以几乎是瞎着眼睛四处蹒跚。

杰克很好，很善解人意。他向你以及哈罗德问好。我已经给哈罗德寄去了一个吻，不过这里还有几百万个（为此我将得多付邮资）。我爱你，心肝宝贝，亲爱的孩子，在梦中，我用玫瑰花环住

---

① 阿文将他所写的赫曼·梅尔维尔传记献给了他的老朋友——1946—1950 年期间担任美国原子能委员会主席的大卫·利连索尔。而卡波蒂早先却把《别的声音，别的房间》献给了阿文。

② 《拿着书的撒旦》（1949）是一部关于一所男女合校的美国私立学校战后生活的小说。

③ 法国电影 *Diable Au Corps*（1946）于 1949 年以《肉欲之魔》为名在美国上映。

你那迷人可爱的脸庞。

杜

[纽约公共图书馆收藏]

致罗伯特·林斯科特

意大利那不勒斯省伊斯基亚福里奥卢斯特罗旅店

1949 年 5 月 6 日

亲爱的鲍勃——

你的信如易散的盛宴，其为时虽短，却仍是快乐：我的生活中只有一件激动人心的事情，那就是邮差到来之时。哦，当他有点小东西要给我时，是多么令人开心；所以，如果你没有时间写信，就给我寄些旧广告好了。

除了习惯性的焦虑，以及对意大利食物终于觉得反感的胃，我猜自己还好。写完手头的这一章后，全书就会完成了三分之一——这样进度就还挺快，对吧？如果回家前能写完初稿，那么到明年初我可能就会全部修改完毕，这意味着六月份你就能出版了——当然，如果你有这个想法的话。不过我们要视具体情况而定——这是我有史以来所做的最为艰难的事情了。

《别的声音》在意大利这边面市了，反响非常好。你知道它在爱尔兰被禁了吗？玛丽安告诉我，《夜树》售出了 6 300 册；既不好也不坏；销量也许还会增加。[①]我很喜欢莱斯利·菲德勒在《国

① 玛丽安·艾维斯是他的作品经纪人。林斯科特回信说，销售量其实是 6 500 册，而且还在上升。

家》上对它的评论。

希望你一切都好，鲍勃，能够欣赏你那高雅的留声机，在农场度过愉快的周末。我可能会于6月6日左右离开伊斯基亚。在此之前给我写信，代问哈斯、瑟夫和康明斯等先生好。①

你永远的，

杜鲁门

［哥伦比亚大学图书馆收藏］

致唐纳德·温德姆

伊斯基亚福里奥卢斯特罗旅店

1949年5月7日

唐亲爱的

收到信永远是一件乐事：谢谢你，宝贝，也谢谢你寄来的剪报——尽管那个可信赖的老好人《罗马美国人日报》给了我们一些事实真相。收到T.［田纳西·威廉斯］的信，说他在伦敦脱不了身：我从未想过事情可能源于那个臭婆娘［玛丽亚·］布里特涅娃。他们也许会结婚。唉。

［W. H.］奥登的到来让伊斯基亚罩上了一层阴霾。他对这里除了他自己还有别人而感到愤然——似乎觉得这是他的地盘；事实上，他对此表现得十分无礼。真是个令人讨厌的老太婆。我很庆幸不必见他。但这儿现在有了不少人，多数都非常友善——尽

① 罗伯特·哈斯、本内特·瑟夫和萨克斯·康明斯都是林斯科特在兰登书屋的同事。

管我觉得这儿渐渐变得就像地中海里的火岛。我向吉米[·斯凯勒]转达了你的问候，他也向你问好，说等他调整过来后会给你写信。我觉得他非常难过。我也很喜欢他。但杰克非常讨厌“桑塔露西亚帮”（借用切斯特[①]的话），对他们极不友好，所以我们现在很少聚在一起。哦天啊，我猜在一座岛上，往往就是这样吧。T.在这里的时候，“桑塔露西亚帮”那些人对他表现出极度而公开的无礼：所以杰克才反感他们。

我厌倦了兰登书屋；而关于你的书的消息让我更加不满：到底是谁拒绝了它？维京的帕特·考维奇为人和蔼可亲，只是有点愚蠢；不过，你与他之间也许能达成某种共识。

我有一套新的巴菲·J.[约翰森]短篇小说全集——大多是关于他那位印度情人：那会是你所见过的头号丑八怪。[②]

我太饿了：你去一趟希克斯吧，帮我吃一份美味的冰激凌芭菲。

艾琳[·塞尔兹尼克]为什么让桑迪走了？[③]她要让芝加哥公司保持原样吗？我个人觉得桑迪应该为此感到宽慰：去海角会远比整个夏天待在剧组收获更大。向他转达我的爱。还有对你的爱，宝贝。

T

写信！！！

[耶鲁大学贝尼克图书馆收藏]

---

① 切斯特·卡尔曼，美国诗人和歌词作者，W.H.奥登的长期伴侣。
② 巴菲·约翰森是美国艺术家。
③ 塞尔兹尼克是《欲望号街车》的制作人，桑迪·坎贝尔在剧中扮演了一个角色。

致安德鲁·林登

［意大利伊斯基亚福里奥］

1949年5月8日

亲爱的，亲爱的，亲爱的——

今天我觉得对你充满了爱，一醒来就想起你，并希望今天不是星期天，那么起码还可望有封信。你本星期初的那封信真是暖心。洛蒂的伎俩让我恶心透顶——一个人怎么可以这么下作？当然，其目的只是为了到头来在你和哈罗德之间制造麻烦：他在我和杰克身上也试过这一招。我觉得你处理得很高明。请原谅我的字迹，亲爱的，但苍蝇都快把我逼疯了——就像在老家一样，只是这里没有任何纱窗门窗。哈罗德那只小羊羔啊，我很高兴他回来了。我很肯定你想念他。让那些骚货四处勾搭好了，我会随时乐享婚姻生活。我的确有已婚的感觉，宝贝：我甚至开始为那个人烘烤巧克力蛋糕了——而他呢，我从未想到他会这么温柔，这么棒。他说你有一双美丽的眼睛，你也的确如此，小亲亲。亲爱的，皮萨夫妇（那对无耻的混蛋）一直想让我搬出去，如果他们真要我搬，那么我就要哈罗德去那儿，不仅拿走他自己的东西，还把枝形吊灯一起搬走。不管怎么样我都想把吊灯给他；不过我会让你知道事情的进展。

玛格丽特公主昨天来到了伊斯基亚，我们都从阳台上扔花瓣。美极了。到了晚上，我在屋顶平台举办了一场舞会，用灯笼助月，用“基督泪”潘趣酒助兴。切斯特·卡尔曼、吉米·斯凯勒以及拉尔夫·波默罗伊[①]都男扮女装地出现：非常有趣，尽管

① 拉尔夫·波默罗伊是一位诗人和艺术评论家。

我并不喜欢切斯特。

代我亲吻哈罗德，

此致满腔的爱，亲爱的

T

［纽约公共图书馆收藏］

致珀尔·卡津

伊斯基亚福里奥卢斯特罗旅店

1949 年 5 月 16 日

我的蓬蓬头珀尔——

我是不是很高明，就这样让你给我写了一封信？不过说真的，宝贝，你不知道我有多么感激：当你像我们这样与世隔绝时，收邮件就成了一个大问题。但总有些小废物不断地跑过来，比如波默罗伊先生：一个雄心勃勃的年轻人——他会写作吗？不管怎么说，他已经走了，但还有其他人，一些讨厌鬼，比如 B. V. 威尼伯姆，他说认识你：是从哪儿冒出来的，老天。[1]可我和杰克过着与外界隔绝的生活——我们俩都在努力工作。我的书开局顺利，运气好的话，回家之前应该可以完成初稿。没有发生什么有趣的事情，只有一点例外：我开始烤蛋糕了——这很有趣吧？另外，杰克抓到一只兔子，于是我们做了炖兔肉。而在那之前，我有一只宠物鸟，但没等我们找到合适的烹调方法，它就飞走了。我们是不是很残忍？

如果像你所说，你毫无理由地感到快乐，那就太好了。这是

① B. V. 威尼伯姆是《明信片与照片》（1965 年限量版）的作者。

快乐的最高境界：随心所欲，无羁无绊。其他的各种快乐似乎都有赖于他人。但你所描述的那种犹如嘴里叼着一条鱼的海鸥般的感觉，真是很美好。

普利策奖像往常一样令人大跌眼镜。皮特·维勒克，谁能想到。[1]觉得古根海姆奖获奖名单也很古怪。不过，我提不起多大兴趣。有生以来第一次读起了奥斯丁小姐的作品：喜欢《爱玛》，《劝导》有点乏味，《诺桑觉寺》读得我头昏脑涨。伊·鲍恩的《向北方》是一部很美的小说，你觉得呢？[2]

想你的人都有谁？最想莫过杜鲁门：

爱你的人都有谁？你人见人爱，但最爱你的是卡波蒂——

其另一个称呼是→

T

又及：给我写封暖心的信吧。

又又及：理查德·亨特在欧洲吗？

［珀尔·卡津·贝尔收藏］

致安德鲁·林登

伊斯基亚福里奥

1949年5月17日

我最心爱最珍贵的宝贝——

两封信，一封接着一封；多么开心——不过，也好难过，因为

① 维勒克的《恐怖与礼仪：1940—1948诗歌集》(1948)获普利策奖。
② 《向北方》(1932)是伊丽莎白·鲍恩的小说。

在很长时间之内，我不能指望下一封了。喜欢《看》杂志上的那个骚货；简直让我兴奋莫名。

你应该让所有那些痛苦的男士捐钱给你买件貂皮大衣。说真的，牛顿真让我惊讶：这表明他太缺乏品位，对你根本没有真正的尊重。他似乎不会看人。把他从我脑海里赶走就像是切除一个肿瘤。至于C.I.［克里斯托弗·艾什伍德］，我猜到是哪儿出了问题；另外，我觉得他在试图为某件事情做铺垫。这一切到头来居然如此，真是一种讽刺。但亲爱的，在廉价酒馆里大叫大嚷醉醺醺的到底是［比尔·］卡斯基[1]还是克里斯托弗？你的表述含糊其辞。那个收入共享的方法太可笑了！希望你能给克里斯写信，以了解更多的情况。

这么说，梅西-比奇洛那一对要回到《大城市》了。[2]我以为他们会开一家很棒的图书音像店。说真的，这对他们再理想不过。别人是怎么弄到钱来从事这种工作的。我想得要大概五万美元吧。你提到比尔·霍普；但是他怎么样？一切都好吗？唐尼给我写信说，你在《肉欲之魔》剧组碰到了桑迪。你可能知道，桑迪已经被《街车》剧组开除。而唐尼那个小可怜，仍然没有找到出版商：每个人都推掉了那本书。这可真是愚蠢。

杰克吃了蛋糕没事，昨晚我又做了巧克力曲奇。杰克抓到一只兔子，我们便做了炖兔肉：味道很鲜美。不过，我真正的生活似乎与这本书完全混为一团：两者之间的界限已经越来越分不清了。

我觉得你关于女巫的那个点子很好很有趣，特别适合某个杂

---

① 卡斯基是艾什伍德的情人，是个风趣英俊的美国年轻人。

② 乔丹·梅西和保罗·比奇洛是一对伴侣。

志的十月刊。请马上寄给我。我还想看看你给詹金斯小姐动手术后的结果。别忘了装满土豆沙拉的浴缸那个细节。

皮尔斯小妹来了一封长信——她好像很开心。但愿她的短篇小说能够写完。这一次她只字未提。

乔治·戴维斯的那个朋友以往每年都去谢尔特岛度夏。①他好像十分钟爱那里。我希望你一定去那儿。不过，我很遗憾你得去梅肯，尤其是在六月，正是特别热的时候。

这些塞满大粪的意大利烟害得我的肺快要报废了。尽管我会活到一千岁，但我永远都习惯不了。

弗里茨·彼得斯可真有胆儿！《菲尼斯泰尔》——这是一本书的名字吗？②他让我感到兴奋。有人该拽住他一阵猛摇，直到他牙齿掉出来——我敢说这会轻而易举。

我们6月6日离开这里，将在巴黎待上一周或十天；一旦确定新地址后，我会尽快让你知道：我想会是在布列塔尼的什么地方。但还是先往这里给我写信吧，然后再寄往巴黎的美国运通。

杰克一遍遍地向你问好，代我问候哈罗德。在房间的另一边，我看见镜子里有人在说他爱你：他是谁？哎呀，

原来是

T

[纽约公共图书馆收藏]

① 谢尔特岛位于长岛东端，在大岛的南叉和北叉之间。

② 弗里茨·彼得斯以同性恋为主题的小说《菲尼斯泰尔》，讲述的是在法国的一位美国学生与一位老师的关系。

致唐纳德·温德姆

伊斯基亚福里奥卢斯特罗旅店

［1949 年 5 月下旬或 6 月初］

唐尼亲爱的——

说真的，如果能拍些游泳者的照片发给你，我会乐意之至：可惜呀，一个游泳的人都没有！不等到七月中期，这帮胆小鬼都不会让脚趾沾水：我们自己的游泳活动会让他们感到愕然。

我们将于 6 月 14 日离开这里——直接去巴黎——然后，一两周之后——（我想是）去布列塔尼的某个地方。不过还是往这里给我写信吧，以便我在离开之前能再次收到你的信。

怀特利塞出版社以往非常一般；但他们特别有钱，而且从去年起决定走高端路线：他们从其他出版社挖走了许多一流的专家（包括《哈珀斯》的 E. C. 阿斯维尔），并为此投入不菲。《先锋》怎么样——虽然穷，但水平不错。要不还有威廉斯隆联合公司——那才是真正的高端。

周六的《罗马日报》登载了一篇关于托马斯·赫根之死的短消息：措辞极其含糊，所以我根本弄不清是怎么回事。听起来像自杀。是这样吗？[①]你对此是否了解任何情况？

“桑塔露西亚帮”与“卢斯特罗帮”（我们）之间又干了一仗。“卢斯特罗帮”的布·福克纳受到“桑塔露西亚帮”的指摘，他们说他向当地人多付了钱：他给了三百里拉，而“桑塔露西亚帮”

① 赫根是《罗伯茨先生》的作者，该作品最初是小说，后被改编成戏剧并搬上银幕。据曼哈顿的一位法医称，赫根可能死于自杀。他被发现死在自己公寓的浴缸里。不过，他的朋友们都相信他的死是一场意外——是服用过多安眠药后睡着而溺水所致。

给的是两百。还记得威尼斯的动辄上千吗?

我在构思一部连环画:《超级女王》。“那是鸟,是飞机,是超级女王!”说到超级女王,你有没有听说保罗·比奇洛要回纽约居住。他准备从事珠宝生意:最好把一切都放进保险箱,亲爱的。

我喜欢你的新歌——尽管它不像《天黑之前别跟我讲话》那么伤感。

田现在在哪儿?我好像失去了他的音讯。他在巴黎吗?[保罗·]卡德摩斯那帮人眼下在佛罗伦萨,正像瘟疫一般向南移动。①

哦,唐尼亲爱的(你干吗要叫自己唐?太不合适了),给我写一封两页纸的信吧。向桑迪(“人见人爱的糖果”)问好,而你这位吃腻了意大利面的姐妹则向你致以

满腔情意

又及:萨瓦托利去当兵了。

[耶鲁大学贝尼克图书馆收藏]

致安德鲁·林登

[意大利伊斯基亚福里奥]

[1949年6月3日]

---

① 1937年,保罗·卡德摩斯在曼哈顿举行的独人秀曾吸引七千人观看,但在四五十年代的抽象表现主义潮流中,他那惯于运用比喻和讽刺的艺术风格已经落伍。他是杰克·邓菲的密友之一。

小妹妹——

关于公寓之事真是遗憾：你觉得是有某种针对你的阴谋吗？亲爱的，我希望你在动身去梅肯之前能收到这封信——倒不是我有什么重要的话要说：不过，我仍然待在福里奥，跟许多山羊和驴在一起。我们将于14日离开。你还记得我在纽约时跟你说过的布料吗，我说只要能找到就寄给你。嗯，我找遍了从威尼斯到佛罗伦萨的所有地方，但毫无收获。不过，我的确找到了可以做一套夏装的东西（我快被烤熟了），但估计你不会喜欢。杰克做了一套漂亮的西服，但那是在那不勒斯，而我对那不勒斯不感冒——那不勒斯的小偷可不仅仅是传说。战争期间你在那儿待过吧？一个特别的城市。上周我们在那儿的一家“戏院”看了一场“表演”。各种能想象出来的性交：里面有个阿拉伯人，不管你相不相信，他的阴茎长达十四英寸，还很漂亮。我对菲比取得的所有新成绩感到非常高兴——迫不及待地想看她的小说。她写信说会在新公寓里办个聚会，时间定在6月3日——也就是今天，所以我希望你们此时此刻都开开心心快快活活。我正努力赶在离开之前写完一章——但一想到马上就要启程，我就心神不宁。是的，我知道我们会喜欢布列塔尼——如果我们能找到合适的住所就好了：我想找一套别墅，我们也很可能会那样。我丝毫不相信牛顿曾经给里奥打过电话：不管从哪个角度来说，都完全不合逻辑，你觉得呢？你的女巫进展如何？有没有把她打磨完毕扔进编辑的大锅里？你说要给我寄一份的。奥登和我已经重归于好。他其实很好。不过他身边那帮人有些奇葩。菲比告诉我，妮娜［·卡波蒂］[1]曾邀请你去参加一

① 妮娜·卡波蒂是他的母亲。

次聚会——我但愿你去了，那么我就可以了解她所交往的是些什么人——倒不是说我想象不出来——我觉得这很有趣。告诉菲比，那个叫[多丽丝·]莉莉的女人给我写了一封信：啐，啐，就像多丽丝常说的那样。理查德·亨特到底怎么了？——他和泡沫脑袋[①]一起坐船去欧洲了吗。欧洲如今已经非常过时——也许我该回家了：另一个原因，一个更重要的原因，就是杰克的合法妻子[②]正在来这儿的路上。他们俩的通信很热乎。不过别担心，你的小姐妹已经做好充分的防备：只要那个蹩脚的女歌舞演员将她的爪子搭在我男人的身上，我就会拿起镊子拔光她的每一根阴毛。说到这里提醒了我，我在这里无所事事的时候，想到了几个商业项目：一个叫“儿童玩具套装”——给小姑娘的，将包含假阴毛套之类的东西，在扮演大人时会用得上。对那些古怪的小男孩呢，则是“超硬玩具套装”——那走运的小杂种会找到一条浴巾和满满一罐真正的活螃蟹。说到这儿，我想起了一个大难题：在巴黎的杂货店我该要些什么？嗯，亲爱的，说完这些丑事后，我该跟你道别了。代我向哈罗德问好：他太小气了，从来不给我寄只言片语！我想你，亲爱的小羊羔，爱你

avec tout mon coeur（对吗？噢）

T

又及：我又有了一个主意——是关于《超级女王》连环画的：“那是鸟，是飞机，是……超级女王！”这可以大赚一笔！

[纽约公共图书馆收藏]

---

① “泡沫脑袋”可能是霍华德·罗斯柴尔德，卡波蒂不喜欢他。

② 琼·麦克拉肯是杰克·邓菲的前妻。她是一位著名的舞蹈演员和喜剧演员，因为在百老汇原创音乐剧《俄克拉何马！》中的表现而几乎一炮走红，邓菲自己也在该剧中扮演了一个角色。

致塞西尔·比顿

伊斯基亚福里奥

1949 年 6 月 6 日

塞西尔亲爱的

你是个坏蛋：这么长的时间都没有让我收到你的信！我希望这意味着你一直在非常辛苦地工作，并摆平了稿件中的所有麻烦。你也看得出来，我还在伊斯基亚——因为吃意大利面而不断发胖，并越来越讨厌所有的意大利食物。不过我们 6 月 14 日就要离开这里，17 日到达巴黎。会住在巴克街上的皇家桥酒店。我之所以写上地址，是因为想到届时你可能会在巴黎：几天前我在《巴黎论坛》上看到，你最好的朋友[葛丽泰·嘉宝]计划于 6 月 13 日到那儿——所以我想，你可能会过来看她。或者那只是一则错误的报道？

我得到消息，说沃尔德马[·汉森]又在宫门 10 号[①]安顿了下来。哈！你有没有注意到，似乎每个人都在自寻死路——汤姆·赫根，克劳斯·曼，欧文·戴维斯[②]——你觉得他们都只是需要休息了吗？说到休息，艾什伍德写信来说，洛杉矶发生了一次臭名远扬的清洗——三位他最亲密的朋友正在享受公费休息——我可不认为圣昆丁是个度假休息的地方。[③]

我的新小说差不多写完了三分之一——为了表示庆祝，我去给自己做了一套特别漂亮的衣服：灰色蚕丝布料。穿上去后，我

① 皮特·华生在伦敦的地址。

② 托马斯·赫根是《罗伯茨先生》的作者；克劳斯·曼是托马斯·曼的一个儿子，也是作家；小欧文·戴维斯是一位电影演员。

③ 他们因同性恋行为而遭到拘禁。

看起来几乎有点体面了。

宝贝，你不难看出我可以聊的内容是多么有限——不过天啊，在这荒无人烟的岛上，你能有什么可写呢？我们在这里待了快三个月，与真实世界的联系早已枯竭。我只想把我的爱寄给你：给你吧——**爱**。

杜鲁门

又及：写信最好由巴黎的美国运通转交。请一定这样。

［剑桥大学圣约翰学院收藏］

致塞西尔·比顿

摩洛哥丹吉尔英国邮局

1949 年 7 月

塞西尔亲爱的——

在巴黎没有见到你让我太伤心了——唉，我打丽特酒店的号码时你总是“外出”。穿越西班牙的旅行很恐怖——火车花九个小时才行驶了一百一十二公里，食物让胃翻江倒海等等。但是我喜欢丹吉尔，这真是一个很棒的城市。我们住在一个名叫法哈尔的地方的山上——我不会向任何人推荐这里，但对我们已经够了。你的朋友杰西·格林把她的房子租给了别人——我不禁纳闷——你还会来吗？我非常希望你能来。我们有过几次冒险——最惊魂夺魄的一次发生在格兰纳达和阿尔赫希拉斯之间，猛然间，火车上的所有人都开始尖叫，并扑倒在地：劫匪！子弹在空中乱飞。只不过并非劫匪——而是一帮没赶上火车的西班牙人，在朝火车开枪想把它逼停：有个老人头部中弹。可爱的国家。你现在无疑

已经见过乔治 · D[戴维斯]了。他说他可能会在英国见到你。他撞上大运是不是很神奇？我知道新杂志一定会很出色。[①]今天这里的天气好极了，非常凉爽，海水撞击着礁石，天空一片澄澈：就在我的下方，有位非常漂亮的阿拉伯人全身赤裸地站在一块岩石上。给你写这封短信是多么令人开心啊，塞西尔亲爱的——因为这几乎像是在跟你说话。有个叫安格斯 · 威尔逊的年轻英国作家，你了解吗？他刚刚出版了一本名为《乱了套》的书——我觉得他很不错。[②]我由此想到——你来的时候，哦，能不能给我带一本《我的王室经历》？[③]一定给我写封信吧，亲爱的，让我知道我在这里是否能帮你什么忙。深深地爱你

T

[剑桥大学圣约翰学院收藏]

致罗伯特 · 林斯科特

非洲摩洛哥丹吉尔英国邮局

1949 年 7 月

亲爱的鲍勃——

我有多久没有收到你的信了——或者换一个角度说，你有多久没有收到我的信了。有人写信说，家里热得要命；不过，想到你那舒适的装有空调的办公室，我并没有为你担心。说起天热，

① 《天赋》杂志生命很短暂，于 1950 年 2 月出版，一年后倒闭。
② 安格斯 · 威尔逊的《乱了套》是他的第一部作品，是一部短篇小说集。
③ 1939 年出版的《我的王室经历》是比顿对王室回忆录的戏仿。

看看我在哪儿吧：非洲，该有多热。不要猜想我在干什么，因为我自己也毫不清楚；不管怎么说，我还有个不错的地方住，书也在进行之中。

我是途经西班牙(可怕的国家)来到这里，这样的旅程我再也不会轻易踏上。我在巴黎待了一周，有一天与本内特·瑟夫的一个朋友共进了午餐——那人叫富勒尔·考尔斯，准备和乔治·戴维斯联手创办一份新杂志——类似《名利场》那样的东西——我可能会给他们写一篇稿子。说到底，如果你知道有谁在找工作，不妨让他们去那儿，因为我知道他们马上就要招兵买马。

这封短信(只是让你知道我还活着)到达你手上时，你可能正在度假；果真如此的话，就祝你开心，亲爱的鲍勃——记住我想你。爱你的

T

[哥伦比亚大学图书馆收藏]

致安德鲁·林登

非洲摩洛哥丹吉尔英国邮局

[1949年7月6日]

最亲爱的，

我给菲比写了信，谈起过穿越西班牙的旅行，所以她可能已经告诉了你；简而言之，是一段可怕的经历。不过那是个非常美丽的国家。我甚至去了一个博物馆：当然是普拉多博物馆。但我很喜欢非洲；卡斯巴的生活很对我的胃口。我觉得杰克对此不是很感冒；他说住在一个你不敢独自上街的地方很没意思。各种身

份可疑的人都聚集在这里，因为这是一座国际化城市。各种非同寻常的人。这是我所到过的最令人兴奋的地方。如果你和菲比在这儿，我们可以全都住在卡斯巴一栋房子里，大张旗鼓地入乡随俗。这里有一家很棒的夜总会，名叫帕拉德——皮尔斯小姐会迷上它的。夜晚很凉爽，但白天可怕地漫长和炎热，而且蚊子成灾：再往内陆走几英里，树荫下都有五十八度——热得你毛孔发炸。我们住在山上的一座小房子里，可以俯瞰丹吉尔和港湾的绝妙景色。所以我准备安顿下来，重新开始工作。杰克想念伊斯基亚，不过我猜想他会渐渐喜欢上这里的。

在巴黎见到了乔治[·戴维斯]；我觉得他的新杂志听起来很棒。菲比昨天来了一封信，说有个女人将担任《芭莎》的小说顾问。如果她还不知道是谁的话，我可知道——玛丽安·艾维斯。但为什么珀尔说这是个秘密呢？也许是他们决定要保密。

我在浑身发抖，十分钟内会有医生来：1）给我打霍乱针。2）看看能怎么处理一下我这四分五裂的胃。天啊，他来了。（事后）嗯，不是太糟，尽管一看到针我就差点晕倒——那玩意儿像虎牙一般，玉兰花。你该在这里握着我的手的。

我想你，小鸟，我们似乎已经分别了一个世纪。希望你能给我写一封七十五页纸的长信。代我问候你丈夫；我丈夫也致以问候，爱你的是谁？

是T。

又及：在巴黎还见到[威廉·]萨洛扬——他在一家赌场烂醉如泥，输了几千。他的脑袋只有子弹头那么大。他说他跟卡罗尔已经掰了。这是他所说的唯一一句清醒的话。

[纽约公共图书馆收藏]

致安德鲁·林登

丹吉尔

1949 年 7 月[15 日]

花一般的孩子——

天使，此时此刻，你无疑已经回到纽约，所以我往那儿给你寄信——我似乎不相信梅肯的邮政部门。不过你这一趟肯定非常无聊。不过，你肯定吃到了一些好东西，这一点我很嫉妒。食物。我很少想别的东西。阿拉伯菜可是最难吃。是的，宝贝，我不打算去拜访保罗·鲍尔斯[1]，不错，杰克当然仍然和我在一起——尽管双腿还在发抖。我压根儿不清楚为什么来到了这儿，但长了不少阅历，值得辛苦一场。我上午工作，下午睡觉(天太热，干不了任何事情)，晚上就在卡斯巴到处饮酒作乐——我觉得这里丝毫没有美国的城镇那么可怕。保罗和简[·鲍尔斯]夫妇都在这儿，我们经常见面。塞西尔·比顿说他八月份会来。亲爱的，克里斯托弗[·艾什伍德]的事情真具有讽刺性，对吧？我早就跟你说过。但你现在肯定已经写过信了。我有太多想说的话——但一直不确定哪些人会读到这些信。说到底，我觉得克里斯托弗就是一坨狗屎——这可是有非常充分的理由。换一个别的话题吧，你还记得沃尔德马·汉森吗？我在巴黎见过他，他很惨：那可怜的家伙被皮特·华生给甩了，这是你所听过的最精彩

① 鲍尔斯是作家和作曲家，他妻子简是小说家兼剧作家，他们住在丹吉尔。鲍尔斯夫妇的婚姻非同寻常——两人都是同性恋，但彼此都很忠诚。卡波蒂非常喜欢简·鲍尔斯，对她的《两位严肃女士》等小说中的超现实主义风格赞赏有加，几乎将她列入他最喜欢的美国女作家名单的前列，仅次于薇拉·凯瑟和伊迪丝·华顿。

的故事之一。牛顿来了一封信，他的书[1]已经写完，准备去海角。菲比在自己的新家好像很开心——经常款朋待友等等。告诉我，她还在跟[此处不清]来往吗？她从未提起他。还有，她有没有在写什么东西？你要去缅因的什么地方？你准备长住在那儿吗？我一直都想去新斯科舍。一两个月后我可能去廷巴克图——坐卡车穿过撒哈拉：要花三个星期。看情况吧。当然，其实我心里只想着我的书：所有这些旅行都恍如梦境。话说回来，我猜我也该考虑一下回家的事。我想死你和菲比了——不过我所想的其实只是你们。

亲爱的，我要去干一会儿活了（日子过得飞快，而要做的事情又太多），所以，问候哈罗德，给你数不清的吻，我珍贵的朋友，我会收起这顶特别的帐篷，以跟阿拉伯人（吵闹的野蛮人）截然不同的方式，一声不响地溜掉。爱你的

T

[纽约公共图书馆收藏]

致凯瑟琳·伍德

非洲摩洛哥丹吉尔英国邮局

1949 年 7 月 28 日

伍迪亲爱的——

别骂我，亲爱的，我最近简直糟透了——不过，自从六月十四五号离开意大利之后，我几乎一直在到处跑：在巴黎待了一

---

① 阿文的书指他的赫曼·梅尔维尔传记。

周，然后到西班牙；一路南行穿过西班牙全境，中途在各种各样的城市停留；马德里，格兰纳达，塞维利亚，还有一些小地方——西班牙是个美丽的国家，但旅行起来毫不愉快，有太多限制，太过官僚，太多穿制服的人——事实上，几乎所有的人都穿着制服。那里是一种战时的氛围。从西班牙最南端的阿尔赫希拉斯，我乘船来到了非洲。我十分想念意大利，但这里也很奇特而美丽，让我特别喜欢。我住在洛伊尔·吉尼斯家里，他在卡斯巴有一栋漂亮的别墅；这里真的很有趣，后面还会更有趣，因为塞西尔·比顿和葛丽泰·T.［嘉宝］下下周就会过来，跟我们一起一直住到九月——然后她会去法国拍一部电影（巴尔扎克的《朗热公爵夫人》）。[①]也许我会跟他们一起回巴黎。另一方面，我的工作也在继续，书的主体部分现在已经完成一半——或者几乎一半。《别的声音》已在法国面世，由莫里斯·宽德罗作序，他在序中提到了你。我会给你带一本。

这里很热，不过是一种干燥的、不太令人难受的热，附近有很美的海滩——可我得说我并不常去。

我买了两只鹦鹉；一只是红脑袋，另一只是金色的；它们是很好的伴儿——叽叽喳喳，咯咯笑笑，常常站在我的肩膀上。我还有一只小羚羊，是去阿特拉斯山远足时带回来的。它很可爱而且——名叫伍迪！

我猜玛杰丽在缅因——向她转达我最诚挚的爱。哦，我是多么爱你，亲爱的

T

［纽约公共图书馆收藏］

---

① 嘉宝没有参演那部电影。

致里奥·勒曼

丹吉尔英国邮局

1949 年 8 月 8 日

里奥，亲爱的妈妈

我无法相信自己的眼睛：一封莫特的来信：我几乎要哭了，亲爱的——知道你肯定是无聊透顶，否则你决不会提笔写信。

是的，我们在这儿：而且，简[·鲍尔斯]虽然没有去市场上卖粮食，却与一个卖粮食的女人打得火热：一个阿拉伯女巫，长得跟凯蒂娜·派克西诺[1]简直一模一样。

没有必要告诉你所有的经历；发生了太多的事情，而且我反正也会漏掉重要的内容。

在巴黎见到了理查德——他似乎隐隐有些不快——平常他很少这样。可是天啊，跟[霍华德·]罗斯柴尔德一起旅行，肯定十分无聊。不过见到他真好。你还记得在你的 88 街公寓住过一段时间的那位年轻的加拿大雕塑家吗？[2]有天晚上在一家咖啡馆里，他过来跟我打招呼，说他住在巴黎。

与乔治·D.[戴维斯]在巴黎度过了极不寻常的一天。他在比德尔夫人和一位充满好奇的[富勒尔·]考尔斯夫人的庇护下来到：先是举行了一场午餐会，桌上摆的是纯金餐具——全巴黎的名人悉数到场。接着是那天晚上，他又在马克西姆餐厅举办了一场晚宴，肯定花了不下两三千美元。所以我猜想，他的新杂志得到了相当雄厚的支持。看到乔治一掷千金、春风得意的样子真是有趣。

---

① 获得过奥斯卡奖的希腊女演员。

② 加拿大人皮特·萨格尔其实是一位画家，而不是雕塑家。

不过，哦，我的生活一直是多么安静！不管是白天还是晚上，我多数时间都在看书和写作。我对小说已经有了一些底，感觉比较乐观。顺便说说，我在读安格斯·威尔逊的《乱了套》[1]一书。你了解他的作品吗？我觉得你应该约他写一个短篇。附带提一下，牛顿的书[2]已经写完；我希望我能够看看。

纽约发生了那么多的事情，我真的害怕回去，一切都会大不一样。不过你会在那儿，没有变化：这是你的魅力，亲爱的，为了看上一眼，跨越一趟大西洋也值得。当然我想你，当然我爱你，不过当然！

满腔的爱（哈哈！）

T

又及：碰到了玛吉那个婆娘。她要你给她写信！

［哥伦比亚大学图书馆收藏］

致伊迪丝·西特韦尔

北非摩洛哥丹吉尔英国邮局

1949年8月21日

亲爱的西特韦尔博士，

好久以来，我都希望今年能够去英国。唉，现在已经确定无法成行：真是令人失望，因为我一直期待着我们也许会再次见

---

① 《乱了套及其他小说》（1949）是威尔逊的第一部作品。他的短篇小说《权力政治》于1950年2月发表在《天赋》创刊号上。

② 牛顿·阿文的《赫曼·梅尔维尔传》（1950）。

面。另一方面，在意大利度过一个迷人的、真正美好的春天后，我在丹吉尔这个又脏又乱的城市已经差不多算是开心地安顿下来——一只手写着小说，另一只手给自己扇风：这儿简直酷热难耐。我想，英国的夏天非常怡人，我相信您过得很愉快。

我有一个请求，尽管我知道这会给您添麻烦，而出于无数合理的原因，您可能会觉得无法答应。事情是这样的：我在申报古根海姆奖，为此需要提交一份含七名推荐人的名单，他们必须是知名人士，愿意写信证明他们相信申请者当之无愧。我要问的是，能借用您的大名吗？如果可以的话，您在十一月的某个时间就会收到古根海姆基金会的公函，询问您个人对于我作为一名作家的能力有何看法。当然，您也可能毫无看法，那么，我当然就应该将其理解为对此请求的否定答复。无论如何，都感谢您可能给予的任何关注。

最近我读了《勇敢与残忍》，一本极有才华的书。我记得是您向我提起过这本书，您还告诉了我丹顿·韦尔奇[①]的死讯；真是太可惜了！

如果爱丽丝[此处不清]在英国，而您见到她的话，请代我向她致意。

我希望您有朝一日会觉得可以再去纽约，哪怕会遇上那儿的严冬。那儿有了您，会是多么——是的，<u>有趣</u>。

相信我，

杜鲁门·卡波蒂

[得克萨斯大学奥斯丁分校收藏]

---

① 父亲是英国人、母亲是美国人的丹顿·韦尔奇于 1948 年 33 岁时去世。《勇敢与残忍》于 1949 年在他死后出版。

致安德鲁·林登

丹吉尔

1949年8月23日

亲爱的宝贝——

我之前非常担心：而且说真的，你毕竟病了——真是遗憾。我自己也很精神不佳，主要是因为没有吃到合口的东西——这里的食物太糟了，所有的东西吃起来都像橄榄油里炸过的糖果。昨天是杰克的生日，[1]我们举办了一个很棒的派对：塞西尔·比顿在这儿，帮我做好各种安排；我们是在赫拉克勒斯岩洞的洞穴里举行的，有香槟酒和阿拉伯乐队，持续了一个通宵。我现在对阿拉伯音乐非常着迷——阿布·穆哈德已经取代了比利[·霍利戴]在我心目中的位置。除此之外，一切都安静极了。工作，工作，哦天啊！我觉得为G[乔治·戴维斯]的杂志工作肯定非常有趣——顺便说一下，那本杂志名为《天赋》：刊名让人不太看好，田和那个该死的小子梅洛在去好莱坞的路上——也许弗兰基会得到什么角色，因为我听说朗·钱尼的那些老电影都会被重拍，如果用他，可以省去一笔化妆费。你有新的公寓了，是真的吗？多么激动人心的消息。我对克里斯托弗有偏见吗？是的，也许曾经有过，但现在我已想不起是为什么了：你了解我的。我听说了玛格丽特·米切尔的事情：居然被一位醉酒的出租车司机给撞了！[2]皮特·华生跟别人跑了，那是一个来自加州的呆子，在沃尔

---

① 邓菲进入三十五岁。

② 玛格丽特·米切尔，《飘》的作者，1949年8月16日死于亚特兰大，五天前她被一辆疾速行驶的出租车撞倒。

德马遇见皮特之前，他曾是沃尔德马的情人，后来沃尔德马喜欢上华生先生而把他给甩了！很具有讽刺意味吧！给哈罗德一个大大的吻，我可爱的玉兰花，并且马上给我写信，因为我日以继夜夜以继日地想你，就像一位老肯塔基上校爱他的摇滚和黑麦一样地爱你。

T

［纽约公共图书馆收藏］

致罗伯特·林斯科特

摩洛哥丹吉尔英国邮局

1949 年 8 月 30 日

亲爱的鲍勃——

我不管纽约有多热，反正这里比纽约还要热一倍——但我似乎无法脱身，因为我养了一大群动物——两只鹦鹉，一只小瞪羚，还有一只绿青蛙，非常温顺，常常在我的胳膊上跳上跳下。而在这酷热以及鸟和兽之中，我一直埋头于自己的创作，现在已经完成了三分之二——起码是草稿——有些部分我很满意，还有些并不满意，这很自然。我觉得可能会写到八万单词的篇幅，比我预计的要长得多——但话说回来，它已经变成一部与我最初的计划很不相同而且要复杂得多的小说，让它大致成形需要极大的努力。我很想让你看一看。关于回家这个问题，我还没有任何计划，但等我写完手头这一章时，我会开始考虑的。你收到我的上一封信了吗？给我写信吧，亲爱的鲍勃。深深地爱你

T

［哥伦比亚大学图书馆收藏］

致欧文·埃德曼[1]

摩洛哥丹吉尔英国邮局

[1949年9月1日]

亲爱的埃德曼先生——

三个月以来，我一直在这个又脏又乱的城市打磨一部小说。也许您的夏天过得更好——我不是在抱怨，真的，这也的确是个不一般的地方；而三至六月间，我则待在伊斯基亚，临近卡普里的一座迷人小岛——那儿的春天美极了！我眼下正在从事一项申报古根海姆奖的全国性活动：您能否帮帮我，允许我借用您的大名作为推荐人？对这一请求，请尽管给予否定的答复。您可能有无数充分的理由，觉得无法同意。[2]

我的天啊，阿拉伯人真是古怪。几周前，这里发生了一件可能会让哲学家感兴趣的事情。四个阿拉伯人在我住处的附近走路，其中一个突然不见了：他掉进了一口被杂草遮住的水井。他那三位朋友只是趴在井边，口里叫着“米克托布，米克托布”（这是命运）。然后，他们只是平静地摇着头，转身走了。第二天，警察从那儿经过，在墙上钉了一块提示牌。似乎谁也不关心那个早已淹死的可怜的家伙。这绝对是真人真事。

诚挚的问候，

杜鲁门·卡波蒂

1949年9月1日

[哥伦比亚大学图书馆收藏]

---

① 埃德曼是牛顿·阿文的朋友，是哥伦比亚大学的一位德高望重的哲学教授。

② 埃德曼回复说，对推荐他申报古根海姆奖感到“乐意之至”。但卡波蒂还是被古根海姆奖委员会拒绝。

致罗伯特·林斯科特

摩洛哥丹吉尔英国邮局

1949 年 9 月 12 日

亲爱的鲍勃——

我向失踪人口登记处寄了一封询问信：他们肯定会知道你的消息。也可能这久无音讯是因为工作太过繁重——我又给你准备了更多的活儿呢：如果一切顺利的话，到年初或年初前后，你就会有一本书可读了。我将于下个月回家；至少我是这么想，但弄到船票极为艰难。鲍勃，我在申报古根海姆奖；我有一份很不错的推荐人名单，所以也许我能获奖：其中有 E. M. 福斯特，他刚刚写信来问我能否把我的短篇小说集寄一本给他。你能寄吗？地址是英国剑桥国王学院 E. M. 福斯特。衷心感谢。纽约是秋天了吧？我最喜欢那儿的秋天，很渴望回到那儿。我也渴望见到你。要说的话太多太多！发生了太多有趣的事情。永远诚挚的祝愿，

T

［哥伦比亚大学图书馆收藏］

致安德鲁·林登

丹吉尔

1949 年 9 月 15 日

心肝宝贝——

上次通信时你还在梅肯：现在肯定已经回家。你看到《时代》杂志关于《天赋》的那篇报道了吗？听起来很荒唐，我非常

失望。我刚在夏昆待了一周回来，那是个奇特而诗意的小城，高高地坐落在里夫山上；我给菲比买了一枚很漂亮的老摩尔人戒指，一块紫水晶的周围镶嵌着未经雕琢的绿宝石、红宝石和月长石，特别大，我难以想象戴在菲比那蠢乎乎的小手上会是什么样子。公寓的事情怎么样了？你真的找到一套新的了吗？杰克的一只脚感染了，我的牙齿疼得要命，除此之外我们一切都好。我们在这里会至少再待上两周，然后乘船去马赛；如果天气不错的话，我们可能会在普罗旺斯地区的艾克斯稍作停留，然后再去巴黎。在最新一期的法国《时尚》杂志上，有一张杰克、琼·麦克拉肯和我在聚会上坐在一起的照片：够不够编排绯闻了？牛顿的书写完了，受到美国文学界的高度赞誉；他不断地给我写信；我想我肯定还爱着他，唉；可一旦你真的爱某个人，我想这种爱其实永远不会停止。不过，你不必担心：我再也不会掉进那个陷阱了。我想你，甜心，哦，见到你会是多么快乐。全身心地爱你，向可爱的哈罗德问好

T

［纽约公共图书馆收藏］

致安德鲁·林登

巴黎

1949 年 10 月 23 日

亲爱的宝贝——

收到你那封厚厚的长信，我太开心了；而此时此刻，我那封提及艾克斯等的信你肯定也已收到。这儿还有什么可说的呢？与

阿莱缇一起看了《欲望号街车》——唉，那简直是糟蹋，宝贝——假得难以形容；比如说，在很多场景，每当斯坦利应该弄亮彩灯时，就有一大群黑人在舞台上跳肚皮舞——简直可笑。至于阿莱缇，哦，她的角色很不合适。巴黎没什么美国人，而且冷得要死，我多数时候都在工作。我收到一本《隔壁的世界》[①]；你试着读过没有？里面时不时地有些精彩片段——但我一向没有耐心在布丁里挑葡萄干——而天知道，他写的是一种布丁似的文体，软软的，懒懒的，不慌不忙。非常高兴听到欧尼斯特的消息，也许《时代》现在会有些好的评论——偶尔我也翻一翻《国家》杂志，他发表在那儿的作品很棒。这么说来，菲比没有去《天赋》工作。这里有人告诉我，乔治和富勒尔·考尔斯闹翻了——但愿不是这样。你知不知道是哪一班船把玛丽露[·阿斯维尔]运来欧洲？她真傻，居然在一年中的这个时候过来，特别是如果还做了一个大手术。一切顺利的话，我下个月底就会到家了——刚好赶上圣诞节，所以一定给我准备一份礼物。一定要给我写信，心肝宝贝，向哈罗德转达我至真的爱。

几大筐的吻

T

[纽约公共图书馆收藏]

致安德鲁·林登

巴黎

1949 年 11 月 1 日

---

① 《隔壁的世界》(1949)是弗里茨·彼得斯的小说。

蜜糖——

巴黎比老尼姑的私处还要冰冷；我多么向往采用蒸汽制暖的、令人窒息的老纽约啊。是这样吗？管他呢，反正我月底就会到那儿。你可能已经听说我和乔治[·戴维斯]的事情。①他给我发了一封蛮横无理的电报。我猜他是因为没完没了地洗那些尿布而发疯了。我真的很无辜。不过我想我们的菲比在那儿工作：唉，她从不给我写信。但我很高兴她有了那份工作；可能会很有趣。我看了一部特别精彩的电影，卡罗尔·里德的《第三人》。里面有奥逊·威尔斯——演得太棒了，不管你信不信。配乐也很出色——全都是齐特琴演奏的。简·鲍尔斯现在跟我们住在一起，我们养了一只京巴狗：会是你所见过的最可爱的小家伙。我的房间太冷，无法在里面工作，所以我把自己安顿在酒店厨房的一张桌子上——特别愉快——只是“帮工”不停地让我喝白兰地，所以到天黑时，我往往已经醉醺醺的：杰克非常不满。我12月8日的讲座你会来吗？②《党派评论》让我知道要做讲座，真是很不错。向哈罗德问好，给我写信，亲爱的。

无数的吻

T

[纽约公共图书馆收藏]

---

① 卡波蒂与乔治·戴维斯的关系从一开始就磕磕绊绊。不清楚他这里所指的是什么纠纷。

② 在约翰·马尔科姆·布里宁的安排下，卡波蒂将于1949年12月8日在曼哈顿第92街的诗歌中心朗诵作品。

致凯瑟琳·伍德

巴黎

1949 年 11 月 9 日

伍迪亲爱的——

谢谢你的剪报：可怜的葛丽泰[·嘉宝]——但主要是她自己的错。我同意你的看法，我不该留在巴黎——但我眼下的经济状况是一团糟，所以在我的经纪人把情况理顺之前，我不敢再去别的地方。我非常想去西西里——不过，除非发生什么事情，否则年初左右我可能就得回家。如果欠我稿费的各家出版社能够付钱，我当然就有财力去西西里过冬。真是令人心烦。我收到了泰迪[①]的婚礼邀请函，很想给他们送一份礼物，但我该寄到哪儿呢？我的两本书在欧洲都取得了巨大成功，尤其是在法国和意大利，我现在就像电影明星一样出名——这有点儿意思。我的新书不知道还要多久才能完成，显然需要五六个月。亲爱的，代我向玛杰丽问好，并尽快给我写信。感恩节愉快，记住我永远爱你。

T

[纽约公共图书馆收藏]

致里奥·勒曼

巴黎大学路 22 号[②]

1949 年 11 月 15 日

---

① 泰德·沃尔沃思。

② 卡波蒂和邓菲住在大学酒店——位于左岸的一幢小楼。

茉特，亲——

是的，宝贝，你的信（如果你确实寄了的话）我从未收到——所以再给我写一封吧，因为永远爱你的“瘫子”急不可耐地盼着茉特的消息。这边没什么新闻——或者说新闻太多——而我并不想写，因为我 1）得了流感；2）患了痢疾——所以全身乏力。所以我现在躺在床上，身旁是鹦鹉和京巴犬——别要我解释京巴犬，你只管相信就行。不过这儿的秋天很美，举目可见冒着炊烟的烟囱和金黄的树叶。亲爱的，有人来信说你生了。我吓了一大跳。“里奥生出了斯皮德 · 拉姆金[①]。”这是什么意思？斯皮德 · 拉姆金是不是那个叫希利尔的男孩？你读了保罗 · 鲍尔斯的书吗？[②]真的非常之薄，但我很喜欢。弗里茨的书我喜欢前二十页，剩下的则觉得读不下去。有位年轻的法国作家名叫[马赛尔 ·]莫洛杰——他的作品由伽利玛出版，但未被翻译；特别棒，你应该抢先去出版。听说你和《小姐》杂志合作愉快。你觉得《天赋》会有趣吗？当然他们发布的“小样”让人不太看好。代我问候理查德和格雷[· 弗伊][③]。我想你。爱你

满腔柔情（哈哈）

M

[哥伦比亚大学图书馆收藏]

---

① 斯皮德 · 拉姆金是小说家和剧作家。

② 鲍尔斯的第一部小说《遮蔽的天空》(1949)。

③ 弗伊是艺术家，已经成为勒曼的伴侣。

致安德鲁·林登

西西里陶尔米纳留局待取

[1950 年 4 月 4 日]

亲爱的宝贝——

我们在海上度过了二十一天！而且同行的人多数都说挪威语和土耳其语，哦，简直太可怕了，小羊羔，但我们总算从航行的痛苦中幸存下来，嗯，其实并不痛苦，反而相当愉快，昨天终于抵达陶尔米纳：我们觉得会喜欢这里，简直太美了，到处都是迷人的风景，但描述起来需要一些时日。今天上午，我们出了别墅去打猎。纪德住在这里。他在理发店一坐就是一下午，让那些八九岁的小男孩在他脸上不停地涂泡沫：但到了他这个年纪，还能干什么呢？唐尼也在这儿；看到他坐在广场上，我们大感意外；他的心情很不好，因为对他的书，既无人评论也未做宣传：这是真的吗？牛顿的书呢？希望你帮我留了一些评论。亲爱的，在那不勒斯收到你的信真是开心。希望菲比没有做出任何轻率之举，我得马上给她写信。克里[①]不愧为一个很有能耐的小旅行家……尽管我们也有过倒霉的时候。比如昨天在卡塔尼亚，我们上火车时被人拦住，不得不在西西里的那个匹兹堡等了五个小时，直到一列满载着农民的货车允许我们带着宠物搭乘上去。所有的意大利人似乎都被克里那可爱的小脸吓得屁滚尿流。我写了一个短篇，很希望你和菲比能看看；题目叫《钻石吉他》。[②]我对它真的情有独钟。亲爱的，过几天我会给你写一封真正的信。向哈罗德

① 克里是一条狗，是克里蓝㹴犬，该品种以好斗著称。

② 发表在 1950 年 11 月的《时尚芭莎》上。

问好

深深深深地爱你，最亲爱的

t

［纽约公共图书馆收藏］

致威廉·戈因

西西里陶尔米纳丰塔纳韦奇亚酒店

1950 年 4 月 5 日

比尔亲爱的，

这是一段漫长但有趣的旅行；我们在海上度过了二十一天，而尽管其他乘客大多是土耳其人，开口闭口都是我们土耳其人（认为如此这般），我还是很开心：一路过来也觉得更加健康。另外，我写了一个新的短篇，我自己很喜欢；名为《钻石吉他》，我非常希望你能看看：只有对很少的人，我才这样希望。但是亲爱的比尔，我希望你的境况更轻松一些；我很希望听到你已安顿下来正在工作。如今我既然远隔千里，请你别忘了告诉我你以前不愿透露的那个名字：还要继续保密不成？

西西里远比我想象的更壮观。更苍翠，更陡峭，更迷人。我喜欢这儿。在咖啡馆里，人们伴着吉他的音乐一起跳舞；牧羊的孩子们坐在开满野花的田野上，吹着彼得·潘那样的笛子。

我们住的是一栋漂亮的老式别墅的最高两层，走到镇上约二十分钟。可以远眺群山、白雪和大海的景色。这里特别宁静而美丽，而且生活便宜，我们非常希望你能过来。干吗不来呢，比尔？

纪德住在这儿。他常常去镇上的理发店，然后在那儿一坐就是一个下午，让十到十二岁的小男孩们在他脸上涂泡沫。他是个亲切、暧昧的老头子。

另一方面，我有时也写长信。但今天我们走了十多英里，我简直累坏了。我希望你来这儿；如果不来的话，就一定给我写信，因为我们土耳其人想你。

满腔柔情

我爱你

T

［佚名收藏］

致约翰·马尔科姆·布里宁

西西里陶尔米纳丰塔纳韦奇亚酒店

1950 年 4 月 7 日

宝贝，

那晚你来真是太好了，我对此深感抱歉，尤其是因为我本该独自见你。这趟旅行非常独特；持续了二十一天，并且其他的乘客大多是土耳其人，他们有些言辞都以“我们土耳其人”开头(想想如此这般)；结果，我十分狂喜地到了这里，陡峭而坚实的陶尔米纳土地：这儿几乎美不胜收，有着神秘的春天。你会喜欢这儿的，我知道，而且我们找到了一幢最可爱的别墅；离镇上大概二十分钟步行的路程，有一个花园，两间卧室，两个阳台，庞大的客厅，厨房，浴室，和一幅空瞰景致：山，雪，海。

每月租金五十，你不觉得相当的便宜吗？真的，你应该来这儿。[安德烈·]纪德住在这儿；他坐在理发店里待上整个下午，让十岁十二岁的小男孩在他脸上涂泡沫；这里头有些丑闻，倒不是因为他喜欢把小男孩带回家去，而是因为他只付他们两百里拉（二十美分）。除此之外，这里的场景神圣得毫无文人，也无任何形式的人。写信给我，小羊羔，因为我们土耳其人想念你；许多许多爱

t

[特拉华大学图书馆收藏]

致威廉·高扬

西西里陶尔米纳丰塔纳韦奇亚酒店

1950年4月12日

比尔亲爱的，

我讨厌你要住到这种实在堕落吵闹的地方：想想你要在那待至六月中，但我不许你搬进65号上流阶层那块去。实际上，你应当来这儿……只不过是因为你能物美价廉地愉快生活。如果你想要隐私空间大点，我们可以帮你找一间每月大概二十美元的小公寓。你可以经常不和我们一起吃饭。我们的房子如梦一般。水为天赐，每天下午我们都游泳泛舟。城镇怡然，人杰地灵，吃如天堂。所有这些你只需花大约五十美元一个月。你还想奢求什么呢？

我早上工作，晚上读书。你看过《不该受火刑的女人》[1]了

① 克里斯托弗·弗赖伊的《不该受火刑的女人》（1949），一部受欢迎的喜剧。

吗？我觉得你在伦敦可能看过。我一直在读，有些部分我觉得非常优美。我盼望鲍勃[·林斯科特]把你的书寄给我；请提醒他该做的事情。晚上是在纽约唯一工作的时间：我曾经和你在同样的时段工作。一切在晚上写出来的作品似乎都有种激昂的质量。

请告诉我，为什么齐斯克山的生活变得过分的复杂？霍兰是什么时候，又是怎么到埃及去的？①这似乎是个奇怪的选择。我知道卡森最后还是不去爱尔兰了；这是真的吗？

我们有个小女孩在为我们工作；她人可爱，手脚麻利，而且饭菜做得相当好；但她每天都穿那件同样的拼接的裙子，于是我们给她买了条新的。但是第二天她还是穿着那件旧衣服来了，我们问她为什么不穿那条新裙子：喔，她说，那条裙子是她现在的好裙子，她必须留着以后穿。

也许她是为你而留的。不管怎样我可以向你保证这里会有一个节日般盛大的欢迎仪式，所以请一定尽力安排行程。

我想你也念着你。你知道我爱你。

T

[佚名收藏]

致罗伯特·林斯科特

注意新的地址：西西里陶尔米纳丰塔纳韦奇亚酒店

[1950年5月7日]

---

① 作曲家吉安·卡洛·梅诺蒂和塞缪尔·巴伯在纽约以北38英里处的齐斯克山拥有一间称为摩羯宫的房子。高扬一度是巴伯的情人，罗伯特·霍兰，一位有才华的年轻诗人，则是梅诺蒂的情人。

亲爱的鲍勃，

我收到你关于校样的来信，当时我正在寄一封关于图片发布的信，于是随手在信封上草写了个回复，你可能没有注意到。[①]我想你最好先别把校样寄出；这会涉及过多。

我们运气很好，至少我希望这是找到住处的好运；一间小别墅的最高两层，离陶尔米纳大概二十分钟步行路程……非常的偏僻，但是房屋宽敞，并且景致优美。这是戴·赫·劳伦斯曾住过多年的房子。房租每个月五十美元，以意大利标准来说还是很贵的，但是我极爱这儿。

我想我写过信给你，纪德住在这儿，我很喜欢他，只是他太暧昧。此外，这里场景神圣得毫无文人；事实上，也无任何形式的人。

我想我会给你寄去我书中已写好的部分；不仅是因为我想让你看看，而且是如有一份存在别处会更加保险。

我给玛丽安[·艾维斯]寄了一篇故事，我非常想让你看看那。写给我一封充满新闻的信吧。爱你的

t

[哥伦比亚大学图书馆收藏]

致安德鲁·林登

西西里陶尔米纳丰塔纳韦奇亚酒店

1950年5月15日

① 卡波蒂在指他的游记《乡土色彩》，该书包括一些知名摄影师的供稿。

我的世界之光——

正如我写信告诉菲比的，我们拥有一栋可爱的小别墅，一切都那么的优美，至少似乎如此。我知道这里天气将会很热，白天已经有时生火，但夜晚很冷，晚饭后我们会在壁炉里生火：天啊，那些火！现在你跟哈罗德应该收拾好一起到这儿来，兴许在秋天。这是个工作的好地方（我觉得），我写了另外一个小说，《便宜货》①。我很开心又开始写小说了——它们是我的挚爱。

可能一直没有时间，至少我在那不勒斯之后就没收到过你的来信，我很想知道你的近况。在这儿，没什么值得一提的事情发生。在南下的路上，我们在伊斯基亚驻留了几日，那儿还是和往常一样，只是奥登的圈子正在兴奋不已，因为他们的老大正在写一部根据奥德赛改编的剧本（电影要在伊斯基亚拍摄），另外英格丽·褒曼将要主演这部戏。我的天。

纪德的女儿来这儿陪他了。她让我感到惊讶，1. 是因为丑得如同柴炉一样。2. 是因为比你想象的要小得多，只有二十三四岁。你觉得那老山羊真的负责可靠吗？

亲爱的，《欢乐》怎么样了？我希望你会和奥黛丽讲讲。

克里身上长满了蜱虫和毛刺。我们的空余时间都用来帮他挑掉这些玩意了。杰克强壮活泼：他甚至能潜到海里半英里的地方然后回来——我只试过一次，觉得自己的心跳都快停了。他向你们两人转达他的爱。

---

① 卡波蒂的一份当时未曾发表的《便宜货》打字文件在他遗稿中被发现，并被捐赠给纽约公共图书馆档案馆。这篇小说在 2004 年 9 月的《纽约时报书评》刊出后，被收录进《卡波蒂短篇小说全集》（兰登书屋）。

告诉菲比我爱她，也告诉哈罗德。我需要告诉你什么吗？

T

［纽约公共图书馆收藏］

致塞西尔·比顿

西西里陶尔米纳丰塔纳韦奇亚酒店

1950年5月20日

塞西尔我的爱——

多么可爱的一封信，我的天使——你多么富有生气！我真心希望克莱格霍恩小姐[1]能［此处不清］你生活中梦幻的常规。给“谭格瑞夫人”的服装打扮听起来很吸引人——确实，我应该喜爱穿那件橘色边衬的斗篷：我确实感到需要靓丽点的好在广场漫步[2]。但你为什么要去布列塔尼呢？你绝对应该到这儿来度个假期。我喜欢我的家，它很美，但我没什么机会享受它，因为，感谢上帝，我似乎一直在工作。我写了三篇小说，现在正准备完成第四篇：一篇卖给了《纽约客》，一篇给了《芭莎》，第三篇我刚发给我的代理。很快我希望自己能开始我的新书。不，亲爱的，我没有读过丹顿·韦尔奇的小说，我很想读，因为我确实觉得他极有天赋，而且他的死真是一场悲剧。如果你能寄本给我，我将不胜感激。

---

① 露安·克莱格霍恩是比顿的秘书。

② 比顿在为阿瑟·温·皮内罗的戏剧《谭格瑞的续弦夫人》设计布景和服装，该剧1893年首演。

默曼一事[①]听起来有趣；相反，我觉得你应该去做，尤其是因为它不可能不为你赚回相当多的美元来——另一方面，如果它和《盖恩斯伯格女孩》的制作有任何冲突，那当然你应该先弄好你自己的戏。[②]在这点上，我认为真正重要的是你的戏应该上演，尤其是为了你自己内心的平静。我必须说，我一点也不觉得[桑顿·]怀尔德的戏是音乐剧，或许是我错了？[③]

纽约来的消息很无趣。看过《玻璃动物园》（电影）的朋友都说它很吓人，格特鲁德·劳伦斯非常可怜。有人告诉我说，田纳西[·威廉斯]要求自己的名字从银幕上撤除。今早有一封简[·鲍尔斯]的来信，她似乎还在巴黎；她提议要和刚到那里不久的奥利弗[·史密斯][④]去布罗德查尔克逗留访问——我嫉妒你杰米，但另外一位则不然，尤其是当我听说他和自己的妈妈一起旅游的时候（当然，他妈妈可能还是迷人可亲的）。

大卫和朋友可能会让你想起塔蒂阿娜和波顿（还是提泰妮娅？当然肯定不是大卫）[⑤]，但他们让我想到连环漫画，马特和杰夫。老天知道他们真是一对活宝，反正让两个同类——在此情况下的爬行动物——配对才是唯一正确的。我是不是言重了？

让我高兴的是我种在图书馆墙上的玫瑰开花了。你可别让任何人去摘取。

---

① 比顿显然被请求为欧文·柏林的剧《风流贵妇》做设计，该剧1950年10月12日在百老汇首演，埃塞尔·默曼主演。不过最后比顿与该剧无关。

② 比顿的剧《盖恩斯伯格女孩》1951年7月16日在海滨胜地布莱顿首演。但该剧失败，在英属省份结束其生命，没在伦敦或纽约演出过。

③ 尚不清楚他所指的是怀尔德的哪部剧。

④ 史密斯是美国有名的布景设计师。

⑤ 英国人大卫·赫伯特长期居住在丹吉尔——实际上是西部殖民地的社会仲裁人。仙后提泰妮娅和从织工变成驴的波顿，为《仲夏夜之梦》中的人物。

杰克很好，除了他得去看牙医之外，亲爱的，在你面对过西西里的牙医之后，你再面对一队开火的枪手，就不会颤抖得那么厉害了。

亲爱的布罗德查尔克乡绅先生，我每天都想念你二十五个小时，我爱你就像老肯塔基上校爱他的摇滚和黑麦一般——也就是说，你对我非常重要，保佑你的心

T

快给我写信

［剑桥大学圣约翰学院收藏］

致安德鲁·林登

西西里陶尔米纳丰塔纳韦奇亚酒店

1950 年 5 月 24 日

我亲爱的玉兰花——

爱你的信，亲爱的，谢谢你给我的那些剪报。我同意你的说法，牛顿的评论是非常空洞，但也许杂志经他手能做得更好。你们晚上一起愉快吗？要是能与你们，你们两个我如此之爱的人在一起就太好了。我在这儿除了杰克，没爱过任何人这么深。老天啊不，唐尼没有和我们住在一起：我喜欢他，真的，但他变得有一些烦人了：正如杰克说的，唐尼对着镜子看却看不到波斯维尔，只能看到约翰森。他的自我，可能因为此时此刻受了伤，向急速生长的藤蔓一般使人窒息。

我很爱这边的房子，并且真心希望你和哈罗德来这儿。也许你那抗生素的脚本能帮上忙。你说起来像是在开玩笑一样，但我

觉得这其实是个好主意。

我还在写小说。玛丽安把《穿越西班牙》卖给了《纽约客》，把《钻石吉他》卖给了《芭莎》：你不能要珀尔让你看看么？我真想知道你所想的。我给玛丽安寄去另一篇小说。叫《便宜货》。

明天我将举办一个小午餐会，可能会很有趣；为了介绍那两位杰出的法国人，[安德烈·]纪德和[克里斯蒂安·]迪奥。

这里真的开始变热了，但是丰塔纳还足够凉爽，晚上很冷。我们请了一个女孩给我们做做清洁烧烧午饭，但晚饭还是我们自己做；除了金酒和雪茄，即使在这我们用的还是意大利品牌，呃，我们还是很节俭的——如此气派。

克里和杰克向哈罗德，向你转达他们的爱。我们都想念哈尔马-林登一家。写信给我，我的心，你永远在崇拜你的朋友心中。许多的吻

T

[纽约公共图书馆收藏]

致罗伯特·林斯科特

陶尔米纳丰塔纳韦奇亚酒店

1950 年 6 月 14 日

亲爱的鲍勃——

关于《芭莎》：我非常愤怒，简直耸人听闻——我唯一的安排就是赞赏他们，这些我在我的鸣谢页上做得<u>非常</u>足够。请不要对此做任何事——务必，也就是说，不要换那底板，因为我给弗朗西丝·麦克法登写了同样一封信，我想这可能会奏效。顺带提

一句，比辛格在海地拍的那些特别照片从来没在《芭莎》上出现过。在《芭莎》上出现的照片有这些：卡蒂埃-布勒松的新奥尔良照片，比尔·勃兰特的海鸥，比辛格的西班牙照片，以及汉宁金-胡恩的西班牙古堡照片。里面的照片没有一张曾在任何地方出现过。我所希望的只是这些底板的更换什么也没做——等等看我的信有何效果。[1]我也给玛丽安写信求情了。

关于高扬的书：我刚熬了大半夜一直在读它，的确写得非常优美，非常独特。我知道这书会在我脑海中鸣叫咆哮很久的。多么美妙的倾听！虽然如此，你觉得他可能会拧紧刹车？他无法继续驱使越过悬崖，尤其如果他想捎带我们乘客与他一起时。不过你是如此的有天赋和“慧眼识才”，鲍勃，用你自己的方式鼓励这本书；这让我愈加欣赏你了。“一位艺术家，值得敬意的作家，创作出《呼吸之屋》。威廉·高扬的天赋，识才，眼力，风格，都是世间鲜见的，而且几乎从未融合一体过。这是一本极其优美的书。”如果你能用这段话，那请别客气。

鲍勃，我希望你原谅我给你造成的一切麻烦。写信给我，这是个寂寞的地方。

永远的，

T

［哥伦比亚大学图书馆收藏］

① 他的信带来立即反应。《时尚芭莎》杂志提出要求每幅在其页面首次出现的照片下方需有赞誉之后，才同意妥协不要求兰登书屋花费时间和经费补足新的照片底板。

致威廉·高扬

西西里陶尔米纳丰塔纳韦奇亚酒店

1950年6月14日

亲爱的比尔——

我希望我有给你写信的合适力气；但是那本我刚看完的《呼吸之屋》，一坐下便一口气读完，确实让我筋疲力尽：只有艺术的乐趣所能造成的筋疲力尽。我感到一种不可言说的近乎宗教体验的感觉。哦天啊，比尔，我哭泣，颤抖，当我翻到最后一页，脊背的凉意可能使我僵住。这是一本世间难见之美的小说！如你从未写另一个词，我相信你一定会因为做出这一重要贡献而永远被记住的：这对那些关心情感、理解、爱情和艺术的人来说，将是多么的宝贵。你现在肯定处于优雅境界了。

小说出自如此的聪慧，你真正建起一幢呼吸之屋：风呼啸过烟道，筛取音乐穿过百叶窗；故事的声音栩栩如生地哀悼吟啸；克里斯蒂和奥蒂的水下婚礼，如此完美地塑造高潮，是文学中最美好的时光之一。你用自己的呼吸吹这房子——但没有人，甚至你也无法，能够把它吹走。

认识你，我多么自豪，威廉·高扬。不管怎样，我们彼此是什么亲属？我能回答你，[此处不清]。世界上所有的亲人。所有的。

爱你的

杜鲁门

[佚名收藏]

致安德鲁·林登

西西里陶尔米纳丰塔纳韦奇亚酒店

1950年6月15日

亲爱的——宝贝——羊羔，

那可爱的信！就在我给你写了张责备卡之后。你所说的关于华顿小姐的故事听起来如此令人鼓舞，我真心希望神奇的事由此出现：你必须把它给奥黛丽[·伍德]看看。不过菲比的新小说很让人难过，我希望这不会使她气馁；事实是，她没写够——如果你和她一般有才，你可能会轻松地写出两到三篇成功的小说；但那之后你必须有个比目前菲比所建立的要更加扎实的基础。我多么希望她意识到自己真实的独特天赋。我刚读完比尔·高扬的小说，《呼吸之屋》——真的很优美：终于是部人们可以真正欣赏的作品。我知道你会喜欢的。兰登书屋秋天就会出版。另外，我读了《不该受火刑的女人》，很喜欢它。这儿现在变得非常温暖——不过不太糟。不，关于纪德和唐尼的故事不是真的。我大声给他读了，只想看他羞愧的样子，因为我确信他确实给纽约的什么人写过这样的东西。纪德走了，大概去了巴黎。两天前唐尼所有的钱，还有许多衣服都被抢劫了；他偶然结识的许多人当中的一个闯进了他的房间然后洗劫一空。唐尼必须把所有进过他房间的男孩的名字告诉警察；我的天，一份卑鄙的名单。镇上的男孩都对他非常生气。可怜的桑迪；他星期六就要抵达，来到这一团混乱之中；我敢说他们会尽快离开。所以看起来陶尔米纳好像要属于我们自己了。但愿如此。但是我希望你和哈罗德是在这里。亲爱的，我出奇地想你；你知道你对我有多重要。吻哈罗德。杰克说谢谢你给他的吻。

我爱你

T

[纽约公共图书馆收藏]

致安德鲁·林登

西西里陶尔米纳丰塔纳韦奇亚酒店

1950年6月20日

我的珍爱——

非常感谢你，天使，把照片带给玛丽安，感谢那亲爱的哈罗德拍照这张。[①]这是用在我书的法国版上的。我高兴地得知你又去《生活》试了试。你对他们来说会是很了不起的，我希望他们最终能明白这一点。

陶尔米纳的生活非常平静。桑迪来了，但是被，我想，被唐尼那骇人听闻显而易见的不忠行径弄得过分沮丧，无心享受美景。如果你在街上遇到的每个男孩都穿戴着曾经都是你送给你恋人作为礼物的衬衣或领带，你会作何感想？嗯，桑迪咬紧牙关：可怜的傻瓜，他无法想象要做任何别的。我敢说他们很快就要离开，幸好如此：要我说，西西里人的西西里。

菲比真是懒得写信。但也可能是我欠她一封，虽然我不这么觉得。不管怎样，我该往哪儿寄呢？她还在雅都吗？

你提到乔丹[·梅西]。他现在在纽约过得是好——还是坏？请代我向他致以问候。我希望他找到个好工作，或不管什么样

---

① 卡波蒂指他自己那张哈罗德·哈尔马拍摄的照片。

的。他怎么忍受得了在那头蠢驴[保罗·]比奇洛的身边！你没说你是否喜欢威廉·高扬。我喜欢，非常喜欢。林斯科特上星期给我寄来了他的书。前五十页尽是废话，但之后的内容，除了一大部分混乱的章节，我认为它很了不起。倒数第二章节极其的优美。

亲爱的，我非常高兴你快完成华顿小姐那活了。我非常想看——尤其是在银幕上。

猜我在干吗？在把番茄蜜饯和无花果蜜饯装进(旧的金酒瓶子里)。非常好吃。也许你和哈罗德今年秋天或者冬天会来这，那样我们就能一起吃掉。我尽力相信这一点，因为我非常想念你们两位。

克里浑身都是虱子蜱虫还有毛刺，但是他向你转达他的爱，杰克虽然满口胡言，但也向你转达他的爱。这是我的吻吻吻吻吻吻吻吻吻吻吻吻——请将这一半的吻分给哈罗德。

你的

T

[纽约公共图书馆收藏]

致菲比·皮尔斯

西西里陶尔米纳丰塔纳韦奇亚酒店

1950 年 6 月 24 日

菲比小鬼——

她为什么不写信给我？ 大概我太丑了，她不感兴趣！

这是告诉你呢。不管怎样，讨厌的小家伙，你为什么不吭声呢？雅都把你舌头咬了？天啊，今天的风可真大：没法稳住这纸。安德鲁写信说他喜欢你的小说《绿色的凯瑟琳》；可爱的标题——确有这样的标题意义——我愿付上几美元邮费来读一读它。你写过更多的吗？哦，这边有什么消息？

嗯，唐尼·温德姆在这儿待了两个月，明天准备离开了，极为讨厌陶尔米纳：他房间两次被劫，所有的钱和大部分衣服都被偷了。不过，这一切都具有如此喜剧的效果，让我很难觉得难过。我依然喜欢这儿。我已经存好了杏子和无花果蜜饯；我想这是件娇气之举，但非常令人轻松，且回报十分可口。今天是圣乔万尼日，杰克的命名日，因此我们正准备一桌大餐，楼下耕作在麦田里的人带了手风琴上来，我们准备跳个舞。

正如你所知，我的消息都很简单。我正在写我的书，同时写好了一部长篇小说（《花房》），可能你会喜欢——玛丽安，那个傻瓜，把它寄去了《假日》，因为“它的背景是优美的海地”！[①]

［彼得·盖耶收藏］

致安德鲁·林登

西西里陶尔米纳丰塔纳韦奇亚酒店

1950年7月6日

① 《假日》是份高档旅游杂志。《花房》1950年发表在Botteghe Oscure，1951年4月发表在《小姐》。Botteghe Oscure在罗马发行，为评论半年刊，出版特色为发表出自英国，德国，意大利，法国，西班牙和美国以其原始语言所作的原始诗歌小说。投稿作者有安德烈·马尔罗，阿尔贝·加缪，保罗·瓦勒里，依纳齐奥·西隆尼，罗伯特·格雷夫斯，阿奇博尔德·麦柯勒斯，和e.e.卡明斯。

亲亲宝贝——

今早简直没法工作：小山那边他们在进行某种军事行动——大量枪弹火力之类的。刚开始我们以为是俄罗斯人。因此自那时起就一直如此想着俄罗斯人。

这里没人似乎感到会有场大的战争；事实上，他们毫不在乎——真的无动于衷。我们这儿得到信息太晚了；我完全不知道发生了什么。哦，想着一个战时的美国！我希望你这次能理智地不要从军。

我刚看完牛顿的书，写得真是太好了——前几天刚到的，我之前还没从头到尾读过。你的午餐怎么样？牛顿怎么讲我的？我想让他见见比尔·高扬；你不觉得他们会互相欣赏么？——比尔似乎很喜欢老年绅士。是的，高扬非常亲切；你们要相互认识了，我真是非常高兴。你读过他的书吗？哎呀，菲比！我真怀疑你的朋友可能永远看不到《天赋》的那几刊了。讲讲多丽丝[·莉莉]吧。我不知道她回来了；她怎么找到公寓的？——我好像不知道。我为菲比祈祷；她只是不能让自己完全走出来——似乎想如此。

我的番茄蜜饯大获成功，杏子就更棒了——不过无花果相对来说失败了。星期天我准备试试桃子；必须让所有这些旧金酒和红酒瓶子派上用场。你知道蛋黄酱有什么好配方吗？巧克力派？

我正在和路边的两个小女孩开战。她们快把我逼疯了。为什么小孩永远都觉得我也是个小孩呢？真想把她们的脑壳一起敲了。

我们购置了所有水下捕鱼的装备（面罩、鱼叉）但至今什么都没捉到，不过我险些把鱼叉刺到杰克的腿上。不管怎么说，这很好玩。我正在学习很多海上生活的东西。

这儿太热了——并不潮湿，只是一个典型的、残酷的希腊式太阳——哦亲爱的，有时候我想我会直接晕过去。

唐尼和桑迪离开了——一件好事，唐尼因为把陶尔米纳帮所有人的名字都交给了警察，要被他们处以私刑。真是一团糟！但是我保证不说出去，所以你也别说。

我想念你，小甜心。给哈罗德一个大大的吻。杰克和克里也向你转达爱意。你是我的珍宝

T

［纽约公共图书馆收藏］

致唐纳德·温德姆和桑迪·坎贝尔

西西里陶尔米纳丰塔纳韦奇亚酒店

1950 年 7 月 7 日

唐尼亲爱的，还有亲爱的桑迪——

我希望这封信，连同你们余下的信一起，抵达巴勒莫你那。你们肯定会很开心，因为这里邮局那个老“不客气”下岗了：似乎他们轮换了工作，他现在的位子被一个叫咪咪的迷人少年给取代了。不管怎么样，我告诉过他要转递你们的信。我们收到了发自锡拉库扎的明信片；听起来很迷人。你也喜欢巴勒莫吧?

上周一热得难以置信；其他时候一直有阵风吹拂，真是非常宜人。他们终于增加大巴去海滩，所以就方便了许多。我们终于买了潜水面罩之类的东西，正在练习成为水下渔夫。阿纳尔多羡慕得要命。每个人都在探问你们的情况，虽然我一直都说你们走了，他们总是回应：啊，他们回来了，是吗?

瑞典人下个星期就要离开(真的)，跟着就是卡科帕尔多他们一家：他找到了一份在酒店当厨的工作。所以最后丰塔纳只有我们自己了。

没多少事情发生，除了山上头农场的人给他们女儿的婚礼开了个舞会。事实上除了男人没人跳舞，当然我享受了美好时光。有一个漂亮的怪老头弹着吉他唱歌，就像西西里版的怀特·休斯顿。

哦是的，我忘了。这儿有一阵子有狼人的恐慌。不是开玩笑。一个住镇子另一头的小男孩声称被狼人攻击了。格拉西爱拉[1]说陶尔米纳以前就有狼人。我确信你们会相信这一点。无论如何，大体的意思是在下一个满月之前我们不用担心。

我一直在做青柠酥皮饼——几乎隔天一次：杰克只要我一靠近厨房就开始尖叫。

收到了吉米·斯凯勒的信，他说他读了三遍你的书，觉得写得非常棒。

克里很想你们，它最近很不好，有天在海滩真咬了一个男的一口，原来正是你们的朋友德·邦维尔。结果，警察说我们必须把它拴紧在狗链上。

《世界报》登了一篇关于纪德的文章，上面提到了你的名字——至少卡罗·帕纳雷洛[2]是这么说的。我没看到那篇文章。

所以我们将会在这——除非我们得赶在俄罗斯人之前逃走。我希望你们玩得开心，并且工作顺利。杰克向你们转达了爱意。写信给我，小宝贝。

---

① 一位十八九岁的意大利女孩，卡波蒂在陶尔米纳雇请的用人兼厨子。
② 陶尔米纳一家古董特产店店主。

同时，最深的爱来自

T

［耶鲁大学贝尼克图书馆收藏］

致约翰·马尔科姆·布里宁

［明信片］

西西里陶尔米纳丰塔纳韦奇亚酒店

1950年7月14日

先生——

你为什么还没有给我回信？我写信的唯一目的就是为了收到信；请邮资到付好了。我们在这儿拥有一个美好的家，如果不是报纸的问题那就简直幸福得完美。不管怎样，似乎都是个工作的好地方，因此我也乐享其效。你读过牛顿的新书没有？写得很有智慧，也很优秀。杰克在《芭莎》的七月刊上有一篇小说，不过我们还没看到。他向你问好。亲爱的，我希望你正享受着美国的夏日；我知道这是你最爱的时光。我自己更喜欢冬天。希望我们能长谈。许多的爱来自

T

［特拉华大学图书馆收藏］

致唐纳德·温德姆

［西西里陶尔米纳］丰塔纳韦奇亚酒店

1950年7月20日

亲爱的唐尼——

寄了封信(到巴勒莫)和一张明信片(到翡冷翠[1]),因此希望两样你都能收到。我被关于田纳西·威廉斯在巴黎斗殴的剪报给逗乐了。你觉得是真的吗?如果是真的,那另一位决斗士是谁呢?说到暴力,格拉西爱拉今天顶了一个黑眼圈来上班,手臂上被捅了一刀,绑着绷带,浑身上下青一块紫一块的。她哥哥痛打了她——因为他觉得她海边去得太多。她状态真的不好,于是我们让她回家了。意大利人本质上只是黑鬼。斐尔可[·迪·佛杜拉]和他的伙伴(美国人西蒙)昨晚来吃晚饭,过得非常的愉快。[2]

佛罗伦萨是否凉爽;我觉得是,在那山里。你不会相信的,但这儿冷得要命;我们前两晚都穿了毛衣。马扎罗的生活也大同小异;有些新来的人,潘瑟铺子在美丽岛的石窟里开办批发生意。[3]一个叫阿德里奥的新商家打入市场:他看起来就像我们的老朋友,那足球队员。

佛罗伦萨发生了什么?你有没有见到埃德温·邓比,[4]以及他们那些人中的任何人?如果见到了,替我问声好。我们得不到任何关于纽约的消息。所有人都不写信了——除了我年长的小学老师[5]。佛罗伦萨有很多漂亮的抄写本,用美第奇纸张和许多其他图案装订的;你可在任何一家文具店里买到,如果你能给我寄四

---

① 翡冷翠即佛罗伦萨。

② 斐尔可·迪·佛杜拉为佛杜拉公爵——背后被称为“蔬菜公爵”。他是家住陶尔米纳的西西里贵族,也是20世纪最富有创意的珠宝设计师之一。

③ 潘瑟铺子是家在陶尔米纳附近海滩出售货物的奸商。

④ 埃德温·邓比,擅长十四行诗的美国诗人,也是舞蹈评论家。

⑤ 凯瑟琳·伍德。

本过来我将永远爱你，我会把钱寄给你的。我急需新的抄写本。我收到了贝西·布鲁尔[1]的信，她叫我祝贺你的小说。

我希望桑迪玩得开心。向他转达我的爱。杰克致以爱意；克里如果不是在忙着啃家具的话也会如此。给我写信，甜羊羔。

T

又及：内拉病了几天，不过现在好了。

[耶鲁大学贝尼克图书馆收藏]

致里奥·勒曼

西西里陶尔米纳丰塔纳韦奇亚酒店

1950 年 7 月 26 日

亲爱的——

你可爱的信。我也爱你：因为那个我一直拥有而且永远拥有的好理由。

如果你和格雷，你们能来这儿那该多好。你真的不去阿根廷了么！为什么？有人，我不记得是谁，写信说纽约所有的编辑都在那(布宜诺斯艾利斯)，包括辛西娅·拉丰，我很喜欢《纽约客》关于她的文章。[2]嗯，是个讽刺，不是么？一切如何发生的？乔治[·戴维斯]等等？

如他们所说，格拉迪斯听起来是个宝。恰恰是你所需要的，一个好厨师。我们也有个厨师；她人可爱，但吃点意大利菜后就

---

① 贝西·布鲁尔，美国小说家和短篇小说作家。
② 西·约·佩雷尔曼撰写。

让你瘦下来——虽然事实上我从来没有像现在这样好，至少我肤色很黑，像阿拉伯人那样黑。我的牙全都要掉了，但是又有什么关系呢？

我很高兴你正在写作；我希望你能把那本关于你家庭的书写出来——可能会如此悲伤如此有趣如此甜蜜。我真想看看格雷的新照片，他的作品总是独具一格，且质地少有。

我读了威廉·高扬的小说，部分很可人：你看过了吗？不过寄到这来的其余部分一点也不有趣。

西西里和陶尔米纳我们完全据为己有；周围渺无人烟，只有一些鸡和几条流浪狗。不过我很满足，如果不是这儿没有报纸的话我会更加开心的：我似乎不需要任何人，这是我朝向智慧——你可称之为自由——所作的极为巨大的进步。当然人总需要朋友；但那时朋友不再是别人，而是自己的一部分——正如你是我的一部分，亲爱的里奥；菲比，她所有的小诡计，还有些其他的人。

我正在工作——苦思冥想。今天想成为艺术家就得有这样的信念：除了满意艺术本身之外，别无可求。我想我很清醒，知道现在自己在做什么。我写了些小说，有两篇我觉得你会喜欢；有本书我已开了个头，一本我早该知道可能是我的书——真的是我自己的。[①]人们总有这样一种可悲的倾向，无视那些属于自己的——正如我们对陌生人总是比对朋友更友好。

我想你，亲爱的，给你许多的吻，同百衲被里的碎布片一样多。向格雷转达我的爱。

---

① 这书成为《草竖琴》，广泛借用卡波蒂在亚拉巴马的童年时代。

满腔柔情（哈哈）

T

写信给我

［哥伦比亚图书馆收藏］

致安德鲁·林登

［西西里陶尔米纳］

［1950年7月底或8月初］

我亲爱的——

原谅这杂凑的小纸片（没别的东西），只想寄张小便条给你，只想说我爱你。我爱你的信，宝贝；真高兴听到菲比的新小说——希望她会寄我一本，不过她肯定不会。昨晚甜蜜地梦到你和哈罗德：我们一起在野餐，每当食物似乎就要吃完，哈罗德便抬手伸向一棵树，扯下新的极好的东西。让我无比想念你们两人。今天收到牛顿的来信，谈到他那心理性喉炎。我不知道高扬会感兴趣；真的怀疑；可能他和巴伯之间的确有什么事情，虽然他对我发誓说完全相反。看看纸片里面，初稿回来了：请确保你回避这样。佛杜拉伯爵在这儿，但是我们不怎么喜欢他。那么［保罗·］比奇洛要成制作人了。好吧，我想的确到了世界末日的时候了。你看到杰克在七月份的《芭莎》上的小说了吗？你喜欢吗？我很喜欢。塞西尔可能会来这儿，那太好了，只要不影响到我的工作就行，但肯定会影响到。有些天这里很凉爽，其他的就比我所知的哪天都要糟：今天就是后者之一。你和哈尔马先生在度假吗？菲比给我寄了佩雷尔曼关于辛西娅·拉丰的文章：实在太喜欢它了。《纽约客》给我寄来了西班牙行记的校样；已被删减成读起来像那杂志所有其他死气沉沉的东西。①宝贝娃娃，给你可怜的朋友写信吧，他很珍视你。杰克向你和哈罗德致以爱。我自己的爱，再三反复

满腔柔情，孩子

T

［纽约公共图书馆收藏］

致唐纳德·温德姆

［明信片］

西西里陶尔米纳丰塔纳韦奇亚酒店

1950年8月3日

唐尼小羊羔——

谢谢你的笔记本；非常漂亮：别客气，多少钱呢？

塞西尔到了——很多消息。林肯［·科尔斯坦］②精神崩溃了：落到在伦敦不停地扇人耳光的地步——包括一位老妇人。说他在巴黎见到田纳西·威廉斯，田纳西瘦了大概二十五磅，看起来非常英俊：你能相信么？我们收到了弗伦奇一家的来信，他们正在丹麦，可能会来这儿。③

---

① 卡波蒂的文章《穿越西班牙》1950年9月2日在《纽约客》上发表。为该杂志首次发表他的作品。

② 科尔斯坦为纽约市芭蕾舞团创始人，该团在曼哈顿西55号大街上的纽约市音乐戏剧中心演出。温德姆上个世纪40年代为科尔斯坦的杂志《舞蹈索引》工作过。

③ 美国艺术摄影家杰瑞德和玛格丽特·弗伦奇。

弄到一些新唱片；希望你在这儿跳舞。希望你在这儿待一阵子。似乎很难相信已是八月份，一直以来你都不在。星期六将要举办陶尔米纳小姐的选美秀：如果我胜出，我会给你发电报。

你什么时候去西尔苗内？我知道桑迪会喜欢那里。我希望小说的印刷进展顺利。[①]请给我写封长信；很厌烦信件里什么都听不到。对你和桑迪的爱来自杰克、克里

和

我

［耶鲁大学贝尼克图书馆收藏］

致唐纳德·温德姆

［明信片］

西西里陶尔米纳丰塔纳韦奇亚酒店

1950 年 8 月 7 日

唐尼我的心——

希尔瓦·邦巴罗（你女房东的女儿）赢得了昨晚在马扎罗举行的陶尔米纳小姐大赛：当然这对我的自我没什么好处。我很愤怒，事实上，我们决定离开陶尔米纳。

至少我们在密谋离开的事宜。在某种程度上我讨厌离开，但我觉得变成另一个博比·普拉特-巴罗[②]不明智。所以我们想十月一日去西班牙，然后在马略卡弄幢房子。有没有吸引到你呢？无

---

① 温德姆的限量版小说《搭车人》（1950 年在佛罗伦萨出版）。

② 陶尔米纳的一个英国富豪居民。

论如何，我们九月仍会在威尼斯——至少我会，虽然杰克在那之前可能去墨西哥。哦我不知道，都搞混了。给桑迪一个拥抱，然后再抱他一次(杰克的)：无疑那将会把你们送上床。哦我在明信片上写了什么啊!

爱你的

T

[耶鲁大学贝尼克图书馆收藏]

致罗伯特·林斯科特

西西里陶尔米纳丰塔纳韦奇亚酒店

1950年8月19日

亲爱的鲍勃——

我之前很乖，也没在你假期时打扰你。不过现在你回到了旧摊头，我便开始骚扰你了。

事实上，眼下我没什么事情可以拿来骚扰你。除了我希望你能给我航空邮寄一份《地方色彩》来——或者还没开始印呢？我这月底会给你寄《草竖琴》大约一万五到两万字的稿子(两章)。一直在这难以置信的酷热里拼命工作，但你会喜欢我可能要完成的部分。牛顿写信说他和你吃了顿十分享受的午餐。我可能在九月二十日左右去威尼斯待上两个星期，但我计划回来继续我的工作——我想我应该回家，俄国人怎么了等等，但这是个多么好的工作地方——你觉得如何？[1]向高扬问好；我祝他万事如意。想念

① 他可能指几个星期之前朝鲜战争爆发所引起的冷战紧张局势加剧。

你。祝安好——

[哥伦比亚大学图书馆收藏]

致唐纳德·温德姆

陶尔米纳丰塔纳韦奇亚酒店

1950年8月20日

唐尼亲爱的——

谢谢你寄来《西西里岛婚姻》；如你所知，斯莱登先生是我最喜欢的作家：我正在让哥谭书屋找找《岛国婚姻》。[①]你无意中也把《西西里，新的冬日度假胜地》给寄来了。不过，我肯定你希望要回这本珍贵的书。

肯定有人给你寄了田纳西·威廉斯写的出现在八月十三日星期日《纽约时报》上的那篇可耻文章[②]。我可否告诉你，如他们还没有的话，有一幅赫施费尔德（老做戏剧性的事的那个人）[③]的漫画，背景本应在一家法国咖啡馆：你（画得一点也不像你，亲爱的）和威廉斯先生坐在一张桌子上，而我（被描绘成了一个丑陋的小矮人）正和海明威来了个起毛的拥抱。涉及的其他人有：保罗·鲍尔斯、珍妮特·弗兰纳等。伴随的文章，全是关于一个饱经羁旅和世故圆滑的绅士田威利是什么，达到恶心的顶点。这里

① 道格拉斯·斯莱登，英国诗人和游记作家，小说《岛国婚姻》（1895）和《西西里岛婚姻》（1906）的作者。在西47大街上的哥谭书屋是曼哈顿最有名的书店之一。

② 田纳西·威廉斯写的《一个作家对诗坛的追求》。

③ 漫画家阿尔·赫施费尔德，以其百老汇和娱乐界人物的漫画而闻名。

是一段提到我们的描写："我今年还没到西西里去。杜鲁门·卡波蒂在陶尔米纳这时髦的名胜展开了他的布龙奇尼围巾。他应该住在戴·赫·劳伦斯的旧居。那儿还有，我被告知，安德烈·纪德和那个年轻美国作家唐纳德·温德姆，其新小说《狗明星》包含了继卡森·麦卡勒斯十年前出现以来最敏感的新写作。"当然也提到了你的书，但是在这样一个情景里：整篇的基调无限地低下——如果他在这出现，我要用布龙奇尼围巾勒死他。但是为什么他想写这样一篇文章呢?：这是"黑"新闻里最低下的形式了。他真的肯定丢失了他所有的价值观。

陶尔米纳前线没任何消息——除了德·邦维尔溜出镇子，欠下十万里拉的债。乔万尼·帕纳雷洛[1]回来了，很惊奇地发现你不在这儿。我九月二十日会在威尼斯。殷切希望你会在那儿。我觉得我们最终不会去西班牙了，而且可能要到圣诞节之后才能回这里来。我可能去巴黎待一个星期。希望你能写信告诉我关于西尔苗内的事情。给布奇一个拥抱和一个吻。还有桑迪。杰克向你致以爱，还有我的爱

T

[耶鲁大学贝尼克图书馆收藏]

致罗伯特·林斯科特

西西里陶尔米纳丰塔纳韦奇亚酒店

1950 年 8 月 22 日

---

① 陶尔米纳古董店店主，之前信中他称其为"卡罗"。

亲爱的鲍勃——

真是美妙，能有你的信；我就在刚才给你寄了张小卡片。非常高兴你觉得《地方色彩》很成功；我真想看看——不过，除非那三份中有一份是航空邮寄过来的，否则我到十月时还看不到：我觉得你最好把剩下的那几份寄给摄影师，或至少是以下几位——

1. 卡尔 · 比辛格
   由《天赋》杂志转交
2. 路易斯 · 弗朗西斯
   由《天赋》杂志转交
3. 亚历山大 · 利贝尔曼
   由《时尚》杂志转交
4. 哈罗德 · 福尔摩斯
   纽约市第三大街 919 号
5. 牛顿 · 阿文
   马萨诸塞州北安普敦前景大街 45 号
6. 查尔斯 · 卓别林夫妇
   加利福尼亚州比弗利山山顶路 1685 号
7. 克里斯托弗 · 艾什伍德

我突然想起艾什伍德可能为《纽约时报》对此作过评论。任何人都行，除了那个讨厌的普林斯顿人，他们把我其他两本书都给了他。①

① 卡洛斯 · 贝克，写过关于《别的声音》的评论：“乔尔 · 诺克斯的故事无需再讲，除了从作者体系中取出。”

我希望兰登书屋计划为此做些有趣的推广——尤其是将其作为礼物的主意。

我一寄走《草竖琴》的这几章，就要去喘口气，然后大约九月十五日去威尼斯待两个星期。但我想我已给你写过这事。给我再写封可爱的八卦信吧，会让我感到我们在某处共饮一样。我多想那样——既有喝又有你。

永远的

T

又及：谢谢那张特别的画。如果有任何我讨厌的、搂着我的手臂的话，那就是欧内斯特·海明威的。①

［哥伦比亚大学图书馆收藏］

致安德鲁·林登

西西里陶尔米纳丰塔纳韦奇亚酒店

［1950 年 8 月下旬或 9 月初］

亲爱的小羊羔，

给你的一个好消息是我昨天收到你的信了：这抢先阻止了邮寄定时炸弹。我不明白为什么我的信你一封都没收到，我肯定写了。菲比说她也没收到我的信，但那一定是因为她老是在法律面前只是跳两跳。

我想你知道牛顿出了交通事故，现在正在马萨诸塞韦弗利的麦克林医院。事故发生在他到纽约的那个周末之后不久……虽然

① 他在指前一封信中提到的赫施费尔德的画。

我怀疑没有任何联系。不过他身体还好，还能给我写信。他说起在纽约过冬。可怜的宝贝，他生来就不属于这世界。我不知道该做什么或建议什么。那个他叫莫顿的人，我怀疑，又是一个那种他特别喜欢的风骚犹太人；恐怕他对这一位念想甚多。

是的。我被你一并寄来的漫画给雪花般掩埋住了。田真是一落千丈；想象一下一篇那样的文章……比玛丽·麦卡锡还要庸俗。下次我解开我的布龙奇尼围巾一定要缠住他的脖子。另外，如果情况没变，他们以五万，而不是十万的价钱卖了《你戳了我》，从中温德姆分得六千[①]。他们，唐尼、桑迪和布奇，都一起在西尔苗内。你知道皮平和梅尔顿不再交往了……那个威尔伯家伙离开去当爱德华·詹姆斯的秘书了：至少他活该如此。

我很奇怪地获知高扬要去芝加哥了。我刚收到信，他说自己要去休斯顿，晚秋的时候回纽约。他写了很多关于你的温柔话，说你是他一辈子所遇到的最体贴、最感性的人了。我只排第二。但你是指他在芝加哥有情人吗？而且如此的迷人？

给你们大伙寄去了一份《地方色彩》。我自己还没看到，也不知道什么时候能看到，因为他们毫无疑问用的是平邮。所以让我知道那书看起来如何。

哦，关于菲比的事情真是讽刺。不过我觉得事情可能会向最好的方向发展的。在布鲁明戴尔能独自站稳脚跟会有助于最终在这大地上立足。真想看看她的新小说。她写信说你弄了两个电影剧本。是关于什么的？

不，我没有准备全家大旅行。他们只到这儿待几日，然后杰

---

① 《你戳了我》，戏仿《你摸了我！》这一剧名，该剧为田纳西·威廉斯和唐纳德·温德姆1945年合作的浪漫喜剧。

克和我十五号左右就要到威尼斯去，计划十月一日回到这来。希望你们大家都留些钱然后到这儿来过圣诞之类等等。除了船票无需花你一分钱；你会喜爱这房子，而且想住多久就能住多久。

给甜蜜的哈罗德一大堆爱。杰克和克里转达爱意。你昨晚看到那彗星划过天空了吗？那是我给你的一个飞吻

T

［纽约公共图书馆收藏］

致罗伯特·林斯科特

威尼斯

1950 年 9 月 21 日

亲爱的鲍勃——

太棒了太棒了太棒了：接到你可爱的电报，知道你喜欢那章节。我希望你会喜欢整本书。我怀疑下次再寄得要一两个月了。玛丽安想把第一章当成一篇小说卖出 ——但我写信说不行；因为我不(愿意)任何(家族之外的)人在出版之前读到任何一点。所以别给任何人看，你会吗，鲍勃？收到本内特一份这样甜蜜的电报；他发报来真好。

星期一晚上喝了杯香槟庆祝《地方色彩》。真是本出色的书，无法再能更好。

请不要理睬赛莉莉 · 阿贝尔斯[1]。可怜的东西，她只是歇斯

① 赛莉莉 · 阿贝尔斯是《小姐》杂志的主编。她埋怨说《地方色彩》里有一幅照片未注明出处。

底里地感到自卑。天知道，她有充分原因感到自卑。让我去对付她那乱七八糟的。我会非常享受这活的。

这儿下雨了，好像威尼斯水还不够多一样。我五六天之后就回到西西里——回到修隐生活。我的确感觉像住在山间的这样一个僧人。

我带来了一本有海明威传记的《纽约客》[①]。觉得非常有趣——天啊，他是个傻瓜。

想你。写信给我。爱你的

T

［哥伦比亚大学图书馆收藏］

致本内特·瑟夫[②]

威尼斯

1950年9月22日

亲爱的本内特——

收到你的电报真是美妙；你发来电报真好，让我如此开心地知道你和菲莉丝喜欢那章节。我希望你们会喜欢最后的成书。下个星期三我会回到西西里的荒野，因为我渴望继续写完（我的书）。同时，我正在威尼斯享受一个非常愉悦的假日：每年的这个

① 在《海明威肖像》一文中，莉莲·罗斯跟随海明威与其妻子玛丽在纽约周游两天，十分细致地记录了海明威持续不断的酗酒和不时的愚蠢评论。（“我击败了屠格涅夫先生，”他一度说。“然后我努力训练，于是我击败了莫泊桑先生。”）

② 这封写给本内特·瑟夫的信和下一封写给他妻子菲莉丝的信为分别写出，但放在同一信封里。

时候真是太美了。你不觉得《地方色彩》结果很好吗？看起来很棒，我想谢谢你们所有人。你们对我如此之好：我希望你们知道我有多感激。还没见到赫伯特[·怀斯]；[1]我希望他们来西西里访问，但是猜想他们只是不能面对那里的原始。你和菲莉丝会喜欢这儿的。我几乎愿意支付你们的船费，如果你们愿意在这儿过寒假（有美妙的房子，天气也比加利福尼亚或佛罗里达都要好）。我实际上就是西西里的贵族：这里为岛上学校孩子们举办了一场描写古典希腊剧场的写作比赛——虽然我抗议说我读不了意大利语，但我还是得去当评委；屋子里摆满手稿，当局正在等待决定，我几乎都快哭了。菲莉丝写信给我说了你们在普罗温斯敦的房子（或几幢房子）。那一定是有趣的。希望你们享受一个快乐的冬天，当中穿插一次旅行到西西里

爱你的

T

[哥伦比亚大学图书馆收藏]

致菲莉丝·瑟夫

[威尼斯]

[1950年9月22日]

菲莉丝亲爱的——

弄到了贡多拉样式的鞋，准备用平邮寄出。我的妈妈刚在这里，本该将鞋带走的，却给忘了。不过，我确实让她给你带去一

① 赫伯特·怀斯是本内特·瑟夫的叔叔。

件小饰品。她下个月回到纽约时会把它交给兰登书屋的。我爱你的信，希望我能帮忙粉刷那些棚屋。我想这个冬天我不会在纽约(虽然没人能说准)；但我确实想念你们——我多希望我们能享用一顿四个小时的午餐。写信给我，亲爱的。爱你，满腔柔情

T

［哥伦比亚大学图书馆收藏］

致安德鲁·林登

陶尔米纳

1950 年 10 月 1 日

亲爱的——

在威尼斯收到了你甜蜜的信，今天回到这里，看到另一封寄于九月十日的信。当然你的消息让我难过和不安；我无法相信事情会发展成这样：对此思考过很久，并且，不顾你的劝诫，确实给哈罗德写了信——不是去批评他(或是你)，但只是说我觉得甚是凄凉。[①]算了。顺其自然吧。

亲爱的，事情是这样的：我们希望你住到七十六大街的公寓里。你可以立刻搬进去。房租是十六美元一个月。打个电话给杰克的兄弟，要么在公寓(转 7－1085)或者在他工作的《华尔街日报》，告诉他把钥匙给你。当然我们也不知道我们什么时候回来，但我觉得不会很快。我把公寓给牛顿了，但我不觉得那地方适合他待着，至少不适合他现在的心情。他真的不会喜欢那儿的，他

① 消息是林登同哈罗德·哈尔马已分手。

应该待在一个显然更舒适的地方。也许你能帮帮他。无论如何，如果你要那间公寓，请立刻让我知道。

很高兴你认为《地方色彩》结果很好。我还没看到或听到任何一篇评论：可能都已掉进海洋里了。兰登书屋究竟是否为此做过广告？听到多丽丝[·莉莉]卖书的消息很令人愉快，只希望菲比能打起精神把书写完。[①]我确实期望那个电视剧本能有个好彩头。我应该认为《受惊的人》会非常精彩。[②]

我们在威尼斯和罗马有一连串美妙的活动，有许多人，有很多的酒喝，然后脸色苍白筋疲力尽地回到陶尔米纳。我很乐意回到陶尔米纳，同时希望我们在纽约能呆更久一点，那里有你和菲比，以及许多对我真正重要的一切。但我必须鼓足勇气坚持完成我的书。哦，不过这确实让我害怕；这寂寥的山，呼啸的风，徐徐逼近的冬天。

你很想多见见哈罗德么？你们的关系准确来说是什么样的？

如果高扬回到城里请向他转达我的爱。我觉得对他这本书的评价，至少我所见到的那少许，都难以置信地愚蠢枯燥。

我爱你，亲爱的；你是我最珍贵的朋友，你对我永远亲近。许多个吻

T

［纽约公共图书馆收藏］

---

① 菲比·皮尔斯帮助莉莉写她的书《如何结识百万富翁》，该书于 1951 年出版。

② 《受惊的人》为尤多拉·韦尔蒂的第一本书《绿色窗帘》（1941）中的一篇小说。

致格雷·弗伊和里奥·勒曼

西西里陶尔米纳丰塔纳韦奇亚酒店

1950 年 10 月 5 日

格雷、里奥，亲爱的们——

我很喜欢收到你们的两封来信，在此一起回复的原因是，天知道，我这儿没什么消息：没必要重复说两遍。

九月我们在威尼斯度过，那儿很美，正是我在劳作一个漫长夏天之后想要去的地方：哦，我工作很努力，也的确希望你们能看好我所做的事情。格雷，你喜欢《花房》这让我非常开心。嗯，有一天晚上（在威尼斯）想不到霍华德·罗斯柴尔德晃荡了过来——绝无吸引人之处，但在他身上所发生的：他的嘴，以及言谈举止，比以往任何苦柿子还要苦。但我只是说了声你好，便走开了。另一件有趣的事情是：有一天晚上在哈利酒吧，这地方人总是过于拥挤以至于无法知道你的手是不是你自己的，一个高个男人靠了过来并极为热情地跟我打招呼。我想不出他是谁，他讲英文，然后问我："里奥怎么样？"突然间我想到——这肯定是亨利·格林[①]（我在 1453 号见过他一次）[②]。所以我对和我们一起的所有的人介绍他是亨利·格林。他邀请我第二天去吃午饭。午餐时，我很惊奇地发现他明显与莱姆豪斯的一桩交易有关：我想亨利·格林不会是"这样"。我开始谈及书籍等等，但格林先生似乎对我提到的任何一本都没听说过。极为奇怪。于是最后当然他结果不是亨利·格林。他名叫彼得·威尔森。我相当受挫。

---

① 英国小说家。

② 勒曼的公寓在莱克星顿大道 1453 号。

你们怎么看安德鲁-哈罗德的分手？我从没想过哈罗德会这么做。

我必须说，格雷，你在芝加哥住的房子听起来真是极为糟糕。这让我非常苦恼地想着你在那里，远离着莱克星顿大道的安逸舒适。

现在，我希望你俩开始攒钱，圣诞节给每人送《地方色彩》——我恐怕这书的销售会严格局限于我朋友圈子里。

里奥小羊羔，我很想读你正在写的那本书。那材料是如此之棒。我希望你进行得顺利。

我很高兴回到了丰塔纳；这儿寂静，怪异，然而我真的相当满意。人们正在收获葡萄，空气中弥漫着新葡萄酒味的甜蜜——我希望你们俩都在这儿，我们会非常快乐。我想你们，我的亲爱的们，给你们我最温存的爱意

T

[哥伦比亚大学图书馆收藏]

致罗伯特·林斯科特

陶尔米纳

1950 年 10 月

大白老爷——

我在这里，回到了苦差事中——虽然将要好几天我才再去爬那棵楝树。[①]同时，我正在奋力为《芭莎》写一篇关于我在西西里的快乐生活的文章：需要笔钱，我亲爱的。那篇小说《钻石吉

① 《草竖琴》书中几位人物在树屋找到避难之处。

他》会在十一月的《芭莎》刊出来——请你读一读。

刚收到第一批《地方色彩》的评论。几乎所有的都是好评——至少那些伟大的顿足捶胸的男子汉比平常少吐好些毒痰。但愿他们不会将我留存心间；那时真若到来，我最好就退休。我真心希望有人买这本书——我应该讨厌兰登书屋不得不裁减员工，还把你们弄去擦洗地板。

你对我那几章的反应让我开心不已。这对我来说非常真实，比我以前所写过的，以及可能将要写的任何东西都要更加真实。它虽在这层意义上令人满意，但使我处于一种痛苦的情绪状态：记忆总是伤透我心，我哭了——这非常奇怪，我似乎无法控制自己或自己的所作所为。但我愿景清晰，如果我能实现那一半的愿景，那便是一部佳作。

今早收到高扬的一封信。我很喜欢他。我觉得他新书的标题很棒，鬼与肉。同封信里还有更骇人听闻的消息：我的堂兄戈登 · 帕森斯当选为亚拉巴马的州长——他是个呆子，相信我。[①]美国要往何处去？

人们现在正在收获葡萄。我也过去踩了一两桶。一种美味感觉，咯吱，咯吱。

我想你知道牛顿精神崩溃了，这个秋天不会在史密斯教书了。我觉得他应该离开北安普敦去休养生息。

写信给我，亲爱的鲍勃；这秋天的时日我思乡病犯了，真想和你一起穿过麦迪逊大街。向所有人问好。致以所有的爱

T

① 赛斯 · 戈登 · 帕森斯 1951 年至 1955 年为亚拉巴马州州长。他极力为修路、为教育增加资金，但他也支持限制工会的权利并阻止黑人参选。

又及：菲比和多丽丝·莉莉终于把书卖了——卖给了普特南。[①]

［哥伦比亚大学图书馆收藏］

致塞西尔·比顿

陶尔米纳

1950年10月

塞西尔我最亲爱的，

我太开心了，从威尼斯回来就收到了你的信。但是天啊，宝贝，你真应该待在陶尔米纳——远离那些雨水，那些挫败：我讨厌想着你那花园给摧毁——讨厌现在想着你同G. G.［葛丽泰·嘉宝］的所有麻烦（有趣，你是否注意到？两个首写字母有双重含义）。别害怕，我的小羊羔：你的日子就要来了！不过，真遗憾你永远没办法穿你那套可爱的西装。为什么你不跳回到这里来！太阳依然明媚灿烂，海水从未如此温暖。但我敢说冷天就要来临——对我来说这会是个孤独的冬天，因为真的我必须待在这儿安静地工作：虽然我想在纽约至少待几个月。还有啊，可能你到春天会来意大利。我们在威尼斯有过愉快的时光——有许多好吃的食物，你应该记得，这不是西西里的强项。那茶会，与斐尔可［·迪·佛杜拉］、西蒙［·福利特］[②]、朱丽叶［·达芙］一起，肯定非常的难过：那就是，朱丽叶和朱丽斯相互讨厌对方。我很想

① 《如何结识百万富翁》。

② 福利特同朱丽叶·达芙住在一起。

读读新的剧；这可能会很棒，我想：这当然是前景可佳。我想知道你能不能给我寄册复印本；我会及时归还的。[①]我听说卡宁他们[加尔森·卡宁和露丝·戈登]把简的剧[②]给放弃掉的理由是卡宁他们要求所有权利，而奥利弗·史密斯拒绝让他们拥有。你认为《地方色彩》结果很好我真开心；这无论如何都是一本制作精美的书：可能会有某种圣诞节优惠促销什么的——虽然那可能只是一个空想。所有人当中，我应该收到信的正是地米斯托克利·赫迪斯——回到纽约了，正在找工作。[③]老实说，我恐怕他是一位难以受雇者。

嗯，我亲爱的，我现在必须回到树上我朋友那里：他们不愿意在一个位置上坐太久。我需要说我想念你吗？写信给你可怜的痴情的朋友，他珍爱你的来信。满腔柔情

T

杰克向你问好；克里说他想念你的腿。

[剑桥大学圣约翰学院收藏]

致威廉·高扬

西西里陶尔米纳

1950年10月12日

---

① 比顿的剧《盖恩斯伯格女孩》。

② 《在夏天的房子》。

③ 赫迪斯是位希腊籍美国人，比卡波蒂小一岁，二战后在巴黎居住数年，编辑一家前卫杂志《零》，在其上发表文章的作家包括塞缪尔·贝克特，保罗·鲍勒斯和让-保罗·萨特。

比尔亲爱的——

我很乐意想象着你编织缝补，在厨房桌子上写东西的样子。不管怎样，我觉得你在纽约要好多了——芝加哥，想都别想！我觉得《鬼与肉》的题目非常美，请不要改掉。这唤起了我美好的回忆；我渴望读到那些小说。[①]

我九月在威尼斯度过——正是我需要的这种假期，不过，结果是，正饱受折磨尽力继续工作。我太兴奋了。对《地方色彩》的评论都还不错，不过方式相当无趣，而所作广告的数量和种类让我极为心烦不安——相信我，我宁愿<u>没有</u>广告，也不愿被嵌在广告列表的底下（或甚至顶上）。兰登书屋大多数情况下对我都非常好——但我感觉我应该抱怨一下。

所以呢：你又开始你淘气的把戏了——为什么你不告诉我你生活中发生了什么？你所做的一切只是取笑。我这里却在千里之外呢。

这儿人们正在收获葡萄，酿制新酒。巴尔迪先生，这儿的一个朋友，让我自己踩了一两桶，我的确享受，跳上跳下踩在咯吱作响的肥美葡萄上。

对安德鲁的事情感到非常不安——我想不出会发生什么。他那么吸引人，那么亲切——那么无能。或你知道他和哈罗德[·哈尔马]分手了吗？哈罗德并不是什么好东西——但至少他给了安德鲁一个中心，且不说<u>支持</u>。安德鲁现在住在杰克的公寓里，就在你家的街角：76大街东232号。我希望你去看看他。

意大利报纸《世界报》上有一篇讲述现代美国作家的文章，

---

① 高扬的小说集《鬼与肉》，1952年由兰登书屋出版。

里面有关于你的一长段，非常阿谀。我本想把它剪下来，不过现在没有找到。

我们在罗马待了几天，但没看到吉安-卡洛[·梅诺蒂]，因为我感到难以应对要找到他所需的一切麻烦。你和塞缪尔·巴伯合写的歌剧是什么类型？我曾经试图为阿隆·考普兰做过一次，但总不知何故没能激起合适的兴趣：虚荣，我猜想——我一直想着阿隆如何会获得所有的赞誉。

请告诉我，你见到过玛丽露·阿斯维尔（或彼得斯）吗？我知道你会爱她的。她对像你这样的隐士很友好。

啊，小隐士，T想你，爱你。立即给我写信——比如，接下来的二十分钟。满腔柔情，珍贵的

T

[佚名收藏]

致安德鲁·林登

陶尔米纳

1950年10月

亲爱的——

真开心你在232号安居了：我觉得这是个居住的有趣之地，我敢说你不会是因为牛顿而非得搬出不可的。他写信说自己一月要去俄亥俄教书——这在我看来的确是个无聊打算。

这里：下雨，下雨！那种你无法看透的雨。克里不肯冒雨出去上厕所——所以憋了一肚子，可怜的东西，肚子有正常的两倍大。他们说这雨可能还要持续几个星期，这样一来我浑身上下会

长满蘑菇了。

谢谢你，亲爱的，寄来评论和怀特恶搞海明威所写的戏仿之作。[①]你读过田纳西·威廉斯的小说吗？[②]说得委婉些，太庸俗。他是一个糟糕的作家。

戈登·萨格尔出现在这里。一个奇怪又无情的男孩；我希望我能喜欢他，但——不管怎样，他刚出版了本新小说，《隐形虫》（可怕的题目）；是关于陶尔米纳的。[③]杰拉德，唯一成功的角色，令人惊讶的是幅道格拉斯·库珀的准确画像，这位英国艺术批评家对比尔·利尔伯曼[④]极其疯狂地喜欢。这是部烂小说——有些令人发笑的场景；你应该读一读。

下个星期——佩吉·古根海姆。在威尼斯的一个匆忙场合，我说来西西里吧，亲爱的。老天爷，她下个星期二就要来了。

我很高兴你和菲宝又在一起了。可怜的宝贝，她给我写信说了她的危机。不过她可能会靠那篇《莉莉》什么的赚点钱吧。

我一直想问，玛格丽特[·杨]发生什么了？她写完那本书了吗？[⑤]

很想看默曼表演。你有没有读过沃尔科特·吉布斯的剧呢？[⑥]对此我希望一个第一手的解释。秋天的纽约——真的，是唯一之处。好吧，我想我就得去同自然交流——就是说，如这暴雨

---

① 埃·布·怀特恶搞海明威1950年的小说《过河入林》，并将其戏仿之作称为《过街入烤肉店》。

② 田纳西·威廉斯的第一部小说《斯通夫人的罗马春天》(1950)。

③《隐形虫》集中描写西西里一位富有的美国妇女的自杀。

④ 利尔伯曼，和库珀一样，是位艺术批评家。

⑤ 玛格丽特·杨的巨著小说《亲爱的麦金托什小姐》直到1965年才出版。

⑥ 埃塞尔·默曼主演百老汇音乐喜剧《贵妇风流》，1950年10月12日首演。沃尔科特·吉布斯的火岛喜剧《阳光季节》当时在百老汇上演。

停下且自然重见天日才行。

亲爱的，多给我找些八卦吧——比如格伦韦·韦斯科特摔断了脖子是真的吗？[①]我在罗马听说的。还有，我看到了匹兹堡夫人的裸照——卡德摩斯，他当时在威尼斯，他手头上有。没什么大惊小怪的了：和你小指头一般小的。

向哈罗德这羊羔转达我的爱。杰克向你致以爱，小娃娃，克里也如此。我也如此

爱你

T

［纽约公共图书馆收藏］

致玛丽·露易丝·阿斯维尔

西西里陶尔米纳丰塔纳韦奇亚酒店

1950 年 10 月 30 日

亲爱的玛丽露——

收到你的信我真高兴。它让我燃起渴望想见你。哦我本来可以的！希望这本书将有一半值得所有的那些牺牲——如回家，如与我爱的人在一起。

亲爱的，你可以写信到前景大街 45 号给牛顿。他今年不会到史密斯教书了，我想他计划十一月在纽约。但他一月就要去俄亥俄州教书——任何事，我想，都是为了远离北安普敦。我祈祷你

① 格伦韦·韦斯科特，小说《朝圣者的鹰》和《祖母》的作者，上世纪 20 年代颇有适度名声，在纽约文学圈内属知名人物。

和弗里茨将见到他。

我非常遗憾弗朗西丝[·麦克法登]要离开《芭莎》了——她对我非常亲切。她离开只是为了放松一下吗？我希望她喜欢《西西里的屋子》——很高兴你已喜欢[①]……说到房子，你现在住在哪儿？

收到珀尔的一封信，她正在回家路上。有个不错的房间在等着她。显然，她看起来不是很喜欢欧洲，除了，呃，英国。

你有没有看到可怜的简·鲍尔斯？她自从春天就没再给杰克或我写信了。请你告诉她要机灵些。

没人在陶尔米纳，除了我很喜欢的奥尔森·韦尔斯。他计划在这儿拍电影。我觉得他和珀尔丽能合得来——我是这样计划的，不管怎样。

亲爱的，我知道你现在幸福愉快。向弗里茨转达我的爱，还有邓肯和皮吉——我的神啊，他们肯定长得好大了。老天，我已二十六，我想永远都是二十五。

杰克转达了他最深的爱。

我也是，

T

[阿斯维尔的家人收藏]

致罗伯特·林斯科特

陶尔米纳丰塔纳韦奇亚酒店

1950年11月

① 《西西里的屋子》，描写卡波蒂在陶尔米纳的生活，由《时尚芭莎》发表于1951年1月。

亲爱的鲍勃——

每个人都说西西里有着宜人的冬季：我不在乎，我很冷。但是想到你在你那温暖可爱的公寓里坐在你的马格纳沃克斯旁边，我就振奋起来。请一定给我写信讲讲文明的乐趣。

我刚写完书的一个新的部分，但我会等到写出另一部分的时候再寄。希望你会喜欢。你有没有读我的小说《钻石吉他》呢？又及：我很高兴你喜欢[句子未完]。

鲍勃，你能不能帮我个忙？我忘了把《地方色彩》寄给我旧日的老师了，她非常愤怒。地址是：康涅狄格河岸彼得路凯瑟琳·R·伍德。

为了那本书我下定决心要继续待在这儿。只要渴望能在别处就应敦促我继续。但我的确真的喜欢西西里。

我想念你，写信给我。爱你

T

就在此时收到了你的信。简直对菲比感到惊讶！为什么她假定你要给她三百五十美元？难以置信。她的母亲，被证明是疯了的，两年前用皮尔斯先生留给的大部分钱在股市上做了些荒唐的事情——所以没了，她现在毫无分文。她一定是处于某种状态才做出如此奇异之事。我有几个星期没收到她的信了。

我对《地方色彩》很失望。应该多销一点的，可能最终会吧。[1]艾什伍德的游记售出多少？

想必你已听说玛丽露·阿斯维尔的可怕消息了吧？我求她不要和那个恐怖的弗里茨·彼得斯结婚。疯狂——你无需看第二眼

① 那时《地方色彩》已售出3 000册多一点。

就能明白。他试图驾车把她撞死在树上。

给我写信。代我向本内特和鲍勃·哈斯问好。

［哥伦比亚大学图书馆收藏］

致塞西尔·比顿

陶尔米纳

1950 年 11 月

塞西尔亲爱的——

刚把岛里里外外游了个遍回来。真遗憾你在这里的时候没看到所有这些——山镇：如此美丽，令人心碎。我们在巴勒莫停留了几天，然后去了蒙雷阿莱：大教堂确实如你所说般美好，如此的简朴华丽。但我很开心回到了陶尔米纳。你觉得我会离开这里么？当然我们春天肯定要在意大利相见。

宝贝，我希望你在巴黎有个愉快的假期，也就是说，至少你适当地分了分心。别在纽约把自己弄得筋疲力尽。如果你要在雪莉-荷兰（我觉得理所当然你会），我就往那给你写信。至少你回到自己高楼内会很开心。[①]

一位看过《谭格瑞夫人》的朋友说你的布景和服装都是最好的——事实上是整个演出。她说，赫利[②]有一点单调。请弄准并告知纽约演出动态——还有其他的事情，如：乔治·戴维斯，H. 布

---

① 比顿 1950 年在第五大街上的雪莉-荷兰酒店的 37 层设计了一个套间。作为回报，他享有 50%的住宿优惠和在酒店用餐的 25%折扣。

② 艾琳·赫利是女主演。

朗[1]，简·鲍尔斯和无数别的。

有件怪事：汉森大约两周前从这里离开时，有一支正规军抵达，给我带来一个收音机、大约五十本书和两百张唱片——汉森将这些留给了我。令人悲伤的是：我从未跟他说过话——除了那天我和你在一条船上的时候。你认为他远远地听到我的话了吗？另一件怪事：奥尔森·韦尔斯请我在他准备拍的电影里演一个角色。当然我谢绝了。他（韦尔斯）想租下巴斯庭，就是斐尔可的房子——但是似乎有些困难。你们真的是这么好的朋友吗？他谈起来似乎你们像发小一般。

我正在继续写我的书，很想给你看更多的内容。亲爱的，别向任何人讲你读过的那少许——不管有什么理由都不行。

那本摄影传记什么时候出版？[2]我希望能卖上一个天文数字，如果有图书俱乐部接手的话那是有可能的。

暂时所有的就这些。杰克转达了爱意，克里说他想念你那可以趴在上面的腿。我想念你们所有人，包括腿。旅行愉快。爱你的

T

［剑桥大学圣约翰学院收藏］

致安德鲁·林登

陶尔米纳丰塔纳韦奇亚酒店

1950年11月14日

① 嘉宝用“布朗小姐”作为化名。

② 比顿的《摄影传记》1951年出版。

小甜心——

直到你来信之前我都没听到玛丽露的消息；然后晚上时，正在这里的珀尔，收到一封玛丽露的信——她信里说弗里茨想要杀她，然后被送进医院。这难道不就是我说的会发生的事情吗？某天他会试图杀了她的。我仍不觉得猜对了有什么好高兴的。这一定让她很痛苦。我希望我能在那里，至少能尽力帮帮她。

我收到了林斯科特的一封信，里面有关于菲比令人不安令人惊讶的一段。菲比焦虑不安地来到他的办公室，告诉他她急需三百五十美元——然后谈妥二十块，他借给她的。到底发生什么事了？

（三小时后）

正当我写完前一页时有人敲门，不是别人，正是罗伯特·霍兰（梅诺蒂-巴伯家的）①。于是他留下来吃午饭，我必须说他非常的迷人，非常的诙谐。显然他会在这儿待几个星期。

不，甜心，我没有申请古根海姆基金。我只收到一封发自那个叫莫②的男人的奇怪公函，索要我的书。不知道那意指什么。

我希望牛顿到了，也希望你看了弗赖伊的剧③。给我写信讲讲吧。当我读它时，我就喜爱上它了——但像奥登和比顿这样的异见人士跟我说我大错特错了。

昨天给你寄了张卡，解释说我们刚从西西里环游回来。一次视觉美妙的旅游，但由于个人缘故非常紧张，因为佩吉·古根海姆和我们在一起，她和杰克互相讨厌。有好些故事可说。

某天的罗马报纸《世界报》上，有一篇长故事讲一个美国作

---

① 罗伯特·霍兰，美国诗人，吉安·卡洛·梅诺蒂的情人。

② 亨利·艾伦·莫，约翰·西蒙·古根海姆纪念基金会的行政主管。

③ 克里斯托弗·弗赖伊的《不该受火刑的女人》。

家，一个叫唐纳德·温德姆的人，在竞技场遇见了两个男青年，然后把他们带回了家（“他们告诉我说会带我去看看罗马的风景。”）。于是他遭到袭击，人被绑了起来，嘴里塞了东西，财物被抢得干干净净。这使得唐尼在四个月内第三次被抢，这将完全是个传奇。我敢说这次他会放弃然后奔回家去——可能在意大利政府的要求下。毕竟，他们无法把所有手脚能动的男人都扔进监狱去。陶尔米纳这儿的孩子被送去待了六年！！！

亲爱的，天色变晚。我在这样的黄昏时分最想念你。写信给我，甜心。向哈罗德转达爱。对你的爱来自杰克和克里

还有

我

［纽约公共图书馆收藏］

致罗伯特·林斯科特

陶尔米纳

1950 年 12 月 2 日

亲爱的鲍勃——

你写得太简短了——我喜欢细节：你在做什么，你在见谁：但可怜的羊羔，我知道你一定被花言巧语迷住了。

一周左右之后我会多寄几章——那样就会是中间标志。也就是说，我完成一半了。渴望知道你那时的想法。如果本内特和鲍勃·哈斯想要读新的章节，那是可以的；但我真的不想让任何别的人读。另外，我给你寄了件小小的圣诞饰品——所以留意不要掉在收发室里。

牛顿写信说他在城里时顺便去拜访了你。你觉得他好些了吗?

我奋力做了一餐感恩节大餐，结果相当不错——除了火鸡有点太硬。

我对菲比变得越来越警觉了——不仅那起与你的事件，还有其他几个奇怪的故事都已传到了我这儿来。似乎太出乎意料。当然她现在状况很糟——和自己的疯妈妈住在某个烂酒店的一间房里。依然，大部分都是她自己的错——她丢弃两份很好的工作。这真是令人发狂，因为我觉得她天赋异禀——但好像她突然丢失了所有的自我感觉一样。

埃特纳火山上周喷发了——一场依然持续着的灾难；每天都有新的爆发。[1]我从现在坐的地方就能看到埃特纳——有七条火龙从火山口喷流而下，一幅惊人的景色，非常美丽，尤其在夜间。

我想你，鲍勃。

永远的，

T

［哥伦比亚大学图书馆收藏］

致本内特·瑟夫

杜鲁门·卡波蒂

西西里陶尔米纳丰塔纳韦奇亚酒店

1950 年 12 月 5 日

---

① 埃特纳火山自 1950 年 11 月至 1951 年 12 月的爆发为 300 年来喷出熔岩流量最大的一次。

亲爱的本内特——

我获悉在那个新音乐剧《红男绿女》里有首歌叫《一蒲式耳一配克》（我爱你一蒲式耳一配克，拥抱脖子紧紧的)。[①]在《别的声音，别的房间》的第 84 页你会发现这句：“我爱你，乔尔，我爱你一蒲式耳一配克，拥抱脖子紧紧的。”这完全是我自己的句子。即使奥斯卡·王尔德可能已进入公有领域，我还没有。换言之，多少根据你的观点，我打算提起诉讼。这样一个行动会使兰登书屋涉及至什么程度？

几周前一个叫吉尔伯特的律师给我的代理人玛丽安·艾维斯打了电话；他说他是古·希尔默、欧文·柏林等等的法律代表。他想知道：我从哪儿得到一蒲式耳一配克的歌词。我代理人告诉他说她认为这是我编出来的：怎么了？他回答说：哦只是好奇。

现在我当然感觉我不应该让他们就这样一走了之。这是一个如此彻头彻尾的剽窃案，以致我甚至看不出为什么必须诉诸法律。但可能我对这种事情太天真了。你觉得呢？

请把这封信给鲍勃看。

和这封信一样，我正写信给我的律师；如果兰登书屋的律师想要与他交谈，他叫纳森·罗杰斯，住在第五大道 511 号。[②]

向菲莉丝致以我的爱；深深的爱

杜鲁门

［哥伦比亚大学图书馆收藏］

---

① 《红男绿女》1950 年 11 月 24 日在曼哈顿的四十六街剧院首演，立即走红，上演了 1 200 场次。

② 此事后来作罢，因为卡波蒂的母亲打电话给瑟夫告诉他“一蒲式耳一配克”为南方古老歌词，她清楚地记得当卡波蒂还是婴儿时就跟他唱过这词。

致威廉·高扬

西西里陶尔米纳丰塔纳韦奇亚酒店

1950 年 12 月 16 日

比尔亲爱的——

我很高兴知道你在哪儿——虽然我完全不赞同：坐在芝加哥冰冷的地下室里，你不得胸膜炎才怪。是浪漫把你带去那儿的？没别的可以接受的理由了。不过如果你工作得顺利，那可能是件好事。

安德鲁的地址是：七十六大街东 232 号。请一定给他写信，我知道他对你感到好奇。我把你的地址给了金奇·［罗伯特·］霍兰。他很吸引人，我确实非常喜欢他。他在这儿似乎相当开心（说是待一个星期，已在这待了将近两个月），正在猛烈写信。不幸的是，他腿部患了可怕的感染，一直相当麻烦。我期望你过几天会收到他的信。

至于我自己的工作：由于窗外的战争，还有门外的熔岩流（你知道的，埃特纳火山开始了史上最严重的喷发），我无法真正集中精力。同样的，我似乎心不在焉。我不知道回家有何意义；我讨厌回去，在这个节骨眼上——老天，亲爱的，我们出生在什么样的一代人中。

除这些之外，我卷入了一场官司，同一部叫《红男绿女》的剧的制作人。该剧中有一首歌完全出自我写在《别的声音》里的歌词。虽然奥斯卡·王尔德可能已进入公有领域，我还没有。

珀尔还在这儿，她说收到了你的一封信。[①]我觉得她在为和

---

① 珀尔·卡津在丰塔纳韦奇亚作客三个月。

狄伦·托马斯闹翻而不高兴。但是丰塔纳的魔力在她身上似乎也有效。

我很高兴福克纳获得了诺贝尔奖——但我觉得他的小说集差强人意。除了三篇之外，其他都是粗拙之笔，简直不能读，漏洞百出。《马丁诺医生》！！《家中艺人》！！《荣誉》！！ 噢噢噢。你读过吗？当他到瑞典的时候，把自己的职业写成农夫？我很难确定他有没有说错。你看了他寄给《时代》为海明威辩护的信了吗？[①]我的天哪。

我听说伊丽莎白·鲍恩要和尤多拉·韦尔蒂一起来一次横穿南部之旅。我准备努力加入到其中去。

嗯，宝贝，就这么多了。圣诞节快乐，亲爱的比尔——我们会一直想着你的。希望我能给你寄份礼物：我所有的爱如何？

T

［佚名收藏］

致安德鲁·林登

西西里陶尔米纳丰塔纳韦奇亚酒店

1950年新年前夕

真爱的你——

真开心我能收到你这封长信，哦有那么多新闻。圣诞老人给你送什么好东西了？我收到杰克送的一件漂亮的红黑色毛衣，珀

① 欧内斯特·海明威的最新小说《过河入林》遭到评论家的粗暴对待。福克纳致信给《时代》为其辩护。

尔送的一副手套，牛顿送的一本书，林斯科特送的一本书，妮娜和乔送的二十五美元，瑟夫家送的金烟夹，就这些了。但是我们的圣诞节被罗伯特·霍兰给毁了（保守陈述），他决定自杀，几乎就成功了：安眠药。这一切的结果是，我只好把他送去米兰（九百英里），那里吉安-卡洛·梅诺蒂接管这包袱，可怜的家伙。是个悲伤肮脏的故事，请别对任何人说。回家路上我在罗马待了两天，那倒是非常有趣的。见到了许多人，包括唐尼——他钱已用光，完全光了，已在回家路上——一月三十日从英国乘船。昨天我回到陶尔米纳，非常高兴回到这里。我不知道自己怎么能够一走了之。我关于房子的文章登在一月的《芭莎》了吗？应该在上边的。

至于菲比：我已了解她经历了有点类似的时期，尽管从未完全如此——我想，在那些时期所发生的事情是我们所称的一个停顿，理解为暂时的、我们友谊的一个停顿。玛格丽特的生意和那支票真是难以置信。你问我觉得你应该说些或做些什么。什么都不要。因为什么也没有。除了想入非非的部分，我不知道她是否真的就指望杂志销售：如果那本书四月能出的话，正如我所了解的，他们就没有时间在任何地方销出任何东西，因为所有的月刊都至少提前四个月开始准备。

谢谢你，亲爱的，寄来你对《祝福你们大家》[①]的“评论”。塞西尔也写信跟我提到了它——他也说非常沉闷。

是的，我看了《时代》对于牛顿的说法。我希望他能获普利策奖——如他未获那真是丢脸。[②]他偶尔发的那些信都相当含糊。

---

① 哈罗德·罗姆的音乐时事讽刺剧《祝福你们大家》1950年12月13日在百老汇首演。

② 牛顿·阿文的梅尔维尔传记1951年获得全国非小说图书奖，并非普利策奖。

你觉得他看起来怎样——真的？莫顿究竟发生什么了？亲爱的，他在纽约的时候我希望你确实能和他有点什么火花：告诉妈妈真相吧。[1]如今妈妈都很难知道真相。

珀尔还在这儿。啊，她不是世上最令人兴奋的女孩，但是我想没关系——杰克似乎喜欢她。她今天进城去了电话局，因为维克多·卡夫[2]从里约热内卢给她打来长途。

我永远想你，亲爱的；杰克向你也向哈罗德致以爱。许多吻，

深爱

T

又及：新年快乐

［纽约公共图书馆收藏］

致里奥·勒曼和格雷·弗伊

西西里陶尔米纳丰塔纳韦奇亚酒店

1951年1月［4］日

亲爱的格雷，亲爱的莫特，

谁是里奥·格雷？你们的某个演员朋友么？不管怎样，他给我们发来一封如此可爱的圣诞电报，我希望你们真的非常感谢他。格雷亲爱的，谢谢你那张漂亮的圣诞卡；它被放在我们壁炉架上的显贵之处。

我希望你俩的圣诞老头做得不错。我收到了精美的毛衣，漂

---

① 卡波蒂1948年在欧洲时，阿文和林登事实上已有一腿。

② 卡夫是位摄影师，也是阿隆·考普兰的伴侣。

亮的手套，一张二十五美元的支票，和农夫[威廉·]福克纳的小说集，毫无收藏价值[如果你]问我的话。我们的树是一大束一品红圣诞花；我们有栗子填火鸡、苏瓦韦葡萄酒和橘杏仁夹心糕：在西西里荒野中挺不错的。随后，不幸的是，我得紧急赶往米兰和罗马，实在令人厌倦，因为我完全不想离开这儿。哎呀哎呀，恐怕我已经完全变成一个乡下小子了。你不会相信我们的生活有多恬静；或者也不会相信我们可以忍受这生活。现在的天气非常奇特，早上如夏日，下午似寒冬。但是春天已经开始：遍野的雏菊，散落的杏花。所有的悲伤是知道我们将不得不离开这里，虽然我确实希望待至完成我的书，但——同样，对你们这个春天可能会来这里心存期待。

我想，纽约现在是相当可怕地令人兴奋了。极度地愉快吧。或完全不是这样？这儿没有那种真正的战争感觉——至少没有对此紧张，也没有闲谈；或许只是我们见到的人不够多。

珀尔在蓬勃成长——虽然时常冻伤。她工作非常努力，我喜欢一篇我读过的小说。里奥似乎是主角的原型，不过仅此而已，因为真的并不是他。珀尔对此有些顾虑，害怕他人会认为这是你，不过我敢说他们会的：表面特征太像你了：我仍然说她应该给你看看并问问你的想法如何，所以可能她会的。①

---

① 卡津的小说《乌鸦》1952年发表在Botteghe Oscure(第9期)上，人们确实认为主角库内伊是勒曼的肖像。勒曼本人对自己被描绘成比知识牛虻稍强一点而感到深受冒犯。“他毫无疑问地知道詹姆斯从‘复兴’步入衰退的准确时刻，”卡津写道，“司汤达是顶老帽，考克多是个讨厌鬼，吉尼特是所有人当中最新颖的天才……库内伊如同海绵般适时变换口味和风味，他一小时就能够精通任何主题的复杂巧妙的陈词滥调，他惊恐知识的庄重会使他显得呆滞，他对纽约每位作家、画家和钢琴家的内情都自以为知——这些都是编辑从他那所购来之商品。”

从我们听到的少量消息中，玛丽露似乎正在掌控局面；我对她的直觉都很好；我想她将来生活会有更多的方向。

杰克很好，向你致以爱；老狗克里也如此。现在你们俩都给我写信——充满低级八卦的长信。我想你。爱——爱——爱

和

爱

T

［哥伦比亚大学图书馆收藏］

致约翰·马尔科姆·布里宁

西西里陶尔米纳丰塔纳韦奇亚酒店

1951 年 1 月 7 日

马尔科姆亲爱的——

上周我在威尼斯待了几天：如此美丽，小雪花飘在大运河上，圣马可广场庞大空旷，一股暖流在你推开哈利酒吧门时迎面扑来——我想起了你，本想给你寄张卡片。但一封信最好，因为我有很多事想说。这里是西西里的春天：整个山谷盛开着杏花，而且我们又可以在平台上吃午餐了。珀尔［·卡津］还在这儿——你们共同的朋友，D.［狄伦·］托马斯去了波斯；但是显然他和珀尔下月中旬会在伦敦相见。[①]这是真爱。

关于杰克：你对他的书感兴趣，他一直很高兴，我想这对他

① 布里宁跟随狄伦·托马斯多次去美国，在托马斯 1953 年去世后写出《在美国的狄伦·托马斯》，于 1955 年出版。

来说意义重大。出于好几个原因他已推迟寄送手稿：但主要是我们回家之事一直还未确定，他觉得最好是自己带回家。他已又写了很多，我相信这会是一本非常特别的小说。现在看来我们要回家了：三月份。我很不想回去，但随着战争风云如此黑暗，我想美国人应该在自己的国家。不管怎样，杰克等我们回去的时候会给你看手稿的。

如你可能所知的，牛顿已去俄亥俄大学[①]——薪水难以置信。我希望他不再回到史密斯了。

玛丽露似乎，至少在信里，悉心掌控住了自己。也许人们从此以后会听我的话；毕竟，我预测的一切，到他[②]会想杀她的事实，都变成了现实。尽管这并不是什么谁乐意兑现的未卜先知。你见到她了吗？我希望如此。

我们和罗伯特·霍兰有次可怕的经历（只请别再提这件事）。他想自杀，几乎就成功了：安眠药[③]。整件事情我都首当其冲，又是医生又是警察的——十天都不能做别的。最终我们卸下包袱把他交给吉安-卡洛·梅诺蒂。可怜的梅诺蒂——他真的受了些折磨。不过我为霍兰感到更加难过：他简直无望了。

我的书已完成一半多点。如果我很有耐心并且精力非常集中，今年夏天肯定能写完。

每个人写信来都说你的诗歌中心系列有多么成功。我想现在上节目可能有些晚。但我愿意——在四月晚些时候——前提是他

---

① 地处哥伦布的俄亥俄州立大学。
② “他”指弗里茨·彼得斯。
③ 霍兰是一位来自加利福尼亚的年轻诗人，当名气上升的年轻作曲家托马斯·席伯斯取代其在吉安·卡洛·梅诺蒂心目中的情人位置时，深感沮丧绝望。

们给我两百。如果你能安排此事，让我知道。我有最漂亮的新衣服（橄榄夹克），我一定要找个地方炫耀一下。

向比尔[·里德]致以爱。真希望你们俩都在这儿——坐在这阳光下。请写信给我——听着，回复信件。深爱，小蓝眼睛

T

[特拉华大学图书馆收藏]

致威廉·高扬

西西里陶尔米纳丰塔纳韦奇亚酒店

1951年1月19日

比尔亲爱的——

我真高兴你要离开芝加哥。你会喜欢雅都的，我几乎肯定。而现在我觉得是去那儿的好时机——这么少的人。我常常想着回到雅都去——但有些害怕回去，因为那曾是我生命中的转折点。但是这里是一个工作的好地方，我知道你会完成你的书。老天我也可以完成我自己的——不过我还早着呢；天知道那美妙的一刻什么时候能到来。我喜欢你的题目，《鬼与肉》。我多么想读一读。告诉我，它是一部短篇的吗？是的，珀尔还在这儿，不过下月初就要去德国了，她会在那待一个星期，然后飞回家去。

我不知道鲍勃·霍兰的事情该从何讲起。他在这儿待了大约两个月，我变得非常喜欢他。显然他身处在一个多么危险的境地，但由于洞察失误我没能预见到这事会导致什么样的结果。突然在十二月初，他的行为第一次变得有些令人警觉。如果我们叫他来这里吃晚饭，他就绝对不会回家。有天早上我下楼看到他还

坐在那冰冷的客厅里。而且他开始对杰克表现出相当明显的敌意——几乎到了令杰克无法表达意见的地步。最终我们有三到四天没见到他——虽然我到他的酒店留了字条什么的。有天晚上酒店给我送来紧急信息。鲍勃吞服了一盒安眠药，但是由于恶心呕吐出很多；医生也给他注射了咖啡因。因此之后几天我在那儿像护士一样地陪着他。鲍勃只是一直说着他多么地爱吉安-卡洛，想要和他在一起，不想和他分离。但是你无疑知道情况是怎么样的。嗯，然后我们和吉安-卡洛取得了联系，他正在米兰为第二天的歌剧做准备，安排好鲍勃将去那儿——因为我没办法再负责了。他圣诞前夕在丰塔纳挺好的——然后立即倒下了。三天里我一直不能离开他，因为他说他不管怎样都要自杀。说实话，亲爱的，我很累了。我没法工作，几个星期没工作了，整个房子也一团糟。星期二，他本该离开去米兰的时候，突然对我说他不可能这么做：老天，我眼前浮现出又是几个星期的折腾。我能看到唯一的解决办法是自己带他去米兰。这是令人汗毛倒竖的旅程——我现在没法具体写出细节来。

剩下的故事既悲伤又肮脏。我们终于到了米兰的酒店时，吉安-卡洛不在那儿。他在彩排。我简直可以杀了他。但是鲍勃自己将情形弄得尽可能的戏剧般逼真。等吉安-卡洛终于出现的时候，鲍勃对他难以置信地粗野无礼——说他是个野心勃勃的愚蠢怪物。而吉安-卡洛跳来跳去，假装这一切是个玩笑。

然后真正恶心的结局到了。吉安-卡洛来到我的房间，他的脸白得像冷霜。突然他说：鲍勃在摧毁他的生活，他自从来到欧洲每个月要花掉两千美元，鲍勃的奢侈把他所有的钱都用掉了——但是如果他不用和鲍勃一起睡觉的话所有这些都不成问题，在过去的几年里鲍勃强迫他做爱，然后他吉安-卡洛只能去吐了。他还说他深爱着别人——某个年轻的美国男孩——而且自己被鲍勃发现后吓坏了。[①]

好吧你可以看到这已无可救药。鲍勃一直恳求我告诉他吉安-卡洛说了些什么：吉安-卡洛爱他吗？我自己都想死了。鲍勃以一种病态扭曲的方式的确爱着吉安-卡洛；但他还爱齐斯克山上的房子，那儿的生活。但吉安-卡洛说他可以为鲍勃做世上的任何事情，除了和他重新住在一起。

我再也无法忍受，于是第二天一早就离开了。自那之后我再没收到他们任何人的一个字——我对此也有点痛心。因为我得把鲍勃所有的行李打包转寄，得支付价值一百多美元的债务。我三个多星期前把账单寄给吉安-卡洛了——没有一个字。当然这都是些无关的细节，我不该提它。不过整个画面如果不包含这肮脏的小尾声就不完整了。

亲爱的，我希望我这所有的记述没给你留下冷漠无情的印象。但事实是我的感情已被耗尽——而且由于相关的人和你很亲近，我知道你宁愿听一个更直截了当而非多愁善感的故事。[②]我确信我不需要多说，这是单独给你写的——尽管我当然知道对此你永远不会提及。

我爱你比尔。在新的一年里我希望你能快快乐乐的。写信给我，宝贝。

T.

又及：虽不确定，但可能会在四月初回家。也许你那时还在

① 年轻的美国男孩是托马斯·席伯斯。

② 高扬是塞缪尔·巴伯-吉安·卡洛·梅诺蒂在纽约市外北郊的齐斯克山三角家庭的一员。

雅都——或者在不太远的某个地方。请写信给我。

［佚名收藏］

致玛丽·露易丝·阿斯维尔

陶尔米纳

1951年1月23日

玛丽露亲爱的——

经过多次来回反复之后，我想我们终于得出了唯一明智的结论，那就是不回家。我确实非常想回家能见到你，见到我的朋友们；但我觉得在我书完成之前做出这样的举动是很愚蠢的。我希望，亲爱的，没给你添加许多麻烦——我指关于房子的事。[①]决定了留下之后我觉得大大地松了一口气。

我想你过几周时间会见到珀尔；即如果她确实乘坐飞机来。诚然我不认为她会如此——她最近一直对自己的小说很下功夫，我担心如不抢夺更多的先机，所有这些在她到纽约时都会化为乌有。

今天无比美丽，令人着迷的如同春日，橘花、玫瑰和杏花让空气弥漫着甜蜜芳香。我真真希望你在这儿。

杰克完成了书的四分之三，这很不同寻常——与他之前所写的完全不同，而且是迄今为止最好的。[②]

---

① 他们曾谈起夏天一起合租房子。

② 杰克·邓菲的第二部小说《朋友与暧昧情人》，献给卡波蒂的，于1952年由法勒-斯特劳斯-扬出版社出版。

里奥有没有安全地从野餐回来？我非常不高兴，倒不是因为他，而是因为林斯科特莫名其妙地让里奥读了几章我的书。让我真的发狂！不过我想，一两个月之后让你看看我的成果。等我把手头的事情做完就来安排。

亲爱的，我希望你一切如此美好。我是否写信告诉过你那个奇妙的德国算命师弗兰茨·瓦米克[此处不清]说的是什么？是的——我觉得写过。给我写信。

最亲爱的

T

[阿斯维尔的家人收藏]

致安德鲁·林登

陶尔米纳

1951 年 2 月 1 日

甜心，

我们这儿突然起了一阵寒流——我的手指头都快被冻掉了。所以烦请原谅笔迹和总体的麻木。

无论如何，我们四月份不会回家了——在这个节骨眼上打断自己的工作将是相当荒谬的。我不知道何时我会回去，但是怀疑夏末之前未必可行。因此我希望你开心地不受干扰地待在 232 号。唯一伤感的事情是我非常想见到你。但等到见到你时一切都会更好。

珀尔星期天将要离开——准备去德国待一周，然后回家。她应该月中就能到那儿了。

亲爱的，你的工作如何呢？我觉得这会很好玩，至少一开始是。但是我希望不要让你过于劳累而无法做你自己的事。

这里是西西里的嘉年华周；今晚广场上有盛大的舞会，我正在用羽毛和金片做一副精致的面具。

我几乎两个月都没收到菲比的消息。我不知道她的地址；你能告诉我吗？因为我真的很想给她写信。

你看了 Botteghe Oscure 上的艾吉的小说了吗？我刚读了一本优美的书，叫做《西班牙之脸》，是杰拉德·布雷南写的——在英国由栅门出版社出版。[①]他就是去年八月在《纽约客》上写那篇精美文章的作者——关于寻找洛尔卡之墓的。

《玫瑰文身》发生了什么[②]？我听说田纳西在基韦斯特买了幢房子，要和弗兰基还有那个疯姐妹住在那儿。我觉着，手边正有灵感之源那是绝好不过了。

亲爱的，我忍受不了了，我的手成冰块了！请给我写信。我非常非常爱你。

T

［纽约公共图书馆收藏］

致玛丽·露易丝·阿斯维尔

西西里陶尔米纳丰塔纳韦奇亚酒店

1951 年 2 月 21 日

① 杰拉德·布雷南的《西班牙之脸》(1950)。

② 田纳西·威廉斯的《玫瑰文身》1951 年 2 月 3 日在百老汇首演，同年出版。

亲爱的玛丽露——

真高兴收到你的来信；你不写信我都发出警告了。请务必要写，因为如珀尔将要告诉你的那样，我们渴望信件；没有什么比走老远去邮局却空手返回更为苦涩的了。

我希望自己能有篇小说可以寄来。我渴望能如此写一篇，可能，等我完成下一章时，我就去休这样一个“假期”。杰克也没有写小说。我的确想你会喜欢他的新书的。我也没读什么好的新作。这里没发生什么事——或者说没什么有趣的事情，除非你和那些主角相熟。我猜想这封信到你那儿时珀尔将已到家；我希望她的新工作能让她有时间自己写点东西。

蜜糖，你见到过菲比吗？我知道她现在那一团糟大多是咎由自取——但是如你所知的有很多情有可原的情况。虽然我约有三个月没收到她的消息了，我明白她经历了一种崩溃。有些人离弃她诽谤她的方式很可耻。我希望你能和她吃个午饭。她尊敬你，你也正好可以给她些鼓励。

这儿现在真是美丽，我皮肤又完全晒成了棕褐色。可怜的珀尔，恐怕她碰到的是岁月中最差的日子了。但即使在你那，亲爱的，冬天也即将结束——我希望你享受一个美好的春天。我希望你不会由于我越过你那糟透的问题而觉得我对其漠不关心：只是我觉得，如同这冬天一样，它们成为过去，会变得更加如此：长出新叶，你可以的，这是你的天性。我温柔地爱你。杰克也向你致以爱。

T

［阿斯维尔的家人收藏］

致安德鲁·林登

丰塔纳韦奇亚酒店

1951 年 2 月 28 日

亲爱的羊羔——

我可以摇你，真的我可以：将近两个月无声无息。你到底在干些什么？这提醒了我：两封寄往塞维利亚酒店给菲比的信被退回来了。那她现在在哪？她自十二月初就没给我写信了。

在这前线所有一切悄然进展；我稳步踏实地工作着，虽然进展日渐艰难。非常难以持续。我还有六十多页，但它们在我面前就像乞力马扎罗山一般。我希望你能在这儿鼓励我。

我给自己添置了一个新衣柜——考虑到我的财务，一桩无谋莽撞之举。首先，我把尺码送给佛罗伦萨的菲拉格慕，他给我做了双最漂亮的黑皮鞋。我很怕穿它们——而且无论如何杰克也不让我穿：说我必须留着，我不知道为什么要留着。然后我又定做了三套某种奇怪质地的平绒西服——要死了，亲爱的。问题是，我没地方可以炫耀这些个华服靓衫。

你记得那个有名的木质烛台吗，哈罗德从我那买去的那个。告诉他我买了两个一模一样的：每个二十五美元。如果他想要我帮他买一个的话我很乐意。

你的工作如何？你如此小气，写信从不告诉我任何这事。

我读了《菲尼斯特雷》，[弗里茨·]彼得斯先生的最新胡言。[①]如此机械，如此粗糙，如此地可预见下文——真让人难以忍

① 彼得斯的小说是《菲尼斯特雷》。

受。你呢？你有无麻烦？我收到玛丽露的信，她说它[①]住在亚利桑那，正获准离婚。她不知道自己有多幸运——只要活着。

我们今天得给克里洗个澡——天气很好很热，因此他不会感冒。我皮肤正回到棕褐色，虽然从来没有完全褪尽。嗯，我猜想纽约也差不多是春天了。

哦——我收到了艾什伍［克里斯托弗·艾什伍德］先生的便条，询问你的地址：他写给我的所有的信都是问这个。我给了他无数次。不过亲爱的，我希望你让你的情人们消息更灵通。这对妈妈来说太难了。

杰克向你致以爱。

我想你，蜜糖，永远爱你

T

［纽约公共图书馆收藏］

致罗伯特·林斯科特

西西里陶尔米纳丰塔纳韦奇亚酒店

1951 年 2 月 28 日

亲爱的鲍勃——

自从上次收到你的信，似乎过了很久了，老天，是的，哦奇妙的一封。

我在敲打我的第五章，这章非常的长；但在下一章结束之前我不想寄出这章。在那之后只剩一章了，但会是最长的一章——

---

① 弗里茨·彼得斯。

如同乞力马扎罗山闪现在我眼前。我应该在七月初完成——从我开始写它时至今大约有一年的时间，时限不算过长，随玛丽安（也可能是你）怎么说。无论如何，我正尽我所能使其成为一件我们都能以此为乐的事情。

谢谢寄来《幻想破灭》[①]。我很喜欢，确切说半心半意。舒尔伯格的感性如此之小；可以说几乎没有语感：屡次未加标点地陷入那“意识流”里，我感到尴尬得发热。我不能相信这个叫曼利·哈利迪的人写过什么值得读的东西——因为舒尔伯格只抓到了角色心理的皮毛。[②]结尾处年轻人说道，“但是曼利你必须活着写完这本书；你现在不仅知道了所发生的真相，还知道了原因”，或是之类的话。除了本身全是废话，这结尾给舒尔伯格自己的作品提供了一条讽刺的评论：明白原因么？尽管有舒尔伯格粗糙而虚假的解释，曼利·哈利迪还是被漂流在空虚中。鲍勃，我不相信你会喜欢这本书。

为什么你不建议现代书局重印萨拉·奥恩·朱厄特的《尖枞树之乡》？我不久前读过，对我来说似乎是本非常“真实”的书。

我安静的苦行僧侣生活一如往常。这里时值暮春，太阳正烈。向本内特致敬。我想你。

爱你的

T

又及：斯克里布纳给我寄了一本滑稽的书，叫做《乱世忠魂》。融合了比《乌尔夫》和《裸死》更愚蠢的文笔——但我相信

---

① 巴德·舒尔伯格的小说《幻想破灭》，发表于1950年，基于舒尔伯格在弗·斯科特·菲茨杰拉德1940年去世前不久同菲茨杰拉德一起创作剧本的经历。

② 曼利·哈利迪是个模仿菲茨杰拉德的角色人物。

这会是本畅销书。让我知道。[1]

[哥伦比亚大学图书馆收藏]

致罗伯特·林斯科特

西西里陶尔米纳丰塔纳韦奇亚酒店

1951年3月1日

亲爱的爸爸，

昨天我刚给你寄出一封信，你的信就抵达了。收到它是件乐事。我一直都念着你。

好吧，我确实相信自己能坚守时限，我祈祷如此……虽然就在今天那种必须的急迫感有点瘫痪了。哦鲍勃……昨晚我尽力，今天整个上午我试图，却毫无用处：这本书，我无法写出一百字，甚至五十字都不行。不可能来“描述”这书。我也不想别的任何人这样做。牛顿可能可以；成书的时候我会让他来做的。但是暂时来说，由于只是为了书目，我们能不能扯些老话呢：“一本久候多时的新小说之类？”另外，如果没人知道这鬼东西讲的什么内容，会更吸引人的。

还有些皮毛上的事情。我希望用和《地方色彩》一样的印刷。我希望那个英国画家安娜·梅尔森给我书名页作钢笔画。她是个天才。也许她还能帮我做个护封。她喜欢我的作品，我觉得她为我做这些可以不用收太多钱。如何？

我会尽快把我的新章节发来的。

---

① 詹姆斯·琼斯的《乱世忠魂》既获得好评，也深受读者欢迎。

很遗憾高扬最近非常不堪；但他什么时候不是这样？恐怕大多情况下是他经常需要外表具有吸引力：好像他的心智健全依赖于你的同情程度。我真是非常喜欢他；但我确实很厌烦他的青春期做派。

我不知道菲比如何。我两封信被退回，而且从她那我一个字也没收到。我想可能有太多人，尤其是里奥，对她太过分了。我当然愿意看她展示那些东西。但是。

我得回到工作中。一如往常的爱

t

[哥伦比亚大学图书馆收藏]

致安德鲁·林登

[西西里陶尔米纳]

1951年3月9日

我的甜玉兰，

你的信来得正是在紧急关头：现在我可以告诉我的律师取消我正指控某位玉兰·林登的违约诉讼了。但是宝贝，你一点都没提到你的工作；比如说，老弗洛伊德长得怎么样——他是不是就那样？我真高兴你又在写新小说了；给我份影印本吧，我看完会还回去的。哦是的，春天到了，但是今天刮了希洛克风，整个房子都随风摇晃：不然我就可以出去给你摘一朵橘花附上了。牛顿到城里来的时候你有没有见到他？金牌呢？[1]漂亮吗？适不适合

---

① 阿文因其梅尔维尔的传记而获得全美图书奖。

泳装呢？我八月可能会和他去那儿待上几个星期；但那取决于很多别的因素。不管怎样，我们七月之前不会离开这儿……那时要么坐船，要么去威尼斯。关于菲比最悲惨的一件事在于，她没能靠那本书赚到钱，没有什么能让她的钱包成为负担。我对这一切太失望了，我不确定当我真正回家后去看她会有多么容易。我很高兴你有了新朋友，也出去得更多；但我不相信这些日子没人问过你——知子者莫如其母。我听说了艾吉心脏病的事，可怜的人；但感到惊奇地听到你说《晨更》要作为一本书出版……它一定会非常简短，或是会比 Botteghe Oscure 里登的内容要多一些呢？[①]我非常同意你对它的看法。斯克里布纳给我寄来那本狗屎《乱世忠魂》；虽然是狗屎，但写此书的年轻人[②]似乎便秘得要死。最后还有威廉斯先生关于斯通夫人那贵妇与鬼佬的胡言。[③]嗯，这真是很可悲。你没怎么提到《玫瑰文身》——多么让人不快的标题；让我莫名地想到了臭虫。同时，说到臭虫，又想到[此处单词缺失]，恩内斯特 · J 和霍华德 · D[多迪]之间的情事是怎么一回事？恩内斯特又穿着他的马球服在时代广场呼啸奔驰了吗？杰克和克里刚刚走过了屋子……他们都向你问好。我希望知道些关于霍华德的事……他的作品怎么样了，你多久见他一次？我不知道，我希望你们两个从未分开；我还是无法在心中完全分离开。哦是的，告诉我：保罗[· 比奇洛]和乔丹[· 梅西]是不是住在一起了？珀尔给我写信说她和里奥吃了晚饭，对他相当地反感。她写了一篇关于他的小说，那可能会如同从大象身上剥下

① 詹姆斯 · 艾吉的短篇小说《晨更》，曾发表在 Botteghe Oscure，1951 年由霍顿米夫林公司以图书形式（120 页）出版。
② 詹姆斯 · 琼斯。
③《斯通夫人的罗马春天》是田纳西 · 威廉斯的小说。

皮来。

亲爱的，已经很晚了，我刚刚没发觉，那么就把百万个吻以及世上所有的爱送给我亲爱的，我唯一的姐妹(或是女儿？)

t

[纽约公共图书馆收藏]

致罗伯特·林斯科特

西西里陶尔米纳

1951年3月11日

亲爱的智慧与幸福的金雨伞和金钥匙的守护者啊，

你做得还不赖，鲍勃；但是我做了一些删减，均因我认其为好的理由：称之为——像卡洛斯·贝克先生那样——我的自负。而且你不觉得应该提及我还出版了另外两本书？①

关于安娜·梅尔森。去年夏天我在一份《伦敦艺术评论》里看到了一些她的作品，我非常喜欢它们，如此，一言蔽之，迷人，以至于我想到让她来作《草竖琴》的护封和首页。我给她写了信，于是得知她也喜欢我的作品。大约一个月之前她来陶尔米纳度假，我给她读了手稿。她非常年轻，在欧洲很有声望——林肯·科斯特恩正为她的作品安排在纽约的展出。你说想看她作品的样本——这不大可能，因为她以前从没为哪本书作过图。哦鲍勃，这会是个大成功的！让我来处理这件事。至于花销，你一般

① 林斯科特寄给他一份关于《草竖琴》的提议描述，以收入兰登书屋的图书目录里。

都付多少钱呢？安娜这边一点问题都没有——并且成果会比你能预见的还要美。她是个天才。我对此的希望难以言说。无论如何，她已经在画了——将能及时完成，好让我将其连同新的两章一并寄来（五月一日）。那样我就只剩最后的那长长的一章了。

我想念你。

爱你的

T

〔哥伦比亚大学图书馆收藏〕

致塞西尔·比顿

陶尔米纳丰塔纳韦奇亚酒店

1951 年 3 月 18 日

亲爱的塞西尔——

我很开心收到你的信，得知你安全到家——尽管可能会潮湿多雨：你的玫瑰很快就要开了。我嫉妒你，能去西班牙，尤其是在复活节期间塞维利亚有斗牛节。虽然塞维利亚有些奇怪——康奈尔和 G · 麦克林蒂克[①]在那儿，或者是我的国际眼线在西班牙的分支告诉我的。但是比那更糟糕的是——埃姆林 · 威廉斯[②]一对在这儿。想象一下她沿着小路走来时我有多么的惊恐。或是你挺喜欢他们的？在我脑子里一直把他们和那帮洛根人联系在一起，以

① 凯瑟琳 · 康奈尔常被称为美国剧场的第一夫人；其丈夫格思里 · 麦克林蒂克导演其大部分戏剧。

② 埃姆林 · 威廉斯是位威尔士演员和剧作家。

至于我无法特别专注于他们。

我很惊讶西蒙·福利特的鼻子实验竟被证明是如此的无用。真是有趣，我几天前还在想着他会不会做这实验。另外，宝贝，这是你的点子。但是大卫告诉了所有人，真是小畜生。

我很喜欢你那《被钟爱和艳羡的人》[1]的护封。但我对那本书一点也不在乎。准确地说，我发现它不过是一堆令人发狂的混合，良莠不齐又颇让人尴尬。太糟糕了——因为其主题倒是完美得可以。顺便说一下，我读了一本关于现代西班牙的书，相当精彩，你走之前该读一读。杰拉德·布雷南写的《西班牙之脸》，栅门出版社出版的。

我收到克·艾什伍德的一封信，他放弃电影事业，在拉古纳买了座独幢的房子，静下心来开始写一部小说——总体是个好消息。我希望他能坚持下来。我慢慢地在继续我自己的小说，六月底必须完成。我想那时我会离开陶尔米纳了，我确实爱这儿，而且知道自己会非常想念这里；但这有个限度。我多么希望你在那之前能到这儿来。我很想见你，也非常非常想你读读我的书。

那些人真不厚道，让你如此焦虑不安；可能现在已经安排妥当。对于把《盖恩斯伯格女孩》弄成布莱顿戏剧节的一部分的主意，我没有什么特别的好感。[2]这应该与其他事件完全分开——如果你同意我的推理。

你知道我非常认真地认为你应该聘请意大利人来解决你的用人问题。一个男人和他的妻子，你可以通过罗马的英国使馆来安排。

恐怕帕尔玛拉(那间餐厅)就要到达垮掉的边缘了。可怜的弗

---

① 伊妮德·巴格诺德的《被钟爱和艳羡的人》出版于 1951 年。
② 比顿的剧《盖恩斯伯格女孩》1951 年 7 月 16 日在海滨胜地布莱顿首演。

里茨负债累累而且诉讼缠身。谁知道朱尔斯会在哪度过他的夜晚。

唐·埃尔德给我写信说他是多么地爱你，并且说他们期待着摄影传记的巨大成功。[①]它什么时候出呢?

杰克致以爱。我想你，小甜心

深爱你的

T

［剑桥大学圣约翰学院收藏］

致罗伯特·林斯科特

丰塔纳韦奇亚酒店

1951年3月20日

亲爱的、亲爱的、亲爱的、亲爱的鲍勃，

安娜·梅尔森给我寄来了护封和卷首(书名页)的画，真是棒极了——超越一切。还有一些修改需要做，所以我把它们还回去了，但是你会在四月中得到它们的。大概一百五十美元左右。但鲍勃我不会误导你——虽然没有颜色，但它们是精巧复杂的钢笔水墨画，从这个意义上讲它们很“神奇”，而且需要非常特殊的复制、镌版——这会花费钱。书名页的画是两页展开的；然后是护封。我认为兰登书屋不会发觉不了这本书可以是多么精美别致的东西。不过(我当你是朋友才这么说)如果在开支上有麻烦，我愿减少版税来补足差价。当然这对我来说会很艰难——如果你能解

① 唐纳德·埃尔德是双日出版社的编辑。

决此事无需用我[此处不清]对此，那我会永远感激不尽。也许似乎很奇怪，任何人都如此强调书的“物质”外表——但这就是你要的，我没办法。我想给那个帮忙画《地方色彩》的人写封信，解释一下关于安娜·梅尔森的一切以及我所想的——但他叫什么名字呢？我也会尽量在四月中把最新的章节寄来。我真的非常努力地在工作——如我所计算的，这本书将近六万字整。

告诉萨克斯[·康明斯]我(在国家图书奖上)看到他的照片了，他看起来真可爱。

收到了艾什伍德的一封信，他说他已放弃电影行业，静下心来完成他的小说——这是个好消息。牛顿写信说他在纽约参与颁奖事宜时非常之开心——他甚至出现在玛丽·玛格丽特·麦克布莱德的节目里：如果你能重点介绍那的话！[①]

爱你的

T

[哥伦比亚图书馆收藏]

致玛丽·露易丝·阿斯维尔

[西西里陶尔米纳丰塔纳韦奇亚酒店]

1951年3月22日

玛丽露亲爱的，

你所处的精神状态让我甚为担忧；但我不同意你提出的试图

---

① 玛丽·玛格丽特·麦克布莱德主持一个流行广播节目，采访各类人物，包括扇舞者、作家和政客等。

“解决方案”：离开找家“新的中心”。如果这新的中心是情感上的，而且必须如此的话，那么你的离开既给不了你这些，也没办法根除过去。你现在需要的是一次等待：在现实与未来之间的等待：这之间的桥梁应当是，事实上只能是在无论多么分心的工作中，是在无论多么无聊的联系中。我知道你在这平凡世界所受到的惩罚；但至少这是真实的，我为你担心如果你从中退缩：我为你担心如果你退缩去虚幻中找寻“新的中心”——那是什么？只是一种新的安全感。如果安全感是在自己本身，那么你如何通过离开来找到它？——当最初的结果与其说是让你离开工作，不如说是让你离开自己。

这似乎是一种随意而又简单的劝诱，不用考虑风险、真正的痛苦和疑惑。果真如此的话，那便是错误的交流；因为我确实在考虑——而且如此做了后，<u>必须强烈</u>建议你接受新的工作，虽然可能是个广告文案角色：那本身就是一种专业上而非个人的难关，那是我希望你能有的。你有资源（你会惊奇地发现）可以面对这些挑战：你没有理由[此处不清]退缩，不管多么有限——因为退缩要求对自身的肯定，那对你来说只有在未来的某一点上：而它正是，我重复一遍，等待的回报。好吧，我有一阵子没见到你了，<u>真的</u>是很久很久没有见到；可能有很多的变故和回应我都不知道。但我贸然鲁莽地说我从没错看过你。务必要离开《芭莎》，亲爱的；务必要接受那份新工作。

我会写信给珍妮丝[此处不清]，虽然我不太确定但我想她应该回欧洲了。向珀尔致以爱。杰克向你致以爱。我们很好，丰塔纳一如往常。我永远爱你

T

[阿斯维尔的家人收藏]

致罗伯特·林斯科特

丰塔纳韦奇亚酒店

1951 年 4 月 8 日

亲爱的鲍勃，

我在给玛丽安的同一封信里，寄去了新的章节；当你收到的时候，我希望你能从头至尾读读整篇手稿。现在只剩下最后那长长一章了；为我祈祷吧。

还有，在同一封信里，我寄了安娜·梅尔森的书名页画……直接寄给你的。用一种叫做照相平版印刷的方法来复制会很漂亮。不过我已经跟雷·弗雷曼写信说了这件事。安娜决定放弃护封的设计，因为我们俩都觉得用《别的声音》或是《夜树》那样简朴醒目的护封会更好。但我还是把所有这些写信告诉了弗雷曼先生。哦我确实希望你喜欢首页那幅插画；我疯了一样地喜欢它。

我患重感冒卧床不起了；整个背部酸痛，而且由于打盘尼西林时针管没有好好消毒而受感染。西西里的医药正是如此恐怖。

已经等不及要收到你关于新章节还有其他那些的信了。但我没有力气再去多写。除了我想你；爱你的

T

又及：鲍勃——在我手稿的第 12 页，烦请你把“住民们”改成人们。应为“人们告诉她他收到了馈赠”等等。

［哥伦比亚大学图书馆收藏］

致本内特与菲莉丝·瑟夫以及赫伯特·怀斯

西西里陶尔米纳丰塔纳韦奇亚酒店

1951 年 4 月 10 日

亲爱的朋友们：菲莉丝，本内特，赫伯特，

正当你们确定我已不再爱你们时(凌晨 2:11)，你们毫无疑问却在我最绵长的思绪之中，因为我每天二十五小时想念着你们。我必须说，你们不是那种老是有纷繁来信的对象，任何一个都不是：许多夜里我长途跋涉去邮局，然后空手跋涉而归——想着，他们这样好的一帮，在一个又一个欢愉的场合里周旋着，也从不给可怜的杜鲁门一点点挂念：在那远处狂风吹过的山上，只有海浪声才能使他高兴。哦孩子们，这儿确实变得强大有力的寂寞。我真希望快完成我的书，结束这次流放；我想还需要两个月吧。

人们不时过来。埃姆林·威廉斯和莫里在这儿待了一个星期——关于伦敦的八卦多得令人窒息；然后小[阿诺德·]圣苏伯来到这里，正巧整个精神及时就崩溃了。

我策划了最不体面的猜谜游戏。太具教育意义了；而且你可以左右中伤他人，这全是此项运动的有趣之处。这游戏叫做IDC，即国际雏菊链。你列出一串名字，名字相连必须基于他或她与先前所列的人已经有染的事实，关键是要尽可能列长，尽可能连得不匹配。比方说，这一个是从佩吉·古根海姆到金·法罗克。佩吉·古根海姆到劳伦斯·维尔到简尼·康诺利到多萝西·沃尔沃思到金·法罗克。明白这是怎么办到的吗？佩吉·古根海姆和劳·维尔有一段情事，后者又与 J. 康诺利有些什么这之类的。这儿还有一个更难的，不用说，也更精炼，举个例子：从亨利·詹姆斯到伊达·卢平诺。是这样进行的：亨利·詹姆斯到休·瓦尔波到哈罗德·尼克尔森到大卫·赫伯特到约翰·C. 威尔森到诺埃尔·考沃德到露易丝·海沃德到伊达·卢平诺。或者：从阿隆·科普兰到玛琳·黛德丽。阿隆·考普兰到维克多·克拉夫特到塞西尔·比顿到葛丽泰·嘉宝到梅赛德斯·达克斯塔到汤米·亚当斯到玛琳·黛德丽。可能在纸上看来非常的无聊；但我向你保证，肚里灌下几杯酒然后和几个适合的人玩这个游戏，你会笑死的。假设你用约翰·冈瑟开头……有谁不会和他扯上关系么？约翰·冈瑟到霍恩布洛夫人到怀恩·莫里斯到简·魏蔓到艾丽娅·卡赞到马龙·白兰度到田纳西·威廉斯到弗兰基·梅洛到约瑟夫·阿尔索普到比尔·卡斯基到克·艾什伍德到威斯坦·奥登到卢斯·洛文斯基到沃尔科特·吉布斯到芭芭拉·怀尔丁到比利·雷德菲尔德到琼恩·格兰特到乔治·巴兰钦到丹尼洛娃到瑟奇·利法尔到拉基列夫到尼任斯基。我确定冈瑟先生不知道自己和尼任斯基有这样的联系！哦它们的乐趣是无尽的。

本内特，你有没有看到安娜·梅尔森为我的书画的首页插画？我喜欢得发了疯。我希望菲莉丝和赫伯特也能看看。她真是个天才，安娜·梅尔森。

我有些可爱的东西要给你，菲莉丝；但是它太脆弱了，不能邮寄过来；我只能亲自带过来。是我在巴勒莫淘到的一块旧法式表盖，然后把它做成了襟针：别在小西装上一定很好看。

我希望你们都能到欧洲来；可能赫伯特会的。但我对你们其他两个不抱希望。我知道我如果见到你们将会是在故土上了。我希望在八月一日左右到家。你们到时候会在普罗温斯敦吗？牛顿·阿文在韦尔弗利特弄到了一幢房子，我会在那儿待到九月中。其实那儿离普罗温斯敦并不太远，不是么？

好吧，我亲爱的们，我该爬回到我的棟树上去了。吻，由衷

的爱，以及千股柔情

你们的

T

忘了加上我最喜欢的一条 IDC 了：卡布·卡洛威到希特勒。卡布·卡洛威到马凯萨·卡萨毛利到卡罗·里德到尤迪妮·米特福德到希特勒。

让莫斯和凯蒂来玩这个游戏；我打赌他们会很在行的。如果你们有什么好点子，请务必一起寄来。

[哥伦比亚大学图书馆收藏]

致威廉·高扬

陶尔米纳丰塔纳韦奇亚酒店

1951 年 4 月 19 日

比尔亲爱的，

收到你的信太令人愉快了；但我不明白的是——你有没有收到一封我写给你的关于霍兰及其他人的长信？我宁愿希望你能回复，但由于你没有提到它我想是不是你没有收到。这倒不是我在意这封信到了别人的手上。

非常高兴你在雅都很开心。我也很喜欢那——但恐怕在那我真的还没干多少活。我很高兴《鬼与肉》就快要写完了。鲍勃认为这很棒，是真正的成就。我想读它快想疯了。这个秋天能发表吗？

我读了斯彭德的自传[1]。一本多么虚伪的书——他和他的那些

---

① 斯蒂芬·斯彭德的《世界里的世界》出版于 1951 年。

“在机会主义精神下进行的”同性恋情事。不过我必须严肃地说，这让我怒不可遏。但是刚才在这里的亨利-路易·格朗日[①]说你和S.先生一如既往地友好。这一定不是真的。

我强烈地告诫你不要去墨西哥湾。我在其沿岸几乎所有的小镇都住过了。房屋扁平而丑陋，铁皮屋顶；水如同灰汤，海岸污秽，人也如此。从五月到九月南部所有的中年女士都被藏匿在那。但如果你真的想去，只有一个地方可待——帕斯克里斯琴[②]。为什么不去佐治亚州海岸外的某个小岛住一住呢？你可以问问安德鲁这些事情。

我不确定自己会不会在七月回家。事实上我非常确定我不会——可能八月会的。但我真想见到你，亲爱的。当然我们会的。写信给我。深爱你的

T

又及：向伊丽莎白·艾姆斯致以爱。

［佚名收藏］

致罗伯特·林斯科特

西西里陶尔米纳丰塔纳韦奇亚酒店

1951年4月21日

亲爱的波波林克（一种北美的食米鸟），

你的赞扬简直把我捧上天去了——你还能再夸张点么，宝贝；

---

① 亨利-路易·格朗日将成为世界著名的马勒学者。

② 密西西比州帕斯克里斯琴。

因为我简直爱死它了。只希望最后一章不让你失望。可能吧。

附上一幅小照片，如你愿意可以使用——看起来挺健康吧？只是鲍勃我们不要再用那同样的生平介绍了——关于河上游艇、算命先生还有天知道的那一切。[①]因此我建议："杜鲁门·卡波蒂出生在新奥尔良；他二十六岁。第一部小说《别的声音，别的房间》为他奠定了年轻美国小说家中领头人的地位。他的短篇小说，有八篇收录在《夜树》里，刊载在国内外的知名刊物上，并经常被收入编选。去年兰登书屋出版了《地方色彩》，一本卡波蒂先生的游记。他的作品在欧洲非常出名，最近几年他一直住在那儿。"

平庸老套——但是方式正确。不过如是要给书大肆吹捧的话我就放弃了。可怜的鲍勃，你得这么做。牛顿可以，只是他还没有读到书——或我打赌珀尔·卡津可以写得很好。问问她咯。不过，没必要过分张扬。在封底上我觉得你可以列出我其他的书，罗列两条各个小说的评论。这啊那啊之类的，纽约时报什么的。顺便还有，关于《夜树》你应该引用些克里斯托弗·塞克斯的评论，还有《国家》杂志上莱斯利·菲德勒的评论。

玛丽露给我发了一封关于这书的美好电报。所有人都那么的友好。哦天哪，我需要做的就是完成它。

我收到一封高扬的信。我真高兴他能得到古根海姆基金——我打赌你也是。

鲍勃，兰登这次的广告会不会好一些呢？我的意思是在这方面你们可都没为自己宝贝孩子的前两本书做些什么。我可不是个

---

① 卡波蒂为《别的声音，别的房间》一书的护封上所写的生平大都为虚构的，他声称，除了其他事之外，他曾在游艇上跳舞，在玻璃上画花，"同著名的艾西·琼斯夫人"学习算命。

幻想家；我知道这不是那种噱头十足一打就着的快热书。但对于《草竖琴》我不希望成为第三本在广告列尾端的书。不，先生。我期望拿几页文字出来在太阳下晒晒。在这篇忘恩负义的字条里我要向你道别了。除了说我非常爱你

T

又及：最后一章完成后我会立即空邮过去。你把“住民”改成“人们”了没有？

又又及：看里边。

又又及：这里是塞克斯关于《夜树》的评论中一段合适的引用。

“卡波蒂先生以最佳的散文让他的读者享受令人愉快的体验——一种卓越的经典表现”克里斯托弗·塞克斯，《伦敦观察者》。

还有莱斯利·菲德勒在《国家》杂志上的评论。

关于《地方色彩》有詹姆斯·希尔顿在《先驱论坛报》上的评论——以及在《周日时报》上的（那篇相当平淡，可能没有东西）。我好像找不到了，不然我可以自己来写。

［哥伦比亚大学图书馆收藏］

致罗伯特·林斯科特

西西里陶尔米纳丰塔纳韦奇亚酒店

1951 年 4 月 24 日

亲爱的老大，

以我尽可能接近地计算，最后一章将在八千到一万字之间。整个手稿共应约一百七十二页——如果适当安排的话可以印出一百八十至一百九十页。

有人告诉我说塔卢拉·班克黑德有个广播节目，在那上边她唱了首新歌，由乔·布什金编曲的，叫做“别的声音，别的房间”。肯定那是侵权。我似乎已决意起诉某个人。

（非常）爱你的

T

［哥伦比亚大学图书馆收藏］

致玛丽·露易丝·阿斯维尔

西西里陶尔米纳丰塔纳韦奇亚酒店

1951 年 4 月 24 日

宝贝甜心——

你发来电报，是最亲爱的天使，现在你甜蜜的信到这儿了。我真高兴也很放心，你喜欢那本书；我希望你喜欢如此，比对任何人所期望的都要多。书很大一部分取决于最后一章——不幸的是我对此非常紧张；我感觉自己像在水下捏着自己的鼻子：当我完成时，我一定要大吸一口气然后翻一英里的筋斗。我希望白雪[1]让你买下那一章——我比小孤儿安妮还要潦倒。

当然我能明白你为什么对弗里茨回到纽约深感沮丧。另一方

① 卡梅尔·斯诺，《时尚芭莎》编辑。

面我不认为你们可能会志同道合——肯定没人会邀请你去同一个地方。但天知道，这只是一种不相容的感觉。无论如何，我听说你转租了一间极棒的公寓，用来度过这夏天。我们期待八月初回家，我们会来你公寓看你的。哦我真渴望见到你——将近两年没见了！

告诉我，简·鲍尔斯在干什么？她不回信这真是让人讨厌。我希望她在写那本在丹吉尔时写的小说；在我看来现在应该写完了。

亲爱的，杰克致以他深深的爱意。请写信给我，宝贝。我爱你永远。

T

［阿斯维尔的家人收藏］

致罗伯特·林斯科特

［西西里陶尔米纳］

［1951 年 5 月］

亲爱的鲍勃，

这是一张简短的便条，好让你知道我确实想致份献词。

致苏福克小姐

纪念深沉真挚的爱

一切都很顺利，我想，我希望。现在不会太久了。谢谢。爱你的

T

又及：苏福克是书里的多利娃娃。她 1938 年去世。谨将此书献给她让我感到无比幸福!

［哥伦比亚大学图书馆收藏］

致罗伯特·林斯科特

陶尔米纳

1951 年 5 月 3 日

亲爱的鲍勃，

就我个人而言，波利[1]可随意使用她自己的判断：分开或是合并任何她所想的词。但是，我更偏爱“警长”和“法官”保持大写。可能我还有些不正确之处，但是肯定有很明确的标点概念，因此我觉得，除了一些明目张胆的误用，我的冒号和分号都应保持原样。

给安娜·梅尔森的支票已经收到，我已给她了。非常感谢。

我最后一章出了些问题，技术上的；但我正在缓慢苦恼地逐一解决。我想我最好回去继续写了。

爱你的

T

［哥伦比亚大学图书馆收藏］

① 波利是位文字编辑。

致塞西尔·比顿

陶尔米纳

1951 年 5 月 8 日

塞西尔亲爱的，

收到你的信真好；我也很开心地知道你就算没有剧组，也有了剧院。那个预言家弗兰茨·维尔纳回来了，我问他七月份是不是你的幸运月，[①]他说是的，但是在八月下旬有些惊人的好事会出现在你身上；还有，你马上就要收到一封信或是一个长途电话，提出一个你必须接受的建议。这真是神奇，他告诉我的如此多的事都已成真了。比如说，他告诉我在四月我会得到某种奖项。我确实得了：欧·亨利纪念奖（“短篇小说中的杰出作品”；这是我第三次得这个奖了）。

简·鲍尔斯在巴黎——非常的狂乱，因为她不知道保罗在哪儿，而且有几个月没收到他的消息了。我不知道珍妮会发生什么；她不应该像这样四处漂泊，尤其是和那么多巴黎恶人在一起。

是的，那 E.［埃姆林·］威廉斯一帮的确稍微提示了他们是你的朋友。但是有很多小事让我断定他们不是；一件是，每当我提到你的时候他们马上会说奥利弗·梅塞尔是多好的人。[②]但我很明确地向他们表明了我对你的爱意；所以相信他们，也许这是他们为什么装出喜欢你的原因。不过他们这对有些猫腻。请不要重复这，因为他们会知道这是从哪儿传出来的，但是他们被请出这里的旅馆，实际上，是被赶出旅馆：我不是很明白为何原因，那

---

① 《盖恩斯伯格女孩》安排在 7 月 16 日首演。

② 梅塞尔也是一位英国有名的舞台设计师，是比顿的竞争对手之一。

些知道的人出奇地沉默。他，埃姆林，给我寄了他的一部剧，叫做《拥抱》，我必须说这玉米还太嫩：如此难以置信的垃圾。[①]

我在《时尚》杂志上看到了你在牙买加的照片。喜欢你的和比[比阿特里斯·莉莉]身后有个黑人小孩的那张。[诺埃尔·]考沃德和[格拉翰·]佩恩看起来太像"绿湾树"了，什么都像：只是你没法演他们任何一个人年轻时的样子。[②]

春天早已过去，这里已是夏天。但我工作太忙而无法享受。但是我多么希望你能在我离开之前来短暂访问。我们俩希望再过一个月我们的书全都完成，然后我们会去威尼斯，八月初回到美国。但船一靠岸我会直接去科德角的维尔福利特，在那儿我租有一套房一直到九月中。我希望你这个秋天比以往早点来纽约。

告诉我，亲爱的，你知不知道任何关于一个叫[阿诺德·]圣苏伯的年轻人的事情？他跟《吻我，凯特》的制作有些关系。[③]他的名声如何——我指的是，专业上的。因为他提出了一个疯狂建议；他想给我一笔特权费——只要我写出剧本。这真是疯了。我心有所动只是因为眼下我的确需要钱。我该么？你怎么看？他是不是个值得尊敬的人呢？

杰克向你致以他最真的爱。我想你，小宝贝。给我写信。

非常爱你的

T

[剑桥大学圣约翰学院收藏]

---

① 埃姆林·威廉斯最著名的戏剧是《青嫩玉米》(The Corn Is Green)。

② 南非人格拉翰·佩恩是考沃德的同伴。莫当特·夏尔普30年代的戏剧《绿湾树》最近在百老汇重演。

③ 圣苏伯实际上是柯尔·波特的音乐剧《吻我，凯特》的制作人。该剧获巨大成功，在百老汇上演两年半之久。

致安德鲁·林登

［西西里陶尔米纳］

1951 年 5 月 16 日

亲爱的，

你早该给我写信了：你欠我两封信呢。我不明白为什么菲比不给我写信（或者我可能明白）；仍有两封从她未知地址被退回。

你提到这么多我从未听说过的人。吉恩·普莱斯是谁？告诉我关于他的所有事情。不管怎么说我很高兴丽塔［·史密斯］在这桩情事里。哦亲爱的，我希望这真是件好事，让她开心。卢斯·兰德尔又是谁呢？

另外，说到情事，你知不知道高扬和 K. A. 波特厮混在一起好久了？我确实喜欢比尔，不过他，如我越来越发现，是个机会主义无与伦比的人。不管怎么说，在得到波特手上他想要的东西后，他就和她一刀两断了，让波特极为悲伤。所有这些我都是从一个消息非常灵通的来源那儿得知的——别传出去，求你了。

我应该在几周之后完成我的书——但是这只能让我感到紧张，所以少说之类。这是非常长的一段，现在我正憋足力气来完成最后的攀登。

你什么时候计划去梅肯？我们期待在七月底至八月一日到家。我希望那时你能找到间公寓。

我有一条极好的工作信息给你，可能会很靠谱：Botteghe Oscure 的美国编辑。卡埃塔尼公主正在找一个人选，我觉得你非常适合[1]。而且工资也相当可观。我期望下个月在罗马见到她，那样可以了解得多一些。

这儿的天气从上周开始就烂得要命——每天都是希洛克风。真的如同阿加莎·克里斯蒂所说的那样难以忍受。

我想知道哈罗德在干吗——给他一个吻。

你在恋爱中吗？我在你信里感觉到了缄口不言。

杰克很好，他向你致以爱。克里浑身都是毛刺和虱子：抓啊抓啊。我自己也在一直抓——我似乎简直可以养螃蟹了。

立刻给我写信，亲爱的——因为我准备三个星期后就要离开。

爱

T

［纽约公共图书馆收藏］

致罗伯特·林斯科特

［西西里陶尔米纳］

1951 年 5 月 29 日

亲爱亲爱的鲍勃

我写完书了！两天前完成的——随即就患了肠道流行性感冒，所以一直还无法打字，不过期待明天着手去做。不管怎样，你很快就能拿到书稿——十天左右。

---

① 玛格丽特·卡埃塔尼公主是 Botteghe Oscure 杂志编辑。该杂志以作者原始语言在罗马发行。

完全没什么新消息。我的小说《花房》获得了欧·亨利奖。

但是感到浑身无力——只是想告诉你快乐的消息；至少我希望这是个好消息。等到你拿到那一章的时候我很可能已经离开这儿了。请立刻让我知道你的看法——威尼斯美国运通转交。

如果一切顺利的话我将在八月初见到你。非常想念你

爱你的

T

［哥伦比亚大学图书馆收藏］

致约翰·马尔科姆·布里宁

威尼斯美国运通转交

1951 年 6 月 24 日

哦光芒四射的你，

虽然地址写的是给杰克，但我还是屈服回复你的信。亲爱的，你是个墨守成规的人；雅都，雅都都都……这么多年来；你难道对去那儿没有一点厌烦吗？你以后会像莱昂纳德·厄尔里奇一样了结的。[1]同样我等不及看你的棒棒糖脸了。这也就是说你必须在七月二十五日之前到威尼斯来。我们准备住在一栋小楼里，因此可以让你和比尔一起住那……或者至少我觉得我们可以弄到那间房子；像平常一样，房东疯了，事情还没有完全摆平。但是务必请快点过来，因为你们总要去巴黎的。威尼斯比任何时候都美，天气如同天堂一般……虽然有些当前的居民并

① 厄尔里奇是位作家（《上帝的愤怒男人》1932），曾在雅都待过多次。

不是。所有国际杰出富豪女性都在这里待命了。我读到印第安纳的时候一股恐惧感侵袭全身。我不认为这是一件合适的提议……当然每件类似的事都在诱惑着你，所以你大概整装待发了。不过我希望不要如此。另外，我一直没收到你的诗集。我真高兴法勒·斯特劳斯接受了杰克的书。他把最后的三分之一寄出去了却没收到回信。杰克向你致以爱；给比尔我的爱。现在，快来这儿吧，我的甜心……至少请让我知道在离开威尼斯之前要不要等你们。

真挚的爱　T

［特拉华大学图书馆收藏］

致罗伯特·林斯科特

威尼斯

1951年6月27日

亲爱的鲍勃，

我很紧张收不到你的信，一种优雅微小的轻描淡写，但是昨天你的信到了，无疑它只让我感觉更糟。

我无法忍受，你们都认为我书写得失败；这种强势的三位一体的意见令我倍遭挫折。[①]这批评的模糊让我感到甚至更加无助。

① 三位一体指林斯科特、本内特·瑟夫和罗伯特·哈斯。"我们都有点失望的感觉，"林斯科特写信给卡波蒂，"故事逐渐减弱，结局到来得太快，缺乏在那一刻让人如此入迷的缤纷喜悦。"

可能你对最后一章的看法是对的。但我难以看出可以做些什么不一样的修改。你将它描述为“逐渐减弱”……这正恰是我原本所想的。当他们离开了树屋，那就是这本书的高潮所在；但是最后一章若非完全按此时的气氛来写，那么这书还有什么意义呢：每一章的终点都是一开始便预设好了的。于是出现了巨大的技术问题：叙述的高潮已经达到，速度对我来说似乎至关重要……我手边还剩下大把的信息，且在我看来已安排妥当。我觉得结局非常感人且恰到好处。但肯定现在我有些身陷囹圄而不知其性了。

所以我在想我们是否应该坚持秋季的出版。我想是否要看看我能做什么样的改进。

那些校样还没有到达。我没发电报告诉你这些，是因为我给罗马发了电报询问它们是不是到达那儿了，如果真是那样的话为什么他们没有将它们转到这儿。我无法相信它们是用航空邮寄的。

我七月十六日离开这里，八月一日将到纽约。

我很抱歉让你失望了，鲍勃。我知道你现在要离开去度假了，所以忘掉所有这一切，祝你假期愉快。

爱你的

T

［哥伦比亚大学图书馆收藏］

致本内特·瑟夫

意大利威尼斯美国运通转交

1951 年 7 月 3 日

亲爱的本内特，

你的信今天刚刚到，因为它被送到西西里再转寄的。

我的确深深感谢你所告诉我的。鲍勃写信告诉了我你们的联合保留意见……这来得令人震惊，因为我十分确信自己做得不错。但没有必要再列举我的任何争辩；显然一定是出了什么毛病，不然你们不会都如此感觉的。

不管怎样我们必须推迟出版，直到我做出一些改动来。

你提到了几次前半部分要比后半部分好……你真的指“一半”……还是仅仅最后一章而已？我可以重新来写最后一章，但我不明白对其他章节的批评是什么。

至于维雷娜，她在结尾作为一个富有同情心的人是必要的。从某种意义上讲，她从来没有不富有同情心。中心感情处境是建立在她和多利之间的……并不是在多利和法官之间。如果多利没有回树屋去，那在心理上只能是不真实的。[①]

不过这些问题都是我的问题。不管怎样，到底是不是只有最后一章让你不快呢？

我没法对这章的基调做改动……我指的是事件和结果。我能做的就是让这些更自然。我有意识地用这种摘要的办法来作为技术策略；但是如果它读起来像摘要一般，那么这对我个人而言就是风格的失败了。

无限地感谢你，本内特，写信给我，如此坦诚地告诉你所感觉的。

请让我迅速知道关于延迟出版此书之类的事宜。

---

① 维雷娜和多利，一对老处女姐妹，大致基于住在亚拉巴马州蒙罗维尔并照料过孩提时的卡波蒂的福克三姐妹中的两位。

向菲莉丝致以我最真的爱，我也爱你。

杜鲁门

又及：我十六日从热那亚乘船出发，八月一日会到纽约。

［哥伦比亚大学图书馆收藏］

致本内特·瑟夫

［电报］

［威尼斯］

1951 年 7 月 9 日

已读校样并宁愿书按原样出版[①]

爱你的杜鲁门

［哥伦比亚大学图书馆收藏］

致塞西尔·比顿

纽约州纽约公园大道 1060 号

［写于马萨诸塞维尔福利特］

1951 年 8 月 26 日

塞西尔亲爱的，

我开始给你写了很多封信，但后来都被中断了。我们三周前

---

① 卡波蒂没有按照兰登书屋编辑所建议的作修改，本内特以他一贯的优雅而让步。"如果现在你希望保持的是其形式，对我来说这也够好了，"他回复说。评论界偏向卡波蒂，《草竖琴》广受赞誉。

回到这里的，上两周我一直在科德角，但是九月四日会回纽约。

当然，我急想知道布莱顿发生了什么。这周的《纽约客》有一篇描述《盖恩斯伯格女孩》的首演——但是它太短而且又太含糊，以至于我没法从中获悉任何信息。我的兴趣和心一直都和你在一起，我亲爱的兔子——

《摄影传记》在这儿评价很高。我想关于我的那段非常可爱温柔；谢谢你。

我们经历了一段可怕的回家之旅——两场风暴，并且船长自杀了。

乔治·戴维斯要结婚了，这太离奇了吧？！！！而且是和罗特·莲娜。[①]我一直觉得自己是世界级的一个小伙子；但这击败了一切——而且品位太差了，你不觉得吗？

我的书十月一日就出版了。我会寄给你的。你知道你什么时候会来这边吗？我想直到明年初我都不会穿越大洋了。

我猜想你不会为了贝斯特吉的盛宴去威尼斯——也就是说，我期望你眼下的时间过于紧张。但如果你确实要去，请给我写信告诉详细情况——我对威尼斯的那堆鸡毛蒜皮已经非常厌烦了，不过我仍想知道最后结局如何。

杰克向你致以爱。我非常想见你，宝贝——来自你的唯一的深深的爱

T

［剑桥大学圣约翰学院收藏］

① 罗特·莲娜在库尔特·威尔和贝尔托·布莱希特的歌剧《三毛钱歌剧》柏林首演中塑造了珍妮这一角色。当希特勒上台时，她与威尔一起逃到美国，威尔 1950 年在美国去世。

致塞西尔·比顿

公园大道1060号

1951年11月12日

塞西尔亲爱的，

我一次又一次地想写信……不过，发生了太多事，一言难尽，我现在似乎甚至没有睡觉的时间。只有工作，亲爱的……没有玩耍。或者说有太多剧本[①]……这是我正在写的东西。

长话短说，好像我的这部剧真的要出炉了。[②]我还没有写完，不期望在一月初之前能完成。计划是在二月一日左右开始彩排，然后三月某个时间在纽约开演。圣苏伯是这部剧的制作人，吉什姐妹[丽莲和多萝西]会一同主演。我期望维吉尔·汤姆森来编曲……他也期待如此。现在问题是，我非常希望你来做布景和服装。整个剧有两幕，会有两场布景，两场都相当精致……我担心这会需要旋转舞台。这是个真正的挑战，但是我相信第二场当幕布一拉开时，树、树屋以及森林，会是最令人激动的视觉场景。我可以在月底把第一幕寄给你。但你是否会感兴趣呢？或者说这些是否与你的安排相吻合？我们到现在为止还没有确定任何导演，虽然[哈罗德·]克鲁尔曼和博比·路易斯之类的都太愿意太渴望……但我觉得他们不合适；苏伯给彼得·布鲁克写了信，他回信说自己日程已经爆满……不过我想我会进一步去找他；或你可能有更棒的建议。[③]无论如何，亲爱的，务必让我知道你认为自

---

① 译者注：英语中play一词有“剧”与“玩”双义。

② 卡波蒂根据圣苏伯的建议，同意将《草竖琴》改编为舞台剧。

③ 布鲁克比卡波蒂小几个月，被认为是在戏剧和电影界名气日益上升的年轻英国导演。

己能不能办这事。

我看过不少戏剧……《梦想起飞》是唯一勉强好看的。[①]但这儿没什么新消息……杰克一直在写小说，这个星期卖掉了两篇，他说……向你致以爱意。

尽管你一直杳无音讯，但我并不担心你，因为我在报纸上读到你一直在取悦你的上宾葛丽泰·嘉宝，因此我也知道你过了个不错的秋天。

那本书在这评论极佳，而且销量看起来也非常不错。

尽快给我写信。你什么时候来呢？我想你、爱你。千股柔情

杜鲁门

［剑桥大学圣约翰学院收藏］

致塞西尔·比顿

［写于纽约州纽约六十一大街东115号摄政医院］

写给：纽约州纽约公园大道1060号

1951年12月4日

塞西尔亲爱的

我很抱歉在医院写信给你——但我上星期病倒了——病毒感染和精疲力竭交织并袭。我一直很努力在工作——你知道纽约是什么样的。不过，我现在好多了，而且感觉放松了下来——过两三天就可以离开这里了。

哦亲爱的，你能为《草竖琴》做布景和服装设计我真是太开

---

① 保罗·奥斯本的《梦想起飞》，根据约翰·菲·马昆德的同名小说改编。

心了——这一定会很棒的！我不明白为什么你还没有收到书，我又给你寄了一本——寄到佩勒姆街。[①]

我无法告诉你我觉得你的《天鹅湖》是有多么的可爱。你在所有的报纸上都受到热烈称赞——我确信你现在都应该收到它们了。每个人都说你的作品极其完美——

亲爱的朱丽叶[·达芙]正在周旋得不亦乐乎。我带她去吃了一顿午餐，然后又在伦特家的晚宴上看到了她（那两人不是非常聪明：不过非常优雅——很商业化）[②]。我真的喜欢朱丽叶——我无法说出为何（她其实很无聊），但我还是喜欢。

我非常担心戏剧导演的事。我非常希望彼得·布鲁克能来——怀着所有的恭谦，这部剧对他来说会是最完美的美国介绍。不过老艾琳·塞尔兹尼克让我确信我没法请到他——由于诺言之类的。[③]但是，我感觉如我可以跟彼得·布鲁克说一说，总有可能会解决。我会在星期一给你寄第一幕的（只有两幕而已），也许你能给他看看。然后，如果他有同情心的话，我会在一月一日飞去伦敦见他，然后和你一起回纽约。请让我知道。

不管发生什么，这都必须是一流的制作。很多导演都要求来参与——有些相当不错——不过我想我对请求做事的人非常谨慎。

我非常喜欢你的《芭蕾》那本书——十分迷人，而且解决了圣诞购物的任何难题。[④]

艾什伍德和范德鲁滕的剧《我是架相机》相当的成功——我

---

① 比顿的伦敦地址。

② 阿尔弗雷德·伦特和林恩·方丹是美国最为著名的舞台剧夫妇。

③ 艾琳·塞尔兹尼克是大卫·O.塞尔兹尼克的前妻，百老汇主要制作人。

④ 比顿的《芭蕾》，一本 86 页的芭蕾小图册，1951 年出版。

看后觉得有种神秘感。[1]在我看来那么糟糕——虽然这里那里有些笑料。

埃姆林·威廉斯给我寄了一张装成狄更斯的照片——就不能做点什么制止一下这种行为？[2]可怜的狄更斯一定还有活着的亲戚可以为他伸张的。

顺便说一下，艾什伍德十二月十四日要乘船去英国。我希望你们彼此见见。他很仰慕你。

塞西尔，我的甜心，我真开心你过了个如此愉快的秋天。不管你要什么，你知道我也全心全意地想着你。

写信给我——告诉我一切——我真的爱你

T

又及：杰克向你致以深深的爱

［剑桥大学圣约翰学院收藏］

致塞西尔·比顿

纽约州纽约28区公园大道1060号

1952年1月5日

塞西尔我最亲爱的——

你现在应该已经收到了罗伯特·露易丝的一封信——读过一遍我能看出，并非是它所应该的那样：在我们之间，他有某种庸俗（如在这封信里你无疑已发现）——不过，保持在审查范围内的

① 约翰·范德鲁藤将克里斯托弗·艾什伍德的《柏林故事》改编成舞台剧。该剧之后改编成电影，然后又成为音乐剧《歌厅》，后又变回电影。

② 威廉斯曾作过狄更斯作品的朗诵。

话，我完全确信他是我们的合适导演——他真的理解戏剧，有很真实的敏感，也有很强烈的现实感——正如你所指出的，是这样一部剧所必需的。[①]当然他了解相关的实际东西——平面布局，观看视线等等。但其他的一切，都必须，也将要，根据你自己的高见来定。我确实同吉恩·罗森塔尔的想法一致，我意指我确实认为她是灯光设计的不二人选——你觉得呢？我希望你考虑她，而不是佩吉·克拉克。但是这些事当然都必须等我们收到你的信之后才能确定。

我已写完了剧本，最后的场景我修改好打出来后就会发给你。我知道苏伯给你寄了第二幕的第一个场景——那之后我做了删减，将会使之更加紧凑。下个星期我会对整部剧做不少改动——但所有这些不会对场景布置有影响。

能知道我们可以共同完成这部剧对我意义重大——所有的不同，真的。我觉得你会喜欢露易丝组建的剧组——我们有一位神奇的凯瑟琳·克里克（乔治亚·伯克）。将要饰演多利的米尔德里德·内特维克，一开始看起来是个奇特的选择——但我觉得她会很妙。我们还有非常棒的维雷娜：露丝·尼尔森——你可能不记得她了，她有十年没有演戏了。到现在为止还没法官人选，科林也是——但是有几名优秀的候选人。我觉得爱丽丝·皮尔斯可以演宝贝爱达拉斯小姐。[②]

一直忙于这件事忙到没什么私人消息。杰克很好——我很喜欢他在《芭莎》一月刊上的小说。如果你有机会可以读一读。前几天我在出租车里看见G.G.［葛丽泰·嘉宝］正在过马路——看起

---

① 尽管卡波蒂请求，彼得·布鲁克还是谢绝导演《草竖琴》。

② 宝贝爱达拉斯小姐是原著小说唯一没有的人物。

来非常漂亮，头发修剪成男孩一样。亲爱的，真希望你完成了盖恩斯伯格的修改——康斯坦斯·科利尔告诉我说她在布莱顿看到了它并且非常喜欢，她对你能继续完成这作品非常高兴。[①]祝你航行愉快，我亲爱的——我敞开胸怀张开双臂等着你。深爱

T

［剑桥大学圣约翰学院收藏］

致玛丽·露易丝·阿斯维尔

［纽约］

［1952年2月29日］

亲爱的：

我写信到巴黎了，希望你在离开去罗马之前能收到信。杰克告诉我说他有天给你写信了；至少，在这片混乱中我们尽力保持信件联系：你看，你做到了。另外，当你见到公主的时候，向她提一提杰克，因为我想让他给公主寄去那个小说《遥远之国》。杰克只是为了好玩，为电视写了一个颇为惊悚的脚本，其效果特别精彩——我这么认为。不过不知道奥黛丽［·伍德］是怎么处理它的。

我希望你编辑的劳作都消停了，现在能享受真正的休息。听起来妙极了——你要来卡普里住。也许你能说服托尼和其他人一起环游一次陶尔米纳。我正日以继夜地在工作以保护你的投资，

① 康斯坦斯·科利尔一度名扬伦敦舞台，后成为好莱坞表演和歌唱指导，辅导过包括玛丽莲·梦露在内的许多演员。

亲爱的。所有事情看起来都相当顺利（这可能是也可能不是恶兆）。不过无论如何，维吉尔的音乐极其美丽，塞西尔的贡献也同样如此。我确实非常希望你来这儿，亲爱的。

杰克的书再次被推迟，会在三月二十四日出版。简经常来看我们，但我一直打瞌睡，因为她待得太晚而我又太累。我为《芭莎》写了关于嘉宝的一小篇文章，迪克·埃夫登为维吉尔、塞西尔和我拍了一张惊人而神奇的照片。维吉尔和我看起来像两只小猫头鹰，而塞西尔，戴着一顶黑色的保龄球帽，俯在我们头顶上方，像一只饿极了的老鹰。我今天给珀尔写信了，我们彼此沉寂了好久，虽然在她最后的一封信里她告诉我说她对里约已经相当厌倦了。

［W. 默里·］克雷恩夫人上周三晚上为狄伦·托马斯举办了一场极为高贵的晚宴，我被邀请了，只是，哎，没法去——对此出于一种极为歇斯底里的滑稽叙述，我真的表示可叹。[1]似乎是托马斯夫人，在某种盛怒之下，突然就抄起克雷恩夫人的两件明代花瓶，砸碎在地板上，花和水撒得遍地都是。随后托马斯先生自己也醉得一塌糊涂，把夫人给撞倒在地上——敲掉了她四颗牙，嘴唇也破了——接着继续踢她的腹部，直到她昏迷过去。随后洛莉·H和露易丝［·克雷恩］在悲痛和同情的呼喊中，试图让托马斯夫人苏醒过来。此时托马斯先生对正俯在倒在地上的托马斯夫人身旁的露易丝说："你他妈的为她哭个什么啊？你跟她一样欠揍。你就是欠人给你屁股一脚。"随后他踢露易丝，踢得她四肢趴地倒在地板上。可怜的克雷恩夫人惊恐万状地回到自己卧室，

① 克雷恩夫人是位年长富有的慈善家，也是安德鲁·林登的朋友。林登有九年时间几乎每个下午从三点到六点为她读书。他经常带他的朋友包括卡波蒂到她的公寓用晚餐。她允许卡波蒂使用她的公寓为支持者朗读《草竖琴》。

接着家里的老管家和女佣设法把托马斯夫妇弄到门厅里；然后——这是我最喜欢的部分——托马斯先生回到客厅并十分礼貌地向露易丝和众人询问，可否有人借他两美元，因为他没钱坐出租车！所有一切都发生在以下人面前：埃德蒙·威尔森和他的夫人，维吉尔，奥托·康夫人，还有可怜的里伯斯戴尔女士。

请一定给我写封长信，亲爱的，要有许多八卦和罗马所有人的消息。把我的爱转给所有人，一千次吻，亲爱的。

[阿斯维尔的家人收藏]

致安德鲁·林登

[法国默东维勒邦塔]

[1952年4月初]

亲爱的甜玉兰——

乘船之旅真是令人反胃——如此大的海浪，如此无聊、众多的乘客；不过现在我感觉非常轻松和平静——住在离巴黎几英里外的乡下。我们星期三就要离开去罗马——我想坐车去：我被人说服买了一辆雷诺的小车，前提是我可以再次卖掉以节省一点钱（最好别把这个看得太重）——唯一的问题是杰克不会开车，我也有七八年没碰过车了。这相当可怕——如我们真能到达罗马，我希望有一封你从美国运通寄来的信。

没有收到马丁·贝克那帮人的丝毫消息——所以不知道那儿发生了什么。①

① 《草竖琴》3月27日在百老汇的马丁·贝克剧场首演；4月26日结束。

亲爱的，我希望一切顺利。这张便条只是要告诉你我现在安好，我全心全意地爱你、想你。

你的

T

［纽约公共图书馆收藏］

致玛丽·露易丝·阿斯维尔

罗马

1952 年 5 月 12 日

亲爱的宝贝玛丽露，

这封信多么令人不能容忍地逾期了；但是我们刚刚到罗马，由于我患感冒之类的在巴黎延误过长。你那封说你必须要待在伦敦的电报来时我简直糟透了……事实上，我们本可以到伦敦来看你，只是我们无处可以留下克里，而他们不允许它踏上他们的圣土。①

亲爱的，你不知道上两个月在纽约的日子对我来说像什么一样……我真的是累得离开了我的摇椅，所以你一直没收到我的信。嗯，上周那部剧结束了；我们面临很多的工作，现在来一一细说毫无用处。不过我真遗憾你没有去看，因为它实在是非常的美，场景，音乐，一切。当然我深感抱歉你丢了钱……可怜的宝贝，真的抱歉。不过我也许可以为你弥补一下。

太糟糕了你不能如约和我们在意大利见面；我想要责备

① 英国对动物入境实施为期 6 个月的检疫。

你……不过另一方面我确实理解。

我恐怕我们会错过玛格丽特·卡埃塔尼公主了(这提醒了我，祝你开幕之夜的电报稿成功)，因为我给她打了电话但没人接听，我期望我们明后天就走。但我今晚还是给她发了封电报。我不十分确定我们会去哪儿……我们会去查看一个叫帕利努罗角的地方，如果那地我们喜欢，就住一阵……如果不喜欢，我们很可能就去陶尔米纳。

我将写些小说，还希望写部新剧。

杰克刚进来，说他爱你。他今天刚收到你的信(从纽约转过来的)，说这信甚是甜蜜，他过几天就会回信。可能会由他给你寄送我们的固定永久地址。

眼下我没法想到很多纽约的消息。牛顿明年要去哈佛，顶替F. O. 马蒂森的位置[①]……我知道你听到会开心的。就在我们离开之前发生了一件怪事……有人，而且肯定是珀尔，在里约试着给我打电话，但是一段很长时间的耽搁后接线员最后说电话取消了。玛格丽特·杨刚刚打来电话(她在同一家酒店，谢天谢地)说向你致以爱，然后告诉你卡埃塔尼收到了那一章。

亲爱的，你一旦知道我的地址请立即给我写信。还有，我全心全意地爱你

T

[阿斯维尔的家人收藏]

---

① 马蒂森，阿文的一位朋友，1950 年自杀。

致里奥·勒曼

西西里陶尔米纳

1952年6月6日

莫特亲爱的——

可怜的宝贝——你所遭受的一切：我竟然一点都不知道；不过我希望现在这些都已经成为过去。我讨厌闯入你的痛苦，但我自己有点给累坏了——我同时得了三种不同的病，其中一种让我短暂住进医院，（你能想象西西里的医院是什么样的么！）不过我硬着头皮上了，因为我恐怕没什么别的选择。

亲爱的，我感到非常兴奋你和格雷秋天可能会来意大利。我们可以在威尼斯见面——我很想在威尼斯看到你们俩：你们会有多么快活啊！

我不知道任何地方的任何消息——只不过我听说牛顿被指派到哈佛了。但我连个人影都从未见到，我的新房子（或者说酒店）实在是远在山中人迹罕至。我想我告诉过你我买了辆小车，这很令人愉快，因为我们可以去以前没法到的各种怪奇之处了。

随着工作的进行，各种抱怨让我有些受挫，但我仍得在夏天结束之前完成一些事情。

我很高兴格雷为哥伦比亚制作那些专辑；[①]我希望他赚一笔。我等不及让你们俩来这边了。[②]

杰克正在写一本书——他表现得非常神秘。

克里有了个女朋友——很可怕的一只杂种狗，完全不配，但

① 弗伊为哥伦比亚唱片公司出版的古典音乐专辑制作护封封面。
② 勒曼和弗伊那年后来去了欧洲，在罗马看到了已离开西西里的卡波蒂。

我不会干涉。

如果你有不想要的密纹唱片，请把它们寄给我吧。

圣和罗比是不是在一起了——[1]？圣在给我的寥寥几封信里从没提起过他。

向格雷致以爱，向你致以爱，来自杰克的爱和来自克里的爱，以及深深深的爱来自

T

［哥伦比亚大学图书馆收藏］

致里奥·勒曼

陶尔米纳

［1952 年］7 月 2 日

里奥亲爱的——

起先我并不知道你在说些什么——我已经完全忘了珀尔的小说：我以为你也该忘了。[2]我在最初读过之后坚持自己所做的：那小说，或是说文章，不是关于你的，是模仿我的，任何超出模仿的部分还是关于我的。[3]这就是所发生的事情，虽然在这之前你都开心地避免了：我经常打针以至于抗毒血清在我血管里流动。天知道珀尔对你造成了伤害——不过主要是艺术上的。我知道你

---

① 戏剧制作人阿诺德·圣苏伯和他的年轻伙伴罗比·坎贝尔。

② 卡津的小说《乌鸦》刚由 Botteghe Oscure 发表，实为如同勒曼人物肖像的直白描写。详细解释参见卡波蒂 1951 年 1 月 4 日写给勒曼的信。

③ 他是在灵活变通。他当然知道卡津的小说是关于勒曼的，他在 1951 年 3 月 9 日给安德鲁·林登的信中写到卡津“写了一篇关于他的小说，那可能会如同从大象身上剥下皮来”。

受伤了，亲爱的，格雷也是，因为他爱你；但如果可能的话我觉得你不应该和珀尔交恶——我肯定她非常难过。不管怎么说，没什么人会看到这篇小说——当然不是因为那是重点。糟糕的是在你一直在经历如此多的麻烦时你还不得不读到它。亲爱的，我希望你所有的手术都结束了，你能相对安宁地期盼享受剩余的夏天。

陶尔米纳宁静平安：啥事也没有发生。我整个上午都在工作，下午则继续争获当地的水下捕鱼冠军——你会爱上我的潜水镜和鱼叉的。真是太爷们儿了。每天我都告诉自己你和格雷可能要来这里——我们等不及了。杰克想要给你们两人致以爱——克里也想这样，只不过它现在忙着在什么地方追兔子呢。吻格雷。

我爱你：如此这般的还有

整个国家

T

又及：写信给我

［哥伦比亚大学图书馆收藏］

致塞西尔·比顿

西西里陶尔米纳

1952 年 7 月

塞西尔亲爱的——

正在一场突如其来的狂风暴雨中写信——冰雹大如拇指：这看起来非常奇怪，因为我难以记起在西西里的夏天见过一滴露水。总的来说，天气一直很奇妙——真的一点都不热。我们非常认真地开始水下捕鱼——有个独特的新水下面罩，还有你留下的那个，还有鞋子，枪——我们把重达几吨的器材都搬运到海滩。我真的很投入——对整个事情都非常郑重。

亲爱的，我真开心曼彻斯特的每件事情都进展得十分顺利。我真想看看它，还有你的布景，尤其是那些爬墙月季。我希望你赚一大堆钱。圣送来卡地亚礼物把我给逗乐了；我觉得这很亲切——但是没法明白威尔森一家说“他做此仅以羞辱我们”意指什么。事实上，我对此评价极感兴趣——这意味着什么呢？

刚才不得不下楼去帮杰克拯救阳台上的家具——所有的家具都被掀翻了，吹得到处都是。我湿透了！

我希望我能够诱使你来和我们一起度过八月的假期——不管怎样，只是一小段搭乘飞机。你可以随意挑自己中意的房间，随便和谁住——而且这儿有十分了不起的东西在街上潜行跟踪。

你能不能跟约翰·海沃德说说，问他是否愿意读读杰克的书，然后推荐给灯号出版社呢？灯号出版社把它拒绝了——但是玛丽露·阿斯维尔说如果海沃德推荐的话他们可能会重新考虑的。

谢谢你阿维顿的照片——不过我在里面看起来太胖了——真的我瘦了许多磅。

我每天都在写那部剧——我不知道你的想法会是怎样。说实话，我很高兴你的剧没有在夏季剧场完成——我一直反对这种想法——但对于在纽约制作的想法我真的很高兴。我乞求此事成功。

亲爱的，收拾你的行装回到爱你的人这里来：杰克，克里。

[剑桥大学圣约翰学院收藏]

致塞西尔·比顿

1952年7月12日

塞西尔最亲爱的——

我们都对那些照片感到高兴——尤其是安妮。我每天都打算给你写信，可是这里发生的事情真的那么少——除了一位摩托车手开车撞向了我们的轿车，把车弄坏了一点。不过现在已经修好了，于是我们再次开车驶往海滩(美丽岛，我们在那租了一条小船以供夏天之用)。

我写完了小说，但我对其不太满意，至少要搁长点时间。

昨天收到了圣发来的两页纸的电报。他非常想要来这儿而且似乎需要我帮他办签证。老天！可我就是不想见他，直到我工作做得足够多，好让自己觉得不那么难以自持①。说到这个，我们的朋友[阿诺德·]维斯伯格给我打来电话——不过我拒绝去电话局接听。②

亲爱的，现在你可能远在僻省和伦特一家打架吧。我想剧已开幕。你一定要给我写信，告诉每一个微小细节。我知道对你这会是次大成功，也是一场胜利。

你要去美国吗?

佛杜拉的那帮人还没有来，但猜想他们眼下就会来的。我不知道他们会睡在哪，和谁睡。他们租的房子一件家具都没有。

发生了件比潘瑟铺子有趣得多的事情。事实上真的绝妙。如

---

① 卡波蒂正在为圣苏伯写自己的第二部剧，这次是部音乐剧，基于自己的短篇小说《花房》。

② 阿诺德·维斯伯格是位驻纽约的娱乐律师。丰塔纳韦奇亚酒店没有电话，卡波蒂得去陶尔米纳的电话局接听电话。

果你不去美国，那就回这儿来！回来！

天气一直相当美好——凉爽而晴朗。连安妮都不再抱怨了。

你见到[凯瑟琳·]赫本了吗？是怎么样的？请告诉我康斯坦斯·科利尔是否还在康诺特酒店——如果在的话地址是什么呢？

我想你，亲爱的。每个人都致以他们的爱，尤其是杰克。快写信，宝贝。

爱你的

T

[剑桥大学圣约翰学院收藏]

致唐纳德·温德姆

西西里陶尔米纳

1952 年 8 月 4 日

唐尼我的爱，

这长久的沉默并非是由于缺少感情——而是由于感染。我有很长一段时间都感觉特别不适。无论如何，收不到你的信，我很想念。

我希望已经读过你的书，因为这样我便可以毫无意见，只是希望鲁珀特·哈特-戴维斯收下它。不过我很高兴你又在写新的书了——你是个真正的作家。你说你写了一部剧——我很想看看；你给别人看过吗？

你问到这儿的人们；似乎全都一样——除了有更多的咖啡店，更多的游客，卡罗·帕纳雷洛开了一家夜总会。那个男孩恩奇奥去巴西和他爸爸一起了。潘瑟铺子不再在海滩上巡售了：他因试图“恐吓”盖罗德·豪瑟[①]的一位客人而卷入了一场大丑闻，警察叫他远离陶尔米纳。奇科，那个足球队员（希尔瓦·邦巴罗的男朋友）开始嫖妓，根据那些兴致勃勃的人说，他在参观石窟的旅途中使自己非常受用。

博比·普拉特-巴罗一整年都很惨，由于两件事：1）一个叫做卡尔弗·谢里尔的真正可怕的美国人偷了他的小男友贝佩——于是整个镇子卷入一场绝对的战争：博比派和谢里尔派——谢里尔很有钱，在那儿买了一幢别墅；2）他是奥布瑞·梅嫩的小说《加洛多罗公爵》里的“主角”，这让博比感觉被梅嫩完全背叛——事实上，这是一本又烂又恶心的书，之所以值得读，只是因为有一个非常有趣的场景。坎贝尔-伍德一对依然在分发无聊和羊奶。我有一个棒极了的故事要告诉你，是关于乔万尼·帕纳雷洛的：不过非常长，如果你给我写一封三页纸的信，我才会告诉你。克里比以往咬了更多的狗，杰克侮辱了更多的人。

我想我们到九月底要去威尼斯。我不知道梅洛和威廉斯有限公司是不是在意大利——从没听说过他们，连在《罗马美国人日报》上都没有——这报纸，顺便说句，比以往都糟糕：他们有个新的专栏叫做《漫游论坛》！！ * * *

向桑迪致以爱，祝贺他把自己的文章卖给《芭莎》了。对你的爱来自杰克，来自克里和

我

［耶鲁大学贝尼克图书馆收藏］

---

① 豪瑟是50年代卓越的饮食家，推崇诸如麦芽和酸乳之类。他的书《显更年轻，活更长久》是1950年畅销书。

致安德鲁·林登

［西西里陶尔米纳］

［1952 年夏天］

安德鲁亲爱的——

今早我醒来想着你，记起所有那些甜蜜的事情，我想今天将给我宝贝的甜玉兰写一封信，并告诉她我多么地爱她和想她。

说实话没别的事告诉你。克里长了跳蚤。杰克剪了头发。我在读《到灯塔去》[①]，不太热时在摆弄我的笔：大多数时候天气都太热。我说过我永远不会，也不能够，经受另一个西西里的夏天了——啊，我没听自己的告诫：真是个大失误。

我想你已经听说了珀尔和里奥之间似乎要发起决一死战这事了吧。因为那篇她写得真正奇烂无比的关于他的小说，发表在 Botteghe Oscure 最新一期上。里奥发誓要把她驱出纽约，而照珀尔所说里奥迄今为止已经阻止她获得两份工作。我自己，不站在任何一边。我觉得他们两个都相当、相当能耗。

嗯，我想罗伯特·邓菲[②]正在往这儿来。但是除非我死了，否则他们别想踏进这房子里来！我非常厌恶那个叫奥尔加[③]的女人。我必须说她写给杰克姐姐（她把信转给了杰克）的一封非常快乐的信——确实出于无心：她相当郑重其事地记叙了自己由高贵的费雷迪·巴塞洛缪陪伴着度过了一个晚上的故事。[④]（！！！）

亲爱的甜心，就业部发生了什么问题？如果玛丽露回来了，

---

① 弗吉尼亚·伍尔夫 1927 年的小说。
② 罗伯特·邓菲是杰克·邓菲的弟弟。
③ 奥尔加是罗伯特·邓菲的妻子。
④ 费雷迪·巴塞洛缪是上个世纪 30 年代的儿童演员。

而我又不知道她是否回了，请你帮我给她电话说说法勒·斯特劳斯的事情——因为去年冬天她说如果可以的话会给你在那儿找份工作的。

我读了《怜悯俯望》（英语版），小说结尾那个官员自杀了——这不像是你提到的那个结局。[①]到底是怎么结束的？

我知道沃尔特·巴克斯特——他是如此英俊（并非不像霍华德·罗斯柴尔德），以至于打消了我对这书可能会有的几乎任何感觉——这书确实，在一大堆填料当中，有许多动人和可怕的场景。立刻写信。杰克向你致爱。克里向你致爱。还有许多许多的爱来自T。

[纽约公共图书馆收藏]

致塞西尔·比顿

[西西里陶尔米纳]

1952年8月16日

塞西尔最亲爱的——

为安格斯·威尔森的书祝福你——我一直渴望读它。[②]总的来说我非常喜欢这书，它确实因其所有油腔滑调有股相当能耐。《纽约时报》要我当书在那出版后写评论——但我从不相信书评。你觉得我该写么？

① 《怜悯俯望》（1951）是沃尔特·巴克斯特写的一篇小说，描写第二次世界大战时日本侵占缅甸期间发生在一位英国官员和一个士兵之间的同性恋关系。

② 《铁杉及之后》，威尔森的第一部小说。

西蒙·福利特的小房子的事真是太令人难过了——我觉得国外维尔特郡那儿一定有个纵火狂。斐尔可[·迪·佛杜拉]暗示说西蒙不来这儿是因为朱丽叶[·达芙]不让——这对我来说听起来有些牵强。

至于来自广场的消息——斐尔可和他同伙在我看来像是相当绝望的一类：非常渴望享受快乐时光，但又不知道该怎么办到——他们似乎整个白天都在睡，晚上通宵玩牌[①]。他们人太多太多，斐尔可一直抱怨个不停。他们的房子真可怕。我觉得斐尔可跟一个染着金发名叫雅克什么的法国男孩(男人)有染。我讨厌那个叫哈米什·厄斯金的人；他极度令人厌恶。我确实喜欢朱迪·蒙塔古，还有那个年轻女孩莎拉·罗斯福。朱迪有种友好亲切的坦率。有位叫亚历山大夫人的女士自娱自乐地试图挤"进"所有的事情当中，同G.[盖罗德·]豪瑟一起。豪瑟举办了一个大派对，没有邀请他们任何人——他们气得像黄蜂一样发狂。所以他们前晚举办了个化装舞会。杰克不愿意参加，但我去了——真让我后悔：非常的低俗——除了廉价葡萄潘趣酒之类就再没别的能喝了。

圣[苏伯]前几天试着打电话来，不过我拒绝下楼去坐在那办公室里。我猜测他是想跟我说他要到这儿来了。我希望他别来。他应该去工作——找部剧去做；任何剧。

我养了只新动物——一只乌鸦。我们现在将它养得相当驯服，它真的非常聪明，也很好玩。每晚在阳台它都坐在我的肩上。克里讨厌它，它的名字叫罗拉。

---

① 译者注：玩卡纳斯塔纸牌，两副纸牌的游戏。

这里酷热袭人——每天下午我简直都要昏过去。但早上和晚上都还好。

亲爱的，我希望你能跳上一架飞机下周就飞过来。看在老天的分上为什么不呢？

我们在这儿一直待到九月二十日，然后我想去威尼斯待一周左右。我还没想好在那之后——

我确实非常遗憾地得知你母亲身体不太好——我真的希望她已康复。

我想这就是目前全部的消息了，宝贝。杰克向你致以爱。我非常想你，

爱

T

又及：非常感谢关于约翰 · 海沃德的事；你真是个天使，去找他了；可能别的什么出版商会喜欢那本书的。[1]我确实希望如此。

［剑桥大学圣约翰学院收藏］

致塞西尔 · 比顿

［陶尔米纳］

［1952 年 8 月下旬或 9 月初］

塞西尔最亲爱的——

西西里前线均无战事：寻欢作乐者们在一团不满与债务的

① 卡波蒂 7 月请求比顿将邓菲的书拿给海沃德看。

阴云中杳然而去——连女王[盖罗德·]豪瑟都留下一连串未付账单就离开了：我猜想他以为自己能逃掉，因为他告诉我说，他永远不打算回到陶尔米纳——他可能希望的悲伤消息一点都没收到。斐尔可和朱迪[·蒙塔古]也在非常惨淡的情况下离开。事实是，可怜的朱迪刚刚出狱——似乎锡拉库扎的警察不满她在乡村超速行驶且不带三证的习惯：一驾照，二护照，三居留许可证——因此，警察把她连同她几位粗鲁的同伴一起扔进监牢；斐尔可设法把他们全部释放出来，正好有时间及时收拾行李，账单没付，赶了班飞机就回家了。嗯，我很抱歉看着朱迪走了：因为她有气无力的空虚，她的粗俗品位，她的三流朋友，她的冒犯衣着，她玩卡纳斯塔牌时的心态——尽管所有这些，在我看来她依然是人有所思，心好而又愿意取悦，但我总是一个酷爱这种类型的人：孤身自怜的丑小鸭。夏天就这样结束了。阿门。

开启疯狂的圣[苏伯]发来的那封电报后，我很惊讶你仍然在用那位年轻秘书。我想知道的是：谁帮他寄送那些电报？他确实没有勇气走进一家西联公储办公室，然后亲自递交这样一封电报！同时我非常担心这种状态他会一直持续到月底，我强烈建议你在佩勒姆街8号安装防风暴窗。看在我自己的分上，我祈祷上帝他不把焦油娃娃带在身边。[①]因为我不会，从此也不再忍受那样的无聊。

亲爱的，我会在十二号那天想着你——我希望你有个美好的

① 焦油娃娃是圣苏伯的同伴罗比·坎贝尔，一位稚气英俊的黑人歌手，40年代后期在巴黎的屋顶公牛酒吧唱《本色少年》赢得一些赞誉。当他走过左岸地区街道，行人会叫喊："年轻黑人流浪汉！"。

开场，并且大获成功。[①]我太没钱了，没法给你发份不值一枚卡地亚币的电报——但我无论如何都是爱你的，你知道的是吧？请你将我美好的祝愿转达给伦特夫妇。

罗拉，那只乌鸦，正在我的头上啄我——她是只凶猛的动物。克里在楼下对着一匹马狂吠。杰克在厨房里煮咖啡——我想我最好起身开始这一天了。快给我写信，宝贝

爱你的

T

又及：我们20号左右离开这里。你什么时候去纽约？

［剑桥大学圣约翰学院收藏］

致安德鲁·林登

［西西里陶尔米纳］

1952年9月6日

最亲爱的甜心——

你这么长时间一直都没有消息——我想知道你的信是不是走失了。无论如何，我一直都在想着你，念着你，想知道你近况如何。我希望在二十号离开这里之前能收到你的信，我二十二号可能会在罗马（只待一两天），那时你可以往那儿写信给我（美国运通）。在那之后，我们的计划还不明确。我们<u>可能</u>去哥本哈根。我在完成这部剧之前不想回家——我不知道你会不会喜欢它。我心

① 比顿为诺埃尔·考沃德的《四对方舞》设计场景，该剧主角为阿尔弗雷德·伦特和林恩·方丹，不久就在伦敦开演。

知肚明，自己应该待在陶尔米纳——但是现在我真的是非常厌倦这儿。

两周之前弗兰基·梅洛既没打招呼也没带着田纳西就降临了，田纳西到德国找男人去了。我想弗兰基一会喋喋不休，二会决不离开。终于我说服他搭上一班火车。老天保佑我们能在鲍勃和奥尔加[·邓菲]可能出现之前离开。我跟你说过罗拉没有？罗拉是一只同我们一起住的大黑乌鸦——一只疯狂又神奇的动物，非常亲热；我们要带着她一起走。[①]克里恨她。

亲爱的，你可否给妮娜打个电话告诉她两件事。一、 请她把我的花呢大衣交给圣带来这里给我，二、《草竖琴》将于九月十七日在卡夫剧场时段电视播出。

收到珀尔·卡津的信，她说在街上遇到了菲比。当然珀尔以她惯常的慷慨做了一番相当负面的报道，可是我觉得菲比还在旺多姆。旺多姆是什么？是家餐厅么？我真希望我知道她的地址，因为我想写信给她。

你收到过牛顿的信吗？我想他在剑桥开心地立足了。这儿有一只永远不会去那见他的鸟。就算要我的命我也不会踏足波士顿。

杰克非常好，他说向你致以他最深的爱。写信告诉我你所有的消息，亲爱的。我非常想你。深深的爱

T

又及：你那位住进鲍和奥(这两个首字母多么贴切)公寓的朋友是谁？

[纽约公共图书馆收藏]

---

① 卡波蒂关于罗拉的文章《好奇的礼物》1965 年 6 月刊登在《红书》杂志上，1973 年收入《犬吠》，题目改为简单的《罗拉》。

致罗伯特·林斯科特

西西里陶尔米纳

1952 年 9 月 7 日

亲爱的鲍勃——

真开心能收到你的信；似乎有好久没有连续收到你的消息了。我希望，事实上我知道，你的夏天会过得比我的好。但我不会多说这件事，至少它快过完了，我指的是夏天，我二十号会离开这儿——二十二号会在罗马待两天，你可以写信到那儿给我，用美国运通转发。等我自己知道一个更为固定的通讯地址，我会告诉你的。

即使如此，我还是做了很多工作。我写完了一部剧的一半，这剧我觉得你会喜欢；同时我的小说写了大约四十页。我想在（圣诞节后）回家之前完成整部剧并把小说写完一百页。我可能要提前——我还不知道。

当然你知道玛丽安·艾维斯要关闭她的代理业务。我对她感到遗憾——不过，嗯，你知道我对此的感觉。我不打算另找代理——兰登不能帮我操作海外版权事宜吗？玛丽安说她将撑到新年——但我不想她为我和兰登签订什么合同，我确定她没退出之前会期望如此。那么我怎样才能回避呢？我忍耐了这么多年，我不想在最后伤害她。

高扬发生了什么？连一个字我都没收到过。福克纳喜欢他的巴黎之行吗？

代我向本内特和鲍勃·哈斯致意。写信告诉我你所有的消息。

爱你的

T

［哥伦比亚大学图书馆收藏］

致塞西尔·比顿

罗马美国运通

1952年10月5日

亲爱的小兔——

我想你应该在这漫长的杳无音讯中思忖过，不过离开陶尔米纳确实是一种严酷考验。最终我们决定在罗马这儿过冬，并且我必须说，我们找到了一间非常好的公寓，真的像梦一般；我完全爱上罗马了，如果你只是想舒适一阵且不认识太多人，那它便是个迷人的城市。天气棒极了——依然如此清澈的十月天，我又开始工作了：我写完，或者说几乎写完了剧本的第一幕，并开始了一部小说——可能对我来说不大明智，但我无法忍住不写。

刚不得不停下去吃午餐——我们有个一级的厨师！一切都与陶尔米纳如此的不同——我想这是我一生中第一次[该页剩余部分遗失]

我想我看了几乎所有关于《四对方舞》的评论，很高兴你的结果如此辉煌。[1]不过我知道[诺埃尔·]考沃德一定很失望：评论家们似乎只是无法原谅他过去的成功——他们写得像一批校园里的男生混混。伦特夫妇怎么会接受这一切？我在威尼斯看到一大堆桑顿·怀尔德写的；在伦特夫妇话题上他很有趣。但我敢说你现在对此已有自己的[此处不清]了。请写信只告诉我云中仙境酝酿成，若有的话，什么风暴。说到此，或者至少是说到杜鹃[2]，圣现在写信说他准备十一月来这儿。不过我在报上读到他正在制

---

① 比顿为诺埃尔·考沃德的《四对方舞》设计场景，该剧主角为伦特夫妇。评论家们不大喜欢此剧，但观众的喜爱使其在伦敦和纽约两地长期上演。

② 译者注：上文“云中仙境”英文为cloud Cuckoo land（云中杜鹃之地）。

作三部不同的剧，有一部由弗兰克·奥康纳所写，我希望这是真的。杰克很好，工作很顺利；他向你致以最深的爱。我们所有的动物也都很好。宝贝，你什么时候去纽约？一定要回答。想到这个冬天见不到你会是如此的伤心，真的很伤心——不过可能我会见到的。《盖恩斯伯格女孩》那剧有什么事解决好了没有？我非常想你，宝贝。尽快写信给我，由罗马美国运通转交。深爱你的

T

［剑桥大学圣约翰学院收藏］

致安德鲁·林登

罗马美国运通转交

1953 年 10 月 14 日

亲爱的——

很高兴收到你充满信息的、甜蜜的信。我想我一定已经给你写了我们在罗马这儿找到一间公寓——阳光充足而且非常宜人，不过实在太贵。无论如何，我想我们在接下来的几个月里会待在这儿。如果一切顺利的话，我指如果我写完那部剧并有人喜欢它的话，我想我们会在三月回到纽约。

我对妮娜和乔移居古巴感到非常苦恼。我确实希望去那对他们有用。同时，我很害怕我所有的书和手稿被弄丢。哦好吧。看起来那么糟的是这一切应该发生在乔身上。[①]我从没收到他们俩

① 乔·卡波蒂为华尔街纺织经纪公司工作多年，在被发现挪用 10 万美元后被解雇。为免蹲监狱他需要偿还那笔钱，于是他回到他祖国古巴经商，希望能攒足钱。但他未能成功，卡波蒂夫妇不久回到纽约，比离开时更加贫困潦倒。杜鲁门将他写剧本所赚的钱大部分都寄给了他们。

任何一人的亲笔信，因此也确实不知道他们计划什么。泰尼还在1060号吗[①]？我希望你能让我知道。

罗马全是旧相识。姐姐（你记得她吗？有名的卡森·麦卡勒斯）和姐夫[里弗斯·麦卡勒斯]经常被看见在威尼托区蹒跚行走。我们并不说话——或者说他们不和我说话，不管你乐意用哪种方式来看。奶牛[玛格丽特·杨]在某个小旅馆住——她把自己的头发染成砖红色。就在今天，我迎面撞见[格雷·]弗伊和[理查德·]亨特俩先生。我打算，在今后，只有厚实地蒙头遮面时才冒险上街。

第二天——！

我刚写完前面那一段，门铃就响了，来的是我的亲家们：罗伯特·邓菲一家。意外，真是意外。他们待了一个白天和半个晚上——杰克都筋疲力尽了。不过我必须说他们相当令人同情——以最冗长乏味的细节叙述他们的所有经历。我们忙于设法说服他们应该去德国——立即去。不过我有种感觉他们会在这儿待整两周。汝为余心碎乎？

同时，当我遇到那位小康特小姐[②]的时候，她告诉我一些关于哈罗德的胡乱故事，说他有了一位富有的得州情人，这人在生意上帮他开业。这里边有无真实性呢？

好吧，我很高兴你见到了菲比并且她似乎很好。我会很快写信给她的。两天前我收到一封她妈妈的信——信里附上了我的星象图！非常的特别。

我非常想你，小天使。快给我写信。杰克向你致以爱，还有

① 泰尼正名为玛丽，是妮娜·卡波蒂的小妹妹，经常和她一起在纽约住。
② 玛格丽特·杨。

所有的动物，还有

T

[纽约公共图书馆收藏]

致塞西尔·比顿

罗马马尔古塔33号

1952年11月8日

塞西尔亲爱的——

昨天在你离开的前夕收到了你甜蜜的来信，因此我这封信可能会和你大约同时抵达雪莉-荷兰酒店。可怜的宝贝，他们太恶劣了要收走你的漂亮公寓。我觉得这正是一个诡计免费让你装饰另一间公寓。但我真难过我们不会在纽约团聚。不过我仍很开心你在那儿——并远离你所有的女性义务。

我看了一篇《纽约时报》的文章，阿尔德里奇和迈尔斯对于《盖恩斯伯格女孩》中"所做的改动非常高兴"——因此我希望这意味着他们会将布景拿出仓库。

我得到一份为维托里奥·德·西卡写电影剧本的工作，不过因我犹豫太久他们就另找人选了。现在我正有点遗憾，只是因为它会结束我那日趋严重的财务困境。但是如果我接受了那就显得太不真诚，因为我对他们勾画的故事丝毫不感到同情，再说我必须，必须继续写我自己的书。

亲爱的，我希望这个冬天你和葛丽泰·G.[嘉宝]的关系能更轻松些，不管怎样不要那么神经质。不过我恐怕她永远不会是个满足的人，因为她对自己就如此不满意，不满足的人永远不可能情感严肃。他们根本不相信任何事——除了自己的局限。

我仍然很喜欢罗马，它每天都给人显露出更多一点。这是个美丽的城市，真的——虽然住着一帮喜欢吵架且愤世嫉俗之类的人。我没看到任何“大球帮”的人，倒是和某些知识分子变得相当友好起来。在他们之外，我想我经常见到的唯一一个就是奥尔森·韦尔斯——他变得有些可悲，依然固执己见，很少有人如此这样。

我再也弄不清楚圣到底要不要来这。可能你的出现会让他待在纽约。你一定要对他友好点——我是指，如果你要给他一斧，那就把握轻重。

我(非常)希望我们能一起共度你的春假。无论如何我会设法在你回来时到英国——你设想那差不多会是在什么时候?

我已经正好完成了剧的一半——我想如有可能，目前为止，写得可能还不错，不过这很大程度上取决于别人，这就是为剧院写稿的诅咒啊。

杰克很好，向你致以他最深的爱。他工作很顺利。但动物们情况一直越来越糟。那亲爱的克里昨天还在咬我。

你对我来说是位如此之好的朋友，我尊重你和信任你几乎超过我所知的任何人——并且极其地爱你，也就是说极深地

T

[剑桥大学圣约翰学院收藏]

致牛顿·阿文

[圣诞卡]

[罗马]

[1952年12月]

斯格亲爱的——

一直工作得像头驴，因除了别的一切，我还接了一个电影的活——即，我重写了德·西卡新电影的剧本（他导演过《擦鞋童》和《偷自行车的人》），必须在三个星期内完成，因为电影已在制作中[1]。无论如何，整个经历有好笑时刻，我觉得我做得相当不错，把一切都考虑在内。不过这意味着中断了我的剧本，现在很难退回去。你回北安普敦过感恩节了没有？你还会去纽约待一阵子吗？我想那是个好主意。我昨天收到你的圣诞卡，但卡上只写有你的名字——连爱字都没写。我圣诞期间非常地想你。哦不管怎样，让我们忘了圣诞节，想想新年，希望我们两人新年快乐。快写信给我，我最好的朋友。我爱你

T

［史密斯学院收藏］

致罗伯特·林斯科特

罗马马尔古塔 33 号

1952 年 12 月 27 日

亲爱的鲍勃，

我想你一定错过了我的一封信，还有一张圣诞卡。因为我完

① 这部意大利语片名为《终站》的电影，是大卫·O. 塞尔兹尼克将好莱坞魅力与意大利现实主义相结合的尝试。影片在罗马拍摄，由维托里奥·德·西卡导演，主角为塞尔兹尼克妻子珍妮弗·琼斯和蒙哥马利·克里弗特。卡波蒂是几位编剧的最后一个。该电影在美国名为《美国妻子的轻浮》，以卡波蒂的评价，很不成功——“很糟糕”。

全确信我给你写了丹森的项目。[①]无论如何，这就是问题所在。我把整个故事给嘉宝看了，因为整个想法，依我看来，依靠她扮演这个角色。她对这故事的意见不是很一致（这是个保守说法）……不过她说，说得相当正确，那很大程度上取决于剧情处理。无论如何，她不会给一个确定的回答——但是那时她也没法给得很好，总的来说我得到了我预期的反应。因此下一件要做的事是要使制作人感兴趣；因为我当然没法和这样一个项目齐头并进，除非有人准备好了并愿意让电影进入制作，如果真要的话。我把它提供给大卫·塞尔兹尼克（他制作了其他嘉宝的片子），他一开始很热情，过后不太如此了；更重要的是，我们对电影的看法似乎不一样。我依然认为我可以让塞尔兹尼克来做这个……虽然我恐怕他感兴趣的主要是将其作为他妻子珍妮弗·琼斯的工具。这让我们去找了罗伯托·罗塞里尼（他是导过《罗马不设防》等片子的意大利导演）。我有理由确信罗塞里尼会导演《梦想家》……不过这儿有个隐情：罗塞里尼想让他的夫人英格丽·褒曼来主演，然后会想导演。好吧我不认为他是这种片子的合适导演……（因为一件事，这不是，不是现实主义片）。我猜想褒曼可能会相当适合那个角色（我想知道丹森的想法是什么）；不过毕竟这所有的看法，或者至少我的想法是，这是一部嘉宝的片子。我猜测该做的事情是找个其夫人不是演员的制片人。撇开这些玩笑，我确实仍非常希望采用这个故事，如果丹森小姐允许我继续的话，我知道我会找到正好合适的赞助。一方面，我想和卡罗尔·里德说说（我会在三月这么做），我知道他对这整个主意感兴趣，而且我觉得他能以最可能敏感的方式来加以实现。但另一方面如果丹森小姐愿意把机

① 基于艾萨克·丹森的《梦想家》，《七个哥特故事》中的一篇小说改编的电影。

会给罗塞里尼和褒曼……那么我完全愿意把所有的权利移交给她，因为不管怎样他们实际上都会，由于我本不应该想做编剧。

鲍勃，我预计三月中前后来纽约。我必须先写完我的剧（我想你会喜欢它的）……当那结束之后我会安下心来重新成为一名小说家。

我一直都在想念你，老天知道我多么希望和你交谈。向鲍勃·哈斯致意。

永远的

T

又及：鲍勃，请你帮我查看所有信件都经纽约市五十七大街东17A圣苏伯转交给我。

［哥伦比亚大学收藏］

致塞西尔·比顿

罗马马尔古塔33号

1953年新年

塞西尔最心爱的——

这便是了，新的一年——我想新一年的开始先写信给我最亲密的人：我不该让邮差过于辛苦的。

可能这信会到达你“巡回讲座”的某个地方——也许你太累而无力拆开信封。哦我不嫉妒你，可怜的羊羔。不过我希望你赚一大笔并且不用吃太多的奶油鸡（那些乡村夫人只会做这个）。①

① 比顿在他的首次美国巡回讲座中，访问了中西部数座城市。

关于朱丽叶[·达芙]的那篇剪报让我开怀大笑。不过认真地说，我觉得有人在陷害那一家子：所有那些火灾、抢劫——难道都只是巧合吗?

至于圣——他的个人生活对我来说太混乱了。我只能断定他是个受虐狂：而且对此也相当厌倦了。他需要的是一剂尊严——也许雅各布森医生能够效劳。另一方面，我很感动他每封信里都写道他是多么爱你；我也相信他。不过这个话题有这么多要说的——最好等我见到你再说。

我们度过了一段非常安静的假日时光——我得到的唯一真正好的礼物是一套卡勒塞尼西装(是我自己送给自己的)。我工作一直非常努力，杰克也是如此；我们新年夜都没有出门。

杰克今天非常生气，因为我们看到报纸说琼恩又结婚了。倒不是说他反对那事——只是结婚的对象是那个叫鲍勃·佛赛的舞者。看起来真是极为不幸的联姻。①她在罗杰斯和汉默斯坦最新的作品里有个很好的角色。②

[查理·]卓别林一家上星期在这儿——周围尽是欢呼声。我给他们当了几天导游——还是挺好玩的。他们不断收到礼物——包括一棵微型日本树，这树他们送给我了，我很可能会留给女房东——尽管这树非常迷人，而且罗拉栖息在那小枝桠上看起来挺可爱的。

我想三月份去伦敦——杰克和动物们因为检疫(是针对动物，不针对杰克)的原因只能留在巴黎。但是你会在那儿吗——大约十

---

① 同是舞蹈家的鲍勃·佛赛，以创新的编舞者取得更大名声。正如卡波蒂预测的，他们的婚姻以离婚结束。

② 《我与朱丽叶》。

号或者十五号?

我想你，亲爱的。快写信给我，原谅这封无聊的信——我只想告诉你我想着你，并且我爱你

T

[剑桥大学圣约翰学院收藏]

致凯瑟琳·伍德

罗马马尔古塔 33 号

[1953 年 1 月初]

伍迪亲爱的，

保佑你甜心，寄来这么开胃的罐头——几天前抵达的：我们都一直在大吃特吃!

亲爱的，你的信被退回来的理由是你拼写错了街名。

早上收到了你的信，我的天哪你听起来就好像参加了一次快乐的假日环游一样。我的假期非常安静——只是好好地休息，终于完成了那该死的电影了。是的，你会在纽约看到它——是英语的。我一直有规律地在写那部剧，再过两个月就能看到我完成了。

罗马这里天气冰冷。我有两台电暖器，但是它们完全没法把屋里的冷气给驱走。地面是大理石的——完全是冰。我很难拿住这支笔——

卡埃塔尼公主给我和教皇安排了一次私人会晤。本应持续十五分钟的，但我待了半个多小时——非凡之人，真有魅力而且美丽。我渴望告诉你这事。

卓别林一家圣诞节前正在这儿，我（三月一日左右）离开罗马后，在去巴黎的途中会和他们在瑞士逗留几天，（他们在那买有房子）。你看过他的电影《舞台生涯》了吗？我很喜欢。我很喜欢他们，我心都碎了，这一切对他的愚蠢之事竟发生在国内。这让我对自己的国家感到如此羞耻。①

向玛杰丽致以我的爱：我喜欢她的圣诞卡。杰克向你致以深厚的敬意。所有的动物都很好。我全心全意地爱你，宝贝伍迪。

属于你的

T

［纽约公共图书馆收藏］

致安德鲁·林登

罗马马尔古塔 33 号

1953 年 1 月 7 日

最亲爱的小兔——

收到你的信我松了口气——我真的开始感到恐慌。无论如何，我希望你很享受假期——我们的假期非常之冷清。

我想你一定在妮娜他们圣诞回来收拾屋子的时候见过她了。天知道我将在哪儿存放我的东西——更不用说住——当我们回到纽约。如果你听说到有四月一日起的转租，请让我知道。

---

① 在 50 年代的红色恐惧中，英国国民卓别林被指控为共产主义同情者。当他离开纽约前往伦敦出席其最后一部美国片《舞台生涯》（1952）的首映时，得知他会被禁止返回，他愤怒不平，携其全家——妻子乌娜，是卡波蒂的一位老朋友——迁居瑞士。

至于电影——我不太想它。它的实际制作要更加有趣。我和M.［蒙哥马利·］克里弗特开始反目成仇了——长达六周之久，我们真的非常憎恨彼此——但之后（这只能给你看！）我们之间突然产生了一种温和的调情，如此迅速地越来越亲热，直到完全达到热带气候。

没什么太严肃的——我不是在拆屋散家——但这已相当有趣，不管怎样他真是甜美极了，我相当喜欢他。他下个星期就要走——去夏威夷演《乱世忠魂》——或是《马粪》（如你所说）？所以我猜测一切都会平静下来——我有几分高兴，显而易见，因为这一切已让人过于心惊胆战——

而且对我的工作没有一点好处！我正在取得进展——而且通过努力工作，应该可以在离开前完成那部剧。说到J.［珍妮弗·］琼斯——我不想让她演这角色：她完全不适合，对此我感觉有点不好，因为我真的已经喜欢上她——但她是个极其神经质的女孩，彩排刚要开始她十二根神经就会已崩溃。另外，我想要一个有各种肤色的剧组——至少接近如此。为什么爱丽丝·皮尔斯想到伊尔萨·基特如此不高兴呢？我当然从没见过她——你呢？如果没有，我想你去见见，然后写信给我。另外，爱丽丝的《蓝》首映是什么时候？我想给她发封电报。

另一件事，亲爱的——泰尼在哪？我以前问过但你没回答，当然卡波蒂一家无人曾写过信。

杰克向你致以爱——（当你写信时，小心这信里提及的某些内容，因为邓先生总喜欢读你的信）。我也爱你，我亲爱的

T

又及：我不愿告诉别人我们刚刚的一次长时间的面谈。

［纽约公共图书馆收藏］

致塞西尔·比顿

罗马马尔古塔 33 号

1953 年 1 月 21 日

最亲爱的塞西尔——

我感冒卧床了——坐在这儿呷着兑了朗姆酒的茶，两天读了六本书：一切是那么的舒适：病一会儿是这么惬意。

但我必须告诉你我是怎么感冒的。都是[圣]苏伯先生的错。电话局给我口信要我去他们总部，因为有个从纽约给我打来的电话。那地方是个巨大的冰冷的大理石仓库，我得等在那儿，坐在一块冰冷的石板上，等两个多小时。当然电话终于打来，只是圣，他其实没什么话要说，但是兴致很高，非常像狂躁抑郁症患者癫狂的时候。我确实非常严肃地希望能和你谈谈圣——我，为了我自己，对他非常困惑。他的行为方式是，如果你喜欢他，足以令人烦恼——但是如果他参与某件专业事时，那方式真的得暂停下来。我诚心诚意地希望自己能对他作为制作人更有信心——我感到急需一个更稳健、更确信的人手。我该怎么做？——尝试只依靠自己？哦，可是亲爱的，要做个顶梁柱是那么疲惫不堪。

亲爱的，让玛格丽特 · 菲利普斯来演你的剧怎么样？我想她属于三两个最佳年轻女演员这一阵容。[①]另外，当我推荐 D.[戴安娜 ·]琳恩的时候，你要记住，是为了一家夏季剧院基金会，而且你的制作人想要一个电影名称——那时她正在找这样一份工作。

---

① 尽管其他人也钦佩玛格丽特 · 菲利普斯的演技，她的职业生涯从未腾飞。

但你真的要探讨一下玛格丽特·菲利普斯的可能性。或者奥黛丽·赫本——或者，这是个奇怪的建议——凯茜·奥唐内。我只在一部电影《黄金年代》里见过她而她也不是个明星，但她有非常迷人的气质。我不久前在罗马这儿见到过她，着实被她震惊了。

顺便提一句，我要费时劳神为我自己的剧找个完全合适的女孩。伊尔萨·基特对这个角色来说太老、太整洁——虽然有另一个角色我觉得她演会很棒。

没有，我从没去过瑞士附近任何地方，更不用提和塞尔兹尼克一家去。事实上，他们并非那么糟糕——而且大卫真有些非常令人钦佩的素质；但其他的，我得说，就不怎么好了。但我有这么多关于他们的神奇事情要想告诉你；还有关于蒙哥马利·克里弗特的。我也看到很多罗塞里尼的事情。这是个伤感的故事。①

我很感兴趣你写的关于康斯坦斯[·科利尔]的事——尤其是因为我现在尝试写篇关于她的小文章。我很高兴你带葛丽泰去看她了——我想，跟康斯坦斯的友情会对她很有帮助。

我是多么的高兴巡回讲座进展得那么顺利——可能它会成为一项年度事件：俱乐部女士们将期待你像期待春燕那样。我确信你一定会很享受的——你预订了市政厅吗？②巡回演讲这一路，可像是在宫殿里玩。

杰克很好——他已写出一篇真的是极为美好的短篇小说。他

① 英格丽·褒曼和意大利电影导演罗伯托·罗塞里尼的风流韵事及随后而来的婚姻使美国大多数人震惊愤慨，彻底毁掉了褒曼曾经在好莱坞兴盛的职业生涯。

② 市政厅在曼哈顿的西四十三大街。

致以他最真挚的爱。

我正急切地期待着见你的日子。可能不会到四月初。事实上，我讨厌在那时去纽约的想法——可能我不会去，谁知道呢。我爱你想你，亲爱的

T

［剑桥大学圣约翰学院收藏］

致安德鲁·林登

［意大利拉韦洛①］

［1953 年 2 月］

安德鲁亲爱的

你的信抵达时正逢我忙于写一篇（为《芭莎》写的关于康斯坦斯·科利尔的）文章，文章我二十分钟前刚写完，所以现在赶紧写信给自己真正的姐妹。公寓的事真是糟糕……杰克写信给他的租客和他姐姐，看能否为废物存放做些什么。顺便说句，［公园大道］1060 号的公寓还在。这事只有你我知道：不过我一直在为那公寓交租，交到了四月一日——不是为我自己，而是为乔，以防他在古巴的生意不能成功；但是我难以继续照付，我已穷到底层，不是玩笑，原因你或许能猜到。所有这一切都归结为的是，我不明白只要 1060 号是空着的，你为何不去住。如果你想的话，请写信给妮娜（哈瓦那，536 号信箱）说你想在那栖身一两个月。你觉得我应该设法保留那间公寓吗？尤其是，你觉得二月二十七

① 卡波蒂在拉韦洛，同导演约翰·休斯顿一起，撰写剧本《战胜恶魔》。

日和232号[1]的消息是真的么……没有可能拖上几个月吗？只要我们下船后有地方可去。因为我难以看到我们如何能在五月一日前回到家。我没有写完那部剧，在完成之前就走那真是傻到极点。

最近几周充满了特别的历险，约翰·休斯顿还有亨弗莱·鲍嘉都在其中，他们的挥霍几乎要了我的命……白天半醉半醒，整晚烂醉如泥，而且有一次，不管你相不相信，我早上六点左右起来的时候发现国王法鲁克[2]在鲍嘉的卧室中间跳草裙舞。杰克对整个事非常反感；我得说当他们离开去那不勒斯时我松了口气。

外面一阵精彩的雷雨交加。所有的建筑尽是一片美妙色彩……

我很感兴趣你写的关于伊尔萨·基特的事。我从未对她过于认真，不管怎样我觉得她对这个角色来说太老了。

你没告诉我……丽塔[·史密斯]和她男朋友重归于好了还是没有？你在诗歌社有没有见到尤多拉[·韦尔蒂]……是什么样子？

我对泰尼[·鲁迪西尔][3]深感抱歉。什么烂事。她早就该试着重新开始自己的生活……好吧，细说那个没有意思。

收到牛顿的一封信……对他在哈佛的生活很开心。

罗拉在这儿想把纸从打字机里拉扯出来。老天，她真是厉害。你用一卷报纸敲打她的头，也丝毫无法干扰她。

最爱的甜心，快写信给我告诉有关我们的所有问题。杰克向

---

① 林登在纽约的街道地址是232号，这地址他应该在1953年2月27日之前离开。卡波蒂建议他在公园大道1060号公寓里临时落脚，这地方他们也很快要离开。

② 埃及国王法鲁克。

③ 卡波蒂的姨妈。

你致以爱。我一直想着你。

最爱你的

t

［纽约公共图书馆收藏］

致罗伯特·林斯科特

罗马

1953 年 5 月 20 日

亲爱的鲍勃——

我是杜鲁门：记得我吗？如果我的名字从你的脑海里完全消失，我不应该感到任何惊讶。我知道我活该被遗忘——但我一直有一个接一个的活动，有时好几个同时进行。

我刚从伦敦待了一个月回来——星期天就要离开罗马——写信给我的地址最好是——

意大利佛罗伦萨美国运通转

因为我还没有完全确定在哪儿过这个夏天。我（在某种意义上）完成了我的剧，但我想把它放一边然后花上六个星期来修改它。我想你还没去看过《草竖琴》的重演——有些人认为它相当不错。①

鲍勃，我的小说确实是很长的一部短篇，我想在冬天或明年春天出版一部故事集——我觉得到那时就有足够篇数。我现在需要写短篇小说，部分原因是我感兴趣，或许更重要的原因是，我

① 《草竖琴》在百老汇落幕几乎一年后，在格林尼治村方圆剧院重新上演。

正在进入一种新的风格，开创一种不同的角色和主题——只有当这些都在我脑海中奠基之后我才能写部小说。我有一部小说要写——我想试试，用短篇，通过尝试与错误，来调准我的枪。

你问《草竖琴》的平装版本该怎么处理。我想你可以把它们寄到公园大道1060号（我妈妈回到那里了）——或者，如果方便，请把它们留在兰登书屋，如果你那么做，我会非常感激。

我秋天的时候会回到纽约。向本内特和鲍勃·哈斯致敬。祝你夏天在农场愉快，赶快写信给我。

爱你的

T

［哥伦比亚大学图书馆收藏］

致安德鲁·林登

罗马

1953年5月20日

最亲爱的——

为你给我写来甜蜜的信，还有那些剪报赞美你。在伦敦待了一个月之后，我们刚刚回到罗马。我们在伦敦过得很愉快，只是我每天都得工作——你知道我为休斯顿的新电影写剧本了吗？片名叫《战胜恶魔》。是次疯狂的露营——我很有乐趣。我们看了所有的剧，包括格雷厄姆·格林的《客厅》——那（我认为）是一部非常成功但又是非常烂而又虚假的剧：杰克很喜欢它。[1]啊，我们

① 格雷厄姆·格林的第一部剧《客厅》在伦敦温德姆剧院上演。

养了一只新的狗，一只叫“废话先生”的小英国斗牛犬仔——休斯顿给的礼物。但是我们丢了罗拉——她飞出窗外却找不到回来的路——真是非常伤心。不过克里很好。杰克写完了他的新书。我们会去菲诺港或是卡莫利过夏天(取决于在哪能找到合适的房子)，以便我能完成《花房》。我们下个星期就要离开罗马——你可以给我写信到佛罗伦萨美国运通转交。

亲爱的，你喜欢你的新公寓吗？我会非常想念的，我们所有人都那样住在一起。我们秋天(九月或十月)会到纽约，但老天知道住在哪里。

我猜想你未曾见到菲比，我从没收到她的信。也没收到牛顿的。

我的直觉告诉我你正有场情事——是个漂亮性感的。是谁呢？他长什么样子？做什么工作？求你了亲爱的——好姐妹非常感兴趣。

最近三个月一直在发生这种非凡的事。杰克在伦敦出名了——深受所有电影明星和“名人”的欢迎。但哦，我得讲的故事——！

你见到过妮娜没有？我在伦敦跟她通过电话。你对那状况的<u>坦率</u>印象是什么？

我希望我们刚才能进行一次长谈。亲爱的，我非常爱你——你总是对我很亲密很亲近。尽快写信给我。杰克向你致以爱。还有

T

［纽约公共图书馆收藏］

致玛丽·露易丝·阿斯维尔

菲诺港留局待取

1953年6月19日

玛丽露亲爱的——

我们很高兴收到你甜蜜的信。我希望你在富丽[此处不清]湾过得愉快——这名字至少非常好听。我希望我确实有个中篇小说寄给你——说也奇怪，我也许有的——如果你等得到十二月的话。至于《夏日的跨越》我很早就把它撕烂了——反正，从来就没完成过。杰克写出一篇非常美丽的短篇小说——《芭莎》拒绝的那篇——我希望你可以从奥黛丽[·伍德]那儿获得，记住同你未来的一部选集一起。叫做《广场上的灯》。

这是个最奇怪的冬天，一直和这种非同寻常的人混在一起。我非常喜欢和休斯顿一起工作——他和他的家人来到这里和我们一起度过夏天(不过，感谢上帝，他们有自己的住处)。这里像天堂一般，我们有一艘小船而且我正在写剧——一切都会好的，除了对父母的担忧让人烦恼而又持续不断——不过我不会拿它烦扰你。

杰克快写完他的书了。我确信你会喜欢它的——我希望法勒-斯特劳斯-吉鲁克斯出版社那边一切进展顺利——他们真是一帮暴徒。①

我觉得邓尼[邓肯·阿斯维尔]还不错。有那样的鞭策，他应该能走得很远。告诉他去和亲爱的老黛西·特里做朋友——他应

① 法勒-斯特劳斯-扬出版社，后成为法勒-斯特劳斯-吉鲁克斯出版社，是出版邓菲的小说《朋友与暧昧情人》的出版社。

该一点都不麻烦。[1]

我很高兴你喜欢《草竖琴》。老实说，据我所读到的那些，听起来像是再度全被导错。

亲爱的，我们十月中期要回到纽约来。我想我们可能得去找一间公寓——三到四个房间，不超过一百五十至一百七十五美元。如你听到任何消息，请发电报。当我们一到时，是否有可能让杰克在你那待几天？一切都会那样混乱。如果不方便或是有任何问题，就直说出来，亲爱的。也许他可以住在珍妮那。

我非常想你，甜心。杰克致以他的爱。还有克里。还有属于你的

T

又及：给皮吉一个吻。告诉她如果她和以前一样漂亮，我会让她去演电影。

又又及：我觉得《芭莎》的人都丧失理智了。你应该看看海伦·尤斯蒂斯对我的一篇文章做了什么！我给他们写了一封让人揪心的信。不管怎样，他们现在按原样在发表。哦上帝！

[阿斯维尔的家人收藏]

致约翰·马尔科姆·布里宁

意大利(热那亚)菲诺港留局待取

[1953年初夏]

---

① 阿斯维尔的儿子邓肯显然在《纽约客》得到一份工作。黛西·特里是杂志社办公室经理。她脾气可怕得出名，尽管如此，她对当时还是杂志社办公室勤杂工的卡波蒂以朋友相待。

马尔科姆亲爱的——

太阳打西边出来了！——事实上，我原想给你写信有(一连好)几个月了，但我们一直在四处奔波，保守来讲，以致似乎难以曾经有个好时机。不过，我们已在菲诺港安顿稳定过这个夏天——正在喘口气。你会爱菲诺港的——或是你知道这地方吗？我正在完成一部剧，还有一部小说，杰克正在完成一部小说——我不明白我们是如何达到完成任何事的地步。

但是，我不知道你的消息，你也不知道我们的；我想——知道你的消息，我是指。我在罗马和伦敦过了一个奇特的冬天——一部分时间在和约翰·休斯顿(正是你的类型)一起制作一部电影——整个事情都很有乐趣，而且那部电影(《战胜恶魔》)的制作至少一直都是在露营。除此之外我一直在为上面提到的那些工作着。

这个夏天你有无机会到意大利来？马尔科姆，你为什么不写信给我们？我希望这不是因为高扬的缘故。借此我指兰登书屋和其他人都给我写信说他(好几个月以前)讲了些关于我的十分恶劣的事——这让我惊讶，甚至让我很受伤害。

我始终认为高扬是个不折不扣的机会主义者——但至少他的有些素质是我喜欢的，因此对这话题保持沉默。他毫无理由说任何别的，只能对我心存感激——这个小蠢货。如果你还会见他，那当然我以这种语气写这些就真是极其的品位低俗——依然，我宁愿冒这个险，因为我更重视你的友谊，而非大多数人的——现在我们养了两只狗；我在伦敦弄到一只斗牛犬仔，整个事都很疯狂。我们十月中期会到纽约来。快写信给我，我亲爱的。我想念你。

深爱你的

T

又及：向你妈妈问好。

［特拉华大学图书馆收藏］

致大卫·O.塞尔兹尼克

菲诺港留局待取

1953年6月23日

亲爱的大卫——

没能早点回复你那封又长又棒的信真是我的不对——但是哦亲爱的，在此安顿下来的复杂事——不仅我自己还有我的那位；还有里基·休斯顿，她突然带着家人来到我家。①我给他们找了一栋巨大而完美的别墅（虽然从没能给我自己找到任何东西，除了一间公寓——不过它的位置相当迷人）。可怜的里基——当你说了这句，你就说中了全部。但是她确实是个甜蜜的女孩——虽然没有能力处理任何状况。显然约翰七月一日要来这里——我希望他把所有随从都带上，因为老天都知道我不能胜任构建他们的社交生活；身心也全无法胜任。不管怎样，里基同雷克斯和莉莉·哈里森成了很好的朋友，他们住她的隔壁②。我不认为他们会是约翰所喜欢的——不管发生什么，我都决定置身事外。

总体来说我喜欢菲诺港——至少足以度过这个夏天。算是个

---

① 他在回复塞尔兹尼克1953年6月5日的信。里基·休斯顿是电影导演约翰·休斯顿的妻子，卡波蒂同约翰一起合作《战胜恶魔》。

② 莉莉·哈里森又名莉莉·帕尔默，一位既美丽又有才华的演员。

不错的工作之处，我的《花房》一直在进展中。[1]

我收到了相框，就要将它寄往加利福尼亚。

小斗牛犬昨天掉下船去差点淹死，不过我把它拉了上来，将它头朝下摇晃不停，今晚它看起来很好。它已成为最可爱的小生物。

我想念珍妮弗——我的老战友！啊，我们在哪还能再找到类似的？我相信哪儿都不能。虽然有看过粗剪的《战胜恶魔》的人（杰克 · 克雷顿[2]）跟我写信说它"非常棒，令人惊奇！非常惊奇"，约翰给里基打电话说它"很好"。但谁知道呢？

大卫，《终站》你已剪辑完了吗？我非常想看——但我在伦敦看并无好处，我太心不在焉了。

噢，我写信给宾吉 · 博蒙特[3]了——正如建议的。他确实非常友好地回复了——因此我给他寄去了一份《草竖琴》，但他还没有时间回复。祝福你，大卫，这般感兴趣——你一直都对我那么好，我真的很感激。

六月二十六日星期五

我还持着这封信，想知道该寄往何处——没法在你的信里找全邮寄地址——甚至都不知道你在哪。我猜想是加州吧。我知道你会在那儿过个美好的夏天的；我希望能有机会来拜访。我十月八日乘伊丽莎白女王号航行——也许你和珍妮弗会在那时到纽约来。因为许多原因，主要是个人原因，我害怕去纽约。

在菲诺港有些简直是非同寻常的人——这地方那种异常情况

---

① 他设法将其短篇小说改编成正式的百老汇音乐剧。他写剧本，哈罗德 · 阿伦作曲，两人合作创作歌词。

② 杰克 · 克雷顿是《战胜恶魔》的副制片人。

③ 宾吉 · 博蒙特是戏剧制作人，英国戏剧界的一位重要人物。

猖獗，都是珍妮弗绝不会相信会发生的。有一个澳大利亚女孩和她的继父私奔了——有一位瑞典的母亲与其女儿共享一位渔夫情人之类的。但这些都是非常平常的事例。总的来说，这地方充满危险。

正如你所看到的，最近消息比较稀少——但我敢说我以后会解决这种不足的。

向珍妮弗致以我的爱，向你致以爱，大卫——永远的——

T

[得克萨斯大学奥斯丁分校收藏]

致里奥·勒曼

菲诺港留局待取

[1953年6月30日]

亲爱的莫特我的爱——

你的信如此惹人发笑(那作为一个令人厌恶的词怎么样)。不管怎样，一直到处游荡自上次见你后(别问我的词汇是怎么回事！)——但现已经在菲诺港安顿下来过夏天。一个不错的地方，莫特——尤其是如果我们还像过去那样是女孩的话就好了。这儿到处都是游艇和百万富翁。但这让我有些失落：我们有一艘小摩托艇，这花了一大笔钱，还有一间可爱的能俯视港口的公寓，这也花了不少钱——但这里的生活是如此丰富，思量一番那也令人厌烦。休斯顿一家(约翰)在这儿买了一幢房子——哈里森一家(雷克斯)用一艘大游艇竞速(我有些喜欢她)，而范德比尔特一家(阿尔弗雷德)在门外停着车——我不知道，不过这有些太郁闷。但我很喜欢景致的其他方面——而且健康也在开始恢复，在伦敦简直是毁了——在那里我们确实过得很快乐。我很抱歉错过了你的草莓生日。①路·克罗能柏什么的剧是什么？②不知道他已写出一部。谁在演？《终站》这部片子真是难看——我自己还没看，但每个人都这么说。想必那就是了。另外一部《战胜恶魔》就非常棒——相当棒。看了《客厅》——太虚假。杰克倒是很喜欢。看了《四对方舞》和《苹果车》——两部都糟糕透顶。喜欢《威尼斯得免于难》和《如此世道》③。你读过盖斯凯尔夫人的《夏洛特·勃朗特传》没有？④你必须读。可怜的[约翰·马尔科姆·]布里宁还在见[威廉·]高扬吗？我觉得格雷做的所有工作都非常棒：也许那一天即将到来，我们都能休息，让他来支持我们。你会爱上我的新小狗。如此漂亮。《花房》里有吊床，美丽的花园家具，还有可爱的铜床——书写完了不是真的：我只告诉人们那样，因为我太厌烦他们询问。但杰克确实快要完成他的书了——自从他开始修改以来我还没有读到过，但非常喜欢初稿。亲爱的，我希望你和格雷夏天快乐。我非常非常想念你。杰克向你致以爱

还有

T

[哥伦比亚大学图书馆收藏]

---

① 勒曼的生日是 5 月 23 日。他在莱克星顿大道自己公寓大楼后面的花园里为自己庆祝生日，用草莓和奶油招待客人。

② 露易丝·克罗能柏格改编让·阿努伊的《科伦布小姐》，由朱莉·哈里斯饰演科伦布，1954 年 1 月 6 日在百老汇首演。

③ 卡波蒂在伦敦看的剧是格雷厄姆·格林的《客厅》、诺埃尔·考沃德的《四对方舞》、萧伯纳的《苹果车》、托马斯·奥特威的《威尼斯得免于难》，以及威廉·康格里夫的《如此世道》。

④ 卡波蒂可能在读伊丽莎白·盖斯凯尔的《夏洛特·勃朗特传》(1857)，或玛格丽特·莱恩的《勃朗特三姐妹》(1953)，该书重新审视盖斯凯尔夫人的《夏洛特·勃朗特传》，包含原著的精华部分，并补充了重大的更新的资料。

致玛丽·露易丝·阿斯维尔

菲诺港

1953年7月11日

亲爱的玛丽露——

你就在那亲爱的老富丽湾：我希望我们可以换换地方——我喜爱快捷生活，但我向老天坦白菲诺港的生活对我来说太快了。杰克黎明时分起床（字面上讲），好赶在其余的世界（全部）出现在海滩之前安静地游个泳。然而，我设法继续工作，尽管现在有点绝望——因为时间越来越短，剧本还没完成。只是必须在我们离开之前完成。

当我想起时——不对，杰克的那小说《喜剧家》不是《广场上的灯》。但愿不会如此。《广场上的灯》真是篇很好的小说——是他迄今为止写得最好的。这就是我为什么认真地想让你读的原因。

亲爱的，如因为我到十二月份再"交出"的想法而让你推迟你的中篇小说选集，那我就太不厚道了。我是有部中篇想写，已经想了一年多，我觉得它会很适合你所概述的场景——因为它"好笑"得有些阴冷。篇名叫做《弄错的洛克菲勒夫人》——讲述一位美国女子在意大利租了一间别墅，然后招徕人们来同她住。这听起来可能不怎么样——但我脑子里所想的要比这邪恶得多。是我真的必须得做的事——但由于多种压力，我觉得自己无法公平地为其保证任何明确的日期。巴兰坦书屋打算为中篇付多少钱？你会做第二部选集吗？为什么不出一本短篇选集？

你真是太好了说杰克可以和你同住——不会太久：只是让他在我们下船后有地方可去。他很高兴也很感激，并会很快给你写信的(他正写完自己的书——我明天会读——我非常喜欢初稿)。

至于休斯顿！你知道比·莉莉的那首歌："莫德[此处不清]，你真是坏透了。"好吧。但我确实很欣赏又真的很喜欢他——除了他和家人一起到这里度夏天(所以我们彼此都能非常亲近！)哦亲爱的——这就是我对我的工作如此绝望的主要原因。可怜的杰克。他一直都很亲切，到现在为止，但一直威胁说要叛变。亲爱的，我这一辈子都要在这种情况里度过吗？这真的都是我的错吗？是的，我猜想是的。

正如我觉得我已写信告诉你的，我们将于十月八日起航(伊丽莎白女王号)。我期盼着去纽约，主要是因为见你和简，嗯——实际上没有其他人。但我也比平常更害怕如此——不是因为往常那些原因，倒是因为妮娜和乔那无法解决的问题。我怎样能维持一切，还要当一个作家？显然我不行，我讨厌给电影写剧本——其无形毁坏的事实绝不仅仅是神话。我认为我目前为止所做的那一点已带给我某种好处(尽管电影一部都不怎么样——但那不是我的意思)——但那是其应该达到的最佳了。不过，讲这些没有意义——我只是必须希望，尽我所能去做好。

克里还是那个老克里——总是和别的狗打架。你会喜欢邦奇的——我的小(但正在长大的)英国斗牛犬。非常可爱，非常丑！

亲爱的，向皮吉和唐尼(或者唐肯，既然他是个工作的人)致以我的爱——我爱你也非常想你。杰克送上他最真挚的爱。

许多次的吻，珍贵的吻来自属于你的

T.

[阿斯维尔的家人收藏]

致约翰·马尔科姆·布里宁

菲诺港[利古雷]

1953年8月1日

马尔科姆亲爱的——

今天你甜蜜的信令我感动、轻松，却又担忧不已。担忧是因为你所说的关于你健康的那些。我(非常)希望你现在感觉好些了，你的行程不会有耽搁。因为不管怎样你都一定要来菲诺港和我们一起小住。这里非常迷人；在这游泳非常美妙——我们将在这儿待到九月三日。请让我们知道得相对准确一点，何时期待你们。

我确实对高扬这事感到遗憾，尤其是因为影响到你，最终也影响到我；但总体来说更为他的缘故感到遗憾——并非为我自己(可能听起来有点圣洁，或甚至自负，但依然是我所指)。我恐怕他过河拆桥过多——比方说他对林斯科特，只有欠他的感恩之情。林斯科特给我寄来一封高写给他关于我的信。真是令人惊讶；真是疯狂。但实际上，你知道，我不认为我是特别让他困扰的人；倘若如此，从何种意义而言？我想只是该轮到我对付他惯常、偏执、突然闪速的诽谤了。这最终都发生在任何一个向他施以同情的人身上：山姆·巴伯，[吉安·卡洛·]梅诺蒂，埃莉诺·克拉克，[斯蒂芬·]斯彭德，史蒂芬·格林还有无数的人。但我们可以以后谈论这个。

杰克向你致以最真的爱。我也爱你，亲爱的马尔科姆——永远的——

T

[特拉华大学图书馆收藏]

致罗伯特·林斯科特

意大利菲诺港[利古雷]留局待取

1953 年 8 月 3 日

亲爱的鲍勃——

自从我上次写信给你好像过了很久——只是想知道你现在过得如何；也让你知道我真的很好。我希望你在“山上”过了个快乐的假期——我永远都记得我们一起去摘蓝莓的日子。

我非常希望自己现在能和你谈谈，鲍勃——关于我工作的事情。我有很多的计划、想法——也许你能帮我理清思路：我确实需要忠告——不需要多余的选择。我想我可以全部写下来——但得花上五十页纸。不过，我十月中要到纽约——那时你必须腾出一些时间给我。我期待着见到你，远远超过其他任何人！你需不需要我给你带些什么——任何欧洲的唱片，很难找的，或比那里更贵的？请寄给我一份单子——我非常乐意带给你一份礼物。

写信给我；告诉我些消息——

永远的

T

[哥伦比亚大学图书馆收藏]

致大卫·O. 塞尔兹尼克

菲诺港

1953 年 9 月 2 日

亲爱的大卫——

上帝赐福你寄来信件和照片等。我没法告诉你过去的八月里菲诺港是什么样——真的非常有趣，只要你沉湎于此。以后细说这些。

首先，宾吉[·博蒙特]和约翰·佩里[1]在这儿待了三个星期，我多次见到他们。我非常喜欢宾吉，也喜欢约翰·佩里(那特定宝座之后的真正权力)。我和他(宾吉)多次谈起你和珍妮弗；他似乎非常喜欢你们俩，而且喜爱珍妮弗作为女演员的特质。他读了《花房》——现在几乎快写完了——装出他所指的正是他所说的那些，大多都是奉承之词。但他不觉得珍适合那个角色。无论如何，明年秋天之前那部剧是不可能完成的，所以我决定彼得·布鲁克应该来导演，也许在那之前他无法这么做。我还不知道确切的事宜。

我们自己的小家上个月一直开心不已。塞西尔和约翰·吉尔古德来住了几乎整个八月；现在诺埃尔·C.[考沃德]和格拉翰·P.[佩恩]在这儿——换句话说，拉凡德山的暴徒集结了。不管怎样，我们已设法在此关节好好地狂欢一番。

上个星期搭乘阿图罗·洛佩兹的游艇(《绅士喜爱金发女郎》[2]的影子)去了威尼斯，一下跳板就见抬头露脸的不是别人，正是朋友休斯顿——在那儿，我想是，参加电影节的。这提醒了我；我还见到了很多人，由于某种原因，似乎看了《战胜恶魔》——显然它拍得很不错。不过谁知道呢？不管怎样，他们都说珍妮弗非常棒而且“讲”得很棒——不管那是什么意思！我想

① 约翰·佩里是位剧场经理，也是博蒙特的同伴。

② 《绅士喜爱金发女郎》是安尼塔·卢斯的喜剧小说，描写一位可爱的淘金者。

是她的口音吧——[1]

我不知道为什么亚瑟·雅各布先生给我发来电报让你很失望[2]。这让我觉得是个完全合理的建议。我应该很开心地写这么一篇——如果我有什么独到的见解的话；不过主要问题是现在我没有什么精力分身——因为我必须在去纽约之前让剧走上正轨。我正惧怕它的严酷考验——连同当我到那的时候将落在我膝盖上的并发症。

我在某处看到你要去制作《铃、书与蜡烛》的消息。[3]在我看来这是个好主意——对珍妮弗而言至少是个好角色。

我希望你们俩都过个美好的夏天；更重要的是，我希望很快能在纽约或是别的什么地方见到你们——我非常想你们。写信告诉我你们所有的消息；同时

深爱着你们

T.

又及：将在这里待至九月底。

［得克萨斯大学奥斯丁分校收藏］

致塞西尔·比顿

菲诺港

1953 年 9 月 4 日

---

① 琼斯的角色是英国人。

② 亚瑟·雅各布是塞尔兹尼克雇来宣传《美国妻子的轻浮》和珍妮弗·琼斯的。雅各布写信给卡波蒂问他是否有兴趣写份关于她的人物简介。

③ 约翰·范德鲁滕的喜剧《铃、书与蜡烛》后来制作成电影。但塞尔兹尼克不是制片人。

最亲爱的塞西尔——

谢谢你寄来我的短裤——这样一种不宜泄露的包裹。顺便说说，这里有条你的。此外，你的衬衫已弄好，而且看起来非常漂亮。暂时我将守住一切。[①]

真让人伤心把你留在威尼斯。你一定要写信告诉我那派对及其他更妙趣横生的细节。莉莉唯一的评论是："好啦，你知道，亲爱的，对那种事我只是太老"！！[②]

我回来的时候，朋友们都在这儿。我还没进到门口就有人爬上楼梯，不是别人，正是——玛格丽特·凯斯[③]！她回来时跟她政治合伙人一起，乘坐一艘丑陋的游艇，那船大而阴沉，维多利亚式，并散发着碳酸味。在这儿的还有诺埃尔·C.[考沃德]和G.[格拉翰·]佩恩——在哈里森的快艇上大吵大闹。诺埃尔极力试图吸引杰克——以最奇怪的方式行事：这事我无法写——得说。有一件非常惊人的事。卢斯夫人[④]对诺埃尔说："为什么你们这帮男孩子不带玛吉一起去游泳呢？"

诺埃尔说："恐怕我们会花整天时间泡她。"

"如果你泡，"卢斯夫人说，"她只会和三条名鱼一起出水。"

不过他们都走了，而且这儿非常安静——风和日丽，我再次努力工作起来了。我想要做的是写完那剧——除了它我不知道我的计划是什么，也不知道我们将去哪，或何时走。

没收到圣的一个字。那段插曲，为所有其无聊的一面，让我

---

① 比顿八月来菲诺港看望卡波蒂；两人然后一起去威尼斯。
② 莉莉·帕尔默(哈里森)。
③ 玛格丽特·凯斯是《时尚》杂志编辑，纽约社交界具有影响的人物。
④ 克莱尔·布斯·卢斯是位剧作家也是卢斯杂志集团老板亨利·卢斯的妻子，时任美国驻意大利大使。

感到相当离奇古怪。这就好像圣，并非是任何形式的帮助，反而变成另种负担、另种问题。我的天，我有太多的了。

亲爱的，我希望你在乡间开心而安静，如你所想的那样读书工作。和你一起在这儿时真是如此美妙。我确信你知道我对你的尊敬和爱戴有多么热忱、多么真切。杰克致以他最美好的爱。尽快写信。

属于你的

T

［剑桥大学圣约翰学院收藏］

致安德鲁·林登

菲诺港

1953年9月12日

最亲爱的——

原谅我，甜心——我早就该写信给你：一件事，我丢了我的通讯录——因此，把这封信寄到伦诺克斯山，希望能抵达你那。①

显然我们还在菲诺港而且会一直待到十月初。我们十月八日乘伊丽莎白女王号航行，但我怀疑我们能否成行；如果不能的话，也许乘之后不久的一班船。我所有的计划都比以往更悬而未决。这在一定程度上取决于剧本——我一直没完全写完它。圣，来这儿取剧本，随后愤然离去，他期望这一季来做它。不过我非常希望彼得·布鲁克来导演——秋天之前他不太可能有时间。为

① 林登在伦诺克斯山书店工作。

我自己，我愿意等：然而我真的不知道会发生什么——不管怎样，别对任何人提起这一切。

我已经喜欢上了这里而且做了大量工作，但八月一切都变得过于社交——我确实指的社交——温莎一家（白痴），卢斯一家（超级白痴），嘉宝（晒黑得像死神），奥利弗一家（他们任由她出去）[①]，还有黛西·费罗斯[②]（她脸四次耸起——医生不再多说）——然后塞西尔和约翰·吉尔古德来和我们住在一起，接着我们搭乘阿图罗·洛佩兹的游艇去了威尼斯——我刚刚从那里回来。哦对了，我忘记了诺埃尔·考沃德——他爱上杰克了。杰克讨厌这一切。对于一个人口小于一千的城镇来说，菲诺港已经相当到位。

我自从初夏就没收到牛顿的信了，你呢？我希望这不意味着旧事重现。

你觉得杰克能在你那栋楼里找到一个套间吗？我们不知道在纽约会住在什么地方。我不知道拿 1060 号怎么办。我不知道如此多的事情都该怎么做。我希望你能告诉我。

我一直想念你，小天使。写信给我这里。杰克致以爱。同样的还有

属于你的

T

又及：希望你在梅肯好好休息了一下。

又又及：已是 9 月 14 日——今天肯定要寄出这封信。杰克想知道市里有没有给你付 232 号的钱。他没收到玛西亚·范米特的

① 劳伦斯·奥利弗娶了有各种情感问题的费雯·丽为妻。

② 黛西·费罗斯，尊敬的雷吉纳尔德·费罗斯夫人，是辛格缝纫机财富的继承人。

信。爱啊爱啊。哦，我找到你的地址了。另一件事：不久前P.[珀尔·]卡津写信说哈罗德[·哈尔马]精神崩溃了。这是真的吗？为什么？如果你有机会的话请向他致以我的爱。

[纽约公共图书馆收藏]

致约翰·马尔科姆·布里宁

菲诺港

1953年9月22日

马尔科姆亲爱的——

极为高兴，也大为惊讶，今天早上收到了你的信：仿佛就在周末前你还在——现在你就回到波士顿或是康涅或是纽约了：不管你住的地方是在哪。可能只是这儿的时节如此独特——现在非常的美丽，广场空旷无人，大海如同"拨浪箔"。[此处不清]我一直工作得很好(为了改变一下)；杰克正在为他的书做出惊人之举——事实上，是另一本书。

我相信我劝过诺埃尔[·考沃德]在诗歌中心出场。那神奇的词是"严肃的"。所以当你写信给他，类似"强调你的贡献的严肃本质"的短语应该任意点缀。说到这个项目——或更准确地说，说到我自己提议的出场，我已决定自己真的必须有一份更加"慷慨"的报酬(曾经是教师夫人的我不是可有可无的)，至少高出二百五。事实上，诗歌中心应该付我四百——把一切考虑在内，这在我看来既是唯一合理且又是正确的。我想我当时应该如此说过，但我直到后来才开始考虑；如果诗歌中心不愿意付的话，那么取消也肯定不会为时太晚。

那些狗满身都有跳蚤——我们花了整个上午用一种奇怪的南非软膏为它们洗澡。我们仍然没有汽车的执照[①]——天知道我们怎么离开这儿，什么时候离开这儿。无论如何，都要到十月中。

我希望你在城堡[此处不清]玩得愉快；你确实去了最玩酷之地——我不知道是否有任何人曾经有过，并且长时间持续一段更加非同平常的恋爱生活：或许是玛丽莲·梦露。

上星期从卡罗尔·里德那儿得到一份很好的工作邀请，去写《牙买加飓风》[②]的电影剧本。得知我拒绝了，这有没有让你高兴呢？

亲爱的，见到你、有你在这儿太好了——我一直非常爱你。杰克致以他的爱。写信给我——

T

[特拉华大学图书馆收藏]

致安德鲁·林登

菲诺港

1953年10月14日

亲爱的——

祝福你，发来生日贺信——没别人记起，甚至杰克也没（当天晚些时候我尖刻地提醒了他）；所以我十分感动。[③]

---

① 一种允许汽车驶过国际边界的海关文件。
② 理查德·休斯的小说，1929年首次出版。
③ 卡波蒂在9月30日已经29岁。

我已写完《花房》——或差不多，你可以证实，如同一部剧本是“写完”过。我不指望在作曲家被选定并准备工作之前自己会来到纽约——我写完了所有的歌词(九首歌)，但我猜想他们会需要“调整”。我极想你来读读它——

我们相当厌倦菲诺港——天空灰蒙，水也冰冷。因此我们星期一离开这里——去山上，去圣莫里兹山等地待一阵子；我想完成一篇小说。但你可以写信给我由巴黎美国运通转交——他们会转寄的。

你真是个天使，愿意在你那地方找到公寓；在这种情况下，计划如同我们的一样如此奇异无常，我不觉得给你添麻烦是对的。有间令人愉快的公寓，非常便宜，我们可以在东六十三大街找到——不过要到四月一日才行!

你听说过罗·劳瑞[1]吗？试图(真的)谋杀他的妻子并被送进精神病院。伦敦报纸上前几天有篇关于多丽丝·莉莉的文章——我本想把它寄过来的：她正在大出风头，“她的”书正在被《每日快报》连载——一个我确信会让菲比感兴趣的细节。菲比到底怎么回事？我很高兴关于哈罗德的都是废话——那个珀尔!

《茶和同情》[2]听起来最不讨人喜欢。还是什么？你看过《小茅屋》[3]吗？听说评论很差。我觉得这剧很好笑，尤其是布景。

田和弗兰基还有保罗·鲍尔斯前几天都在这儿——他们一起去丹吉尔。田想知道你是否有了情人。我说我不知道。我确实不

---

① 罗伯特·劳瑞是位作家和诗人，被诊断为精神分裂症并获电击治疗。

② 《茶和同情》，罗伯特·安德森以新英格兰男校为题材的戏剧，1953年9月30日在百老汇首演。

③ 安德烈·鲁森的荒岛喜剧《小茅屋》1953年10月7日在纽约首演，但在月底就停演了。

知道。你有吗？好吧，亲爱的，你永远都有你的

T

又及：来自杰克的爱！

［纽约公共图书馆收藏］

致牛顿·阿文

菲诺港

1953年10月16日

亲爱的斯格——

收到你的信我松了口气，也非常高兴——每隔一天我都想给你写信，尽管实际上你的确欠我一封信；除非所有这关于“拖欠”信件的沉寂是这样的无趣。真相是，上两个月(在荒废大部分夏天的时光之后)我一直像僵尸一样地专注工作，把其他的一切都放在脑后。我完成了剧本《花房》(如果一部剧真正算是“完成”)并且正在写些新的小说——回到理智，回到直白散文“空间”，多么愉快！我还没听到《花房》的消息——是在春季还是在秋季完工；我更倾向于后者——足够冒险的，不必匆忙。

我很抱歉，亲爱的，真的很伤心，你夏天过得这么可怜；在我看来几乎任何事都比待在北安普敦更可取——我想，现在，你应该开始策划明年夏天去意大利。或去西班牙、奥地利：两个都很便宜——你一个月花两百美元就可以过得非常好。

非常奇怪，我似乎一直都在想钱；我以前从未这样。但是妮娜和乔的整个情况让我如此受挫；而且这事没完没了——我不得不完全支付，因为我不知道还能做什么。你对跛脚鸭相当有天

赋；但我才是天才。不过没必要就此怒不可遏——

如你所见，我还在菲诺港，但星期一离开去瑞士和山区。那听起来不太有望，但我的喉咙和胸部一直都有问题，不很严重，而我觉得海拔高度会有助于我。我不确定会在哪儿停留，圣莫里兹或是个较小的地方。不过我会让你知道你可以写信给我到哪儿的。

请向温德尔[·约翰森]致以我的爱。[①]我不知道他为何对不给我写信会感觉难受——没有理由他为何应该(除非，当然，我很喜欢收到他的来信)。

我爱你，亲爱的斯格；至于把你从我的名单上划掉——你仍然在名单首位。永远都在。再见，亲爱的

T

又及：非常感谢那些照片——虽然我看起来像个近视的犹太笨蛋：和真人差得太远!

[史密斯学院图书馆收藏]

致牛顿·阿文

巴黎圣荣路法兰西和舒瓦瑟尔酒店

1953 年 11 月 20 日

亲爱的斯格——

收到你的信真开心。在巴黎待了十天了，在这儿(上述地址)会待到一月——那时我期望去纽约和作曲家合作为那部剧配乐。

① 阿文已为约翰森所吸引，劝服他离开俄亥俄州立大学去史密斯学院教维多利亚文学。

唉，越来越明显，我得重写那部剧的下半部分，从头到尾。

巴黎寒冷且一片枯黄，不是很令人愉快；不过我极不情愿想起纽约，情愿在杜伊勒里宫叫卖炒栗，也不愿早一刻起航。

伦敦可怕的喧闹，人们相互干扰。巴黎随王室逃离而灿烂。正如你可能知道，约翰·吉尔古德被捕了[①]。他八月来菲诺港和我一起住过，我真的非常喜欢他。我上周和他通过电话，他似乎以极大的勇气和“风度”承受着。那仍然是一件令人震惊的事情，恶毒且愚蠢。你看过 E. M. 福斯特写的《新政治家》这篇文章吗：如果那是他写得最好的——那他为何那么费劲？

对你关于卡森[·麦卡勒斯]打来电话的汇报很感兴趣。我应该说里弗斯[·麦卡勒斯]没和她在一起。他正在巴黎这儿——如果在过去的二十四小时里酒精还没让他致死的话。他和卡森是一起左岸丑闻的核心。顺便说一下，左岸是个要远离的地方：我搬到旺多姆广场这儿来了——没有什么可以引诱我再过河去了。好吧，卡森如此突然地离开巴黎的原因是这样的：亲爱的里弗斯同某个货币兑换商(行家最爱兑换商)换了几张巨额支票，而卡森发电报给她银行阻止支付这几张支票。不巧的是，里弗斯已经收到了法郎——这让兑换商两手空空。当卡森拒绝偿还债务时，他提出强烈抗议，珍妮特·弗兰纳等人都被激怒。所以麦卡女士乘着第一班飞机就走了。当然在某种程度上我觉得卡森是对的。她离开时还欠有许多其他大笔数目，这儿所有她的朋友都正被她的债主骚扰。有些人说里弗斯将会被捕。卡森早就该剪掉他的翅膀——珍妮特·弗兰纳说她已经完成了一部小说，而且非常

① 吉尔古德 1953 年 10 月 21 日已经被捕，因在切尔西酒店的卫生间里试图与一男人搭讪，事件立即成为报纸的头条新闻。

好——所以她也许能开始新的生活。

我想不管怎样你都该为兰登书屋写教材。而且和温德尔合作，我敢说那不会单调乏味。向他致以我最深的爱。

还有我非常特别而又永久的最爱，献给你，斯格小羊羔。尽快给我写信，亲爱的甜心——添进一些关于艾伦一家和费希尔一家[①]的消息——我来这里路上在第戎过的夜：想到阿尔的“迷人”文凭出自那很可怕的城市就让我发笑。

许多个吻

T

又及：我读了你在《时代》上对福斯特的评论，我觉得它很好。[②]你不喜欢他那张印度式男扮女装的照片么?

［史密斯学院图书馆收藏］

致安德鲁·林登

巴黎圣荣路 239/41 号法兰西和舒瓦瑟尔酒店

［1953 年 11 月 27 日］

亲爱的——

正在疯狂赶信——也许应该等到以后再好好写，但一早上一直想着你，不知道你为什么没有回复我上一封信。

---

① 丹尼尔·艾伦是阿文在史密斯学院英语系的同事；他和他妻子珍妮特，均为阿文最亲密的朋友和支持者。诗人艾尔弗雷德·扬·费希尔，另一史密斯同事，与其第一位妻子，美食作家玛·弗·肯·费希尔，在第戎大学待过三年。

② 他指的一篇评论是关于 E. M. 福斯特写的《提毗之山》，福斯特的一部关于自己 1921 年在印度担任德瓦省君王私人秘书工作时的回忆录。

正要去里弗斯的葬礼——总而言之，这是一个奇怪的情况，但是珍妮特·弗兰纳坚持让我和她一起去。当然我相信你知道里弗斯上周六在这儿的酒店里自杀了。[1]整个故事都相当离奇——对此我似乎有种真正的悲伤感觉。

我们一月份绝对来纽约。我正在对我的剧大作修改，另加了一幕——我觉得在我们离开之前我不可能完成这一切。

巴黎灰暗阴冷，而且比纽约更加昂贵。

收到牛顿的一封信——他似乎很好。

亲爱的，我希望你冬天过得很好。我非常想念你。杰克致以他的爱。给我写信，寄往下述地址。

爱你爱你爱你

T

[纽约公共图书馆收藏]

致里奥·勒曼和格雷·弗伊

巴黎法兰西和舒瓦瑟尔酒店

[1953年]圣诞节

里奥亲爱的和格雷甜心

非常苦恼地得知眼睛感染（我的天你运气最糟糕）而每天都想写信，不过一直有太多问题，周围又如此喧嚣。不管怎样现在是

① 卡森·麦卡勒斯的分居丈夫里弗斯1953年11月19日在巴黎酒店过量服用巴比妥类药物自杀。卡波蒂是几天后参加其葬礼的为数不多的悼念者之一。

圣诞节了，我希望我们都能够在一起团聚——但只能祝福你俩新年美好了。

刚在伦敦待了一个星期，见到了我们的大多数朋友，还有不少其他人。去过剧院多次——《海边的一天》的演员妙极了，但剧本身是个无骨无架、散不成形的水母。[①]顺便说起，约翰·吉尔古德以他优雅的风范通过考验。他是个了不起的人，各方面都很一流。我见过奥利弗一家：他们人和剧，两者都十分丑陋。[②]"机密蠢蛋"该是这着实乏味的东西的更好剧名。[③]我唯一喜欢的是一个叫《男朋友》的小音乐剧。[④]真的令人着迷。

说到剧院，我昨天翻开《巴黎速递》，发现一封显眼的书信在谴责我，其风格我假定作者自认为诙谐。这封书信的作者到底是谁呢？我们的老朋友多萝西·维尔洛克[⑤]！！！似乎她反对我在《巴黎速递》的一次采访中说自己曾为《时尚芭莎》写过喜剧评论！！！信里最后一行说"我恐怕我们的小杜鲁门沉迷于白日梦之中。我很惊讶你竟信以为真"。你能相信么？好吧，至少这已成让人嘲笑的事。

你们俩从卡地亚买到过许多美好的物品没有？我们的收获十分微薄。一个（包银的）打火机和一瓶（我自己买的）古龙香水。我不知道当一个女孩没法做得比这更好的时候这世界要变成什么样了。杰克的家人给他寄了很多可爱的东西——但那不算，对吧？

---

① 拉尔夫·理查德森、约翰·吉尔古德和西碧尔·索恩迪克主演了诺·查·亨特的剧《海边的一天》。

② 劳伦斯·奥利弗和费雯·丽主演了泰伦斯·拉提根的剧作《睡王子》。

③ 《机密职员》是 T. S. 艾略特的诗剧。

④ 《男朋友》，桑迪·威尔森以 1926 年法国里维埃拉为背景的音乐剧。

⑤ 多萝西·维尔洛克是位推理小说作家，《蒙托克谋杀》（1940）和格林尼治乡村谋杀推理小说《死亡赠品》（1944）的作者。

我去了里弗斯·麦卡勒斯的葬礼。哦天哪真是悲伤。我和珍妮特·弗兰纳一起去的；只有大约四个其他人。但我更希望等等再告诉你这件事——这是个可怕的故事。

有各种各样的消息，但由于我们下个月底要去纽约，我想可以先等等。我渴望见到你们俩。亲爱的莫特，我希望你到那时会完全好些。杰克致以爱。我也同样

数不尽的吻

T

［哥伦比亚大学图书馆收藏］

致塞西尔·比顿

纽约州纽约六十五大街东 300½号

1955 年 2 月 7 日

亲爱的塞西尔——

保佑你，寄来甜蜜的信件——这超出我所应得的，因为我早就该给你写信了，但最近这几个月让我非常的麻木，我正刚刚恢复注意力的集中。与《花房》的这一通经历如此难以置信，真的糟糕透顶，而且唯一的好事是由于演出似乎十分成功我也许能赚一笔钱[①]。但是至少我的幽默感幸存下来，而且我能没完没了地让你享受关于每一位的奇闻轶事。

---

① 《花房》1954 年 12 月 30 日在百老汇阿尔文剧场首演。但不是很成功，尽管有些狂热崇拜者，人数却不足以长期上演。1955 年 5 月 22 日结束上映。

我和[威廉·]佩雷[1]一家去牙买加度了假，非常令人愉快，但度得不够长。然后我去加州待了一周——同大卫[·塞尔兹尼克]和珍妮弗[·琼斯，他的夫人]住在一起：她精神抖擞地回来了，而后又去香港拍一部电影[2]。现在我没有任何计划，直到五月那时我们离开去意大利过夏天，我希望你计划在那儿休年假！

我昨晚在一个舞会上看到了葛丽泰[·嘉宝]——她看起来非常好——虽然她的头发看起来颜色古怪：有点金黄的淡紫色。我想她一定染过。

纽约现在很冷——尤其在这间房子里。恐怕这房子一直有问题。

林肯·科尔斯坦同城市中心大吵了一架，然后辞去了他的职务。[3]

《冬天的花园》进展如何了？我很想看看。说起花园，艾琳·S.[塞尔兹尼克]似乎现在完全准备好继续演剧了。彼得·布鲁克读了新的版本后告诉她说这是他读过的最烂作品之一，她上演这剧简直是“疯癫”。所有这些艾琳一点也不感到困扰。她这个星期就给我手稿。[4]

有人告诉我说你要去葡萄牙了。我希望你旅行顺利，亲爱的。我非常想念你。向你的妈妈致以我的爱。也向艾琳·H[5]。尽快写信给我。杰克很好并且向你致敬，

爱及千股柔情

T

---

① 威廉·佩雷是电视和广播网络哥伦比亚广播公司的老板。

② 《生死恋》；和珍妮弗·琼斯搭档的是威廉·霍尔登。

③ 科尔斯坦是纽约城市芭蕾舞团幕后的主要力量。

④ 伊妮德·巴格诺尔德的《白垩园》1955 年 10 月 26 日在百老汇首演，1956 年 3 月 31 日停演。塞尔兹尼克制片，比顿设计背景和服饰。

⑤ 艾琳·侯斯是比顿的秘书。

又及：每个人都喜欢新一期《芭莎》上你给拍的伊萨克·丹尼森的照片。

［剑桥大学圣约翰学院收藏］

致《纽约时报》的戏剧编辑[①]

纽约

1955年2月13日

上周日，你报刊载了新泽西蒙特克莱周五戏剧组成员的一封信。这些女士意欲“强烈抗议”《花房》的主题。目前为止，没有争吵。* * *[②]想象那关于周五戏剧组的画面，她们被冒犯得如同弦乐器音高的情感，坐下气喘吁吁地写信给《时报》，细想一下，相当惹人喜爱。

但之后画面改变了，匆忙草写的愉快场景蒙上一层阴影，你发现这毕竟不是霍金森的田园牧歌，因为突然出现一丑陋理论，大意是说《花房》的制作对“种族关系”有害[③]。现在我不喜欢这个。* * *显然，沙文主义是最不可能扣在我们这部音乐剧头上的。如果这不为真，那么一群聪明且有天赋的艺术家，包括珀尔·贝利、胡安妮塔·霍尔和弗雷德里克·奥尼尔，就不会与此有关。就“种族关系”而言，《花房》能够造成的唯一可能的伤害是它是否让你厌烦过：厌烦对所有关系都是致命的；而不知何

① 这封信发表在1955年2月13日的《纽约时报》，标题为“抗议回复”。
② 《纽约时报》明显删减了卡波蒂信的内容，代之以星号省略以示删减。
③ 以海地的太子港为背景的《花房》，演员几乎完全为黑人。

故——别问我为什么——我有种最奇怪的感觉，那些蒙特克莱的女士不是那样的。

杜鲁门·卡波蒂

致约翰·马尔科姆·布里宁

发自六十五大街东300-½号

1955年10月

亲爱的马——

尽管你从菲诺港寄来的卡片上的内容（对我来说）令人震惊地极不公正，我还是满怀希望地假定它意为好心朋友、严厉批评家的某种评论。[①]如果它另有其意，且你词语经过掂量，那么老实说，甜心，我不知道你究竟在说些什么鬼东西。你一直，也永远，在我的感情世界拥有最特别的位置。如果我作为一个艺术家已让你失望（正如你提到），那是一回事；但是作为一个人，作为一个朋友，我当然没有做任何事应得到你如此误导的直率。如果没记错的话，这是你第二次那样地责骂我；上一次我正确地破解了高扬先生的笨拙手段。但我不是一个专业的侦探，因此关于这最新一次攻击的线索，将只好搁置一旁无从探寻。不过，确信[无疑]放心

① 这封信是对布里宁寄来的一张稀奇古怪的明信片的回复。根据布里宁的自传《六重奏》，他不赞成卡波蒂日益卷入百老汇、好莱坞和伦敦富有魔力的剧集中。他在菲诺港时正好看到《时代》周刊上卡波蒂同玛丽莲·梦露跳舞的照片。布里宁怒不可遏，写了一张明信片，用其话说，是决意要痛斥一番："这是一个青年艺术家的肖像吗？'乔伊斯的座右铭是，沉默、流放与狡黠。那你的呢？'"布里宁最后在明信片上签名，"《时代》读者"。

吧，知道你在受欢迎的一边；我四面八方的名声非常低，如果我已明显冒犯过的众人首尾相连展开的话，他们会环绕地球。

至于杰克（你对他如此刻薄），杰克是爱尔兰人。他讲话。他讲那些是为了好玩，也很看时机：并且无人不受影响——我（尤其不），他的家人，他的朋友，他自己。你知道那的。而且真的，亲爱的，我必须笑：如果你开始因邓菲在这时出游而愤怒，那我觉得你就是个十足的混蛋，幼稚的混蛋。

我已度过一个安静且工作的夏天。此外，我减了三十磅：现在就是个骨头金贵的瘦皮囊。我们下周就回城里去。

请重新考虑，并写信给你那也许是不足道的家伙，但依旧爱你，非常爱你——

T

［特拉华大学图书馆收藏］

致约翰·马尔科姆·布里宁

［电报］

［纽约］

［1955 年 11 月］

我觉得你的书[①]是奇妙的爱

杜鲁门

［特拉华大学图书馆收藏］

---

① 布里宁的书是《在美国的狄伦·托马斯》。布里宁以其诗歌中心主任能力将托马斯带到美国，并安排他在美国的所有读书会。托马斯 1953 年 11 月 9 日一阵酒饮过后死去，布里宁的书是他与诗人经历的描述。百老汇剧《狄伦》1964 年问世。

致塞西尔·比顿

［纽约］

1955 年 11 月 12 日

亲爱的西食乐——

想念你！这里的天气好极了，清新得如同麦金塔苹果咬第一口一样。我希望你在乘船时得到了彻底的休息。你会高兴地知道《白垩园》已经风行：人们无法不去看它。你的文章今天上了《论坛报》，而那剧本身正得到极好的推广。

我同奥黛丽［·赫本］和梅尔［·费勒］一起去波士顿看朱莉·哈里斯主演的《云雀》[1]。朱丽扮演圣乔安，像《婚礼的成员》里那样穿着一套必唯帝内衣。尽管如此，会成功的。[2]去了《靴面》的首映式——糟糕透顶，包括卡罗尔·钱宁。[3]我敢说，演不了多久。明晚会和艾娜［·克莱尔］去看 J.［乔伊丝·］格伦菲尔。艾娜将要开始教表演课了！她正在纽约买一幢公寓。

安·伍德沃德继续占领头版新闻——但是那些讨论新闻的人都不得不搬到艾格隆去，因为苏莱先生关闭了帕微利恩。[4]艾格隆已经涨价了。

我仍在写我的那几篇小说，奥黛丽·伍德则还在试图决定该

---

① 赫本和费勒是夫妻。

② 让·阿努伊的《云雀》1955 年 11 月 17 日在百老汇上演，共演出 229 场；朱莉·哈里斯赢得那年的托尼奖最佳女主角奖。

③《靴面》是个失败，1955 年 11 月 10 日上演，演出 60 场后停演。

④ 1955 年 10 月，原歌舞女郎安·伍德沃德称在长岛黄金海岸家中将其丈夫比尔，纽约贵族血统最贵者之一，误认作闯入者而开枪打死。虽然陪审团为她免除罪名，比尔大多数朋友仍视她为谋杀者。卡波蒂以小说体裁在其短篇小说《巴斯克海岸餐厅》里叙述过此案，《君子》杂志于 1975 年 10 月发表了该作品。安·伍德沃德在读完样本后，吞服了致命剂量的安眠药。

把杰克的剧交给谁。我又瘦了五磅，虽然我已经放弃节食，但体重下降似乎难以停止。非常奇怪。

遇到了赫尔曼·列文，他告诉我说他们都是多么激动地期待你《卖花女》的设计。①

还有其他的消息，很多很多，但我现在必须开始打字了。向你母亲致以我的爱，请向艾琳[·侯斯]问好。世上所有的爱，珍贵的爱

T

又及：可怜的鲍勃·舍伍德今早去世了。②

[剑桥大学圣约翰学院收藏]

致唐纳德·温德姆和桑迪·坎贝尔

[明信片]

列宁格勒③

[1955年12月27日]

亲爱的甜心——

爱想起你们，温暖舒服。这里零下三十度。但列宁格勒非常

① 列文是《窈窕淑女》的制片人，比顿为该剧设计服饰。该音乐剧根据萧伯纳的《卖花女》改编。

② 罗伯特·舍伍德是位成功的剧作家——《亚伯-林肯在伊利诺伊》是其成功之一——还是富兰克林·罗斯福总统的讲稿起草人。

③ 《乞丐与荡妇》，首部巡演俄罗斯的美国戏剧作品，1955年12月26日在列宁格勒首演。卡波蒂随同剧组前往；他对此行的叙述《缪斯入耳》于1956年10月20日和27日分两期在《纽约客》上连载，1956年11月8日兰登书屋以图书形式出版。

的美，像北极的巴黎。下周返回到莫斯科。整个经历非常特别。想念你们。爱

T

［耶鲁大学贝尼克图书馆收藏］

致杰克·邓菲

［冬宫博物馆明信片］

列宁格勒

［1955年］12月27日

亲爱的——把冬宫浪费在我身上真是一种遗憾（你会非常喜欢它的），虽然我喜爱盯着看那些珠宝。我写过我给你买了一顶阿斯特拉罕帽子么？告诉琼［·麦克拉肯］这里没有"小农夫"外套这种东西。

爱你的

T

［杰拉尔德·克拉克收藏］

致塞西尔·比顿

［纽约］

1956年5月15日

塞西尔亲爱的——

不能和你一起找个地方度个小假真是令我大失所望。然而，

正当我安排与你在巴黎的会面时，我收到一封电报让我必须立刻回到这里。我写俄罗斯的稿子（将会在九月份结集出版）如果我想让《纽约客》刊载，就只有两周的时间用来完成。但那是无所谓的——卷入过多，这里无法讲起。

我直到你的信来了才知道皮特的死讯，它让我感触很深也甚感悲痛。[①]我知道对你来说这真是个悲剧，一个朋友，一份情谊，那意味着你生命中他所意味的一切，失去了。尤其在春天，当人们正渴望着开始和继续，而非终结时。你的信让我难以表达的难过；为你，为皮特。他爱你，塞西尔：你就是他的青春，就像他是你的一样。上次我见到他时，一九五四年在罗马，他告诉我说你比他认识的任何人都更以“温柔诚实”为标记。我记得这是因为我喜欢“温柔诚实”这说法，知道它意味着什么。

我夏天的计划还有些模糊；在康涅狄格海滨有一幢迷人的房屋我们可能会租下。但我并不期望六月中之前能够离开这里。杰克的剧正在制作，据说在秋季，由一家新公司，霍恩和洛伊德——似乎非常聪慧而不鬼祟，而且似乎资本非常充裕。[②]

我想念你，亲爱的甜心。我很敬佩你是一个男人，如同我所认识的任何人一样。但更重要的是，我深深地爱着你——

T

［剑桥大学圣约翰学院收藏］

---

① 皮特·华生 1956 年 5 月 3 日在浴缸里被发现死亡。华生是比顿一生的挚爱，比顿在其日记中透露，尽管两人显然从未真正发生过性行为——华生的选择，而非比顿的。

② 邓菲的剧《点燃一支小蜡烛》在外百老汇上演。

致塞西尔·比顿

康涅狄格州斯托宁顿金街 3 号

1956 年 6 月 21 日

最亲爱的塞——

终于，松一口气。写完了我《纽约客》上的文章(我会给你寄那几期的；九月份会出版成书叫做《缪斯入耳》)，几天前在这个非常迷人的古老海港村落安顿下来以度今夏。你会喜欢这里的。最美的树和古老的房子。我们住的一间豪宅，相当可笑，景色绝美。我们会在这里待到九月底。然后我们会搬到奥利弗[·史密斯]在布鲁克林高地的住所，柳树街 70 号。你见过那房子吗？我爱那儿。我们租了通往花园的那一层；那里可以被装点得非常迷人。顶层另有一间公寓——非常漂亮——奥利弗决意要把你安置在那儿。我也是这么想的。考虑一下吧；甜心。这既是一个有趣——也是一个实际——的事情。你可以在十五分钟内到达曼哈顿的任何地方，而且你有自己的厨房和其他东西。请来和我们一起住吧，我的爱。

我看了三遍《窈窕淑女》。这很可能是我看过的最好的表演，我为你的作品感到如此骄傲：你，雷克斯和莫斯(还有萧！)是这次制作的大英雄。[①]去看过《香格里拉》和《新面孔》的首演——两部都非常可怕。[②]读了卡森·麦卡勒斯的新剧，圣正在制作的那

① 雷克斯·哈里森扮演亨利·希金斯，莫斯·哈特导演，萧伯纳为编剧，音乐剧依此改编。

② 《香格里拉》，基于詹姆斯·希尔顿的小说《失去的地平线》，仅上演 21 场；《1956 年的新面孔》上演 220 场。

一部：读了更烂的，但想不起是何时[1]。我正在读福斯特关于他姨婆的书：非常有趣。[2]看了休斯顿的电影《莫比·迪克（白鲸》——参差不齐，演得很烂，但还是引人注目：高超的摄影。当你收到这封信时，玛丽莲[·梦露]将已经和阿瑟·米勒结婚了。那天晚上看到了他们，两人都是满面春光；不禁感觉这小插曲该叫做：《剧作家之死》。她对去伦敦感到非常兴奋。去过你朋友[温斯顿·]格斯特家的晚宴。你对她的看法很对：她确实具有特质[3]。而他呢，则有某种笨手笨脚的性感。但聚会上其余的人则都是玩打猎、射击、钓鱼之类的——我就不客气地提前离开了。他们仍然在为杰克的剧找导演。佩雷一家说他们在伦敦看到过你，你看起来很好。希望你喜欢雷迪斯公寓。向你的母亲致以爱。写信给我。来柳树街70号。杰克致以爱。想念你，我最亲密的朋友。

千股柔情

T

[剑桥大学圣约翰学院收藏]

致威廉·肖恩

[火奴鲁鲁怀基基凯乌兰尼公主酒店]

[1957年1月1日]新年

---

① 《奇妙的平方根》1957年10月30日在百老汇首演，演出仅45场后即停演。

② E. M. 福斯特关于他姨婆的传记名为《玛利安妮·桑顿》。

③ 出身于波士顿上流社会的C. Z. 格斯特，同长岛富有的、爱马圈的头面人物温斯顿·格斯特结婚之前，做过舞女，为迭戈·里维拉摆过裸体。

亲爱的肖恩先生——

只是让你知道我到这么远的地方来了，我明天前往日本。[①] 同时，我有两样杰出体验：一、就在我进电梯的时候那钢门失灵了，砰地关到我的头上，把我撞得浑身发冷：现在我脸上颜色极为有趣，蓝绿紫黑；我的左眼则紧闭得比守财奴的拳头还紧。二、日本航空已设法弄丢了我所有的行李——衣服，工作笔记，参考书，所有一切。我浑身上下只有一件粗花呢大衣，一件非常脏的衬衫，一双雪地靴和刚买的牙刷。除此之外都很好。到东京再写。在那之前，祝好，撒油那拉——

杜鲁门 · 卡

发自：东京皇家酒店

［纽约公共图书馆收藏］

致里奥 · 勒曼

［明信片］

香港

［1957 年 1 月 11 日］

① 卡波蒂跟塞西尔 · 比顿一起旅行去日本，为《纽约客》写一篇关于电影《樱花恋》制作的文章，电影由马龙 · 白兰度主演。但签证出了问题，延误了他的抵达，他和比顿在香港、泰国和柬埔寨停留了两个星期。更多的问题在日本发生，当卡波蒂最终到达京都，导演乔舒亚 · 洛根禁止他与剧组在一起。在纽约他就已认识的白兰度，出于客气邀请他共进晚餐，晚餐时间很长，白兰度后来追悔莫及。结果是《个人领地里的公爵》，一篇白兰度特写，一位专栏作家称之为“活体解剖”，另一作家称为“那种通常限于分析师沙发上的忏悔”。

最亲爱的莫特——很遗憾地说，上次你收到我的信之后我历经了大起大落——你能相信你可爱的金色的玛吉最后成为香港舞厅里的女服务生吗？好吧，事事棘手。一个白人奴隶贩子下周要把我运到曼谷去。祈祷吧，为你可怜的

玛吉 ×××

[哥伦比亚大学图书馆收藏]

致威廉·肖恩

日本京都京都酒店

1957 年 1 月 25 日

亲爱的肖恩先生，

头晕疲惫绝不是虚言。结束了一天（从早上五点开始）的衣冠楚楚之后，我就累趴下了，只觉得天旋地转。这就是我长时间安静的原因。而后，还有因为给你一个关于现在状况的合适描述也很难：这是一项二十页单倍行距都没法写完的任务。但这里，最简单说来，是实际情况如何。对我写这个小说持反对意见的从未涉及白兰度（他一直非常坦率、乐于助人），而完全来自[乔舒亚·]洛根本人。他当然渴望我发现不了这点，宁愿躲在制片人[威廉·]戈茨和白兰度的背后：哦这就是常规的中式虚伪拳路。[①]一直的麻烦是要保持一种幽默感和平衡感，不管洛根预谋的障碍和阻挡。我不完全确定这个小说本身会如何出现；我想可能可以。

① 马龙·白兰度是《樱花恋》的主演；乔舒亚·洛根是导演，威廉·戈茨为制片人。

不管怎样我很喜欢日本，还会带回来一些纪念品（有些，让我们相信，在纸上的）。

致敬

杜鲁门 · C.

[纽约公共图书馆收藏]

致塞西尔·比顿

[纽约布鲁克林柳树街70号]

[1957年5月15日]

最亲爱的——

我三周之前给你写了一封信，结果丢了，昨天重新找到，看到只是一系列的抱怨，所以重新写一封。

你的不少照片登在新一期的《芭莎》上，它们都非常漂亮。终于我的照片在霍夫曼影像厅洗了出来——他们干了件非常出色的工作：太出色了——当他们递给我一张将近三百美元的账单时我差点倒毙死去。老天，我不知道相片这么贵。

喜欢你关于彼得 · B. 和西里尔的那些东西。我希望P. B. 的小说获得出版。只是为了笑到最后。

奥利弗[· 史密斯]在回来之前不得不飞去加利福尼亚，因为他母亲中风了。①

① 奥利弗 · 史密斯，布景设计师，拥有布鲁克林高地住宅，卡波蒂和邓菲在那租住一个套间。

杰克的一部剧今年夏天要在西港剧院完成。[①]

《镇上的新女孩》，《安娜·克里斯蒂》的音乐剧版本，昨天晚上首演。[②]第一幕非常棒；没有第二幕，完全没有。不过这是个很大的成功。我去看了温迪·希勒演《月照不幸人》。[③]讨厌那长篇大论夸夸其谈的每一分钟。你看过热内的剧没有？[④]还有什么？看过奥黛丽·赫本的新电影《午后之爱》。是她演得最最好的电影了。雷内·布切（他真是个小丑男）给我画了两幅画像——一幅非常明亮风趣，真的相当好；另一幅则为矫饰无稽之大作。洛根一家回到城里了；他们要我出去过个周末：我当然没有去——我还在写《纽约客》的稿子。[⑤]我完成了一本儿童读物，一篇小说，还有一篇文章。但我期望大约十天后去海边时做得更好一些——不需要新的地址，信件会从这里转发。一件<u>非常</u>伤心的事发生了——可怜的克里瞎了。

你要去制作《琪琪》了吧。[⑥]好吧，你会完成得很漂亮的。我很微妙地向比尔·佩雷推荐了《蝴蝶夫人》。他眼中闪烁着兴趣，但他自己没有肯定的表白。不过，现在这个主意已经种下，我想[鲁道夫·]宾应该给他打个电话。[⑦]亲爱的，我希望你过个可爱的

---

① 邓菲的剧名为《周六晚小孩》。

② 《安娜·克里斯蒂》是尤金·奥尼尔所写的戏剧。

③ 《月照不幸人》也是奥尼尔的作品。

④ 让·热内的戏剧是《阳台》。

⑤ 《个人领地里的公爵》，他的一篇关于马龙·白兰度的介绍。

⑥ 《琪琪》由勒纳和罗依作曲作词，与《窈窕淑女》剧组同班人马，是根据柯莱特小说改编的电影音乐剧。文森特·明奈利导演；莫里斯·切瓦力亚、莱斯利·卡伦和露易丝·乔丹主演；比顿是服装制作设计师。电影 1958 年上映，票房卖座高。

⑦ 鲁道夫·宾是都市歌剧院总经理。比顿和卡波蒂明显希望佩雷的公司——广播网络哥伦比亚广播公司——会愿意承担《蝴蝶夫人》的新制作，为此比顿就会设计场景。

春天。这里已经是夏天了——我们从没见到春天。我非常想念你，爱你，温柔地

T

又及：看看信封，我记得的。

［剑桥大学圣约翰学院收藏］

致塞西尔·比顿

［纽约布鲁克林柳树街70号］

［1957年11月下旬］

最亲爱的塞——

我正在等艾娜［·克莱尔］：她正在来这儿吃晚饭的路上。所以，既然她总是迟到，似乎有个好机会给你寄张便条。我希望你正在享受自己想象中的漫长的、金色的秋天。纽约正在进入深冬的节奏。但是剧院仍然喑哑。《记忆中的时光》好评如潮，但S.［苏珊·］斯特拉斯伯格和［海伦·］海耶斯小姐惹怒了我，以至于我无法坐到完结的时候。[①]去看过考沃德的首演：他真的扔了个重磅炸弹啊。[②]杰克·威尔森也是——醉倒在走廊上不省人事。[③]我的文章[④]登出来了——M.［玛格丽特·］凯斯说她正要寄给你，所以我就没有寄。它相当轰动。白兰度告诉报纸说他要指控我诽

① 让·阿努伊《记忆中的时光》1957年11月12日在百老汇首演。

② 诺埃尔·考沃德的《裸体与小提琴》1957年11月14日在百老汇首演，上演仅80场后于1958年2月8日停演。

③ 美国人杰克·威尔森一直是考沃德的情人和业务经理。

④ 文章是《个人领地里的公爵》，卡波蒂关于马龙·白兰度的长篇介绍。

谤；但我有很好的理由怀疑这一点。我收到[乔舒亚·]洛根的一份电报告诉我说他们有多“喜欢”这篇。真是一对虚伪的家伙！[1]你的出版商一直在十分精彩地为你的书[2]作广告（整页广告放在《纽约客》上之类的）。每个人都喜欢它。你的朋友艾伦·勒纳和他的前妻在摩洛哥夜总会的景象极好——流泪，尖叫：他们转移到大街上，在那里又持续了一个小时。喜欢你为米特福德的新书做的护封，而且相当喜欢那本书，虽然感觉之前读过一遍——我确实读过。[3]对安格斯·威尔森的故事集[4]非常失望。你给杰克[·邓菲]照的相登在《芭莎》上了：他非常高兴。他的剧一月十五日首演。读了《瓦妮莎》，觉得它很无聊——希望你能拯救它。

重新回到写我的短篇小说[5]了。[雷克斯·]哈里森一家正住在你那大使公寓里——他们非常喜欢那儿。她把头发染灰了，看起来非常恐怖。艾琳·S.[塞尔兹尼克]自从父亲去世后，看起来容光焕发：他给她留下了五十万美元。[6]艾迪被剥夺了继承权。[7]艾琳拒绝让她坐家里的车去葬礼。每个人都反对艾琳，支持艾迪。两天之后：哟，艾娜来了，喋喋不休地旋风般进来，留下了一条貂皮围巾，我现在还得给她寄去。昨晚去了克里夫顿·韦伯的生日派对；惠特尼·沃伦在那，他们真是对绝配。[8]昨天看了一

① 洛根禁止卡波蒂进入《樱花恋》剧组，并授意白兰度不跟他讲话。

② 《世界的面貌》。

③ 南希·米特福德的新书是《恋爱中的伏尔泰》。

④ 威尔森的剧集名为《稍偏离地图及其他小说集》。

⑤ 《蒂凡尼的早餐》。

⑥ 艾琳·塞尔兹尼克的父亲是长期担任米高梅电影公司主管的路易斯·梅耶。

⑦ 艾迪·戈茨，嫁给了威廉·戈茨，《樱花恋》的制片人，卡波蒂去日本正是为了那部电影而写作。

⑧ 惠特尼·沃伦是单身富豪，旧金山上流社会常驻人物之一。

部非常棒的电影《桂河大桥》。得知它正在伦敦上映，所以一定要看。最亲爱的男孩，向你妈妈和艾琳致以我的爱。

拥抱你

T

[剑桥大学圣约翰学院收藏]

致塞西尔·比顿

[纽约布鲁克林柳树街70号]

1958年5月2日

最亲爱的——

一切都变了——或准确说，变回原样。五月十八日我们乘坐瓦尔卡尼亚号起航：去希腊！正在协商关于岛上几幢房子的事情——但在我们到那看一看之前，不做任何确切的决定。无论如何，希望你计划来和我们一起度过夏天。我确信小小蓝色爱琴海正是你我都需要的。请在我们离开之前试着给我留个信。

写完了我的短篇小说《蒂凡尼的早餐》。《芭莎》在他们的七月号上会刊登出来——虽然他们对某些语言很难驾驭，但我敢说他们会背着我更换。那整个地方都已乱套。[阿列克西·布]罗德维奇会于六月十五日离开。我怀疑戴安娜[·弗里兰德]会待得更久。①

伦特夫妇星期一首演。②我收到两份请柬，一份来自P.[彼

① 布罗德维奇是《时尚芭莎》的美术总监。戴安娜·弗里兰德是杂志的时尚编辑；实际上，她在杂志任职到1962年。

② 在弗里德里希·杜伦马特的《造访》剧中，该剧由彼得·布鲁克导演。

得·]布鲁克，另一份来自 M.[玛格丽特·]凯斯。接受了后者的。所以你明白的！媒体报道说《窈窕淑女》大获成功。他们都把功劳归功于你的场景和服装设计。可怜的奥利弗[·史密斯]只字未提！[①]简·鲍尔斯，被当局赶出丹吉尔（保罗也是）之后回到了纽约——孤单一人，患有重病，身无分文。田纳西和我要合办一个读书会给她筹一点钱。杰克的剧五月十五日在这里首演。[②]看了利兰的电影《老人与海》。[③]非常好。还没看过《琪琪》；虽然天知道所有人都看过了：对你的工作大加赞赏——但对整部电影并不是很兴奋。[④]在男厕墙上看到非常有趣的涂鸦：有人写下"我七又四分之三英寸长，周一晚在此见我"。紧挨其下另一人涂写道："是吗，那你小鸡有多大？"

爱你的

T

[剑桥大学圣约翰学院收藏]

致格洛莉亚·范德比尔特[⑤]

[葡萄牙里斯本]瓦尔卡尼亚号[游轮]

[1958 年 5 月]

---

① 伦敦制作版《窈窕淑女》1958 年 4 月 29 日首演。很多人实际上都相信设计服装的比顿也设计了该剧的布景；而那归功于奥利弗·史密斯。

② 邓菲的剧是《点燃一支小蜡烛》；不久停演。

③《老人与海》，史宾塞·屈塞主演，根据欧内斯特·海明威的小说改编。由利兰·海沃德制片。

④ 比顿为电影《琪琪》既设计布景也设计服装，该电影如同《窈窕淑女》一样，词曲都由艾伦·杰伊·勒纳和弗雷德里克·罗依创作。

⑤ 格洛莉亚·范德比尔特，女继承人、艺术家和时尚设计师，三位名媛之一——另两位是卡罗尔·马科斯和乌娜·奥尼尔——卡波蒂十几岁在纽约时就一同结伴玩耍的。

亲爱的格——

这趟旅行（到目前为止）糟糕透顶——下雨，乌云满天，翻滚的大海。但是哦！但是啊！——我的钟表，我的小金表，非常的美。不，格，你不该这样。但我很开心你真的做了：因为它很可爱，因为它在这儿让我想起你：你，我亲爱的朋友，是一个某人愿意想起的人。我爱你。

T.

又及：更多消息，当有港口靠岸再来报告。

［格洛莉亚·范德比尔特收藏］

致本内特·瑟夫

希腊帕罗斯岛梅尔特米别墅

［1958 年 6 月］

亲爱的本内特——

在雅典的时候，我收到一封长电报，紧接着一通电话，来自《君子》的克雷·希尔——依然在追求《蒂凡尼的早餐》。他们主动提出：他们会从《时尚芭莎》那里买下小说，然后给我加付一千美元。[①]从他所说的我推测他一定直接和你谈起过，而且你并不反对他们去发表它。不管怎样，我说可以——虽然有些不安。我

① 《时尚芭莎》已承诺 1958 年夏天发表《蒂凡尼的早餐》，比其以图书形式出现要早几个月。但是在发表前不久，卡波蒂的老朋友、《时尚芭莎》编辑卡梅尔·斯诺被解雇，而一个新的团队认定《蒂凡尼的早餐》过于不雅，决定拒绝履行斯诺的许诺。该中篇小说改由《君子》发表，但卡波蒂再也不原谅《时尚芭莎》。“又在他们那里发表？”他说。“为什么，我不会在他们街上吐痰。”

希望我没做傻事。

这是个相当偏远而又寂寞的地方，我选择了这里来过夏天(没有别的外国人)。不过这儿非常的美，我希望这儿会是个工作的好地方：天知道，没别的事情可做：你会疯掉的。

向我们共同的女朋友致以爱。我想念你们两位。

祝好——

杜鲁门

[哥伦比亚大学图书馆收藏]

致塞西尔·比顿

希腊帕罗斯岛梅尔特米别墅

1958 年 6 月 18 日

最亲爱的塞——

我们喜爱它：从未喜欢任何地方胜过这里。绝对的美。只有太阳、大海和宁静。没有可以谈及的游客。整个城镇一片惨白——蓝色的庭院，牵牛花藤爬满的墙，阳台顶上搭着葡萄架：宛如清净的珊瑚城堡。另外这儿非常凉爽；有时甚至寒冷——我们睡觉需要盖条毯子。食物非常美味，酒也很可口。

我们住在一家非常干净宜人的酒店。隔壁有栋小别墅，我们正在试图住进去。但其实我并不在乎我们是否能——因为我们有如此安静舒适的公寓，有阳台悬垂于大海之上，有阶梯通向漂亮的小海滩。所有一切都非常舒适；如果你能来——如果？你必须——我们会为你做好安排的。

是的，你必须来。这是个休息、工作、游泳和管闲事的完美场所。恐怕没有太多的恋情——居民异常的纯朴。这岛乘船从雅典过来需要八个小时——不要去尝试周末的船，因为那非常拥挤。船下午两点离开比雷埃夫斯，晚上十点你就到这儿了。不算是太坏的旅行。

有好多事情要告诉你——毫无疑问你已经听说，或者读到我同《时尚芭莎》的纷争。不过，如此毫发无伤且非常轻松，以至于无法现在一一说来。

让我尽快收到你的信，最亲爱的。我渴望见到你。

爱你，千股温柔

T

［剑桥大学圣约翰学院收藏］

致牛顿·阿文

希腊帕罗斯岛梅尔特米别墅

1958 年 7 月 16 日

亲爱的斯格——

不，我在这儿非常开心。而你甜蜜有趣的信让我更加欢欣。希望你和霍普重新开始通信。事实上，他给我的信里大部分全是关于你的问题。我在哪见到你的？什么时候？有什么确切的情况？如此之类。好吧！我只是回复说你是一个多年的朋友，一个聪颖迷人且又忠诚的人，我欠你许多。这跟真相差不多，也可能少不了。但我怀疑我会否再收到他的信；因为，尽管我的回复非常礼貌和友善，但这不完全是他可能所希望鼓励的。不管怎样，我确信更多西瓜会到达前景大街的。[①]

亲爱的男孩，春田的快乐是些什么？给同性恋男孩礼物吗？或者说——什么？请告诉。

这里，在岛上，所有的男人都在一起跳舞——你在酒馆里看不到一个女人。但全都非常单纯——或者我这么认为。但是雅典！你走一条街就会被搭讪十次！绝不夸张。这儿有一家书店，就在宪法广场上，专售某些特性的照片和文学。我买了一大包，会把它转给你的，尤其是一套叫做《鲁滨孙·克鲁索的性生活》[②]的书。你不会相信那老家伙和星期五之间发生的那些事！这整个概念打开了色情文学可能性的前景。为什么不呢，对简·奥斯丁的作品，有个小册子讲讲达西先生和他的朋友宾利之间发生了什么，或者当最后达西先生把伊丽莎白弄上床后发生了什么。或者托普西和小伊娃：相互舔阴，赛门和汤姆叔叔则在鸡奸他们两个。[③]你不要告诉我汤姆·索亚跟哈克贝利没有一腿！

还没读《情乱萧山》[④]。不过会的。的确读过一本荷兰女人写的我非常喜欢的书，《一万件事》[⑤]。弗·布埃赫纳会写，但他不能。格劳小姐令人讨厌。[⑥]

听着，斯格。我正在为一本理查德·阿维顿的摄影集作评

① 阿文的地址是马萨诸塞州北安普敦前景大街45号。

② 可能是汉弗莱·理查森对丹尼尔·笛福名著的色情翻版。

③ 达西先生、宾利先生和伊丽莎白·贝内特：《傲慢与偏见》小说人物。托普西、小伊娃、赛门·勒格里和汤姆叔叔：哈里特·比彻·斯托的《汤姆叔叔的小屋》中的人物。

④ 威廉·汉弗莱的《情乱萧山》。

⑤ 玛利亚·德尔姆特的小说《一万件事》，反映印尼岛上被荷兰人统治时期的生活。

⑥ 弗雷德里克·布埃赫纳的小说《安塞尔·吉布斯回归》和雪莉·安妮·格劳的小说《艰难蓝天》都在1958年出版。

论。[1]被一幅T. S. 艾略特的肖像难住。不知道说他些什么。他作品中有无一段或几行你会说是自我描述的？如果我就能引用他的话，那就会让我脱身了。

我说我很开心。确实如此：除了我工作之外。只是因为我没法做自己想要做的工作。我正在做些可怕的枯燥无味的工作，不得不写稿赚钱：因为我内部收入的麻烦，乔·卡波蒂的问题(他娶谁不好，现在偏娶了个住在医院里由我付费的病人)；还有，我猜想，就是自己过去的奢侈浪费。同时，我有一部小说，规模很大而且相当严肃的东西，像狂风一样追赶我：但是！我是怎么会把自己弄进这死胡同里去的？我有一位非常有钱的朋友，我认为，其实是知道，他会(让我写书)帮我渡过难关。我从没有欠过那种债；我不想欠。此外，这可能毁掉友情，这件我非常珍视的东西。我应该吗？抱歉问你的建议，问这样一个不可能的话题；但你是我可以问的少数人中的一个。所以原谅我。

希望你的研究、你的写作都很顺利。向温德尔问好。春田之旅快乐！我爱你，斯格，永远都会

T

又及：是的，《芭莎》烂摊子发生更多的事了。我出国后那些猪猡把我的小说卖给了《君子》。给了《君子》！！！并且我对此也无能为力。[2]等到书印好了，我会寄给你一本。

［史密斯学院图书馆收藏］

---

① 《观察》(1959)。

② 卡波蒂没有说实话，可能他以为阿文不会赞成在《君子》上发表。他当然已经向杂志授权了。

致唐纳德·温德姆

［明信片］

［希腊帕罗斯］

1958年8月10日

杰克也暂时卧床了；但你，我希望，已从你的床上爬起。这里正值盛夏：无花果熟了，葡萄胀鼓鼓的，西瓜轻微一碰就裂开；克里浑身都是毛刺，邦奇一直在挠痒痒，我将要晒成褐色；但日落结束得越来越早，九月晚上送来凉爽信息。

爱你的

T

［耶鲁大学贝尼克图书馆收藏］

致唐纳德·温德姆

［明信片］

［希腊帕罗斯］

1958年8月18日

非常高兴你已站起来。可怜的羊羔，真是个痛苦的经历。但我确定等我到家时你会痊愈极好。最好这样。［克里斯托弗·］艾什伍德有过同样的事；现在好了。刚读完《回放》，钱德勒的新作，P.［菲利普·］马洛在书中结了婚。[1]我和普鲁斯特一起回来

① 雷蒙德·钱德勒的《回放》（1958）。卡波蒂相信钱德勒的才华没有被文学界正确认可。

了。[威廉 ·]阿尔托的事真悲伤，真奇怪。[1]好吧，[艾莉亚 ·]卡赞还没有出现在这个难以接近的岛上。仍然喜欢希腊，但对希腊人有怀疑：孩子们那么可怕：只学五个希腊单词，为了说“闭嘴，肥妞”和“闭嘴，肥仔”。祝福你，甜心，来自我们四位的爱——

T

[耶鲁大学贝尼克图书馆收藏]

致唐纳德·温德姆

[明信片]

[希腊帕罗斯]

1958 年 8 月 28 日

这是个山村。杰克救了一只被几个残忍的人扔进海里的小猫，他救活了它，真是个奇迹。[2]所以现在我们是五位！无法想象我们怎么回到家。希望你现在如往日一样强壮。写封信。爱你的

T

[耶鲁大学贝尼克图书馆收藏]

致塞西尔·比顿

[希腊帕罗斯]

1958 年 9 月 4 日

---

① 威廉 · 阿尔托，卡波蒂 1949 年在伊斯基亚相识，死于白血病。

② 杰克 · 邓菲用教导苏格拉底关于爱的哲学的希腊女祭司的名字给猫起名为“狄奥提玛”。

亲爱的塞西尔——

猜怎么了？正在下雨！——哦，或准确说刚才在下：现在，两分钟后，太阳又出来了。

我们多么想你！你在这儿的时候真美好。在某种程度上，我们最美好的年假[此处不清]。你走了之后，那个晚上杰克突然说："塞西尔是个出色的男人。"这是他的高度赞扬；但不及我对你评价的十分之一。

很喜欢你雅典的那封信。想象撞见所有那些船员：如同去巡航而又不必走一样。

尼克对自己即将在威尔特郡来临的生活非常兴奋。[①]你走了还不到二十四个小时，他便问有没有他的信。他充满了问题：需要多长时间才能拿到劳工[此处不清]证？拿到之后他该做什么？他该跟英国使馆的哪位联系？他会乘飞机去英国吗？他完全准备好了出发，只等文件到位。我想他会为你干得很好的——只要他能进电视台（我是认真的）。

小猫很好，虽然昨晚她消失了几个小时引发了一场危机。我们拿着手电筒出去找到她了。

我恐怕得放弃伦敦的想法，甚至威尼斯也是。留下杰克独自应对所有这些生命和垃圾，真是不公平——即使他愿意如此。

别害怕，我不会提到日记的。[②]但是，虽然我完全明白你的不安，我觉得你会发现，唯一真正被冒犯的人（虽然很多人会假装如此）是那些没包括在内的：那一直是我报道的经验。

---

① 尼克是个希腊人，比顿显然对其承诺在英格兰有份工作。

② 比顿曾计划发表他的日记。第一卷——《塞西尔·比顿日记：1922—1939》——于1961年发表。

现在写信。让我知道些什么告诉尼克。来自我们五位的爱

T

又及：帕迪和那个阴沉的格伦终于离开。现在这里没人，只剩粉刷匠。

[剑桥大学圣约翰学院收藏]

致威廉·肖恩

希腊帕罗斯

1958 年 9 月 29 日

亲爱的肖恩先生——

在岛上的这几个月里，我一直想要同人交往；现在，几天后我就要出发——让人遗憾，这始终是个非常完美的工作地点，而且在其他方面也都非常舒适。

说起工作，你可能记得，朦胧地，朦胧地，我正在写一篇目前叫做《俄国革命的女儿》的文章。到了七月中我已完成一个我觉得相当好的版本，好得几乎就寄出去了；但是，当我读了一遍又一遍，发现其虽然似乎很坚实可靠，却没有随着正确节奏加速，也不得不承认我没按其恰当的形式来制作而偷工减料：这需要一个直白的叙事线条，游移倒叙和旁白。我却反而用更简单的插话式、轶闻般手法；它是很成功的——但我的良心，这无情的生物，持续不停在叫喊。我想：哦天哪，我只是不能再这样做了；但我知道我必须如此，虽然八月的大部分时间我还没能见到就已溜走。好吧，我在那之后就一直在加工改进。在原稿中，更好的那部分涉及一个晚上：现在我就从那个晚上开始，然后，可

以这么说，在那溜进和退出。我希望你会喜欢它；我自己喜欢。我说不好什么时候会完成——长时间投入地在为阿维顿摄影集撰写文本，一月一日要交稿，真是块讨厌的绊脚石。不过我认为准备就绪，它可以在二月出版。

悲痛万分地听到沃尔科特·吉布斯的死讯，怀特先生的悼词最让我感动。[①]如果像有人写信给我提到的，说我的老朋友[肯尼斯·]泰南真的要当个戏剧批评家，这个领域就会变得蓬勃有生气了。[②]

我希望这封信能让你好好的，一路顺利成为布鲁克林高地的房主。我会在十月二十三日回到纽约。

致敬

杜鲁门·卡波蒂

[纽约公共图书馆收藏]

致本内特·瑟夫

希腊帕罗斯

1958 年 9 月 29 日

心爱的本——

我非常感激你的电报；你想得真周到把它寄来——我多么想看到那本书，想知道它何时会到达。

---

① 沃尔科特·吉布斯，幽默家和戏剧评论家，1958 年 8 月 16 日去世，悼词由其同事、《纽约客》作家埃尔文·布鲁克斯·怀特所作。

② 泰南确实成为《纽约客》的剧评家。

昨天一个警察来了，说当地警长想在他办公室见我；但不愿说为什么，只说我该跟他走；一切都是相当险恶，挺像是格莱特利小姐发生了什么事；我不知道自己做了什么。

当我们到达警长办公室时，我看到在他桌上有一个兰登书屋寄来的航空包裹——警长和当地邮递员正对着包裹犹豫不决，仿佛里面装有海洛因。这就是我为何被拉到那当面开箱：他们想确定我没有走私海洛因——或者至少有些文章的稿酬我应该要交税。

所以就是在这种奇怪的监督下我第一次看到了那本书。但什么也无法减损它给我的快乐；因为它真是很美，不可能再美了；而且，一如往常，我很感激能有这样有品位而又体谅人的出版商。此外，通读过后，我喜欢上了自己的作品——一件我想可以期待的大事，不过它并不总是那样出现。我一点都没有狡辩：除了我希望我已亲自校稿，因为有些揪心的错误。无论如何，保佑你，感谢你，最亲爱的本内特：你是个好人。

我希望你的好心能包涵下面我所必须告知的；因为，会把心情从至高拖至绝望的深渊——我没有写《辛巴达》。[①]是的，这是我说的：没有，我没有。我试图写过；我七月白费了一个星期，写了五页过后就停滞不前；我上个月又试图重写。但是，唉，它让我非常厌倦：一个不专业的借口，但我找不到别的理由了。

当然我打算退回定金；或者可以从我正在写的两本书中的任何一本里扣：一部长篇小说，我的代表作，一本我必须对其绝对沉默的书，以免惊动我的“模特”，这本书我觉得如我概述一下

① 卡波蒂计划为菲莉丝·瑟夫编辑的丛书写本儿童读物。

（只要你决不对任何人提及它），就真的会让你感兴趣。这部小说叫做《应许的祈祷》；而且，如果一切顺利，我想它会应许我的。另一本书，非虚构作品，叫做《俄国革命的女儿，及其他人格》——我们相见的时候我会解释它的。也就是说，如果你会跟我说话。我会在十月二十三日到家。向我最喜欢的编辑也向他的妻子致以爱。

杜鲁门

又及：你不用回复这封信；我四天后就离开这里——很悲伤，这始终是个极好的工作场所。

［哥伦比亚大学图书馆收藏］

致约翰·马尔科姆·布里宁

［纽约布鲁克林柳树街 70 号］

［1958 年 10 月］

最亲爱的马——

总的来说，我宁愿希望你会介绍我；这样能让观众安静并集中他们的注意力——去年在芝加哥，他们决定不要介绍，我猜想当时是“非常有效”，但我花了十分钟才让观众进入聆听的状态。不过，你做你认为最好的就好。①

我不确定我会去里兹，所以会很高兴去科普利的——如果他们让我去。

① 卡波蒂 1958 年 12 月 14 日在哈佛桑德斯剧场举办他几部作品的读书会。安排读书会的布里宁将他介绍给大约千名观众。

我会乘早上的火车，下午较早时候到达；请不要来接我。我会直接去酒店：你三点会到那儿吗？这样我们在宣传会之前可以聊聊？说到这，你能否要他们邀请一下我的一个朋友，在拉德克里夫的一个学生——

剑桥林那恩路60号布里格斯会堂
弗朗西丝·菲茨杰拉德①

我在报纸上看到你十二月四日会在诗歌中心②。请给我打个电话。渴望见到你——

爱你的
杜鲁门

［特拉华大学图书馆收藏］

致约翰·马尔科姆·布里宁

［纽约布鲁克林柳树街70号］
［1958年11月初］

马尔科姆亲爱的——

一封非常诱惑的信，我亲爱的；你确实很有魅力。

如果你很快要来纽约，让我知道；电话是TR5－0388。

---

① 卡波蒂朋友玛丽埃塔·特里的女儿菲茨杰拉德，之后写出倍受欢迎的书如《湖中之火》和《山上之城》。

② 布里宁从1949年至1956年任青年诗歌协会中心主任，该中心也被称为曼哈顿第九十二街Y。

至于弗兰克·墨菲和A.[阿文]先生，我觉得他俩听起来挺般配，两个的确都很享受如此纯洁的傲慢。

请吧，为我预定一间十二月十四日的里兹的房间：我会乘早班火车；然后我们能喝一杯，再去读书会。

保佑你，爱你

T

又及：这封是一周前写的只是现在才寄出。我改变了计划，将会在十三日到波士顿。所以预定十三和十四日的。

你见过高扬先生在上周日《时报》上对我的书的“评论”吗？那个作为一篇恶毒的酸葡萄如何？[①]真是个心理变态者。

拥抱加亲吻

T

[特拉华大学图书馆收藏]

致威廉·肖恩

[纽约布鲁克林柳树街70号]

[1958年11月15日]星期六

亲爱的肖恩先生，

这几天试图接受此事为一种在我身上发生过多次的事件后，我发现自己难以接受，我仍然为受到伤害深感沮丧，极其

① 威廉·高扬关于《蒂凡尼的早餐》的评论出现在1958年11月2日的《纽约时报书评》上。他贬损卡波蒂为“也许最后一位老式情人节制作人”，并谴责他栖身在完全由他自己编造的“装饰杯垫般的故事天地”。

轻蔑且无缘无故的侮辱方式令我的书在最新一期的杂志里遭到“不屑一顾”。[1]我不会因一个不利的通告而烦恼；但我很认真地工作，花了数年创作这些小说，也相信自己应该得到的不只是一居高临下的段落，得出一种极不严肃，又不公正且毫无意义的俏皮话，对此评论者并不试图加以解释或证实。确实，我非常惊诧，《纽约客》这样一个我毕竟有些交情的杂志，不仅会以这种风格对待我，而且似乎费尽心思地来做。因为作者匿名，所以看起来是杂志在说话，无疑在纵容——这会严重影响作为撰稿人的我曾经拥有的自豪和自信。

致以个人的敬意

最真诚的

杜鲁门·卡波蒂

［纽约公共图书馆收藏］

致肯尼思·西尔弗曼

［纽约布鲁克林］

［1959 年 5 月 26 日］

亲爱的西尔弗曼先生，

这不是回复你十分友好的来信；只是一封鸣谢：我身处工作，没有空以你应得的方式来回复。为了值得(不太多)的，我对

① 《纽约客》(1958 年 11 月 15 日)里一篇未署名的简短评论把《蒂凡尼的早餐》当作空洞怀旧而不予理会。

出现在《作家访谈》一书里有关风格的主题作了些评论。[①]当然我对你在此问题上的兴趣深表同情：很少有作家，更少有读者，也是如此，或甚至知道它的存在。但真的没有人们可以提供的实际帮助：这事关自我发现，个人信念，或事关各自的工作：你的风格是那些对你似乎自然的东西。这是一个漫长的发现过程，永不停歇，我仍然在致力于此，而且会持续一辈子。你也必须如此。[②]每一美好祝愿都为了你作为艺术家的健康，否则——

最诚挚的，

T. 卡波蒂

［肯尼思 · 西尔弗曼收藏］

致塞西尔 · 比顿

［马萨诸塞州达克斯伯里克拉克岛］

1959 年 6 月 12 日

最亲爱的塞西尔——

以我并不很浅之见，你的代理与其读者百分之一百地错了；而且错得如此一心一意，固执不让，以至于我，作为个人，无法对他们还口：这就是问题的全部：要么你就欣赏日记的原貌，要么你就别这样——这不是你能争辩的任何事情，如同跟一个不喜欢芦笋的人争执一样。我理解他们的诚意，而且也完全明白，很多人，也许大多数，会同意他们的观点。但日记的价值在于其诚

① 《巴黎评论》出版的《作家访谈》系列第 1 集。

② 西尔弗曼的确如此。他成为一名传记作家，1985 年因《科顿 · 马瑟的生平与时代》获普利策奖。

实，如果你胡乱修补，那就会变成非你之物。这些评论家简单地要求你成为与你有别之物：某种顺应他们关于何为正确、高雅、有趣之类的想法的东西。我说，去他们的；这些人无论你做了什么都不会喜欢日记的。

我特别失望，当你在纽约时，我却没能见到你，或连通个话也没能。但我必须去大陆接个电话，这一切都非常复杂。房子非常完美——宽敞、洁净、明亮，微风习习，四周长满树的美丽草坪向下倾斜至海滩——绝对是我们住过的最好地方。工作绝妙。我希望你回来时我们还在这里，我非常想你看看这个地方。你觉得《吉卜赛》怎样[①]？哦亲爱的，尼克的事太令人烦恼；他可以学到很多，他真是个傻瓜，不占便宜。或者那也许就是他正在做的，在占便宜。所有的动物都很好，杰克也是。大家向你致以爱。赶快写信，我想念你，最亲爱的朋友。

永远的

T

［剑桥大学圣约翰学院收藏］

致塞西尔·比顿

马萨诸塞州达克斯伯里克拉克岛

1959 年 7 月 15 日

最亲爱的塞

我非常喜欢你在花园里晒盖恩斯伯格服装的那张照片：好

① 音乐剧《吉卜赛》1959 年 5 月 21 日在百老汇首演。

吧，真是令人兴奋的消息至少那剧将要完成！[1]我想唐纳德·沃尔菲特会很棒的——你已挑好女儿们的演员没？我非常想知道所有的消息——什么时候首演，在哪上演。如果我能安排一趟快速航班飞过来看看，（对我来说）真是太好了。谁知道呢！

我自从六月初就再没收到斯利姆[·海沃德]的信，那时她在西班牙；我相信她还在欧洲，但最近我已经非常担心她的杳无音讯——而且你关于利兰[·海沃德]和帕梅拉·丘吉尔的消息令我震惊；我什么都没听说！[2]——人在比亚里茨的芭比[·佩雷]，上次来信没有提到这，尽管信几周前就已抵达。五月底，就在我回来之前，我看到利兰和丘夫人在一家餐厅私下碰面——我还跟他们开玩笑，说我要写信给斯利姆（她已经离开去了欧洲，利兰本该一周后在那会合——但根本没去）。事实上，我以自己通常的笨拙，的确写信给斯利姆问她是否知道她丈夫正和臭名昭著的丘夫人厮混一起。哦天啊！你确定这是真的么？他真的离开斯利姆了？请写信告诉我你所知道的。我深爱斯利姆，我很惊奇她没有写信给我，我一定要立即找到她在哪。——这里一切都很好，真的喜爱这房子，正在努力工作。杰克向你致意。祝你的剧一切好运，我亲爱的朋友。

爱你的

T

［剑桥大学圣约翰学院收藏］

---

① 比顿仍然在试图让他的剧《盖恩斯伯格女孩》取得成功，剧名已改为《风景与人影》。如以前一样，该剧在英属省份城市巡演；但又如以前，并未足以成功到在伦敦或纽约上演。

② 纽约上层社会都在关注利兰和斯利姆·海沃德的婚姻破裂，这一切由利兰与温斯顿·丘吉尔曾经的儿媳帕梅拉·丘吉尔的风流韵事所造成。

致本内特·瑟夫

［马萨诸塞州达克斯伯里］

1959 年 7 月 23 日

最亲爱的两位，[1]

保佑你们，至少保佑本内特，寄来可爱的信，而且我当然想写，或者说重写那本儿童读物。L. 波利斯寄给我了手稿，我一直在思索着它。不过，既然字数的限制已被取消，我不知道这小说是否恰当。总之，我想到了另一个在我看来似乎是令人愉快的东西。好吧，我会写一个或另一个。这是那房子的一张照片，虽然模糊不清——真的非常漂亮，一个绝妙的工作地点，我希望自己富得能够买下它。无论如何，我一直在写作，而且在写我的一篇小说和另一部长的短篇。我希望你在芒特基斯科的夏天一直过得愉快。我非常担心斯利姆；她真的被利兰和亲爱的帕梅拉惊呆了；她一直和佩雷一家待在比亚里茨，但现在他们回家了，我希望她也回来；我希望她愿来和我待在一起。请寄给我一本莫斯·哈特的书[2]（我猜我是唯一真正八卦且没有收到此书的人）。我想我十月一日前将会回家；但我的天啊我真的想念你！

哦——我瘦了六磅！十磅会让人满足。别做任何惊人的事——等着我。

爱你的

T

［哥伦比亚大学图书馆收藏］

① 这封信原是写给瑟夫和他妻子菲莉丝的。

② 《第一幕》，哈特早期戏剧生活的回忆录。

致卫斯理·哈特利[①]

［明信片］

［马萨诸塞州达克斯伯里克拉克岛］

［1959年7月23日］

我应该说一个学生只要他始终能保持做个学生就能做得很好。在我看来非常怀疑，正规教育可以伤害一位潜在的艺术家——当然，它也不会让他成为一位艺术家。

T. 卡波蒂

［佚名收藏］

致威廉·肖恩

［马萨诸塞州达克斯伯里克拉克岛］

1959年8月18日

亲爱的肖恩先生，

在整整八个月的工作后，我仍然不满意自己的文章，《俄国革命的女儿》。我似乎对其已失去信心，或至少对自己写它的能力失去信心。因此，我特退还杂志社给我的机票费。如果能安排另一项目给我，我会尽量不让你（或我自己）失望。

真诚的，

杜鲁门·卡波蒂

［纽约公共图书馆收藏］

---

① 卫斯理·哈特利，一位中学英语教师，写信给许多作家提出这样一个问题："你的中学教育对你来说有多重要，大学的经历对创意写作是必要的吗？"

致格洛莉亚·范德比尔特

马萨诸塞州达克斯伯里克拉克岛

1959 年 8 月 20 日

亲爱的朋友，

原谅我的延迟；我外出了十天，剧本在这段时间抵达。现在我已读两遍。场景为一系列诗意的马赛克，每个都镶嵌得十分引人深思。你的眼光很好，一位画家的眼光，可以解析一个非凡的蒙太奇，一幅萦绕心头的或富于幽默的图像，而且每个分解开来，均能成功投射其色彩与情感。但在我看来，这些情感，这些小图案，过于分离——或者，也许，过于相似。我感觉大部分作品，尤其在戏剧作品中，幻想，尤其是心理幻想，必须由非常现实的细节所框定：否则它无法完全活跃生动——诗歌不能全是诗歌，它需要世俗问题的对照。《西纳米》的主题线条完美清晰；但作为一部剧，它让我不满意，因其人物在我看来不够栩栩如生，而且他们的动作，从人物连续性的意义上说，都太随心所欲。这是一部带台词的芭蕾：我这样说并非在批评，恰恰相反，因为这是一个非凡的成就，一个也许无法采用除你所用之外的任何其他方式而能够达到的成就。通篇写作很有天赋，诗意创新，我非常想看这部剧被演出来，同时我想看到你写另一部剧——一部你故意压抑你对氛围和“编舞思想”的自然天赋的剧：一部自然主义的、非实验性的戏剧，用你非常的敏锐洞察日常事务。我知道你能做到，而且这会加强你其他各式各样的天赋。你有真实才华；而且，同样重要的是，你能严以自律。

亲爱的，我希望你夏天过得愉快。我的夏天非常安静，我写作，我读书，偶尔坐在沙滩上：就是这样，我非常想念你：会在

十月二日回来，希望很快见到你。就写一行。我永远的爱

T

［格洛莉亚·范德比尔特收藏］

致塞西尔·比顿

［马萨诸塞州达克斯伯里克拉克岛］

1959年8月24日

最亲爱的塞——

由于我不知道《风景与人影》（我喜欢这新标题）在哪儿首演，也不知道什么时候演（虽然我想它很快就上演了），所以现在赶紧寄送给你最衷心的美好祝福。[①]杰克也如此。我知道你一定是极度激动，我并不嫉妒你——但我真的知道我的希望完全和你同在。

刚从新罕布什尔拜访佩雷家一周后回到岛上。这是我第一次离开，但我并不喜欢小孩泛滥的家庭，所以回到这与世隔绝的宁静的家确实美好；我不介意一直都住在这儿，仅仅是涉足一下尘世。不过我恐怕身体上难以可行。出自最爱社交的人群，我似乎愈加需要大剂量的隐私。在佩雷家（顺便说下他们神采奕奕且身材美丽）谈论很多的是“A话题”——海沃德和丘吉尔两人的胡闹。我收到斯利姆的一封长信，非常令人同情，非常令人惋惜，但充满理智；似乎利兰从没有要她离婚，尽管丘女士告诉每个人她十一月会成为海夫人。整件事情在库欣姐妹之间引

① 比顿的剧9月7日在纽卡斯尔首演。

起某种“状况”：[1]芭比和明妮发誓与“那泼妇”永久为敌，而姐姐贝琪则是丘女士最大的支持者(她是如此的感激，对她自己幸福家庭的威胁已经解除)。整个纽约被分成了两个战营：支持斯利姆分队，由佩雷夫人指挥，杰罗姆·罗宾斯和梅因布彻两人为副，已经将[莉奥诺拉·]霍恩布洛夫人送到行刑队，因为她宴请了利兰和丘女士——这很奇怪，考虑到她一直都是斯利姆如此亲密的好友。[2]无疑丘女士将会在即将到来的竞争中取胜。不必多说，我誓死拥护斯利姆。当然整个故事悲伤而愚蠢；我对斯利姆对她所必须充当的伤感角色感到无尽的遗憾。这本是她可以如此轻易地幸免的事，除了丘女士那长舌策略。无论如何，她九月十五日就要回来承担后果。这里天气一直很美，今天有着希腊蓝色的炽热清澈，尽管当你站在背阴处可以感受到秋天。亲爱的，艾琳[·侯斯][3]能否查查伦敦电话簿，寄给我“博尔顿工作室”的地址？我听说哈罗德·阿伦为《萨拉托加》的配乐极棒；但是演员，正如同报纸上提到的，听起来凄凉。我想知道你是否会来克拉克岛？不知何故，这似乎不大可能，非常遗憾——

我非常想让你看看这里。艾什伍德(我相信他正在往伦敦路上去看他患病的母亲)在加利福尼亚得到一份教学工作。我们十月一日回到纽约。方便的时候给我写信；我想念你。

---

① 库欣三姐妹是将脑外科从一种艺术转变为一门科学的波士顿医生哈维·库欣的女儿们。她们全都嫁给有钱财有魅力的男人——全都不止一次。老大贝琪现在同约翰·哈伊·惠特尼结婚；老二明妮嫁给文森特·阿斯特后同一个社会艺术家詹姆斯·福斯伯寻欢；最小的芭比，现在同哥伦比亚广播公司电视和广播网络的老板威廉·佩雷结婚。

② 霍恩布洛是电影制作人小亚瑟·霍恩布洛的妻子。

③ 侯斯是比顿的秘书。

爱你的

T

[剑桥大学圣约翰学院收藏]

致理查德·阿维顿

[马萨诸塞州达克斯伯里克拉克岛]

1959年8月27日

亲爱的合伙人，[①]

你把我们的小故事做得非常漂亮，谢谢寄来那些图片。它们非常清新且又好笑，天哪！你们所有人肯定苦干过。我希望那旅行，以及[此处不清]的环游会有利于恢复的乐趣，也能让你准备好处理些关于《书》的杂事。[②]

一、让西蒙·舒斯特公司[③]试着为你安排与莫里斯·道尔比耶的采访，他在《周日论坛》上撰写图书专栏，在《周日时报》上撰写书评专栏。据我所知，他们从没有采访过摄影师，因此我觉得他们可能会的。此外，安排一次与玛莎·麦格雷戈的采访，她在《纽约邮报》负责图书专版。还有美联社的W.G.罗格斯。这些会很有帮助的。

二、务必将书稿送至——

欧文·霍夫曼（他把所有的图书信息提供给了[沃尔特·]温

---

① 卡波蒂和阿维顿联手创作《观察》；卡波蒂撰文，阿维顿摄影。

② 阿维顿在西西里。

③ 西蒙·舒斯特公司出版了《观察》。

切尔）

多萝西·基尔加伦

艾德·沙利文

莱昂纳德·里昂斯和理查德·瓦茨[①]

一定要包含有写着“来自作者的敬意”的卡片。这会取得成功的，相信我的话。

三、安排上戴弗·加洛维的节目。杰克·帕尔也卖书；剩下的，在我们看来，都不是很重要。[②]

四、正如我们以前说过的，如果《时代》和《新闻周刊》，尤其是前者，能给书以某种形式的推广，那会是令人愉快的。看看你能不能弄清他们是否也有这个打算。

我知道我不需要强调这些问题有多么重要，所以开始努力干吧。

我还在过着我那修道士般的安静生活，写我的小说和短篇故事。我十月一日将会回来。

爱埃维[③]和你。

你的朋友

T

［理查德·阿维顿收藏］

---

① 温切尔、基尔加伦、沙利文、里昂斯和瓦茨都是广为阅读的专栏作家。

② 加洛维是《今日秀》，一个受欢迎的早间节目的主持人；帕尔是《今夜秀》的主持人。

③ 埃维·阿维顿是阿维顿的妻子。

致唐纳德·温德姆

［马萨诸塞州达克斯伯里克拉克岛］

1959年9月8日

最亲爱的唐尼，

热浪来袭，水管又爆，真是抱歉；但你所有其他的消息肯定都好——福斯特真的是令人赞叹：他作的介绍一定会给评论家留下深刻印象，又能引起对这本书的特别注意[①]。你应该感到深受鼓舞：我会的，老天知道。

你当然可以把我当作古根海姆奖的推荐人；我应该十分高兴地用几百个绚丽的形容词告诉那帮笨蛋你是多么有天赋。但是学院派们，大学教授们，似乎才是他们所信任的。你知道有谁可以问的么？好吧，问问罗伯特·佩恩·沃伦（我读过，或者试图读过，他的新书，《洞穴》：哦真是太无聊了，无聊，而且是如此的不自然）。还有格伦威［·威斯科特］？男爵夫人［伊萨克·丹尼森］？当然啦，还有福斯特。卡森［·麦卡勒斯］？问得越多越好。[②]

我一直感到很伤感。凯·肯德尔的死真的让我震惊了。[③]她是个漂亮、可爱的女孩，我非常喜欢她。我一年多前就听说她有白血病，但我并不相信。此外，我的朋友海沃德夫妇正闹离婚，我为她感到担心且难过。我的作品进展得也不太好；那之后，就

---

① E. M. 福斯特为温德姆的小说集《温暖国度》（1960）作序。

② 卡波蒂建议的作家是罗伯特·佩恩·沃伦，格伦威·威斯科特，男爵夫人凯伦·布里克森（伊萨克·丹尼森），E. M. 福斯特，以及卡森·麦卡勒斯。

③ 肯德尔，出色的喜剧演员，雷克斯·哈里森现任妻子，1959年9月6日死于白血病。

根本没了进展。如果我能当一个写得出东西的作家，而不用老是重写就好了：自我批评是好的，但当其与我等身时，就不好了——随之这就只是一个肿瘤在耗尽一个人所有的信心。过去的十周里我只写了十五页，而我每天都写。

我们十月一日星期四会到家。我渴望见到你。

祝你在《纽约客》好运。

向桑迪致以爱，

也向你，

T

［耶鲁大学贝尼克图书馆收藏］

1959—1966

一家四口被杀与黑白化装舞会

一九五九年十一月十六日星期一早晨，卡波蒂在《纽约时报》第39页里看到一则不太显眼的独栏新闻。标题是《富裕农场主及三位家人被杀害》。“一位富有的小麦农场主，他的妻子和他们两个年幼的孩子今天发现被射死在家中，”故事接着写道。“他们身被捆绑口被塞住后，遭猎枪近距离射死。”仅凭这短短一则报纸新闻，卡波蒂说服了《纽约客》派他去堪萨斯。他本意是想写一篇文章报道这起谋杀案对霍尔科姆地区，也就是被谋杀的克拉特一家人所居住的小社区，及邻近的花园城的影响。

他带着自己的幼年伙伴哈珀·李，出发去了一个对他来说如同苏联一样陌生的世界。花园城的善良住户并不喜欢这样一个对他们来说十分陌生的人——个子矮小，打扮花哨且带小男孩音。不过，一次友好的圣诞晚餐邀请给卡波蒂的魅力带来突破口，而后整个小镇都接纳了他。五天之后，十二月三十日时，凶手迪克·希科克和佩里·史密斯被逮捕；两个半月之后，在一九六〇年三月，他们被审判、定罪、判处死刑。随着凶手被捕并被定罪，卡波蒂意识到他能写的不只是一篇文章；他能写一本书——而且可能是一本佳作。他取名为《冷血》。

他完成了在堪萨斯的基本调查之后，回到了欧洲，在那儿他和邓菲在西班牙海岸租屋度过了两个夏天。冬天，他们在瑞士的韦尔比耶村买下一套小公寓。在欧洲，卡波蒂缓慢而又痛苦地写着自己的书。“我想这听起来有点自负，”他告诉唐纳德·温德姆，“但我觉得把它写出来是一项伟大的义务，即使这些素材让我越来越无力、麻木，而且，嗯，越来越害怕——我每晚都做着如此可怕的噩梦。”终于他完成了一切，除了结尾一章，要等被定罪的人用完他们可以上诉的最后一次机会，方可结束。月复一月的焦虑渴望，他等待着终审法院的最终判决。那天终于来到了，一九六五年四月十四日，在卡波蒂的目睹下，希科克和史密斯被处绞刑。

《纽约客》一九六五年秋将《冷血》分四部分发表。兰登书屋随之于一九六六年一月出版了精装本，其反响是每位作家所梦寐以求的——几乎一片赞扬，惊人的图书销量以及通常是留给影星的声誉。《冷血》在那十年里是出版界的热门大事，而卡波蒂则是每时每刻的名人。

卡波蒂在如此辛劳创作之后，欲放松娱乐一阵。于是这本名扬十年的名作问世之后，在一九六六年秋，一场持续十年的聚会紧跟而至。十一月二十八日晚，一个下雨的星期一，富豪名流们，以及许多卡波蒂喜欢的平凡人物，步入曼哈顿广场酒店，参加一场黑白化装舞会。如《华盛顿邮报》所写的，卡波蒂的名字，“和一份念起来如同《世界名人录》一样的嘉宾名单一起，将该舞会提升到一个盛大的、历史性的社交‘事件’。”亚拉巴马小男孩他来了，他看到了，他征服了。

除了从兰登书屋退休的罗伯特·林斯科特，卡波蒂这一时期的通信对象仍然与之前一样，又新增两个重要的人物——阿尔文·杜威，负责克拉特家案件的探长及其妻子玛丽。他写给杜威夫妇的许多封信包括信息询问——他显然欠他们的人情——但不久之后，显然是友谊超越了便利。事实上，他几乎接受了他们——而他们也接受了他。他在一封信里称呼他们为“亲爱的们”，在另一封里是“最亲爱的宝贝可爱兔”。凯瑟琳·格雷厄姆，《华盛顿邮报》的发行人，同时也是他黑白化装舞会的贵宾，也以“亲爱的凯凯”之称出现在信里。佩里·史密斯也简短地出现，他记起一首诗，向卡波蒂讨问诗句。卡波蒂找到了——是一位曾经红过的加拿大诗人罗伯特·W.塞维斯所写的——他可能注意到诗句用在他们两人身上同样恰如其分：

有种人无法适应
　　毫不安分守己
故伤透亲朋心灵
　　随意天涯浪迹……

致克里斯托弗·艾什伍德

［纽约］

1959年11月23日

亲爱的克里斯——

所有我听到的对你发表在《伦敦》杂志上的小说节选[①]的热情评价，（我想）你都会很高兴。那期杂志从书架上消失得如此迅速，以至于我十分艰难地才找到一本。噢，真的非常棒；就像人们说的一样棒——我渴望读这本书。

我明白你确实离开了兰登书屋；我想你做了正确的事——那里的人员相当卑鄙。

上次我收到唐［·巴查迪］[②]的信，那是太久之前的事情了，他说你会去学院教书，去哪儿呢？那儿是怎么样的？

塞西尔直到一个星期前还在这里——为一部叫作《萨拉托加》的音乐剧制作（布景和服饰）。我在费城看了。[③]糟糕透顶。除了塞西尔的贡献之外。塞尔兹尼克一家在这里——他一直病得很厉害；她（偏偏）在那家演员工作室学习；他们正在这里找房子——说他们正要卖掉加利福尼亚的那一幢。田纳西和弗兰基他们从世界各地逃亡回来了。看了他的电影《夏日惊魂》，相当不错。同时也看了他们改编自《奥菲斯沉沦》（白兰度和马格纳尼主演)的电影。这片真是臭。遇到了S.［斯皮德·拉姆金］：失败使他有所改进。另外(在同一个晚上，不同的地方)碰到G.［戈尔·］韦达尔——我们无话不说。见到你的朋友，朱莉·H.［哈里斯］，在演剧——她非常迷人，但剧并不怎么样。[4]哦，我可以一直写下去——写信给我，可能我会的。我爱唐。我想念你们俩，

T

［亨利·E.亨廷顿图书馆收藏］

致阿尔文·杜威[5]

堪萨斯花园城沃伦酒店

［1960年1月6日］

亲爱的老狐狸，

我们确信你在漫长而英勇的旅程之后，会喜欢长饮痛饮这酒的。

所以：欢迎回家!

---

① 《下去探访》，发表于1962年。

② 唐·巴查迪，青年艺术家，艾什伍德的长期伴侣。

③ 《萨拉托加》由哈罗德·阿伦作曲，约翰尼·默瑟作词，1959年12月7日在纽约冬日花园剧院首演，上演80场次。

④ 乔·马斯特洛夫的《温暖半岛》1959年10月20日在海伦·海斯剧院首演，上演86场。

⑤ 小阿尔文·杜威率领堪萨斯州调查局专案组调查克拉特一家惨案。他与卡波蒂的关系一开始十分摇晃，但是卡波蒂很快与杜威、他的妻子玛丽，以及他的两个儿子相处得十分友好。卡波蒂称他为“老狐狸”，是因为他拒绝给予特许保密的信息。杜威“漫长而英勇的旅程”是指逮捕了在拉斯维加斯被抓到的两位凶手，将他们戴着手铐押回花园城。卡波蒂和哈珀·内莉·李将此信笺附在一瓶珍宝苏格兰威士忌上。

来自你最忠诚的历史学家

杜鲁门

内莉

［纽约公共图书馆收藏］

致塞西尔·比顿

［纽约布鲁克林］

1960 年 1 月 21 日

最亲爱的塞西尔——

昨天回来了——在堪萨斯待了将近两个月：一次极为特殊的经历，很多方面都是我所遇到的最有趣的事。我会让你读到它的——它可能相当于一本小书。

我不知道你是否还在圣莫里茨，不管你在哪儿，我都羡慕你——这里又冷又黑，每个人都离开跑去白雪皑皑或是阳光灿烂的地方了。

我很惊讶"这个人"在你"求婚"时非常惊讶。大为吃惊的是她犹豫了：但我觉得这非常好地说明了她；如果最终实现，我确信这对于再三考虑会是一件更好、更开心的事情。事实上，对我而言这听起来比之前更有希望。不过，我们就会明白。[①]

---

① "这个人"是朱恩·奥斯本，一位寡妇，年轻比顿许多岁，贵族身世。她拒绝了比顿的求婚，不难看出为什么。如他日记里写到的，这是他求婚时的措辞："长期以来我一直不知道我是不是敢问你是否愿意嫁给我，因为我觉得这对我来说是如此之好的一件事情，尽管有充分的理由为何你不想。"他拒绝接受"不"，之后再次尝试，方式甚至更加拙劣。"你考虑过我们黏结在一起吗？"他问她。"喔，别那么说，"她回答，答复还是不。

多么令人震惊，斯特拉福德和其他人以那样令人厌倦而又浪费的方式告吹落空。我讨厌那剧院——除非它确实把你带到纽约；非常期待你三月份的归来。

没有消息，也没什么八卦，至少，退出社交好久了，我谁也不认识。

会再写信的，等我卸下行李收集更多之后。

爱和拥抱

T

［剑桥大学圣约翰学院收藏］

致阿尔文和玛丽·杜威

［纽约布鲁克林］

1960 年 1 月 22 日

亲爱的玛丽和阿尔文，

我们经历了相当长的旅行到达纽约（超级酋长号[①]晚到芝加哥六个小时，这意味着我们得在那里过夜之类）——但终于在星期一晚上抵达。

我已同《纽约客》的职员进行了长谈，也同兰登书屋谈过。就在今天我签下了书的合同。[②]每个人都非常热情。当我们回来时，我很有可能会把轻松地成为世界上最杰出的艺术摄影师的理

① 超级酋长号是圣达菲铁路公司运行于芝加哥和洛杉矶之间的豪华列车。
② 这书即为《冷血》。

查德·阿维顿[1]一起带来(因为我们可能在书中用一些照片——我担心那些现有的还不够好)。说到照片——请看一眼最新的《形象》杂志二月二日刊：大概在八十三页有可能会让你开心的东西。

内莉和我在火车站分手，自那以后还没见过面，不过我们通过电话，她想念你们，你们大家，保罗、杜威以及皮特[2]，非常地。我也是。

我很快就会给你们打电话。

同时，深爱——

杜鲁门

来纽约吧！

[纽约公共图书馆收藏]

致阿尔文和玛丽·杜威

弗兰德列号[中大西洋，在法国航线船上]

1960年4月17日复活节星期日

最亲爱的人们——

终于设法登上船(同行的有二十五件行李，两只狗，一只猫，以及我的好伙伴杰克·邓菲)——我们现在全都在这里，中大西洋。至少，并终于，我正在好好地休息一下：昨晚睡了十二个

① 卡波蒂和阿维顿联手创作《观察》一书，1959年西蒙·舒斯特公司出版了该书。

② 保罗和“杜威”(阿尔文·杜威三世)为阿尔文和玛丽·杜威年幼的儿子；皮特是杜威家的小猫。

小时。

原谅我的笔迹：尽管我在卡上说海有多么平静，但船还是相当的摇晃。

我们下周四二十二日抵达勒阿弗尔（我会在那里把这封信寄出）。[1]然后我们会一路开车去西班牙，将会花上三天时间。这里再次附上地址，只是要确定你们已弄清楚——

西班牙布拉瓦海岸（赫罗纳）帕拉莫斯卡蒂法街
J. Y. 米拉转交

我很高兴接到你们打来“一路平安”的电话：你们太好了。你们是真的好，我爱你们大家。

这只是简函一封；不过会在途中寄卡片，等我到了帕拉莫斯会真正写信。

拥抱和爱，

T

［纽约公共图书馆收藏］

致阿尔文和玛丽·杜威

西班牙布拉瓦海岸（赫罗纳）帕拉莫斯卡蒂法街
米拉转交
1960 年 4 月 28 日

① 邮戳上盖的是 1960 年 4 月 21 日来自南安普敦。

最亲爱的杜威一家，

真是太美好了，有玛丽甜美的信等着欢迎我到这。你们母亲的事我很抱歉；我真希望你们今年能看望他们。不过在雪城入室行窃真是极其滑稽：我将被窃物品列出清单——我可能在书里用到——这本书，顺便说一下，我就在今天早上真的开始写了。

我们花了四天开车南下穿过法国来到这里。一次非常美妙的旅行，到处春意盎然，绿地野花和美妙的天气。我们每天中午都野餐——不过是许多面包、奶酪和冷酒罢了。然后晚上一顿大餐。我肯定胖了五磅。

但西班牙的食物并不非常好——除非你喜欢一切食物都用橄榄油烹饪。这我可不喜欢。不过，我的房子非常迷人。这是个渔村，而房子就在沙滩边上——海水如同美人鱼的眼睛，清澈蓝莹。我起得非常早——因为渔民清晨五点开始扬帆出海，他们的声音如此的喧哗，就连瑞普·凡·温克尔也无法睡下去。不过这对我的工作倒很好，不是么？我所有的动物，两只狗和一只猫，经历旅行后平安无事。它们喜爱乘车旅行，尤其是那只猫。她老是失踪，而我们找到时，她总是坐在车里。

这房子我只租到六月十五日。那之后，会搬到西班牙海岸的其他地方，也许去葡萄牙。或者意大利。或者法国。谁知道呢？

希望狄克[①]已经寄了照片。他要印出来得花相当长的时间——他太讲究了。我这里有全部的照片。你们看起来都是那么可爱。因为你们确实可爱。我非常爱你们。拥抱保罗和杜威——给我

① 理查德·阿维顿。

写信

T

非常高兴那小道消息的文章反响不错!

[纽约公共图书馆收藏]

致阿尔文和玛丽·杜威

[明信片]

[西班牙帕拉莫斯]

1960年5月3日

亲爱的们——

书进展顺利。找到另一间房子，将在六月十五日搬过去——所以会在西班牙待到十月份。

阿尔文，有件非常重要的事情！南希[1]的日记写了过去四年的事情。我需要一九五八年十一月十四日星期六、一九五七年、一九五六年的内容。非常紧急！如果你不再拥有日记，谁有？想念你们大家。

爱你的

T

给佩里[·史密斯]写了信，不过信被退了回来。[2]

[纽约公共图书馆收藏]

---

① 南希·克拉特是克拉特家两个被杀害的孩子之一。

② 佩里·史密斯，连同迪克·希科克，因凶杀克拉特一家四口而定罪。

致阿尔文和玛丽·杜威

西班牙帕拉莫斯

1960年5月17日

亲爱的们——

非常高兴收到玛丽的信：同时也放心了——几乎一个月没收到你们的信了。谢谢你们寄来日记内容。

很高兴你们喜欢狄克的照片；我觉得照片神乎其神——如此的有生气，机智而富有魅力。

我们六月一日将搬进新房——地址我确信寄过给你们，这里再给一次：

西班牙布拉瓦海岸普拉加德阿罗
圣豪尔赫县“阿兹-扎哈拉”
克莱比施转交

这是幢在海上的美丽房子。我的天，我希望你们能来这里，而不是洛杉矶。说起这，请让我知道你们将要住哪家旅馆：我有一些好莱坞的朋友（尤其是大卫·塞尔兹尼克和他夫人珍妮弗·琼斯），他们会很乐意为你们安排电影城游览之类的活动。这事别害羞：他们真的很喜欢这么做，而且他们也知道你们的一切。所以立刻让我知道地址。我今天会写信给塞尔兹尼克一家的。他们的地址是：比弗利山高塔路1400号。

与书相关的一些小问题在继续，而且会继续下去。比如说，根据我的笔记，克拉特一家一九四三年建造了房子：但这似乎不可能；是一九四三年还是一九五三年呢？[1]还有，从霍尔科姆到科罗拉多边界有多远？行刑的新日期是否已经确定？（你能想象，我所有发自花园城[2]的电报都堆积在纽约没看。）

希望杜威的过敏反应得到了控制：还有皮特的好斗本能。爱保罗，爱你们所有人——

T

［纽约大学图书馆收藏］

致大卫·O. 塞尔兹尼克和珍妮弗·琼斯

西班牙布拉瓦海岸普拉加德阿罗

圣豪尔赫县“阿兹-扎哈拉”

克莱比施转交

1960 年 5 月 24 日

亲爱的们——

大卫的信终于从纽约转发过来了。[3]我们在这里有间可爱的临海房屋，将会待到九月底。但是不打算在我的书完成之前回纽约，而且，由于书如此的复杂，如此的长，以至于从现在起至少需要一年。老天知道，我正在努力地工作——没见任何人：虽然我觉得斯利姆［·海沃德］会在六月份来拜访数日。

说到书，它的“主角”七月要来洛杉矶。他名字叫阿尔文·

① 《冷血》里给出的年份是 1948 年。

② 堪萨斯州花园城，杜威一家所在地。

③ 塞尔兹尼克 1960 年 4 月 12 日写信，提醒卡波蒂他期望看到还未有书名的《冷血》校样，希望获得拍电影的权利。

杜威，他是堪萨斯调查局的一名警探，负责那案件的人，破案主要有他的功劳。他人很可爱，他夫人和两个儿子也是：他们全家会跟他一起到加利福尼亚度假。我知道你们会发现阿尔文很有意思的，我希望，当他和家人在那时，你们能给他们打个电话，安排他们参观一下影城（或之类的）。随后，我会把日期和他们将要住的酒店名字寄来。

你们记得我的一篇短篇小说么？我做过一份记录的那篇，《圣诞忆旧》。我非常想把它做成一部电影，大概有《红气球》那样长——三十五分钟，花销大概（最多）五万美元。它将是栩栩如生的，伴随一个男孩的声音读着故事，音乐则由，比如说，维吉尔·汤姆森编。（我想）这是何塞·昆特罗可以做得非常好的东西[①]。它可能会很美，如果做得非常简朴，会同《红气球》一样成功。好几个独立制作人都感兴趣，其中一个非常感兴趣——但是你们能让我知道这个项目会不会吸引你们？

斯利姆写信说在加利福尼亚你们对她来说是个多大的安慰，说珍妮弗看起来“极其美丽”。[②]代我问候那另一位极其美丽的女士，玛丽·J.[③]。我想念你们大家。

拥抱你们——

T.

（杜鲁门·卡波蒂）

［得克萨斯大学奥斯丁分校收藏］

---

① 昆特罗是一位戏剧导演，以制作尤金·奥尼尔戏剧而闻名。
② 海沃德正在同她丈夫利兰·海沃德闹离婚。
③ 塞尔兹尼克的女儿，玛丽·珍妮弗。

致大卫·O.塞尔兹尼克和珍妮弗·琼斯

西班牙布拉瓦海岸普拉加德阿罗

圣豪尔赫县“阿兹-扎哈拉”

[1960年6月初]

亲爱的大卫和珍妮弗

这只是对我前几天的信的一个快速跟进。

关于我的朋友阿尔文·杜威（书中主角）与其家人（夫人和两个儿子，一个十一岁一个十三岁）：我告诉过你们，他们将从堪萨斯花园城来洛杉矶度一个星期的假，而且如果你们能联系他们并为他们安排一些影城观光之类的事宜，我会非常感激。嗯，他们七月十九日到达，会在那一直住到二十五日，你们可以通过杜威夫人的叔叔与他们取得联系：

洛杉矶六十四老兵大街2516号，爱德华·斯托尔。

我冒昧地给了他们你们的地址，不过我觉得他们会不好意思去找你们。他们人非常好，我十分感谢他们。如果你们见到他们，请别说我任何刻薄的话。

从没这么努力工作过；不过这将是一本非常棒的书……尽管，老天知道，一本篇幅很长的书。

我想念你们，希望你们夏天会过得愉快。

爱和拥抱

杜鲁门·卡波蒂

又及：7月11日，利平科特出版公司将出版一本令人愉快的书：哈珀·李写的《杀死一只知更鸟》。去买一本。它将会大获成功的。[1]我在书里就是那个叫作“迪尔”的角色——作者是我的童年好友。

［得克萨斯大学奥斯丁分校收藏］

致威廉·斯泰隆[2]

西班牙布拉瓦海岸普拉加德阿罗

圣豪尔赫县“阿兹-扎哈拉”

1960年6月7日

亲爱的比尔——

上周我读了你的书[3]，我确实想祝贺你；真的，要保持这样的克制，维持这样困难的愿景，本身就是一项成就；但是，除了其艺术上的一流，我最欣赏的是该书的勇敢，是该书清楚地陈述令人不快的(且不受欢迎的)真相时所带有的勇气。我不知道什么样的出版社会得到它(大概永远不会知道，因为我正过着如此与世隔绝的生活)，不过我猜想，事实上我非常确信，这部小说会在某些地方引起极为刻薄的愤怒。

我希望如此——终稿校对你做了点事。不过，你从没有经受

---

① 他的话具有预见性。《杀死一只知更鸟》不仅赢得高度评价，包括1961年获得普利策小说奖，而且也获得巨大的商业成功。

② 威廉·斯泰隆与其未来夫人罗斯1952年10月下旬第一次约会，恰好在罗马怡东酒店酒吧里首次见到卡波蒂——罗拉(译者注：卡波蒂养的乌鸦)栖息在他肩膀上。当时斯泰隆仅出一本小说《躺在黑暗中》(1951)。卡波蒂和斯泰隆相互高度尊重，总是对相互的作品给予好评。

③ 斯泰隆的小说《纵火焚屋》，描写关于50年代移居意大利的美国人，于1964年5月4日由兰登书屋出版。

过任何集结的批评辱骂，这可能会极其痛苦：我知道，老天知道我知道。如果发生这种情况，只要记住你是稀有少见的、一个好的艺术家——这就是为什么你会让许多所谓同行不安的原因。但也许我自己弄错了；也许仅此一次敌人会放下武器给一位好作家所应得的赞扬。但无论如何，无论发生什么，你都是赢家。再一次，我非常真诚的祝贺——

杜鲁门

又及：我有一幢非常迷人的房子(万一你来西班牙的话)。会在这儿待到九月底。请代我问候你的夫人。

[杜克大学珀金斯图书馆收藏]

致阿尔文和玛丽·杜威

[西班牙普拉加德阿罗]

[1960 年 6 月中]

亲爱的朋友们——

正如你们所看到的，塞尔兹尼克公司为您服务。[①]雪莉·哈登是大卫的助理，一个非常好的女孩。所以，即使他们不在好莱坞，她会安排一切。让她安排一次哥伦比亚广播公司电视城的特别游览。无论如何，你们在很好的人手里，我知道会很有趣的。

我喜爱你的信，玛丽。它们如此令人有共鸣——我能听见、闻到、看清你们所做的一切。

---

① 此信写在塞尔兹尼克助理雪莉·哈登 1960 年 6 月 14 日写给卡波蒂的一封信的底部。

关于佩里的事非常有趣。请让我知道你们所听到的关于他们俩的一切。[1]

阿尔文说"你怎么会从这混乱之中写出一本书来"，说得太对了。嗯，这可能需要数年时间，不过会成为一本书的。这就像做精细的针线活一样——

我爱你们每个人。向杜威妈妈致以特别的敬意。拥抱你们——

T

[纽约公共图书馆收藏]

致唐纳德·卡利文[2]

西班牙布拉瓦海岸普拉加德阿罗

"阿兹-扎哈拉"

1960年6月20日

亲爱的唐——

我可以再麻烦你吗？

首先，消息：过去五周佩里一直在绝食，宣称："迪克能等待绞绳，但我将击败它。"他滴水未沾，颗粒未进，瘦了四十磅，正在监狱医院通过静脉注射喂食。

现在，这就是我的问题，一个技术问题：书中没有任何部分

① "他们俩"指佩里·史密斯和迪克·希科克。

② 唐纳德·卡利文是一位波士顿工程师，也是佩里·史密斯当兵时期的旧识。当史密斯在狱中服刑期间，卡利文待其如友，并在其审判中充当人品证人。

是以第一人称叙述——也就是说，“我”不，技术上无法，出现。现在，在书的结尾处，我想加上一长段你和佩里之间的场景，当中我会用些来自我自己与佩里交谈的资料——换句话说，用你来替代我。这个特定场景会围绕着梅尔夫人[1]在他牢房里给你端上的鹌鹑晚餐(？)来展开。我从你那里所需要的是当时场景的详细外观描述——梅尔夫人端上的是什么，桌子摆设之类是怎样的。你记得的全部一切和任何事物。同样，正是在这个场景里，佩里会告诉你，正如他确实告诉过你的，关于在克拉特家里发生了什么的最后和最终的版本。[2]

如我写到过的，工作进展顺利但非常缓慢。就像在做精细针线活一样。我现在保证今年十月起一年内寄出终稿。我在《君子》杂志七月刊上有一短篇小说可以让你开心。[3]

希望这封信能使你一切安好——

至爱的

杜鲁门

［唐纳德·卡利文收藏］

致本内特·瑟夫

西班牙布拉瓦海岸普拉加德阿罗

圣豪尔赫县“阿兹-扎哈拉”

1960 年 6 月 27 日

① 约瑟芬·梅尔是芬尼县副警长温德尔·梅尔的妻子。

② 这场景出现在《冷血》(兰登书屋 1966 年版)第 288 页至第 292 页。

③《通往伊甸园的小径》。

亲爱的本内特，

一个建议：塞西尔·比顿，可以自由出入于任何一家出版社的他，编写了一本由他日记摘录而成的巨著；我读过，非常的轻率，非常的有趣，有时则相当感人，而且坚持不懈的坦诚：不放过任何一个，尤其他自己。我想兰登书屋应该感兴趣。所以为何不写信给他：伦敦佩尔汉姆街8号。

我一切都好。安静地生活着；确实不见任何人；而且完全专注于《冷血》。我依旧热情饱满。不，高涨。这将是一部杰作：我是说真的。因为如果它不成功，那便一无是处，而我将会浪费两年或三年时间。不过——我非常有信心；而且情况并非总是如此。

我在七月的《君子》上有一篇小说……如果你有空，请读一读。

我喜欢斯泰隆的书，或确切地说我喜欢它的大部分，感到惊讶的是它居然有，总体而言，如此不佳的评论反响。

没有收到我六月的版税清单；希望它被寄到西班牙而不是布鲁克林……虽然我以为它最终会被转发。

我亲爱的菲莉丝，我灿烂无比的宝贝过得怎么样？向她问好。向唐·K.［克洛普弗］[①]致敬。

挚爱的，

杜鲁门

［哥伦比亚大学图书馆收藏］

① 克洛普弗和瑟夫是兰登书屋的共同创办人。

致牛顿·阿文

西班牙布拉瓦海岸普拉加德阿罗

圣豪尔赫县“阿兹-扎哈拉”

[1960年7月25—31日]

可爱的斯格——

不是“布兰卡”：是“布拉瓦”（荒野海岸）：除此以外，全都正确，你令人高兴的信平安抵达。“阿兹-扎哈拉”意指“开花”。所以我正在这里的荒野海岸上开花——西班牙的一处奇景，西班牙本身无论如何就是一个奇怪的国家。我会在这里待到十月份，然后去别处，也许瑞士。因为我不想在完成堪萨斯的书之前回家，由于它篇幅很长（我想该是十五万到二十万字），可能得再花一年或更多的时间。我不在乎时间——书必须完美，因为我非常为之兴奋，完全投入，而且相信，如果我非常耐心，这可能是一种杰作：老天知道，我拥有非常好的素材，而且很多——四千多页打出来的笔记。有时，当我想到它可能是多么美好时，我几乎无法呼吸。好吧，整个事情是我一生中最有趣的经历，而且确实改变了我的生活，改变了我几乎关于一切的观点——这是个大作品，相信我，如果我失败了我仍将成功。

很抱歉一直在如此喋喋不休！我希望你已开始写关于艾默生的作品了。你整个夏天都会离开吗？也许和内德[·斯波福德][1]一起？向内德转达我的良好祝愿——我非常喜欢他。另外，我在堪萨斯待到四月中，离开之后，几乎直接来到这里。我在七月的

① 内德·斯波福德是阿文在史密斯的同事和亲密朋友。

《君子》杂志上有个短篇小说——相当轻微，但你如果有空可以看看。方便时就写信给我，最亲爱的斯格。与此同时，拥抱你，深深爱你

T

［史密斯学院收藏］

致唐纳德·卡利文

［西班牙布拉瓦海岸］

1960年7月27日

亲爱的唐——

太完美了：这正是我想要的——观察得而且写得也非常好。谢谢你（再一次！）。

至于梅尔一家——不，他们的善良只会对他们产生有利的印象。不要担心。

佩里的消息一旦抵达，会发送更多——我现在有个直线和他交流。但是他有点语无伦次，我想他很可能会被宣布为精神失常。

向你夫人致敬；非常感激，

永远的

杜鲁门

［唐纳德·卡利文收藏］

致阿尔文和玛丽·杜威

[明信片]

[西班牙普拉加德阿罗]

[1960年]7月29日

亲爱的们，

希望加利福尼亚很有趣。给杜威寄了斗牛士的剑(通过一个朋友，他会从纽约邮寄出)。不过请务必小心——它非常锋利。会去伦敦待三天，同一位来自门宁格尔，一直在对佩里和迪克作检查而现在正在英国度假的精神病医生谈谈。会写信讲这事的。

爱你们的

T

[纽约公共图书馆收藏]

致阿尔文和玛丽·杜威

[西班牙普拉加德阿罗]

[1960年]8月12日

亲爱的甜心们——

非常高兴你们很喜欢加州之行。收到一封珍妮弗的信，她崇拜你们俩；大卫也是。

刚从伦敦回来，在那，我和门宁格尔诊所的约瑟夫·萨腾博士谈了谈。他给了我一些新的关于史密斯和希科克的素材；相当有趣。他说他知道一个事实，道金如果连任的话将会给予他们减刑。①

我给杜威买了一把斗牛士剑，已通过一位朋友寄送，会从纽约邮寄出。这是把危险的小武器，所以务必小心对待。

内莉的书在畅销书单上排名靠前；她已回蒙罗维尔待一个月。是的，亲爱的，我就是迪尔。书的前三分之二都相当真实。审判，则不是。

以后再聊。非常爱你们

T

［纽约公共图书馆收藏］

致塞西尔·比顿

1960 年 8 月 15 日

最亲爱的——

我从伦敦回来后收到了你的信；希望你正在享受，或者已经享受了在卡普里的一段豪华休憩。我在伦敦只待了两天，大多数时间都在一个叫坎伯兰的差劲酒店里的一个差劲房间里同精神病医生交谈：不过，他非常有帮助。同梅塞尔-汉森两人喝了一杯（沃恩："好吧，你能想象，亲爱的：有天早上我们醒来发现我们变成了女王的叔叔和所有那类的事。②所以现在无人能超越我们，

① 乔治·道金，堪萨斯州长，没有连任。

② 曾为《花房》设计布景的奥利弗·梅塞尔，是安东尼·阿姆斯特朗-琼斯的叔叔，这位叔叔几个月前在 1960 年春与玛格丽特公主结婚后成为斯诺登伯爵。瓦恩（不是沃恩）·里斯-汉森是梅塞尔的丹麦伴侣。作为行业竞争对手的比顿和梅塞尔，在伦敦奇怪地巧合成为邻居。比顿住在佩尔汉姆街 8 号，梅塞尔住在 17 号。

在英国不能。我们得到一万英镑只为了给丽兹做《埃及艳后》服装[①]之类的。”），并同杰米·汉密尔顿共进晚餐——哦，他真无聊！[②]就这样了。你不在那里，我确实想念你，在去纽约之前真希望你能来这里，但是猜想你已用完了你所有的假期。收到来自各种不同地方的好几封信都提到，大多数在奉承，那个人[③]：“伦敦每个人都知道他（你）爱上她了，但她有好几个追求者，而且似乎犹豫不决；她朋友认为他会稍等片刻。”所以我猜想事情仍然还是原样。这里的天气好极了（但是伦敦，我的天哪：下雨，下雨，我还以为是冬天），我的工作进展顺利。我们正在商谈在离洛桑不太远的韦尔比耶租间小木屋，或者一间公寓——十一月初会搬到瑞士去。所以我希望你能来看看雪中的我们。动身去纽约之前尽力发送一行。杰克致以爱。满腔柔情

T

［剑桥大学圣约翰学院收藏］

致安德鲁·林登

［西班牙普拉加德阿罗］

1960年9月6日

天使，

我不应该认为可能会毫不惊讶地感到震惊：仍然，那是我对

① 梅塞尔正在为电影《埃及艳后》设计服装，该电影由约瑟夫·曼凯维奇导演，伊丽莎白·泰勒和理查德·伯顿主演。但是他之后被取代。
② 杰米·汉密尔顿就是哈米什·汉密尔顿，卡波蒂的英国出版商。
③ 那个人是朱恩·奥斯本。

这悲惨消息的反应。[1]因为这很可悲，而且如此费解：他真的为什么非得要供述一切，尤其为何指名牵连他人（可怜的内德·斯波福德，一个有礼貌、有魅力而又有天赋的男孩：完全是牛顿所拥有过的最好朋友）？如果他没那样做，情况可能会“得以控制”：不过现在——我不知道。上一次我见到牛顿，两个冬天之前，我还以为性已占上风——你记得我告诉过你他在照片、电影和其他淫靡的东西上花了大量的钱么？我猜想警察已经掌握了那些出名的日记，以及那大批量的不谨慎的信：幸好你的挚爱正住在国外。好吧——该做什么，怎样帮忙：我将立即写信给牛顿。如果报纸上对此有更多的报道（我有一种可怕的感觉，会有大量更多的，除非史密斯学院能以某种方式让警察沉默）请马上把它寄来。

我们的夏天甚至比你们的还要清静得多。我一直不断地在写那本堪萨斯的书，而且工作强度很大。我很害怕，害怕必须同这材料生活在一起，这股“力量”，日复一日，但我已被它吸收，致力于它，对其感情的投入在某种程度上是以前我很少有过的。

不，哈珀不在这儿；不久之前她写信说会去亚拉巴马休养几个星期：可怜的亲爱的，她似乎在经历某种幸福的精神崩溃。

亲爱的，我很高兴你那长篇故事一直在取得真正的进展——“忧郁”与否，我渴望阅读：也许，等写完时你会寄给我一份副本？

---

① 悲惨消息是牛顿·阿文的被捕。警察根据1960年9月2日突袭一家色情出版商所获得的信息，闯进阿文北安普敦家中，发现一千多种物品，以及那个时代马萨诸塞州所禁止的同性恋小说和照片。他被逮捕并被指控为“一个在言论和行为上淫荡好色的人”。虽然他被判了一年的缓刑而非入狱服刑，但仍被撤去在史密斯学院的教学职位。他神经崩溃，进入史密斯学生称之为“昏头昏脑厅”的北安普敦州立医院。他因供出两位年轻的同性恋同事而免于服刑，乔尔·多里乌斯和内德·斯波福德，两位均为非终身教师；两位都于1961年被史密斯开除。

杰克正在写作，不过我不知道在写什么：他守口如瓶。所有的动物都很好。我们在这里待到十月二十五日，然后去瑞士，尽管确切在哪还没定下来。我想待在国外，直到写完那本书，所以下个秋天之前我也许不会回家。

快快写信！我确实想念你，亲爱的；杰克致以爱，还有

T

［纽约公共图书馆收藏］

致牛顿·阿文

［西班牙普拉加德阿罗］

1960 年 9 月 6 日

亲爱的斯格，

我有封给你的信写了一半，好几天了；然而在今天早上，一封来自安德鲁的信，里边附有一份波士顿报纸的剪报，让我得知上星期的不幸事件。好吧，该发生的都已发生；而且这事已发生在别的很多人身上——这些人，像吉尔古德，泰然处之，没让其成为世界末日。你所有的朋友都与你同在，对此你可以确信；而且在他们当中请别把我算得最少：除了我的感情，这个你已经拥有，我将很乐意在需要的时候给你提供资金帮助。这是一次艰难的经历，必须坚强地面对：冷静的头脑，好的律师。这组合多次让卷入类似的其他人取胜。我确定这都会随风飘走；不过，同时，我非常非常担心你，斯格：因此，如果你能，请写上只言片语。

爱你的，

T

［史密斯学院图书馆收藏］

致阿尔文·杜威

[明信片]

[西班牙普拉加德阿罗]

1960年9月15日

亲爱的老狐狸——

好一个惊喜！收到大师他本人的信了！谢谢你对洛根·格林[1]的帮助：结果极好。我什么时候回来？直到书写完才回来：到那时，你的孙子孙女也许大得都能念故事了。说真的，书进展顺利，我觉得不错。

爱玛丽和男孩们

永远的

T

[纽约公共图书馆收藏]

致安德鲁·林登

[西班牙普拉加德阿罗]

1960年9月15日

最亲爱的，

天杀的——我收到那份令人震惊的剪报之后立即给你写了一封长信——我想我把它寄往内莉的地址了，同样是一个403号。同一天我还给牛顿写了信：非常难办，有什么好说的呢？当然没

---

① 格林是一位审判希科克和史密斯案的助理检察官。

收到回复，你又听说什么了吗？

当我的信退回来时，我只会再寄一次，因为里边有我们的消息，并不是说有什么东西。我计算我的书可能还得花上近两年的时间，我不知道我能否撑上那么久而不崩溃；此外，我不知道到底谁能去读它，这太令人痛苦了。如我写信告诉你的，我们会在这儿待到十月底，然后去瑞士，正在商谈在那个叫韦尔比耶的小镇上租间公寓。不过一切都还没有确定下来。

我的天，你在纽约过的日子一定挺好，因为唐娜飓风，现在是尼基塔·赫鲁晓夫[①]与其伙伴。就像艾丝特尔[·温伍德]跟塔卢拉[·班克赫德]说的一样，“我们安然摆脱那个，亲爱的。”

收到一封来自唐尼的信，他正在拜访丹麦的男爵夫人[②]。当然，和桑迪一起：老天，桑迪真是差劲。我猜想他们俩都相当恼我，因为我不情愿为他关于T. W. [田纳西·威廉斯]的无聊小说[③]写简介。不过，我会永远都爱唐尼的。

亲爱的，我希望你的长篇小说进展顺利；快给我写信，真的快点。所有动物都很好，向你献上一舔。杰克向你问好并致以爱。许多许多拥抱，甜心——

T

[纽约公共图书馆收藏]

---

① 赫鲁晓夫，苏联总理，当时正在纽约参加联合国的一个会议。

② 男爵夫人是伊萨克·丹尼森，丹麦作家，《走出非洲》的作者，也是卡波蒂的朋友。

③ 《英雄继续》。

致牛顿·阿文

［西班牙普拉加德阿罗］

1960 年 9 月 16 日

亲爱的斯格，

今早不仅很高兴收到你的字条——而且它让我很开心：你的朋友们当然都簇拥在周围——大家非常爱你。我希望我在美国，以便能来看望你。

我待在这儿直到十月二十五日——希望我工作能达到某个点；然后会去瑞士某个僻静乡村——我想是韦尔比耶：不过还不确定。无论如何，我会跟你联系，也会在走之前早早给你写信的。

保重！我的爱，

T

［史密斯学院图书馆收藏］

致理查德·阿维顿

西班牙布拉瓦海岸普拉加德阿罗

1960 年 9 月 22 日

狄卡布——

你的沉默已经被人注意到，而且被特别提到。虽然我确信你有足够的借口：为九月刊《芭莎》上你所拍的所有照片标明拍摄地，除那之外，做得极其漂亮。

终于收到西蒙·舒斯特公司那些四月到期的版税——断定他

们要么是欺诈要么就是破产。（这支笔有点问题。）

我一直在奋力工作；难得无法再难，也无法更慢，不过我至今完成的东西对我来说似乎相当不错。正不断地，几乎每天，和堪萨斯联系，而且发生了很多事（多得无法在一封信里告知）。[①]佩里和迪克仍在等待他们申诉的结果——但是佩里一直在绝食，从一百六十八磅瘦到了一百一十二磅，可能都活不到绞刑：无论如何，他已丧失理智：相信自己一直在和上帝交流，相信上帝是只巨大的鸟，正在他上空盘旋并且等待着将他搂进翅膀里。可怜的老希科克先生去世了——死于癌症。一个多么令人震惊、可怕的故事！这是我最后一次打算写"报告文学"。

我今年不会在纽约，因为我想待在国外，直到写完这书。我们会在布拉瓦海岸这里一直待到十月底。十一月一日之后的地址是：

瑞士韦尔比耶留局待取

你读过内莉的书《杀死一只知更鸟》了吗？上次收到她信时，她正前往亚拉巴马，并趋于一种快乐的精神崩溃。

向埃维致以最深的爱。在我离开之前发送一行。想念你，

爱你的

T

［理查德·阿维顿收藏］

① 那年早些时候，三月份，阿维顿同卡波蒂一同旅行去了堪萨斯，在那他为佩里·史密斯和迪克·希科克拍照。

致牛顿·阿文

［西班牙普拉加德阿罗］

1960年10月2日

最亲爱的斯格，

嗯——至少事已结束。如果，像你说的，你必须从学院辞职，我希望不是毫无补偿——那会最不公平：毕竟，几年后你会退休。我是不是错了，觉得你会收到其他的教学职位？服"缓刑"并不意指你必须待在北安普敦，是么？夏天早些时候，你提到过你想写的一本书，题材你觉得会让我吃惊：去雅都待一阵子开始写书不可能是个合理的主意吗？当然，我知道，当未来似乎不安全也不确定时，工作起来是多么艰难——或者也许我不知道，因为我一向感到不安全，只让未来顺其自然。

说到这个(我的未来)，我会在这儿再待三个半星期；十一月一日之后的地址会是：

瑞士韦尔比耶留局待取

韦尔比耶是法国阿尔卑斯山上的一个宁静小村；我在一栋小木屋里租了一套小公寓，住到四月底，到那时我希望我堪萨斯的书已完成一半。

有件事，斯格：如果你需要钱，请务必告诉我；我有一些，我真的有，这对我完全并无不便。

一切都会很快开始自行解决。与此同时，要知道我正在想着你，并且非常爱你。

满腔柔情

T

［史密斯学院图书馆收藏］

致玛丽·露易丝·阿斯维尔

［西班牙普拉加德阿罗］

1960年10月3日

亲爱的玛丽露，

爱你的信。不，我们从没收到希腊的来信——无论如何，非常高兴你旅途如此平安。

我不知道——在墨西哥“躲藏起来过冬”在我听来非常舒适愉快（我从不记得那儿是热还是冷——或者只是有益于健康）。事实上，我们，我们俩，正期待着瑞士——至少会是饮食的改变。并不是我对布拉瓦海岸有任何真正的抱怨——这一直是个很好的工作之地，而且事实上我那本堪萨斯的书已完成了很大一部分——不管是否值得做，还有待观察：我认为它会“很好”——不过它将远不止于此，方能表明我所经历的一切有必要。

是的。是的。可怜可爱的牛顿。两天前我收到他的一封信：他得辞去他的教授职位，说他自己“不太清楚该走哪条路”。能做什么呢？我知道他会很感激收到你的信：马萨诸塞州北安普敦前景大街45号。

十一月一日之后我们的地址会是——

瑞士韦尔比耶留局待取

我不知道杰克在写什么：守口如瓶。不过他很好，兴致高涨，而且会亲自给你写信的。邓肯和皮吉最近如何？爱亲爱的阿吉[1]和你，宝贝，拥抱你

更多的拥抱

以及

许多个吻

T

［阿斯维尔的家人收藏］

致威廉·肖恩

［西班牙普拉加德阿罗］

1960 年 10 月 5 日

亲爱的肖恩先生——

我这个月底就离开这里，十一月一日之后我的地址会是：瑞士韦尔比耶留局待取。

韦尔比耶是法国阿尔卑斯山上一个非常偏远和宁静的村庄：应该是个工作的好地方。在我安顿下来后不久，我会寄给你我手稿的第一部分。现在我不能寄是因为，一、我仍然需要作修改；二、我是个懦夫，想推迟那令人头疼的等待着听到你意见的时候。与此同时，我正在写第二部分。

最近获得了一宝箱的补充材料：联邦调查局所有与此命案有关的面谈的正式记录。我知道这里边包含的大部分内容，但并不

① 阿吉是阿斯维尔的伴侣。

清楚如此丰富而惊人的细节。我如何最终得到这些文件大有故事：只需说我与堪萨斯不同线人的通信占每天信件的一半。

我希望这信能带给你安好，祝万事顺利——

杜鲁门·卡波蒂

又及：在最新一期的杂志上，我发现作家们不停地将这个和那个比作“肥皂剧”；在十月一日这期，这出现在不少于三个栏目之中：戏剧、电影和书籍。

我非常喜欢《黄色巴士》。[①]

［佚名收藏］

致阿尔文和玛丽·杜威

［西班牙普拉加德阿罗］

1960 年 10 月 10 日

亲爱的朋友们——

祝福你发的生日祝贺！

收到了内莉的一张便条——她现在“躲藏”在康涅狄格——可怜的人儿——她几乎精神错乱：说她自己一天收到六十二封“粉丝来信”，于是放弃了试图回复的念头。我希望她能放松些并且更加享受这一切：在这个行业，酒宴之间得走很长的路。

是的，我知道塞尔兹尼克一家准备前往欧洲，我可以在瑞士见到他们。我告诉过你我终于在那租了房子吗？法国阿尔卑斯高

① 莉莲·罗斯刊登在 1960 年 8 月 20 日那期《纽约客》上的文章，一组中西部高中学生在纽约城的巴士旅行的跟踪报道。

山上一间小木屋。我十月二十八日离开这里去那儿。十一月一日之后，直到四月底，地址是：

瑞士韦尔比耶留局待取

一定要马上发送堪萨斯的选举结果——关于道金州长的。

谢谢关于奥黛丽·赫本的剪报。他们现在都在纽约为那电影拍场景。①

给老狐狸的问题：谁在南希的鞋子里发现了手表——贝弗莉还是伊薇安娜？②当这两人察觉到肯尼恩③的收音机找不到时，哪一个正和赫尔姆夫人④在一起？

几天前这里遭遇龙卷风。窗户破碎，地面淹没，一艘大英式货轮被刮到海滩上。除此之外，天气一直完美：天蓝风静，明媚得如同堪萨斯的秋天。

你看到《时尚芭莎》九月刊了吗？迪克·阿文顿拍摄了里面的所有照片——妙极了。

我想念你们；你们全部四个。深深的爱，

还有拥抱

T

又及：我已完成书的第一部分（现在有四部分），有 35 000 多字——仅这部分而言，已超出平常书的一半篇幅！

［纽约公共图书馆收藏］

---

① 卡波蒂《蒂凡尼的早餐》的电影于 1961 年上映。

② 贝弗莉和伊薇安娜，克拉特家幸存的两个女儿。

③ 肯尼恩·克拉特是克拉特家被杀的孩子中的第二个。

④ 梅布尔·赫尔姆是克拉特家的管家。

致唐纳德·温德姆

［西班牙普拉加德阿罗］

瑞士韦尔比耶留局待取

1960年10月17日

亲爱的——

再次感谢桑迪寄来那书；它到达时，我寄了张卡，不过我想是弄错了地址。一定要把你伦敦的地址寄到韦尔比耶。

非常高兴你完成了一篇新作，更为高兴［威廉·］麦克斯维尔[①]喜欢它。期待一读——我们每周收到杂志。

我已写完，或者快要写完，书的第一部分，三万五千多字。整本书大约会达到十二万五千字——或者说两倍于一般书的篇幅。因此我不知道《纽约客》是否会刊载。从没想过自己，所有作家，会遇到篇幅问题。不过事实上，书已写得非常紧凑，真的无法再删(我试过)。好吧，如果我无法同肖恩达成共识(我明白他会犹豫把整整四期都放在这计划上——尤其是因为这本书读起来不很“愉快”，也不很“娱乐”，用他的话来说)。我唯一后悔的就是自己花了八千多美元用来调研，这是难以弥补的。不过我将会继续我的书，不在乎这些：我想这听起来有点自负，但我觉得把它写出来是一项伟大的义务，即使这些素材让我越来越无力、麻木，而且，嗯，越来越害怕——我每晚都做着如此可怕的噩梦。我不知道自己现在怎么会如此冷酷和“客观”——就像我一开始做的那样。

---

① 威廉·麦克斯维尔是《纽约客》杂志的小说编辑。

你说得相当对：除非你有好的进展，否则别做任何“主人翁”戏剧化的事。不过也许会弄出一部剧——你这样认为吗？不明白这书为什么没有更多的评价——我想这是因为赶上了秋季书潮；而且显然，克洛威尔没有做任何有帮助的事情。[1]

很遗憾你那雨下得很大。这里天气好极了，不过我患了恶心的感冒卧床了。

希望你乘船去伦敦的航行愉快，享受你在那儿的一个月（左右）。往瑞士写信给我。爱桑迪，保佑他的心脏，我想念你。

拥抱

T

［耶鲁大学贝尼克图书馆收藏］

致约翰·马尔科姆·布里宁

瑞士韦尔比耶留局待取

1960年10月19日

亲爱的——

我还在西班牙，但我们下个星期就要离开前往下面的地址——一直到明年春天之前都有效。所以如果你真去丹麦！——说到这个，他们刚刚出版了一本我的故事集，由伊萨克·丹尼森作出很好的介绍。

关于牛顿。收到几封他十分勇敢的信。他不得不从史密斯辞职，身无分文，恐惧，感到十分迷茫。这一切都太可怕了。愚蠢

① 克洛威尔是温德姆的小说《英雄继续》的美国出版商。

而又悲哀。“学术界”的人说什么？这是否意味着他将不能再获得另一教学职位了？他想在雅都避避难，但是理事会，尤其是莫顿·扎贝尔[1]，否决了：你能想象么？我真的想知道普遍的感觉是什么——如果你能告诉我的话。[2]如果我对真实情况有所了解，这将有助于写信给他。我在帮他支付那所谓的罚款（不向外传）——不过我希望我能做得更多。

正在努力地写书，觉得（目前为止）还算很好。往韦尔比耶写信给我。不明白你提及塞浦路斯的含义。深爱你的——T

[特拉华大学图书馆收藏]

致牛顿·阿文

[瑞士韦尔比耶]

1960年11月9日

斯格亲爱的——

真希望这封信抵达时，你既不在医院——也不在北安普敦，因为我觉得一旦你换一个不同的环境呼吸，就会感觉好得多。我想我们不得不满意学院所做的处理；你当然不得不以严肃的风格从事书评了。但是至少而且终于，你的时间属于你自己的了；同时由于有非常好的工作在你前面，这定当是事情的另一面。为何

---

① 扎贝尔是位文学批评家，亨利·詹姆斯和约瑟夫·康拉德的研究权威。

② 布里宁执教于不同的学院和大学，包括瓦萨和哈佛，会知道“学术界”的人怎么说阿文的事。

不向麦克斯维尔要求为《纽约客》写些书评呢——他们报酬很高。

韦尔比耶是个非常美丽、非常偏僻、非常健康，极为风雪所困、难以言表的无聊村庄。不过我不是，像他们说的，来这里逗乐的：只是想试着把这本书写下去——我现在已写了三万五千字，还有七万字要写：全都是费力登高的活，而且空气越来越稀薄。这是我最后一次尝试报告文学；而且，无论如何，如果我设法将其完成，我会说出所有我必须说的关于那特别的技巧的话。我对形式的兴趣始终全在技巧上；在我看来，它过去和现在都好像没有受到严肃艺术的关注。我觉得《冷血》（这书的题目）有很好的机会变成一部艺术作品——啊，我情感太多地卷入进素材里：老天，我希望这已结束。一方面，我宁愿回家，但我答应自己书没写完就不会回去。

不用麻烦回信了，心爱的斯格。我只是想让你知道我一直在想着你，并就在这里，如果你想要什么。如同往常那样，永远如此，

满腔柔情

T

［史密斯学院图书馆收藏］

致唐纳德·温德姆

瑞士韦尔比耶留局待取

1960 年 11 月 9 日

亲爱的唐尼，

确实希望你横渡得愉快，希望这信能让你在自己伦敦的“公

寓”里温暖舒适——对我们来说，我所要说的是埃德蒙·希拉里爵士找夜帝找错了地方：在这里——我就是。[①]不过，事实上，是非常好的。如果你喜欢大雪纷飞和壮观景致——这，事实上我很喜欢。杰克当然非常喜欢它：这种事是他的精神家园。我们有间小小的木屋，但至少它很温暖，如此之类（一旦你来到这里，路一英里之外就没了，剩下的旅行你靠老鹰才行）。

坦率地说，我觉得你不应该让克洛威尔做《温暖国家》[②]。如果出版商完全不支持你，那么就无所谓有多少推介和书评你可以列出。你应该撤回，并用你《纽约客》的故事作为诱饵来吸引另外一个出版商，一个有希望的。假如《温暖国家》由克洛威尔出版，且不比《英雄继续》更好，那会对你有害而无益，并会吓跑其他的编辑们。推介和书评一文不值，除非都与促销相结合。换作我，我就会放弃这只不靠谱的手中之鸟，去指望灌木林中的另外两只：我想这会盈利的。至于我评论这书——我并不很清楚一个人该怎样去拿本书来评论，因为我从没做过；但我愿意一试，尽管我认为《时代》杂志会带些怀疑的态度看待一个直接的请求。

不管怎么说，我希望这本书受到其所应得的英文读者的欢迎，我肯定[E. M.]福斯特的介绍会有很大帮助，我错过了你在《纽约客》上的最后一篇小说，但我猜测那期会很快发行的。

我们的行李太多了，以至于我几乎所有的书都留在西班牙，所以现在就没什么可读了，我订了阿可利的书，但从未到过。

你离开伦敦后要去哪儿？我们打算（十二月十八日到一月八

---

① 埃德蒙·希拉里，1953 年登上珠穆朗玛峰的第一人，1960—1961 年率领一次探险，未能找到任何传说中的夜帝——又称喜马拉雅雪人——的证据。

② 温德姆《温暖国家》的美国版本由斯克里布纳出版社出版。

日）在慕尼黑过圣诞假期，主要是因为我要去那里办两次读书会（由政府部门赞助）；然后我们再回到这里来过完冬天。

尽快写信，我想听到关于伦敦的一切。向桑迪致以我的爱，许多拥抱——

T

［耶鲁大学贝尼克图书馆收藏］

致阿尔文和玛丽·杜威

瑞士韦尔比耶留局待取

1960 年 11 月 10 日

亲爱的们

从“美国之音”上听选举结果，每当堪萨斯被提起时就竖起耳朵注意。所以道金州长下台了！现在该如何呢？如果法院下周一，十一月十五日[①]听取上诉，那会很合适。事实上，会是什么时候？最终的日期可能是哪天？我希望你会去，阿尔文；我将肯定需要你的描述。

至于韦尔比耶，人们正在错误的地方寻找“喜马拉雅雪人”：雪人在这，我就是。我有一间小木屋，非常舒适温暖，几乎处在阿尔卑斯山顶上：精致壮观——很像住在飞机上。我有几个朋友住得不太远，诺埃尔·考沃德，查理和乌娜·卓别林，还有另外一两个。不管怎样，我在这里感到非常健康——空气好极了。

① 克拉特家遇害一周年。

重要的问题：莫特·克莱尔[1]的母亲——特鲁伊特太太——名字叫什么？是萨迪吗？荷马·克莱尔什么时候去世的？当读到第一部分特鲁伊特妈妈和莫特之间那一场景时，你会死的！非常好笑。肖恩先生对第一部分非常兴奋和高兴——这部分有三万五千字，超出普通书长度的一半。正在写第二部分，阿尔文出现在所有地方，就此而言玛丽也一样。

我将不再提此事：但那把该死的剑让我大为恼火。

我给那个我委托带剑的人写了一封非常暴躁的信，如果剑是在他手中的话，现在已经寄出了。如果没有，那我再不信任什么人了。

我想念你们，请马上写信，爱你们所有人——

T.

［纽约公共图书馆收藏］

致阿尔文和玛丽·杜威

［瑞士韦尔比耶］

［1960年11月24日］感恩节

亲爱的大伙

非常高兴收到玛丽这么好的信，剪报非常有用。请让我知道希科克的消息以及宽赦听证作出了什么裁决。

可怜的老狐狸：的确听起来好像他们让你马不停蹄。希望事情现在清静一些：有更多的时间在舒适的夜晚喝上一杯苏格兰威

① 莫特尔·克莱尔，堪萨斯州霍尔科姆一位丧偶的女邮政局长。

士忌。

但我肯定，你们今天都在一起——围在摆满菜肴的桌子旁。杰克·邓菲(和我一起住在这里的一个朋友)昨天从巴黎抵达带来一只火鸡和一些蔓越橘酱——所以我们感到就像在家里。

我上周末开车去了(六十英里远的)洛桑同乌娜和查理·卓别林一起待了几日。他已经变得很老——但乌娜，一个非常可爱的女孩，看起来非常开心。她有七个漂亮的孩子。我在回家路上的山间路口撞上了一辆大卡车——我没受伤，但车给撞出个大凹痕。

拍发一份贺电给肯尼迪一家，也收到杰基的回复，她说刚开始他们以为是哈里·杜鲁门那寄过来的，直到后来大家意识到：一、哈里不在瑞士；二、他不会签上“爱和拥抱”之类的，[①]哈哈。

你们看到《麦考尔》杂志十一月的那期了吗？有篇文章叫《世界最有魅力的男人》，想来它会让你们开心。它让我开心过。

好几个星期都没有收到内莉的消息了。她现在正试着开始写一部新书。我并不羡慕：没有更艰难的任务。

是的，(我们书的)第三部分将会像第一部分那样长；其他两部分也不短，至于它们相对的难度——它们都很难，就我而言。

天哪，我想念你们，尽快写信，爱杜威、保罗、彼得，剩下来的都属于你们的——

T

[纽约公共图书馆收藏]

① 约翰·F.肯尼迪在这月早些时候当选为总统。

致威廉·斯泰隆

［德国慕尼黑彼得斯坦公寓］

瑞士韦尔比耶留局待取

［1960年12月29日］

亲爱的比尔

一些文具！如你所见，我住在一个非常便宜的公寓里。你在德国住过吗？我的确不喜欢这样；但被困在这里，患流感卧床了。下星期，或只要我能站起来，就会回到上面那个地址。但我确实想感谢你寄来便条和美好的圣诞祝福。

我很高兴关于《纵火焚屋》建议中的电影版本，特别是因为电影将由如此有声望的人来制作。[①]如此多的人都已告诉我他们是多么地欣赏这本书。顺便说来，你在德国这里很出名。你，J.［詹姆斯·］琼斯和N.［诺曼·］梅勒（如果你能忍受为伴），尽管可怜的梅勒——！

非常感谢对我那本克拉特的书所鼓励的话。进展非常缓慢；我想这将会是我最后一部报告文学——形式太令人沮丧。

祝新年美好。

挚爱的，

杜鲁门

［杜克大学珀金斯图书馆收藏］

① 《纵火焚屋》的电影从未制作。

致约翰·马尔科姆·布里宁

[瑞士韦尔比耶留局待取]

1961年1月14日

最亲爱的马——

我们似乎没有多大运气——因为二月份我不在这里而在伦敦。中断写书已经六个星期，去写《螺丝在拧紧》的电影剧本，该剧正在英格兰拍摄——所以会有伦敦之行[1]。噢亲爱的——好的，总有一天我们会相聚。

你的旅行听起来令人疲惫，但很有趣：尤其因为你不会独自旅行。

寄送卡片让我知道情况如何

很多，很多的爱

T

[特拉华大学图书馆收藏]

致阿尔文和玛丽·杜威

[瑞士韦尔比耶]

1961年1月16日

最亲爱的人们，

原谅沉默；但慕尼黑之行——如你所知——是一场折磨，更

① 《螺丝在拧紧》是亨利·詹姆斯的黑色中篇小说，描写一位女家庭教师，她认定她所照看的两个年轻小孩受到前任家庭女教师和男仆鬼魂的纠缠。电影版本由杰克·克莱顿导演，片名为《无辜的人》。卡波蒂视其为他最好的电影剧本。

糟的是，当我们在那的时候，我的斗牛犬，我最心爱的邦奇，死了。我同他相处了八年，爱他胜过世上任何一切。就像失去了自己的孩子一样，我哭到眼泪都干了。

上星期二我们回到了韦尔比耶——现在我感到好多了；气候如此美好，我已经再次被太阳晒成了棕褐色。

你们寄给我的包裹(本不用寄：但真贴心啊)还没抵达，不过我相信会到的。

非常遗憾听到有关罗兰德·泰特的消息，①我真希望他好起来，他是个好人；我非常喜欢他。

又开始工作写自己的书了——我现在已经和七家外国出版商签订了合同，英国，法国，意大利，西班牙，德国，波兰，日本。所以杜威全家人，包括皮特，将会名扬于世。我想你们会喜欢书中的自己——好得不得了。但我不那么肯定别人是否也会高兴。

请快写信；我很珍惜你们的信、你们的友谊——的确，你们的所有一切。爱孩子们。

多次拥抱

T

[纽约公共图书馆收藏]

致阿尔文和玛丽·杜威

[瑞士韦尔比耶]

[1961 年 1 月 27 日]

---

① 法官罗兰德·泰特主持了希科克和史密斯的审判。他差不多在他们刑前的一年半，也就是 1963 年 11 月 9 日去世。

亲爱的大家——

极为兴奋收到我的圣诞包裹。我喜爱那绣有自己名字漂亮首字母的枕套，立即都放到床上了。还有那本书，除了是份精美的纪念品之外，还是我的书非常好的信息来源。祝福你们，感谢你们。

正在辛苦工作——但感到心神极为不定，因为我不得不（根据医生的命令）戒烟。但连续不断地抽了二十年的烟，戒掉绝非易事——我无法想任何事，除了对一支切斯特菲尔德可怕的渴望。我希望保罗和杜威永远不要抽烟。

星期一（今天是星期六）会动身去伦敦，会在那待一个星期。

爱大家，许多拥抱

T

［纽约公共图书馆收藏］

致阿尔文·杜威

［明信片］

［瑞士韦尔比耶］

［1961 年 1 月底或 2 月初］

亲爱的阿尔文——

考虑到我有两千页的笔记，令人惊奇的是我还是遗漏了什么——警长办公室秘书的名字是什么。①

致好——杜鲁门

［纽约公共图书馆收藏］

① 警长秘书是艾德娜·理查森。

致塞西尔·比顿

瑞士韦尔比耶

1961年2月10日

最亲爱的——

昨天从伦敦回来——噢，这里看起来是多么灿烂：太阳，天空，宁静，空气。我真的喜欢这里。如果你想回来，我现在有个位子给你——我们在离帕克酒店不远的地方买了一个十分迷人的小公寓。现在正在进行装修，一个月后应该装好——我断定这是明智之举：让我在欧洲有个落脚点，也是一笔很好的投资，而且不管怎样我们两个都喜爱韦尔比耶。

关于伦敦。我在那里待了八天，完成了剧本，见了哥特弗莱德医生五次。我喜欢他，也信任他。他说我的病痛是(曾经是)因为尼古丁严重中毒引起的心绞痉挛。我已经完全戒烟了(极度痛苦！！！)，而且每天要服三十来颗药丸。我还是很疼——有点像一系列无穷无尽的小心脏病发作——但哥医生似乎非常确定我会康复。偶然地——他说真他妈的是件好事，我一直喝马蒂尼，因为那酒起着解毒作用。

我给艾琳[·侯斯]打了电话，问我能否住在佩尔汉姆街；啊呀！另外一个人住在那里，她听上去如此紧张，以至于我能判断出并不方便。索尼娅·皮特-里弗斯来吃晚饭；我猜测婚姻并不顺利。[1]K.[肯尼斯·]泰南和他的情人佩内洛普·吉利亚特[2]一起顺道来看望。相当喜欢她。太忙碌而没法去剧院之类，但确实看过

① 迈克尔和索尼娅·皮特-里弗斯是比顿在其布罗德查尔克乡村房屋的邻居。

② 吉利亚特是位小说家、电影编剧和电影评论家。

《甜蜜生活》[1]。老实说，我甜蜜的，你怎么可能喜欢这？如此自命不凡，假装艺术，而且无聊乏味！事实上，有许多琐屑的有关伦敦的花边新闻要告诉——但会留着给下一次。快快写信：想念你，杰克致以爱。

T

又及：不要告诉任何人我在这里买公寓，宁愿保守一个小秘密。

［剑桥大学圣约翰学院收藏］

致本内特·瑟夫

瑞士韦尔比耶留局待取

1961年2月12日

亲爱的本——

还在这里，仍在工作——尽管（继一次导致心脏受损的尼古丁严重中毒的病例之后）受到务必戒烟的极大妨碍。然而，书在进展，我继续全身心地投入其中。

本内特，我必须办理我的个人收入所得税。所以你能否让某人给我寄来兰登书屋在一九六〇年付给我的全部账目呢？谢谢你。

我猜想，此刻，你和我最喜爱的姑娘，典雅的菲莉丝，正在某处一棵椰树下品呷着什么。不管如何，我希望如此。我想念你

① 《甜蜜生活》是费德里科·费里尼导演的一部电影。马塞洛·马斯楚安尼主演，扮演一位沉沦于“甜蜜生活”（片名英译）放荡中的记者。

们两人，也爱你们俩——

杜鲁门

好几个人写信给我谈到（在阿夫德拉处）晚宴的事；似乎你坐在C. Z.［格斯特］旁边——而交谈的结果，如我所听说的，非常有意思。C. Z. 她本人写信告诉了我这件事——她认为你“非常迷人，但很欺负人”！现在说真的：你欺负像格夫人这样一个可怜的小笨蛋是什么意思？你当时对她说了些什么？

［哥伦比亚大学图书馆收藏］

致玛丽·露易丝·阿斯维尔

［瑞士韦尔比耶留局待取 卡波蒂］

1961年3月2日

亲爱的——

我的建议是：享受这份在纽约的公费旅差——然后悄悄回到峡谷路[①]，不管怎样，我的爱，我该如何帮你：尽我所能地帮你。如果你打算写卡梅尔的真实故事，她如何被排挤出《芭莎》（再也不被容许在帕维隆坐最好的位子）——啊，那可是高调戏剧！[②]

然而，严肃地说，我关于卡梅尔的全部认知包含几次宴会，以及五六次在帕维隆的午餐（其间她所说的我连一半都听不懂——

① 阿斯维尔住在新墨西哥圣达菲的峡谷路。

② 阿斯维尔正在帮助《时尚芭莎》编辑卡梅尔·斯诺写她的回忆录，卡梅尔将杂志变为优秀写作、设计与摄影的典范。《卡梅尔·斯诺的世界》于1962年出版。

双方都有很多马蒂尼的过错)。

当然这书可能真的会非常、非常有趣：如果卡梅尔愿说出真相，关于广告，关于赫斯特以及整个时尚诈骗。无论如何，(我所清楚的)最了解她的人是狄克·阿维顿和戴安娜·弗里兰德。这两人，如你所知，都是非常饶舌的类型。老天，祝你好运，但如果你的确发现那不起作用的话——别像个傻瓜：如此实说，然后离开。

我们自己的消息混杂交织。最糟糕的消息是——邦奇，我最喜欢的斗牛犬，死了。这真让我深受打击。杰克也是。过了这么多年这就像是失去了一个孩子。杰克很好——经常滑雪，气色极好。我一直在写我的书，所以看起来不太好。

代我向格雷和里奥问好。他们太差劲，从不交流。

拥抱你，吻你。

T

[阿斯维尔的家人收藏]

致阿尔文和玛丽·杜威

意大利威尼斯威尼斯大酒店

[1961 年]3 月 26 日星期日

最亲爱的大家——

已从山上下来观赏春天，在所有城市中最美的一座里度复活节。这里如此漂亮——果树花丛，鸟雀飞翔于其间。我们会在这里待一个星期，然后回到韦尔比耶待至四月二十日；再去西班牙(会寄来地址)但不会待整个夏天，只待到七月初。

如果你们肯定一个布谷鸟的钟正是你们想放在新房里的，那么我将帮你们找一个。瑞士有人造这玩意，尽管我相信质量最好的来自奥地利。新房子听起来似乎差不多可以搬进去了。什么时候搬?

收到内莉的一封长信，她说她正给你们写信，所以我敢说现在你们已经收到她的消息了。

对阿尔文的悄悄话：这里有个问题我无法找到答案，至少在我的笔记里。就是：在里诺，当巡警看到那辆车，并认出车牌号码时，他怎么知道就是那辆车，那个车牌号码。我的意思是，他，或者你，是怎么知道那车牌号码是怎么回事的?毕竟，迪克和佩里偷了这辆车，然后在堪萨斯城里偷了一块堪萨斯的车牌。那么你是怎么知道他们开着一辆什么样的车，或者更重要的是，你是怎么知道车牌号码的?

上述一切措辞相当笨拙，但我想问题很清楚。

玛丽，你难能可贵，开车去谷景墓区。我很高兴墓地现在已经被标明。过去困扰着我的是一直没被标明。

那是泰特法官的好消息。虽然我很惊讶，因为我理解他是病入膏肓。

所以莉莲·瓦伦瑞拉生孩子了。喔——只要这孩子不像父亲。

上次见到你们到现在几乎一年了。我这一整段时间一直都想念你们。爱你们两位还有男孩们——

拥抱你们。

T

[纽约公共图书馆收藏]

致阿尔文和玛丽·杜威

韦尔比耶

1961 年 4 月 4 日

亲爱的们，

从威尼斯给你们写信，今天回到这里，看到阿尔文寄来有关五月八日史和希听证的便笺，还有附上的新闻简报。阿尔文便笺上有一行让我不安——关于联邦法官给他们一个“延缓处决”的可能：同安德鲁斯①一样。问题是：我的书已写到这个关键点上，必须知道书该如何结尾！现在——你们觉得有没有可能死刑会不被执行？我知道这是一个无法回答的问题——但你们的看法是什么？真实的看法。

我四月二十日要回到西班牙（西班牙布拉瓦海岸帕拉莫斯卡蒂法街万家旅馆）；但信件会从这里转寄，万一你们在那之前写信。

我正在寻找一个真正漂亮的布谷鸟钟。见过一个——一个古董——但上边是只猫头鹰而不是布谷鸟。你们喜欢那样的吗？

这只是一张便笺。爱你们大家，拥抱你们

T

［纽约公共图书馆收藏］

① 洛威尔·李·安德鲁斯，一位患精神分裂症的堪萨斯大学学生，他谋杀了其家人，并与希科克和史密斯同时关在牢房里。安德鲁斯于 1962 年 11 月 30 日被处以绞刑。

致唐纳德·温德姆

瑞士韦尔比耶

发自：西班牙布拉瓦海岸帕拉莫斯卡蒂法街万家旅馆

1961 年 4 月 14 日

亲爱的男孩——

我们去威尼斯待了几天——没几天，因为杰克（被要求）必须离开意大利：整个事情过于复杂无法细说，除了一点，那就是所有一些愚蠢的错误都与杰克毫无关系。无论如何，美国大使馆似乎最后摆平了一切——只是谁在乎呢。

嗯，我一回到这里（韦尔比耶）就旧病复发，刚过去的一周住在洛桑一家医院——在那里，我的病有了一个与在伦敦他们所说的完全不同的诊断。似乎我脊椎神经损伤，那就是我为何持续疼痛的原因。

我们原计划去西班牙从现在一直待到六月底，我已经决定按此进行，相信我的状况会好转。无论如何，我们七月会回到这里，也许你和桑迪愿意来看望。我渴望见到你——尽管我不得不说，如此到处转悠，其实我毫无乐趣。只是可能到那时一切都会好转——上帝啊，不得不这样。

料想你已经看过多场法兰西卡德摩斯三重奏。希望这没有干扰到你工作——因为你说过一切顺利。你知道英国评论家詹姆斯·斯特恩[①]吗？他喜爱《温暖国家》。很好笑——在日内瓦机场

① 詹姆斯·斯特恩是位爱尔兰作家和评论家，也是卡夫卡书信的英译者。

我碰到了吉米 · 加德纳[1]，他问你是不是我的一个朋友。但他没说他和博比 · L.［路易斯］[2]正在导演你的剧。我希望是他们在导。

如同往常一样，我除了抱怨什么也没干。请原谅你这令人厌烦的但永远非常爱你的

T

［耶鲁大学贝尼克图书馆收藏］

致阿尔文和玛丽 · 杜威

［西班牙帕拉莫斯］

1961 年 4 月 23 日

最亲爱的杜家

就在离开韦尔比耶之前收到了玛丽的新闻简报和老狐狸的"真实看法"。非常感谢你们俩。至于那"看法"：如果它被证明不正确，我不会生气的——我会只让阿尔文重写我的书，仅此而已。

我给你们寄了布谷鸟钟——一个很现代的，相当小，不算好的，但仍是我能找到的最好的：挂在厨房里——或者别的什么地方。这肯定不是给你们的乔迁礼物：我会找到真正好的东西。

花了两天时间开车经由法国到这里：令人愉快的旅行，果树花丛一片，罂粟花开遍野。

这房子租到六月二十三日，正尽力找七八月份住的房子。但

---

① 詹姆斯 · 加德纳是位英国同性恋照片和蜉蝣的收藏家，男性同性恋文化书籍和文章的作者。

② 罗伯特 · 路易斯导演《草竖琴》。

一间真正舒适的房子在这里很少见，房租也很贵——去年我一个月花了一千美元，但如果今年找不到一间更加便宜的话，我就不待了。下午看过一套非常小的（双卧室，一卫生间，客厅，厨房）而且装修得相当沉闷的海滩房，房东一个月要价六百美元！他们真是疯了。

无论如何，我必须安定下来工作。这书在七月一日前绝对必须完成至少一半。

玛丽，我喜欢你寄来的布料样本，特别是花型。

狄克·阿维顿有一天在巴黎，我们在电话里交谈过；我们谈到了你们，他向你们致以真挚的爱。他听起来跟以往一样快乐（也很疯狂）。

我知道男孩们一定是在期盼着学校放假。

我想念你们大家。爱和拥抱

T

［纽约公共图书馆收藏］

致阿尔文和玛丽·杜威

西班牙帕拉莫斯卡蒂法街 2 号

1961 年 5 月 22 日

最亲爱的两位——

今天非常高兴收到了阿尔文的便笺，新闻简报和摘要。（虽然你们要求把后者寄回，但我不能保证会这样：《纽约客》就不能再买一份么？）讲到这个，我注意到你们花了两元四角的邮费。你们为什么要付？让我们叫杂志社付这些东西！因此附上这张支票：

因为，撇开邮费不谈，我想要你们拍个电报给我，如果最高法院确定了行刑日期。

我现在书写了一半，一次都没有提过杜安·韦斯特。当然，我猜测我将不得不提——当故事进行到审判的时候。顺便说一句，阿尔文——你是否介意如果我偶尔在你的对话里加上“见鬼”或者“该死”的词语？因为，在你出现的一些场景里，你听起来太像个唱诗班男生了。

嗯，我们亲爱的小内莉赢得了普利策奖[①]，这不是很好么？她真是大获全胜。

塞尔兹尼克一家在（欧洲）这里，我期待着七月份见到他们。珍妮弗正在法国和瑞士拍摄一部电影的外景：《夜色温柔》。[②]

请寄一张新房子的照片给我。

我想念你们。拥抱男孩们，爱大家——

T

[纽约公共图书馆收藏]

致里奥·勒曼

西班牙布拉瓦海岸帕拉莫斯卡蒂法街

1961年6月5日

小糖果，

十分高兴收到你深情的信件；尽管非常遗憾听说你腿的

---

① 《杀死一只知更鸟》。

② 基于弗·斯科特·菲茨杰拉德1934年发表的小说于1962年制作的电影。

事——即使那的确意味着你现在能拄拐棍走路且看起来过于出众。至于我自己的病情——唉，一切如此复杂，不同的医生说出不同的东西，不管怎样我时好时坏，但目前还算不错。好，我很高兴格雷得了个古根海姆奖(他应该得五个)；虽然我不一定会敦促他将其花在欧洲。至少不要在夏天。拥挤不堪，与德国人、伦敦佬和怨声载道的白发美国人在一起，一切都泛滥成灾。除开希腊，它还没被完全吞进吐出。你问布拉瓦海岸这里是否很贵；真的不，不——但葡萄牙更便宜又更加令人愉快。瑞士可以非常昂贵也可以非常不贵——那里安静，是一个很好的工作之地，每个人在那儿都会感到健康(虽然，想一想，我一生中从未病得比刚过去的冬天更重，冬天大部分时间在阿尔卑斯山顶度过)。至于九月份，我会就在帕拉莫斯这里一直待到二十三日：你和格雷为何不过来和我们一起呢——我们有个出色的厨师(啊上帝，自从我不得不戒烟后我体重增加了十五磅)。在那之后，我们将返回(瑞士)韦尔比耶。其实，我很想回家；另一方面，我答应过自己书不写完就不回家。米娜[·柯蒂斯]已从政了吗：我意思是，还有什么原因会有人在乔治城买房子？[1]杰克刚要我向你转达他善良深情的美好祝愿(他真的要；年深日久，他的本性似乎越来越甜)。嗯，亲爱的，我常常想起你，始终希望你安康快乐。快快写信；向格雷致以爱，

拥抱

T

[哥伦比亚大学图书馆收藏]

---

① 米娜·柯蒂斯是林肯·科尔斯坦的妹妹。她没有从政。

致玛丽·露易丝·阿斯维尔

西班牙布拉瓦海岸帕拉莫斯卡蒂法街

1961年6月6日

最最亲爱的甜心

是的，当然我会写，会尽力去写，关于卡梅尔·斯诺的精彩描写。我想写的是上次我看到她的时候：这么好的一个对纽约吝啬的小研究。她不再坐帕维隆最好的桌子，她付出很多才打造出的一家餐厅……喔不，她被猛推到收银机边一个不起眼的小角落。[①]我想写所有那一切，这个了不起的小女人，以及她被踢出《芭莎》之后发生了什么。指名道姓。但我不认为你想要这样的东西。我想这书结尾的调子会是一种持续的名誉和成功。但你如果想要别的，相信我，我喜欢去做。不管怎样，你什么时候必须要这？立刻；还是夏末；还是别的时候？

杰克马上要去邮局；因为这地方从来不曾空闲，我最好充分利用。对阿吉我很抱歉，希望她好起来。别工作得太辛苦。杰克致以深深的爱。

我也一样。

T

［阿斯维尔的家人收藏］

致阿尔文和玛丽·杜威

［西班牙帕拉莫斯］

1961年6月29日

---

① 帕维隆1941年开张，多年来为纽约的一流餐厅。

亲爱的甜心们

昨天从伦敦回来，看到玛丽包含有照片的信。房子看起来的确非常漂亮，几乎漂亮得就像家已安在那。看起来很迷人很舒适，我很高兴你们很喜欢它。所以期盼着在那拜访你们。

在电话里交谈很愉快。如果西班牙的电话不是这样糟糕透顶，我会再打给你们。

玛丽，请你用随信附上的支票买一瓶香奈儿五号香水给多洛莉丝·霍普[①]好吗？附上我的问候？祝贺她的第五个孩子。十美元可能不够；如果不够请让我知道。

是的，我在伦敦看医生。从一月起我一直感觉不太好。但是，现在感到好多了——身体上，如果不是精神上的话：我心情很郁闷，一想起还要一年或者更长时间去等待案件自行解决。请让我马上知道七月八日发生的事情——并非，我觉得，这真的至关重要，因为迪克似乎肯定会上诉联邦法院。不过，我不明白为什么阿尔文一直提及安德鲁斯一案——我看不出有任何可比性。

今天早上收到内莉的一封信——她说她在给你们写信。她似乎情绪很好。

非常爱你们和男孩们，还有皮特。我想念你们——

T

又及：希望你们看望父母亲时愉快。

又及：祝贺如此迅速破获小麦诈骗案：那就是我们的老

① 多洛莉丝·霍普是《花园城报》的专栏作家。正是霍普——其丈夫克利福德·霍普是城里知名律师之一——邀请卡波蒂和哈珀·李出席1959年的圣诞晚宴。那份邀请为卡波蒂在花园城破除了坚冰，在那之前无视他的人们突然在晚会上争夺他与李的存在。克利福德·霍普是克拉特房地产的律师，他之后就法律问题给卡波蒂提供建议。《冷血》致谢里感谢了他。

狐狸！！

［纽约公共图书馆收藏］

致安德鲁·林登

帕拉莫斯

1961年7月4日

亲爱的——

是的，我感觉好一些了；刚从伦敦为期两周的治疗返回这里，医生似乎对我很满意。我没去剧院，只有一晚，看了《边缘之外》，一部整个伦敦都为之疯狂的时事讽刺剧①。可能我对其听到的太多——反正觉得相当乏味。

你寄的《蒂凡尼的早餐》副本还没有到达。如果我这有一份，我就会把它寄到佐治亚的地址——但我没有。

我有一只小斗牛犬；在伦敦弄到的，名字叫查理，与我最爱的邦奇同一品种。

布拉瓦海岸最美妙的事是这里如此地不时兴。没人来这里，或是想来这里——除了很多英国送奶工和德国有轨电车售票员。我会在这里一直待到九月，但计划去韦尔比耶静等柏林危机②结束。书已写完一半，我想我会待在国外直到书写完；或许也不一定。

我没有读过詹姆斯·珀迪的任何书，除了，几年前，一本短

① 达德利·摩尔的音乐喜剧《边缘之外》1961年5月10日在伦敦的财富剧院首演。

② 柏林危机是冷战的另一插曲。其结果是在8月12日竖起声名狼藉的柏林墙，将东西柏林分开，直到1989年德国统一。

篇小说集，我觉得(引用他对G.布雷南的[1]小说的看法)“很有趣但并不成功”。他(珀迪)曾经是D.温德姆的一个朋友，我记得D.告诉我说珀迪是“一个真正的小贱货”。他是吗？不，我想他不可能是，否则你不会喜欢他。

我从去年十二月就再没有听到牛顿的消息。我必须试着发现这可怜的家伙究竟发生了什么事。

非常高兴你在那里有了自己的一个地方，不仅是因为这会诱使你工作，而且——附近没有某种海军设施吗？真心地，我亲爱的，我确实希望你写成很多东西。

杰克很好。看上去好极了。整洁，棕色，金发。我已长胖了。事实上，比上次你看到的重了十五磅。

哦——我忘了。艾思伍先生[克里斯托弗·艾什伍德]来到伦敦见我。给了我他新小说[2]的手稿。我非常喜欢。有点像《告别柏林》的最新版。几乎过于坦率。

我想念你。我爱你。快快写信。

拥抱——

T

[纽约公共图书馆收藏]

致本内特·瑟夫

西班牙布拉瓦海滩帕拉莫斯

1961年7月11日

① 杰拉德·布雷南。
② 《下去探访》(1962)。

亲爱的本

我应该想到我上次的信，大概两个月前写的，是需要一个回复的：但没有，什么也没有，仅有忧郁与沉默。啊，嗯——我仍然喜欢你，仍然更喜欢最可爱的菲莉丝；我希望你夏天过得愉快，克里斯和乔纳森[①]也一样。

我有一个朋友想买一整套“现代图书馆”丛书。请你寄给他，连同账单——

瑞士洛桑码头大道 10 号 帕特里克 · 吉尼斯

有个傻瓜，真正的笨蛋，一直把我的信件从兰登书屋转寄到如下地址：

西班牙帕拉莫斯卡蒂法街万家转寄

没有我的名字，没任何名字：只是万家转寄。因为我没有再住在万家，邮递员就一直简单地把这些信扔到院子里，有一天我在那发现信件被雨浸透，难以辨认。可能这就是为什么我没有收到六月的版税报表。亲爱的本内特，请阻止这种愚蠢行为。

我的书一点点地在成形。如果不是因为我生病，我会写得比现在多；然而我并非不满意；但哦亲爱的，信件的数量是整个事件所牵涉到的——我现在每天都与七八个堪萨斯人保持密切的联系。

① 克里斯托弗和乔纳森是瑟夫的儿子。

拥抱菲莉丝，向你们俩致以爱。我非常想念你们——

T

又及：会在这里待到九月底。然后回到那孤独的瑞士山中去：上帝，你怎么会讨厌它。我真的也一样。但是——艺术！

［哥伦比亚大学图书馆收藏］

致阿尔文和玛丽·杜威

［西班牙帕拉莫斯］

［1961年7月12日］

亲爱的

非常高兴收到阿尔文的电报，急切期待着细节等。好吧——现在我们就将看到。哦我希望（希望？我跪着祈求）它不转到联邦法院。但我敢说可爱的狄克已在忙于递交诉状。你们读过他呈给堪萨斯最高法院的诉书吗？我得到它的一份副本——真的，过于荒唐。我特别喜欢他抱怨判决违背宪法，因为意指“剥夺生命”。

确信你们喜欢玛丽爸妈的来访。多好啊，你们刚搬进新家他们这么快就能来。

我告诉过你们吗——我有了一条新的宠物狗。我在伦敦弄到的。一只斗牛犬。我很喜欢他——但我的猫不喜欢；当然了，他在嚼倒房子。我搬到了另一个房子，就在海滩边，非常好。地址就是：西班牙布拉瓦海岸帕拉莫斯。

顺便说一下，请寄给我你们的新电话号码。

我猜想男孩们正在游泳池里消磨大把大把的时间。我想念你

们，我永远的最爱

T

[纽约公共图书馆收藏]

致玛丽·露易丝·阿斯维尔

[西班牙帕拉莫斯]

1961年7月18日

亲爱的玛丽露

由于命令紧迫，我赶忙顺从：但正如你所见，写出来的确实既无想法又无形式。①

杰克很好，我没事。我希望书稿完成后你能休息一下；另外，希望你赚到些钱。顺便说一下，卡森[·麦卡勒斯]是卡梅尔的一个朋友：你为何不找到她？还有卡蒂埃-布勒松：他正在写自己的回忆录，所以——

向阿吉致以爱。拥抱和亲吻——

T

让我知道你是否收到这个。这里的邮件非常靠不住。

卡波蒂关于卡梅尔·斯诺的回忆：

我对卡梅尔的记忆，我对她的想象，似乎都相当短暂易逝，我猜想是因为我们的相遇都是七零八碎的，且于不同的无关之

① 阿斯维尔请求卡波蒂为她和卡梅尔·斯诺合写的书写篇文章；卡波蒂关于斯诺的回忆跟随信后。

地：纽约的午餐，一年后罗马的晚餐。在罗马的一次见面时我建议她去看一看拉韦洛，那不勒斯南部的一个山村，有一部电影正在那里拍摄，或者至少是即席创作。我在写剧本，约翰·休斯顿在导演，亨弗莱·鲍嘉、珍妮弗·琼斯、吉娜·劳洛布里吉达、罗伯特·莫里、彼得·洛都在演员表里，我们这部小喜剧名叫《战胜恶魔》。

于是卡梅尔来了，很大程度上增加了已是很浓的家庭派对的气氛：休斯顿邀请跳舞，鲍嘉在她耳边窃窃私语什么可怕的事，哦，她过了一段“非常愉悦的时光，亲爱的”；不仅如此，她还负责人物形象——其某些“方面”。她说琼斯小姐的服装很糟糕；劳洛小姐的更糟糕。那位年轻的、被她发掘出的新人被请了来：一个七英尺高面色苍白的男孩——休伯特·纪梵希，他和自己的小规模随行人员从巴黎抵达。聚会变得更加愉悦；制片人脸色变得更加阴郁。卡梅尔原本来过个周末的，结果待了一个星期。

然后一天早上她离开了。就像这样。没有人知道她要离开。她出现时戴着白色手套，贝雷帽压着薰衣草头巾，身后一个男童拿着她的行李，我们非常吃惊。鲍嘉说：“为什么，甜心，怎么了？难道我们对你来说还不够时髦、有品位吗？”

她说：“我亲爱的先生，和你们相比我的人生就像活在盐矿里。不，只是现在我必须板着面孔不再开心了。”她钻进汽车，鲍嘉倾身说：“好啊，记着，我喜欢你，宝贝，你正是那种敢作敢为的类型。”斯诺夫人，这位斯诺夫人，冷漠地看了他一会，然后说道：“我是吗？噢，你也是。再见，棒小伙。”他说：“再见，棒姑娘。”那是四月，一九五三年的春天。

我肯定在后来的五六年间见过卡梅尔二十余次；但她留给我

最清晰的印象依然是她消失进那遥远的四月天的光芒中。不知何故，那两人在我脑海里自然而然地相互关联起来，鲍嘉和卡梅尔。是不是很奇怪？

不见得。如果你想想的话。

[阿斯维尔的家人收藏]

致唐纳德·温德姆

[西班牙帕拉莫斯]

[1961年8月]

亲爱的——

我在伦敦待了很长时间（随信附上的照片是我在那儿的主要所获，查理·J.肥堡，现在四个月；他的颜色比邦奇的要浅一点，个头将来会更大），但我希望我原本知道你打算在罗马待很长时间——因为也许我本可以让你终究还是来我这里。

无论如何——你在那里了。新公寓听起来舒适方便。很高兴你没有搬到西区。尽管真的我不明白你为什么不就待在罗马。永远。

至于我们，我们将在这里一直待到九月二十三日，然后回到瑞士，我猜想，冬天大部分时间就在那儿度过了。恐怕我还得再花上一年来写书；终日勤劳，再加上实实在在的好运，从今年九月算起，再有一年我就可以完成了。

我希望，到现在为止，你已经为[威廉·]麦克斯维尔收集了很多材料，并卖掉了每一页。（你读过他的新书《城堡》吗？很有才华，但比较乏味。然而读完麦卡勒斯夫人的最新作品《没有指针的钟》，一切似乎都才华横溢。[1]现在我理解了短语“坏得令人震惊”，因为我很震惊——令人难以置信的可怕——心灵的真实解体。的确令人沮丧。）

向桑迪致以爱。我想念你，我的好天使朋友。许多次拥抱

T

［耶鲁大学贝尼克图书馆收藏］

致阿尔文和玛丽·杜威

帕拉莫斯

1961 年 8 月 16 日

亲爱的——

谢谢寄来的《露丝·雷诺兹》故事，不过，我已收到了，而且，事实上，正要寄来给你们。这是一个联合专栏，每个星期天在好几家报纸上刊登；副标题总是《正义是否被伸张？》——那，实际上，是系列专栏的名称。这只是雇佣工作新闻。然而，作者确实写出了一条对我来说是新的信息。那就是弗洛伊德·韦尔斯[2]的确得到了奖赏。真的吗？

当我们谈论这个话题时——玛丽，你记不记得曾告诉过我，你第一次听说希科克和史密斯的消息，是阿尔文有一天晚上回到

① 麦克斯维尔的《城堡》和麦卡勒斯的《没有指针的钟》都出版于 1961 年。

② 迪克·希科克最早是从狱友弗洛伊德·韦尔斯那得知克拉特家的。韦尔斯曾是赫布·克拉特所雇用的牧场工。韦尔斯告诉希科克，克拉特在家里保险箱中放有大量现金，并描述克拉特家房型布局。韦尔斯在希科克和史密斯的审判中为控方作证。

家给你看了“嫌疑犯照片”，那些背后有至关重要数据的照片。噢，我想用这个作为你和阿尔文之间的“场景”。你还记得更多的东西吗(并非我关心编造细节，如你们可以看到的！)？还有，阿尔文能否寄给我那些照片背后的数据？保佑你们两位。

随信附上的支票是如有要事出现而用来支付昂贵的邮费或电报的。法院什么时候宣布再上诉？啊，上帝啊，要是我知道这该死的整个事件何时结束就好！顺便说一下，如果——为了结束我肯定要去那里。我如何去做安排呢？

我希望你在库查拉[1]的四天过得美好；听起来很酷很迷人。此时此刻，我更希望我们回到了瑞士——打算九月底回那里去，料想会在那度过冬天，可能在巴黎待上一个月。与此同时，我的房子就坐落在纽约，花费大量的钱，全是因为我书没写完就不回家，我无法写完书。

查理 · J. 肥堡在外面海滩上追逐猫妹——她不怕他，当她疲倦了就转身猛扑他一下。

夏天快要过去，我估计男孩们将很快返回学校。向他们致以爱。我想念你们大家。拥抱

属于你们的

T

[纽约公共图书馆收藏]

致阿尔文和玛丽 · 杜威

[西班牙帕拉莫斯]

1961 年 9 月 4 日

① 库查拉是科罗拉多南部的一个度假胜地。

亲爱的大家——

保佑你们，感谢信里对我的无数询问作了美妙详细的答复。我将尽力很好地使用它们。

很高兴你们科罗拉多的旅行如此有趣。这里游客终于离开，今天有场大风暴——海浪翻滚着穿过海滩，几乎到了门口。不过，计划待在这里一直到十月十五日或二十日。

我将写信给克里夫[小克利福德·霍普]关于安排我参加——用玛丽的精彩妙语来说，就是“最后的场景”。我的确希望阿尔文是对的，我们总有一天会到达那个日期。

随信附上的是肥先生[1]的另一张肖像——他仍在追逐猫妹，反之亦然。我不知道我们回到瑞士后将干些什么——因为那时他们两个大部分时间就不得不待在室内。

电影《蒂凡尼的早餐》九月二十日在纽约无线电城音乐大厅首映。我本可以有次免费旅行去纽约——制片人希望我出席首映式。但我决定我最好还是待在堪萨斯（心理上这就是我大部分时间在的地方）。收到了珍妮弗·J.[琼斯]的一封信，她问到你们并祝你们好：她刚拍完电影《夜色温柔》。不过，李小姐那儿没有一字消息——自八月初就没了。

向男孩们致以爱。我想念你们，爱你们，每一位，所有人。拥抱——

T.

[纽约公共图书馆收藏]

---

① 卡波蒂的斗牛犬。

致阿尔文·杜威

瑞士韦尔比耶留局待取

1961年11月2日

亲爱的阿尔文，

自两天前写起——在重新开始我们的书这一工作之后——我发现少量关于杜威·洛尔的部分莫名其妙地不见了。即：在克拉特案件之前，你还调查过或参与调查过其他什么谋杀案？除了那音乐台命案[①]（顺便提一句，只是很简单，那个案子大概是什么：一个男孩在厕所里杀死了一个临时工，然后把他埋了又再埋？哎呀，我对此没有作笔记，现在记忆相当模糊）。我不想要其他谋杀案的细节（除了音乐台案），就想知道这样的事情在你职业生涯里占有多少。肖恩先生，他已读过六万字的手稿（略少于一半）且认为这是我所写的"最佳之作"，有一天来信问我："杜威一家，全部五位（包括那只猫）真的那样迷人、聪明又热心吗？"回答是：是的，当然。

另一件事：乔纳森·丹尼尔·阿德里安到底怎么样了？[②]他被判刑了吗——还是最终被释放了（什么日期）？

希望你可以尽快回复这封信，因为我事实上正在写需要伟大

① 在众所周知的"音乐台谋杀案"中，威尔默·李·斯特本斯于1949年6月24日在花园城史蒂文斯公园音乐台杀害了流动农场工人沃尔特·穆尼。斯特本斯把尸体埋了，接着两天后挖了出来又埋在14英里远的地方。尽管斯特本斯声称穆尼对其做了同性恋的勾引，但州法院证实犯罪动机是抢劫。卡波蒂在《冷血》一书中（兰登书屋1966年版的第151至152页）把斯特本斯（书中拼写为斯特宾斯）描写成将其受害者反复地埋了又挖挖了又埋。

② 阿德里安是一个前往新墨西哥的流浪汉，他闯进克拉特家，是凶杀案的早期嫌疑犯。在他车里发现了猎枪和猎刀。他被指控携带武器而获刑，在县监狱关押90天，但仅仅4天后，也就是1960年1月9日被释放给其亲属。

侦探的材料的那一部分。

向全部五位致以爱

来自你的老朋友

［卡波蒂的自画像，系着领结，戴着眼镜，加上光环］

↑

门鲁杜·蒂波卡[①]

［纽约公共图书馆收藏］

致塞西尔·比顿

瑞士韦尔比耶

1961 年 11 月 3 日

最亲爱的甜心——

杰克今早收到一份电报说琼［·麦克拉肯］去世了[②]。我一直非常喜欢琼——我哭了。但杰克读完电报后，接着马上做他正做的事(吃苹果)。这意味着他随后将会有某种严重的反应。

很高兴收到你的信。几天前我写信给艾琳［·侯斯］(以为你还在美国)说 G.［格洛莉亚·］吉尼斯告诉我说你准备前往洛桑，我想让你到这儿来。但你没提这事。我希望你可以。因为我这里十二月二十日之前有两套公寓——我们的小住处和隔壁一套大点的公寓，我租来工作用的。你会喜欢的而且也很舒适。而且我整个

① 卡波蒂如同对牛顿·阿文署名的那样，偶尔将自己的名字反过来拼写借以取乐。

② 麦克拉肯，邓菲的前妻，1961 年 11 月 1 日死于心脏病。

一月份都不会在这里——我要去堪萨斯两三个星期(研究工作),然后到纽约待几天。但你可以二月份来——除非你必须待在宾馆。

关于我的健康,我在照顾我自己。我几乎不抽烟——一天最多三五支。我大量喝[此处不清]。现在我感觉很好——但在夏天“发作”过几次。我的确相信我们亲爱的哥特弗莱德医生——但我的经济状况此刻不是很好,而且哥医生收费非常昂贵,至少他给我开的六月份治疗的账单对我来说非常贵(即使如此,他还说他没按全额正常标准来收我的费!)。但请不要对他提这事。

你难道是说沃尔德马[·汉森]的剧真的开始制作了?[①]老天!非常欣赏威瑟斯-塞尔兹尼克的故事:她是终极的。这个夏天我收到她的一封信——噢,称其为“一个疯子的胡言乱语”是个真正的客气说法。我读过关于F.[弗朗西斯·]罗斯的书的评论,对其取笑得可怕。好几个月前,我写信给你的出版商乔治·威登菲尔德先生(他碰巧也已出版《观察》),要他给我寄一本他正出版的科林·威尔逊编写的谋杀字典。他从未回应我的请求——更不用说寄来书。[②]如果你碰到他,告诉他我这里的地址,以及我很想有那本书。

我觉得道格拉斯·库珀刺杀案很好笑。[③]他们应该给这位战士颁发奖章。顺便问一句,有谁知道亚瑟·J.[杰夫里斯]为什么

① 汉森帮助比顿好几个写作项目,包括他目前要出版的日记。

② 卡波蒂是指科林·威尔逊的《谋杀百科全书》(1961 年出版)。但其出版商是亚瑟·巴克,不是威登菲尔德,这可以解释威登菲尔德为何没有寄给他书。

③ 库珀是位富有的住在法国南部的艺术评论家和艺术收藏家。他接载一位年轻的阿尔及利亚人欲取性乐,然后拒绝了那阿尔及利亚人的要求——交出手表及所有的钱。阿尔及利亚人拔刀朝库珀的大肚子上连砍三刀,一竖两横——洛林十字架式。尽管刀伤几乎让库珀致命,但他得以痊愈并且活到1984 年。

了结了自己？[①](或只是他花了好长时间照镜子？)

为什么你想去南美？当然，我会在卡诺与你见面——如果你告诉我这是什么地方并且在哪儿的话。[②]

这里风和日丽。白雪。灿烂炙热的太阳。还有空气。我不明白你这海平面的人怎么能忍受住在那阴冷潮湿的深洞里！

关于电影《蒂凡尼的早餐》的事太糟糕了。我怀疑我会不会去看它。

非常遗憾听到你妈妈住院的消息。为什么你不把狗给艾琳呢？它可以每天和她一起上班。查理·J.肥堡(戴安娜·V[弗里兰德]会尖叫的)真是好极了。

我爱你。

T

[剑桥大学圣约翰学院收藏]

致里奥·勒曼

瑞士韦尔比耶留局待取

1961 年 11 月 5 日

里奥亲爱的，

你的电报抵达了，没有署名；即使这样，我完全，也立即，

① 亚瑟·杰夫里斯是位富有的英国人，大部分时间在威尼斯度过。在一场威尼斯大舞会后，当温莎公爵夫人向杰夫里斯请求搭船回家时，他十分尴尬地发现他的两位船夫离开狂欢作乐去了而无人可用。他解雇了船夫，船夫向警察告发他为同性恋来借以报复。正试图清除城市同性恋者的威尼斯当局立即强迫杰夫里斯离开他所热爱的城市。他极度伤心地去了巴黎，自杀了结，留下大部分财富给一水手之家，他对水手们一直怀有特殊情感。

② 卡诺是尼日利亚北部的一个历史王国。卡波蒂从未去过那。

肯定这个发自于你，我想感谢你，杰克也一样；你真是善良，温柔，体贴。可怜可爱的琼。当我告诉杰克时，他什么话也没有说，完全没有。他直接去做他正做的事(吃苹果)。那天天气十分寒冷，下着雪，一小时后他出门走进雪中，没有回来，没有回来，最后天黑下来：我非常担心——但他最终出现时，我看到，我能看出，他已哭了很长很长的时间。但他仍然没有提及，直到现在也没有，除了昨天晚上他十分突然地冒出一句——“上帝啊，我很高兴她在火岛上度过那冬天！”

你是一个真正亲爱的朋友。我常常在最奇怪的时刻想起你。比如：这个夏天，我看到一个貌似十分高兴的男人站在海滩上，肩膀上栖立着一只宠物猫头鹰：于是我想你想了好几个小时。

我的爱送给格雷；也永远送给你

杜鲁门

[哥伦比亚大学图书馆收藏]

致阿尔文和玛丽·杜威

瑞士韦尔比耶

1961 年 11 月 21 日

亲爱的甜心们——

我明天去伦敦一个星期——去看医生并参加我的电影《无辜的人》(如他们所说)的全球首映(非常好看；一定要去看)。但是，我想马上感谢亲爱的阿尔文的侦探信息，也感谢他给我寄来那包含有希科克和内申斯荒唐捐稿的庸俗非凡的杂志。[1]我的上帝！——真没想到我很担心内申斯先生。然而，少许细节（在我看来）十分有趣。并且，很明显这篇“文章”删减自一篇更长的手稿。我肯定会感兴趣看一看内申斯胡乱摆弄之前的希科克的原始手稿。

玛丽，我很高兴听到你父亲在好转，我希望他很快能走动起来。

祝福你们二位，爱孩子们——

T

［纽约公共图书馆收藏］

致阿尔文和玛丽·杜威

［瑞士韦尔比耶］

1961年12月3日

亲爱的甜心们——

这个周末我非常挂念你们：我希望你们去新奥尔良的旅行没经历太大困难，玛丽的父母现在与你们在花园城安全快乐。我知道这对所有相关的人必定是个考验——但我确定这是最佳之举，而且能在离自己家那么近的地方找到一所合适的房子那是多么好啊。我非常期待来花园城时看看他们——但我不太确定会是什么

① 一篇长达10页关于克拉特谋杀案的报道，标题为《美国20年来最凶犯罪》，署名行为“理查德·尤金·希科克口述给麦克·内申斯”，刊登在1961年12月的《男性》杂志上。

时候，可能是一月十五日到二月十五日之间。你们无比亲切，想让我和你们一起住，我非常感激，但我想我最好回到我在沃伦的老房子，因为我想要与很多人交谈，在宾馆之类的地方进行采访会更容易。

关于内莉。我很担心她。仅在你我之间。我有充分理由相信她不幸地爱上了一个无法结婚诸如此类的男人。这一点，加上好几件其他事，使她处于高度紧张的状态。这就是为什么你们和我都很长时间没听到她消息的原因。我不知道她圣诞节会在哪儿，但我想该与她家人在蒙罗维尔。我已写信给她妹妹爱丽丝，看能否发现哪儿真的出了问题。

此外，对案件的最新进展感到十分沮丧。奇怪的法院命令，以及这个威奇托律师罗素·舒尔茨的出现。[①]这些迟疑不定，推期耽误，无休止的拖延——都让我完全绝望。

真希望咪咪[②]在旅行中幸存下来，皮特对她很好。

上次我写信后，前往伦敦参加我的电影《无辜的人》的首映式。我在那儿度过了几天愉快的时光，电影受到很好的评价。

这里今天正在下雪，滑雪的人们开始到达。

爱孩子们，爱你们俩——拥抱

门鲁杜·蒂波卡

又及：兰辛是在莱文沃斯县吗？[③]

［纽约公共图书馆收藏］

---

① 罗素·舒尔茨是位律师，被任命调查迪克·希科克对审判不公的指控；舒尔茨后来从此案中退出。

② 大概是玛丽·杜威母亲家的猫。

③ 兰辛，堪萨斯州男子监狱所在地，位于莱文沃斯县，史密斯和希科克被关押在那并最终被处以绞刑。

致本内特·瑟夫

瑞士韦尔比耶留局待取

1961年12月4日

亲爱的甜心们，

今早收到本内特宝贵的信，于是急于回复。菲莉丝很对：只要我活着我永远都会在兰登书屋！离开我爱的人？胡说八道！但我认为我知道（尽管实际上我可能会错）这个谣言是从哪冒出的。去年夏天在西班牙，一个麦格劳-希尔的编辑在拜访那位可怕的住得离我很近的罗伯特·鲁瓦克[①]。不管怎样，他（编辑）来拜访并告诉我所有关于这家他们称之为手稿公司的逃税机构的事。我告诉他这听起来很有意思，但我自小就一直跟着兰登书屋，十分开心，无意离开。他说好吧，但我应该考虑一下，并且他会给我写信提供“优厚报价”。我再也没想过更多关于这个的任何事，直到我收到那信，上面说如果我去麦格劳-希尔，他们将提供给我两万五千美元作为某种礼物，还有所有其他福利方式，更高的版税率等。那是九月的时候，我从没回复此信，直到大约一个月前我无意发现这封信，就写信给他说，我很感谢他们的兴趣但云云。所以可能这个家伙蛋未孵出就数鸡，告诉别人他已诱惑我到那了等等。不管怎么说，我能想到的就只是这些。

哦对了，我股票的确得到红利，非常高兴，非常兴奋。哎呀，我希望当股票一开始上市时早买一些就好了。

觉得你会喜欢我的这版《螺丝在拧紧》——电影《无辜的

① 罗伯特·鲁瓦克是《价值之物》和《自由》等书的作者。

人》。月底在纽约首映。寄给我你能记得的评论。不，我从那所得到的非常少，做那仅仅是因为我始终觉得它会成为一部优秀的电影，(主要)是因为导演是一个好朋友，也是我钦佩的人。[1]而我是这样一个傻瓜。

在伦敦见到了鲍勃和亚瑟，事实上和他们一起共进晚餐，他们两个看起来都很风流，尽管我对他拍的电影(显然)不太狂热。

是的，我很想陪你一起前往堪萨斯。但我不太确定会是什么时候。我想大约在一月十五日前后。关于堪萨斯之类——我深感沮丧。新的进展令人苦恼。自从那俩小子被判刑后已经一年半了，现在，突然因为某种法律上的混乱，看起来好像可能有个新的审判。这意味着可能还要两年，这该死的事才能最终了结，我的书才能写完。一切都令人沮丧。但我们拭目以待。

我想念你们俩，全心全意爱你们，

拥抱

T.

［哥伦比亚大学图书馆收藏］

致阿尔文和玛丽·杜威

［瑞士韦尔比耶］

1961 年 12 月 9 日

亲爱的甜心们——

真心希望这封信能使你们团聚；玛丽的父母安全到达并已

① 杰克·克莱顿。

安居。

阿尔文，你考虑得非常周到，在去新奥尔良的头天晚上，抓紧时间写信给我寄来那些新闻简报。

我确信你们能想象到我的反应。或者你们也许不能。因为如果有个新的审判，整个情况看起来好像还得再拖两年或更长，我就得被迫放弃这个计划。花费所有巨大的辛苦、时间和金钱之后（而且书已经完成了一大半！），这是一个令人震惊的决定。然而我负担不起，即使有《纽约客》杂志的经济资助，如此之长的耽误；我精神上也难以承受——这种持续创造性的工作使人一直处于紧张状态，再加上所有其他不确定和焦虑，压力就太大了。我要告诉你们一件事：我每天早晨都呕吐，就因为写这本书造成的紧张。但这是值得的，因为这是我写出的最好之作。上帝啊，我不知道该做什么。此时此刻，我打算努力前进——等着瞧发生什么。我仍然打算下个月来堪萨斯——除非不得已我肯定不打算放弃。

原谅我寄送如此一张满纸牢骚令人沮丧的便条。但我真是郁闷，所以为何逞能呢？

让我们看看。难道我想不出一些高兴的事吗？噢，对了。想到不久我将会见到你们那可爱慈祥的面孔，就令人高兴。还有，想到我们可能（实际上，必须）一起烂醉如泥。

我爱你们大家。

T

［纽约公共图书馆收藏］

致玛丽·杜威

［明信片］

［瑞士韦尔比耶］

［1961 年 12 月 13 日］

玛丽亲爱的——

这张便条只想告诉你，关于内莉我给你写的都毫无根据；她父亲心脏病发作，她最近两个月一直在蒙罗维尔照顾他。她将和我一起来堪萨斯。

爱你们所有人

T

［纽约公共图书馆收藏］

致塞西尔·比顿

瑞士韦尔比耶

1962 年 2 月 9 日

塞西尔我最亲爱的——

昨天疲惫不堪地旅行回来，去了纽约、加利福尼亚和（主要在）堪萨斯。

不管怎样，看到你甜蜜的信——你母亲的事，我很抱歉。我知道看着她这样硬撑下去是多么令人痛苦。我希望你能来韦尔比耶——这会给你很多好处。而且老天知道，我有很多要告诉你。

我离开这里去美国的两天后，杰克在滑雪时摔断了腿。而这个傻瓜不给我发电报。他一直在这里独自设法照顾狗之类。真是场噩梦。他不能卸下石膏绷带，还需三个星期。

我在兰辛监狱探访了杀人犯——一次令人惊奇而又可怕的经历。但是我不能写在这里——这事我不得不亲口告诉你。

不知道夏天该做什么。正在询问科西嘉的房子。你去过那里吗？你会来吗？我猜想那会是非常蛮荒而又美丽。无论如何，我都不想去西班牙或希腊——而去某个我没去过的地方。

哥特弗莱德医生在苏黎世——我想去看他，不过我无法离开杰克。

在我看来真是不可思议，那些男工还在你房屋里。像某种怪异喜剧。

奥利弗·S.［史密斯］在印度待了三个月。世上所有人当中，偏他正在为芭比的女儿[①]设计出道派对：我［此处不清］那模特——呃！不过我当然缄口不言。有一天和一位新朋友李［·拉齐维尔］公主一起共进午餐（我的天，她是多么嫉妒杰奎琳：我从不知道）；明白她的婚姻差不多快结束了。[②]

很快有更多。

拥抱和热爱

T

你去［此处不清］和南美旅行发生了什么事？

［剑桥大学圣约翰学院收藏］

---

① 阿曼达·莫蒂默是芭比·佩雷首婚所生之女。

② 李·拉齐维尔公主是杰奎琳·肯尼迪的妹妹。她同其第二任丈夫斯坦尼斯拉斯·拉齐维尔和他们的两个小孩住在伦敦。拉齐维尔作为英国入籍臣民，已无合法权利拥有其波兰头衔，他妻子当然也无权利。

致本内特·瑟夫

瑞士韦尔比耶

1962年2月14日

最亲爱的本——

无法表达我多么喜欢与你和菲莉丝一起在纽约，我多么感激你们俩的甜蜜与殷勤。我希望这封信能使你们休假回来全都晒成褐色，精神焕发。至于我，回来之后发现一切都相当地凌乱不堪——杰克（滑雪事故）摔断了条腿等等。不过，我想我现在已将事情都整理清楚，而且无论如何我已恢复工作。

现在，先谈些小事再慢慢展开——

一、只能说是奇迹，我收到我一月份的版权结算单——它被寄到一个我已两年没在那住的西班牙地址（同一所房子，就在那我发现那些信件全都融化在院子里）。为什么，当我都已如此经常地抱怨这事，为什么这些人不能把我的地址弄清楚？请告诉他们把一切都寄到韦尔比耶。

二、我随函另寄来《冷血》的手稿传真件；我想将它打成两倍行距。三份。原件我希望寄还给我——空邮。另外两份你们留在兰登书屋。

三、与维尔路易桑的合同已经签好并寄回。我顾问科特·哈勒先生的意见正是，如兰登书屋现在能给我预付一些钱就更好了。他建议一万五千美元。一张这一数额的支票（当然开给维尔路易桑）能否寄到列支敦士登瓦杜兹？非常感谢。

四、随这鼓囊小信封附上我的股份和“手稿公司”的玩意。第一段里提到的吉妮是罗伯特·鲁瓦克夫人，鲍勃就是蒙斯特他自己。

五、 随函还附上《作品选集》的建议内容。这并不是我不假思索所做的。我已分析一切并再三考虑。如你所见，我已将《草竖琴》包括进去。我知道你不喜欢这本书——但我喜欢，真的；而且很多人也喜欢。此外，它已脱销。

请向《纽约客》的[黛西 ·]特里小姐索要那篇关于白兰度的《个人领地里的公爵》样张。

向《假日》索要那篇布鲁克林文章的样张。他们以什么样的标题发表我已忘记。不过在书里我想让它叫作：《高地之屋》。

那篇故事《通往伊甸园的小径》发表在一九六〇年《君子》(我想是)七月刊。请向《君子》的拉斯特 · 希尔斯索要样张。

六、 关于马克 · 肖莱尔[①]写序。在和他签约之前，请先写信告知我你对建议内容的看法。然后等着直到我作回复。那时我们可以和肖莱尔联系。

如果我再多写，我就无法把信装进这信封里了。为什么我不找个更大的信封？答案：这是我们简易报亭所卖的。

外边，一场巨大的暴风雪正在刮起。但我将穿上我的雪地靴设法抵达邮局。如果你收到这信，你会知道我赶到那里了。否则——

亲爱的本内特，你对在写作品的热情是我所能得到的最大鼓励。我真诚感谢你，只希望最终的书将值得你的信任。

所以——回去工作！

我特别的爱送给你们俩

永远的，

T.

[哥伦比亚大学图书馆收藏]

---

① 马克 · 肖莱尔是位传记作家和文学批评家。他关于辛克莱 · 刘易斯之作——《辛克莱 · 刘易斯：美国生活》发表于1961年。

致阿尔文和玛丽·杜威

巴黎大陆酒店

［1962 年 2 月 20 日］

亲爱的甜心们——

穿过瑞士和法国之间的汝拉山关时，汽车在结冰道路上失控打滑，转了两圈后停了下来，接着被一辆从我们后面过来也已打滑的卡车迎头撞上。奇迹是没有人受伤。至少我再不必担心汽车。从现在起我坐火车旅行。

巴黎天冷下雨——但很多朋友在这，因此我正享受着我的小小假日。奥黛丽·赫本在这里和卡里·格兰特(他啥都不说只谈催眠和维生素片：说它们是两样让他青春永驻的东西)一起演一部电影[①]。星期一去伦敦，会从那里报告王宫之旅。

查理·J. 喜爱巴黎——他沿街奔跑，对别的狗那喷香气味极度亢奋。所有人都回头凝视他——话说回来，他真是既滑稽又漂亮。

关于李·安德鲁斯的简报让我大为吃惊。我以为还会要几个月我们方可再做那事。请你一知道消息就立即告知——它可以对希和史有很大影响。

爱你们大家，想念你们。

T.

又及：是的，回到柳树街 70 号[②]——现在重新粉刷过了！

但请给我在科罗拉多找间漂亮小屋，我会买下来然后你们大

---

① 《谜中谜》，1963 年上映。

② 卡波蒂在布鲁克林高地的公寓。

家都能住了。我说真的!

［纽约公共图书馆收藏］

致塞西尔·比顿

韦尔比耶

1962 年 2 月 25 日

我亲爱的朋友——

当一个人正处于凄冷无望的悲痛中，诚然是没有安慰可言的，没有。我一直为你感到担心：你失去你母亲的那一刻。[①]我非常抱歉，亲爱的。她活的寿命很长，你已尽你所能让其人生快乐。

我非常高兴你马上要去非洲旅行。[②]这可能是最好的。你什么时候回来？我自己的计划并不太确定。但基本确定。我们期望在这里一直待到四月初，然后去科西嘉。亨利-路易·德·拉·格朗日(记得他吗？)在那里有栋房子，一栋古老的女修道院改建成的别墅，他正在为我们找个地方。他似乎非常乐观。无论如何，如果我们真的找到一个体面之处，请计划去那度个假。

正如我跟你写过的，我大部分的旅行都在堪萨斯。在纽约总共只待了五天，其中两天染病毒卧床。但是，芭比为我举办了一个大型时尚派对，我得以快速瞥见了大约上百张熟悉面孔。不知

① 比顿的母亲伊蒂几天前去世。

② 比顿游猎去肯尼亚，两位不太可能的同伴随行：像他自己一样的审美家雷蒙德·莫蒂默和耳聋的莱蒂丝·阿什丽-库珀夫人。

何故他们，它，这整个事情似乎非常虚幻、遥远。唯一真实的就是堪萨斯和那里的人们——我猜想是因为我的工作。事实上，这非常的令人心烦意乱——我痴迷于这本书所达到的程度。我几乎不去考虑任何其他事。奇怪的是，我讨厌去写它；我指的是，真正地去写。我只想去思考此事。或者说——我不想；但我无法阻止自己。有时候我进入某种神情恍惚的状态，一直持续四五个小时。我估计我还要一年半时间。到那时候我应该会很好、会发狂。

杰克应该在星期一拆石膏。

斯利姆·海沃德在圣莫里茨。她准备在伦敦租一间公寓，想着可能在那安居。我真的希望有个好男人会一起来。

我非常爱你，亲爱的。当你可以时就写信给我——

T

［剑桥大学圣约翰学院收藏］

致牛顿·阿文

韦尔比耶

1962年2月26日

亲爱的——

祝福你给我寄来那甜蜜的信。关于书的事我非常高兴，你的书；真的极想读一读。[1]

---

① 阿文的《朗费罗：人生与作品》出版于1963年。

不，我不知道霍华德[·多迪]终于完成并出版了他的杰作。[1]毫不奇怪地听到这是一部一流作品——我一直认为它会是的，如果他写完。他获得恰如其分的热忱评价是多么美好。我必须弄一本来。同时，告诉我他的地址[然后]我会写给他一封贺信。

你[读]过卡森的小说[2]吗？如果读了，你觉得它怎么样？我不知道为什么你没收到安德鲁[·林登]的信（是的我其实知道：他从不写信给任何人）——但我可以向你保证这和那所谓的“雪崩”毫无关系。我上回在纽约见到安德鲁，他谈到了你，如同往常，带着兴趣与深情。可怜的男孩，他的一生都被克雷恩夫人占有了：不过他真的爱她。[3]

我的生活比你的还要安静——如果你相信的话。我月月不见一人。当然，除了杰克。我预计要一直待在国外，直到我书完成。天知道那会是什么时候。我可能会花跟霍华德一样长的时间。

我非常爱你，我亲爱的。永远都会——

T

[史密斯学院图书馆收藏]

致阿尔文和玛丽·杜威

[瑞士韦尔比耶]

1962年2月29日

① 多迪关于19世纪伟大的历史学家弗朗西斯·帕克曼的传记出版于1962年。该书花了他20多年时间写成。

② 《没有指针的钟》(1961)。

③ 林登几乎每个下午都给克雷恩夫人朗读。

亲爱的甜心们——

今天被玛丽的信逗得乐不可支——尤其是麦克·内申斯的消息！请告诉我更多。那严重么？他会进监狱么？我当然希望如此。为什么他们现在不能把奸诈律师舒尔茨置于同样境地呢？他是个逃税人——你可以打包票。

同样，对咖啡因案的进展相当着迷。可能我也得写本关于那个的书。①

是的，我知道杰奎琳在电视镜头前带领参观，并很高兴听到此片大获成功：②玛丽，你很细心体贴地写到她。她知道所有杜威家的一切——我们已详细地谈论过你们。她确实是个非常甜蜜的女孩，而且事情做得很好——想想她本来是讨厌整个念头的。我想她现在是喜欢上了。

随信附上的支票是给我的小额现金账户。同时，寄回驾照申请——你能否将其连同应缴的五十美分寄给那些人，然后让他们委托你把驾照寄给我。那样它就不会弄丢。正如你所见，它已由瑞士一公证官公证过。

仍在为克里感到非常难过。不过，邦奇已经死了一年，我仍旧为他伤心。但是查理·J. 和猫妹都非常有趣——虽然他们一直在吵架。

我想念你们每一位。拥抱和亲吻

---

① 阿尔文·杜威告诉了卡波蒂一系列奇异的内布拉斯加谋杀案，卡波蒂将这些最终写进中篇小说《手刻棺材》，发表在 1979 年安迪·沃霍尔的《访谈》杂志里，收录进卡波蒂的书《给变色龙听的音乐》(1980)。这种“非虚构叙述”在 70 年代事实上大量地被小说化，这一形式也得以确立。

② 《与约翰·费·肯尼迪夫人参观白宫》于 1962 年 2 月 14 日播出。八千万美国民众观看了电视转播，该片获得艾美奖。

［卡波蒂系领结戴眼镜的自画像］

还有来自查理 · J. 的爱

［一个爪印画］←他的记号

［纽约公共图书馆收藏］

致本内特·瑟夫

韦尔比耶

1962 年 3 月 4 日

亲爱的本——

非常高兴收到你从棕榈泉寄来的甜蜜的信——不过，真希望天气有所好转。

首先，有些堪萨斯消息。现在非常确定的是堪萨斯最高法院会否决重新审判的上诉。就史密斯和希科克而言听证会是一次惨败。我明白他们的律师从未直接向美国联邦最高法院申诉。这难道不荒谬么？哦对了——有件非常好笑的事：记得麦克 · 内申斯吗，给我带来如此多麻烦的那个报社混蛋？说兰登书屋正要出版他的书的那个？好吧，他因为逃税而被捕！

现在是关于马克 · 肖莱尔[①]。双日出版社正出版一本战后美国作家的书；每一章都由一位不同的评论家来写，关于我的那一章则由肖莱尔。这也就是我为什么一开始就想起他来作介绍。不过，他现在写信跟我说：一、他没法在六个月内完成；二、他除

① 兰登书屋正计划将卡波蒂部分作品收入“现代图书馆丛书”，卡波蒂请求著名评论家马克 · 肖莱尔撰写序。

了双日出版的那书里所写的那些，不会有任何新的可说。好吧，我不想等六个月之类的。可能我们应该放弃有个序（虽然我能看到有个序的很好理由）。你能想到谁似乎既合适（可靠的评论声誉）又有同情心的吗（喜欢我的作品）？约翰·马尔科姆·布里宁正是后者，但他是否属于前者呢？可能贾森·爱泼斯坦能想到什么人——他似乎非常擅长这类。[1]或者，正如我所说的，我们干脆就放弃序？

我会在另一封信里讨论关于书的设计和外观。

我还没把《冷血》的手稿寄去复印的原因是我还没有收到给我制作的传真件版。不过，将会一起寄去的。

维尔路易桑寄回合同，仅有两处要作修改。

几天之内会再写信。正在努力工作。告诉菲莉丝我爱她——无论如何，她知道我爱她。爱你的——

T

［哥伦比亚大学图书馆收藏］

致本内特·瑟夫

［瑞士韦尔比耶］

1962 年 3 月 14 日

亲爱的本

今天，我随函另寄给你《冷血》的手稿。请不要在我通知你之前寄出我的这份。也就是说，留着直到我需要它。

---

① 贾森·爱泼斯坦是兰登书屋的编辑。

我正在给你写另一封关于《作品选集》的信——这只是一张便条用以解释下午我寄给你的关于库瑞夫人同德国发行商金德勒的交易的那封电报。这让我惊讶——至少可以说。首先，我忠实于我固定的德国发行商莱姆斯出版社。他们让我所有的书得以出版，为我不辞辛劳地同报社和评论家交涉，并且成功地为我在德国赢得巨大声誉。我个人认识莱姆斯出版社的每一位而且他们对我都一直非常友好。更重要的是，他们会比得上金德勒所给的任何待遇。除去其他所有，金德勒是家非常烂的书屋——相当于鲍勃斯-麦利尔一样。他们名单上一个上乘作家都没有。我不是在批评库瑞夫人，我确信她的想法是为了尽善尽美。不过，她应该先征询我的意见。不论她做了什么，她都必须撤回——因为我毫无念头离开莱姆斯出版社，如同我不会离开兰登书屋一样。不管怎样，都不只是为钱。

明天会寄另一封信。我想念你和我甜蜜的菲莉丝——爱你们俩

T

［哥伦比亚大学图书馆收藏］

致本内特·瑟夫

［巴黎里兹酒店］

1962年4月5日

亲爱的本——

很好。《草竖琴》出去了——不过我不喜欢那念头把它和《别

的声音——》搭配一起；我更愿意它们是分开的平装本。[1]

啊，是的——维尔路易桑付诸东流了。原因过于复杂难以细说——这归结的事实为，如果我继续下去，我（简直）就得付两倍于住在堪萨斯中心的人所缴的税。从某种程度上来说，我并不遗憾。我讨厌成为一个税收难民那种被困的感觉。管它去的。现在我能在自己想的时候回家。我会的——一旦我书写完，或几乎完成。信与不信，我每天都在巴黎这里写它。我觉得我渴望给它放个假——不过事实上这是我唯一在真的思考的东西——那确实令我感兴趣。

一直拥有很多关注——巴黎所有报纸上的照片和故事。所有这些我都很喜欢。

威廉·斯泰隆在这里——虽然我没见到他。不知道他住在哪里。《纵火焚屋》刚在这里出版，评价极好。

我从你的信中猜测马克·肖莱尔没有读到任何《冷血》的手稿。确实希望此刻撰写序之事已得到解决。

你看到过《纽约时报》上关于手稿公司的故事没有？

说回到维尔路易桑。支票及内容将退还给你。现在（可怜的哈珀先生！）新的合同应该直接和我商谈，不仅为《冷血》，还为《作品选集》。在两种情况下，我想要合约改成给我老老实实的百分之十五的版税。不过，我不再为《冷血》要求一万五千美元的预付金——至少近期不会。不过，我想为《作品选集》要一笔三千美元的预付金。

关于德国：莱姆斯出版社已开出和金德勒一样的条件。另

---

① 他在指应该收录进他选集中的作品。

外，你可否请库瑞夫人继续同我的法国代理奥德特·阿曼德合作呢？我喜欢奥德特，她对我帮助很大。

伽利玛今晚为我举行了一个晚会——在马克西姆（相当炫丽，哼？）。兰登书屋从没给我办过晚会——既没在霍恩与哈达茨，也没在别的地方。好吧，一个在其自己国家里的先知——

这里很冷，而且总是多雨；恐怕科西嘉也会如此——不过，我从今天起一周后出发。

拥抱和亲吻送给我的天使菲莉丝。爱你们俩——

T.

［哥伦比亚大学图书馆收藏］

致本内特·瑟夫

［1962年］4月26日于科西嘉

发自：西班牙布拉瓦海岸帕拉莫斯留局待取

亲爱的本——

好吧，正如我写给库瑞夫人那样，这次科西嘉尝试没能得出效果，因此周日就要离开这里，然后，绝望地回到上面的地址——一个我真的不喜欢的地方，但至少我将能回到正确的工作安排中，这是一切中至关重要的。我希望能在圣诞节前，或节后不久，完成书的百分之八十；如果那样，我将会回家（多少）一劳永逸。碰运气在那把它完成。无论如何，我想离堪萨斯更近点。你知道，我确实想家了；除了这本书再没什么能让我过着这种恐怖的孤独生活。老天，这最好成为一部杰作！

关于《作品选集》：我想要再加一篇故事——《夜树》中的

《无头鹰》(1946)。请务必？一个理由是，所有写信给我的大学生异口同声地提到这篇故事。同样，我很喜欢它。

大约一年前，我给你写信请你把整套的“现代图书馆丛书”寄给：瑞士洛桑码头大道 10 号帕特里克 · 吉尼斯。可能那封信出差错了。不管怎样，帕特里克同样没有收到，他非常渴望拥有那套书。而且，当然，他打算付钱买书。所以能否请寄去呢？

我的爱送给最亲爱的菲莉丝。我特别想念你们俩。

即便是在目前这种令人厌烦的环境下，我依然在继续努力地工作，可能有一天你将为我自豪。

至爱

T

[哥伦比亚大学图书馆收藏]

致本内特 · 瑟夫

[西班牙帕拉莫斯]

1962 年 4 月 28 日

亲爱的本——

今早给你寄了封信，同时收到你一封关于马克 · 肖莱尔的短笺(<u>非常</u>满意)，以及书的外观实物。

关于后者——

(1) 我想要黑布封皮。

(2) 护封——你记得《地方色彩》的护封，我自己设计的那个？肯定非常的引人注目，我想将那个复制在这。同样的颜色。

关于我的小序言——我会在六月一日前寄来。此刻正深陷于《冷血》非常艰难(也非常令人兴奋)的部分。此外，在这个沉闷而充满鲁瓦克的帕拉莫斯重新安顿下来十分困难。呸。

堪萨斯最高法院驳回了上诉，法官们预计在七月的第一个星期确定一个新的绞刑日。当然那留给联邦法院——但我明白辩护律师正放弃此案。所以不知道会发生什么。法律意见达成的共识是在十二个月之内某种解决。

我收到佩里·史密斯的一封着实了不起的信，长达五十页，不知他怎么说服看守将其偷带出兰辛监狱并寄给了我。

爱你们俩——

T.

又及：如果你反对护封设计，尽管说出。

又又及：我真的在巴黎见到了斯泰隆。我非常喜欢他，一直如此，我希望他完好无损地到家(喝得过多)。他爱你和菲莉丝——不过没我那么爱：谁能呢?

[哥伦比亚大学图书馆收藏]

致阿尔文和玛丽·杜威

西班牙布拉瓦海岸帕拉莫斯留局待取

1962 年 5 月 5 日

亲爱的大家——

非常开心地看了科西嘉最后一眼(我确信拿破仑也是如此)!呸。最重要的是，有人在我们住的酒店从我公文包里偷了一个装有五百美元现钞(我的“救急”钱)的信封，而且我直到上了船之后才发现。真希望“老真诚”会小跑过来调查一下。[1]

不管怎样，已回到西班牙重新开始工作，这是至关重要的一切。

我确实有很长一阵子没有收到你们的消息了。当然我知道我们阿尔文一直在忙于让可怜的老前州长犯心脏病之类。玛丽，天使一个，那个讨厌的霍普先生有没有让你筋疲力尽？

内莉那一字消息都没有——虽然我在杂志上读到她已“躲藏起来”，并且正在艰难地写她第二部小说。

觉得非常令人兴奋，戴尔[·科利]竞选州长。真希望他赢，但我意识到这些艰难。[2]

堪萨斯（西堪萨斯）现在一定很美——春天最美时间，麦子都长得相当高（？）。下次我来的时候，希望是在麦子收获季节。

玛丽，我希望你的父母在新居快乐。这听起来是个好得多的安排。替我向他们问好；向杜威妈妈致以爱。还有男孩子们——我知道他们现在肯定很开心，因为学校就快放假。

我爱你们俩。赶快写信——

T.

[纽约公共图书馆收藏]

致保罗·杜威

[西班牙帕拉莫斯]

1962年5月5日

① “老真诚”是他给阿尔文·杜威取的几个绰号之一。
② 小约翰·安德森1962年当选连任堪萨斯州州长。

亲爱的保罗——

由于我无法去这个晚宴，我想可能你会喜欢替我前往。但即使你也不能去，我想你会喜欢拿这邀请函留作纪念品。①

我想念你和杜威；非常爱你们俩——

杜鲁门

［纽约公共图书馆收藏］

致本内特·瑟夫

西班牙布拉瓦海岸帕拉莫斯留局待取

1962 年 5 月 14 日

亲爱的本

我无法写序。我已试过。我已浪费了四天错误地开头。这有数个原因，但主要一个就是我被《冷血》给监禁——我怀疑在我写完之前我现在是否可以写任何其他的。

这就像是一种疾病——我无法忍受与其“离开”，正如其过去一样；过去的四个早上醒来时都有一种可怕的悲伤感觉——知道自己必须设法专注于其他事情。啊，明显的事实是我无法。我确信你理解。

无论如何，我觉得一篇介绍加上一篇序言实在太多，尽管我完全看到拥有后者的商业优势。我建议书的护封上写——

作者亲选；马克 · 肖莱尔作序。

---

① 写在一封邀请函的反面，邀请参加 1962 年 5 月 11 日白宫为法国文化部长及作家安德烈 · 马勒侯举行的国宴。

那样考虑到我亲自选择内容这一事实。

吻菲莉丝，爱爱爱你们俩——

T.

[哥伦比亚大学图书馆收藏]

致本内特·瑟夫

[西班牙帕拉莫斯]

1962年5月14日

亲爱的先生——

想让你知道，我刚收到十本拉尔夫·埃利森的《隐形人》的日文版，花了兰登书屋十块八角二分！请让我知道你是否希望退还这些书。与此同时，我仍然是

你最真诚的，

T. 卡波蒂

（一位心怀不满的股东）

[哥伦比亚大学图书馆收藏]

致唐纳德·温德姆

西班牙布拉瓦海岸帕拉莫斯

1962年6月3日

亲爱的——

这么多好消息！没有，我没看到《时代》的评论（很想看）；此

外，对那故事很高兴，《近视》（好标题）。

又在工作，尽管一个多月来我生活确实颠倒过来。科西嘉是个噩梦——我无法开始告诉你：查理狗狗支气管炎差点死去——事实上一直在犯病；有人在酒店从我公文包里偷了五百美元现钞——那都是所发生的事中最小的、最微不足道的。而那些人：他们结合了南欧人和法国佬最烂的特质——呸。我猜想这很美——多少有几分冷漠、阴森、令人生畏。

我们这里有间绝妙的房子——非常偏远且在水之上。杰克从五月初就一直在游泳，不过对我来说水仍然太冷。

也高兴听到桑迪关于 E. M. 福斯特的那篇。请在出版后寄给我一份。

我们可能会在圣诞节后回家。我不确定。这反而取决于堪萨斯事情如何进展。这案件如何拖延下去真太奇异。没有什么能够为我补偿投入此书中的大量工作和真实痛苦。

爱桑迪和你。并拥抱

T.

［耶鲁大学贝尼克图书馆收藏］

致本内特·瑟夫

西班牙帕拉莫斯

1962 年 6 月 15 日

亲爱的本

刚收到你包含马克的序的信。嗯，我很喜欢。我想这可以，尽管相当简洁。不，我觉得他提《冷血》没有关系。

关于出版日期你已决定了什么？正如我写给你的，我不在乎它是否被延期到三月。实际上，我十分愿意而不是让其迷失在八月的匆忙中。

我想要张献词页，请务必。我想让其如下所写——

献给菲莉丝和本内特

我每天都在工作，也没见任何人。堪萨斯最高法院预计下周为佩里和迪克确定一个新的行刑日期，大概是十月一日。不过，我肯定他们会再耽搁一会。大多数律师似乎都认为他们能再活八个月左右。

难道不好么，斯利姆要和肯尼斯·基斯结婚？他是个好男人。非常帅气，年仅四十五岁，但是个非常成功的银行家，富有——好吧，只待其展示。她非常的开心。

我想念你和天使菲。我希望我们正坐在基斯科山上的水塘边。

爱你们俩。

T.

［哥伦比亚大学图书馆收藏］

致牛顿·阿文

［西班牙帕拉莫斯］

1962 年 6 月 27 日

有趣的宝贝兔子——

好吧，我高兴地知道你的疏忽并非有意。无论如何，很高兴地知道你书已写好并想听到出版商的想法。我渴望一读。

关于信中所附的。兰登书屋在编一部大的《作品选集》，他们打算最终将其收入“现代图书馆丛书”。他们要求马克·肖莱尔来写一篇简要的序。请你对此给我一个严厉而坦率的意见如何？你觉得他们应该用它还是不用呢？提及《冷血》怎么样（兰登书屋让肖莱尔看了手稿，或至少看了他们手上所有的一半）；那在你看来似乎是个错误吗？①

至于书本身，我还有很长很长的路要走，再要一年，也许两年：哦进展如此缓慢——我想等你读到之后你会明白为什么的（我回家时会给你手稿，我期待圣诞节一过就行）。

我想看彼·德·弗里斯对波小姐的模仿。②事实上，我还没看到这本书——除了这些年来在杂志上出现的部分。

希望你和鲍勃·L[林斯科特]这几天过得愉快。他人很神秘，真的；但很可爱。

不用费力寄回肖莱尔那东西。但愿意马上知道你的看法。

爱你，斯格。拥抱

T.

[史密斯学院图书馆收藏]

致阿奇·珀森斯

西班牙布拉瓦海岸帕拉莫斯

1962年6月27日

---

① 肖莱尔写道：“当卡波蒂出版了其正在创作的书——《冷血》时，其创作生涯中的下一变化将变得不言而喻，对堪萨斯残忍凶手的再创造及其后果。完全不可预测，它会成为一切变化中最举世瞩目的，最令人兴奋的。”

② 彼得·德·弗里斯对凯瑟琳·安·波特《愚人船》的模仿。德·弗里斯曾经写出名句：“每部小说都应该有一个开头、一片混乱和一个结局。”

最亲爱的阿——

你的信，从纽约转寄的，今早收到，我非常高兴地拥有它。确实是真的，我给你写了两次信寄到一个密西西比的地址，我相信是杰克森的一家酒店，如你收到那些并回信，可能这眼前的误解就不会发生，你也不会觉得我如此疏忽。确实，我对你只有喜爱和热爱，我想你有点误解了我之前写给你的一封信。

恐怕西本[·福克][1]所说的关于我七月回美国不是真的。我计划在这里西班牙海滩上度过夏天，然后去瑞士一直待到圣诞节后。当我确实去美国，那将会在二月或三月某个时候，会久住一段时间，我确信那时我们会见面的。

此外，我花七年一直在写这本新书不是真的。只是三年；还要一年时间。这书很长，我的出版商认为其是我所写的最好作品。另外，兰登书屋这个秋天(或可能明年春天)要出版一大套《作品选集》。所以你不必担心我的事业；从来没有比现在更好。

你对西本的提及听起来似乎你最近收到过他的信，或可能见到过他。如果是，他现在如何？他日子过得不好，运气如此烂。

的确，我不觉得你应该这么悲观：全是些关于将死朋友之类的话。你病了吗？没。你老么？不。至少我不觉得你已过六十二岁，[2]我认识好些比这岁数更老的绅士，整天工作，彻夜“摇摆”。不过认真说来，我深感难过，你的工作对体力要求如此艰难。不管怎样，我确实非常希望收到此信你感觉相当好，且更开朗。

至于我，我一切很好。我以前太瘦，现在太胖(西班牙烹饪)，

---

① 西本·福克是卡波蒂的舅舅。

② 卡波蒂父亲生于1897年9月1日，事实上64岁。他1981年83岁时去世。

得有所节食。随信附上一份法国报纸上的近期照片，你可以亲眼目睹。

请代我向布兰奇[1]问好。

拥抱，亲吻，深深的爱来自

T.

［纽约公共图书馆收藏］

致塞西尔·比顿

［西班牙帕拉莫斯］

1962年7月6日

亲爱的甜心——

刚刚收到你甜蜜的信，便急于说如果你宁愿八月底某个时候来，那就务必来吧。随你所愿。随时都行。

我过着这般修道院的生活——没有一点消息。佩雷一家下个星期会来这里待几天。可能他们会有些事情要告知。哦是的——我接到一个从纽约打来的电话（顺便说下，号码是帕拉莫斯45），一个细小脆弱的声音随电缆震颤传来：不是别人，正是格洛莉亚·V.［范德比尔特］——她想说她第一正与［西德尼·］鲁美特先生离婚，第二要来欧洲待个把月。

我听到不同的关于斯利姆的银行家的传说。芭比见过他，觉得他非常好，但说其他人（如特里一家）不这么看。好吧，这没关系。只要她喜欢他。

① 阿奇·珀森斯的妻子。

你能否寄给我奥斯卡·王尔德的书信集[①]呢？不是作为礼物。我确信它很贵。我会用比塞塔偿还。

想念你。爱你——

T

又及：收到一封奥利弗·S.［史密斯］的信，说艾琳·S.［塞尔兹尼克］来吃晚饭，喝得烂醉，昏睡十个小时！

［剑桥大学圣约翰学院收藏］

致阿奇·珀森斯

［西班牙帕拉莫斯］

1962 年 7 月 11 日

亲爱的阿——

刚收到你有关西本难处的信。我非常喜欢西本［·福克］，而且我答应如果我打算帮他，我应该马上那样做。但是我没办法。我所有的钱（且也没有大家以为的那么多）都在瑞士银行里，都是瑞士法郎，由于过于复杂难以在这里解释的原因，我若把任何大笔瑞士法郎换成美元，那将会非常危险。我在美国拥有的银行账户金额很小——只够我个人所需。连过去九年从我这里得到数千美元的乔·卡波蒂也知道现在这样是不再可能的。确实，我对西本的处境感到非常抱歉；我觉得你想要帮他真的是心地善良。

我收到奶奶的一封可亲的信。的确，她是个特别的人。思维清晰，文笔清晰。

① 《奥斯卡·王尔德书信集》（1962），由鲁佩特·哈特-戴维斯编辑。

我希望你夏天过得愉快。向你夫人转达我最美好的祝愿。

深爱你的

T.

［纽约公共图书馆收藏］

致牛顿·阿文

［西班牙帕拉莫斯］

1962年7月18日

亲爱的斯格——

我希望你不要这么谦虚。我很想看到关于手稿读者写了些什么。我知道这是一本才华横溢的书，一个真正的成就，我为你感到高兴。

非常高兴能有你对肖莱尔的小序的看法。我对其不很满意，我不大知道为什么，不过我已让兰登书屋采用。

感到非常好笑，你在说格兰尼［格兰维尔·］希克斯认为每部小说都是“佳作”。我知道他几乎是你最熟悉的朋友（仅次于大卫·L.［利连索尔］），但坦率说，他是个白痴，毫无一丝品位和才能。现在说实话：你不这么认为么？不管怎样，我没有读过那部谈论中的小说：吉米·鲍德温的[1]。我厌恶吉米的小说：写得非常简陋，一种蛋疼的无聊。我确实有时觉得他的文章至少是有才智的，虽然它们几乎一成不变地在结尾处说点空有希望的话、吟唱圣诗（浏览几篇，读最后几段，可能你就明白我所指的是什么）。

---

① 詹姆斯·鲍德温的《另一国度》（1962）。

我已听说那位年轻的西班牙作家，但从没读过他写的任何东西。

我不喜欢你要度过如此孤独的夏天——但对写作极好，话说回来。阿尔[·费舍尔]在哪？他没再结婚么？——我希望。丹[·亚伦]呢？他们是否都已离开。

记得邓肯·阿斯维尔吗？玛丽露的小儿子？噢他现在二十五岁了，而且非常出色：如此聪明。而且迷人。当然还很古怪。他冬天就会在哥伦比亚教书了。

赶快写信，亲爱的甜心。深深的爱——

T.

又及：科西嘉怎么了？一切；但更特别的是那些科西嘉人，他们结合了意大利人和法国人最烂的品质。有过之而无不及。

[史密斯学院图书馆收藏]

致塞西尔·比顿

[西班牙帕拉莫斯]

1962 年 7 月 26 日

最亲爱的塞

八月二十五日那天可以。请告诉我航班号和到达时间，我会有车来接你。

猜猜谁在这里玩了几天？格洛莉亚·V.，由一位形如塔米·格莱姆斯[①]的侍女陪同——她文着眉，身着皮质比基尼。上星期佩

① 格莱姆斯是位女演员，饰演《永不沉没的莫里·布朗》中的剧名角色获得声望，该剧在百老汇长期上演，那年早些时候结束。

雷一家在这里待了几天，所以我们一直比平常过得更加社交。

我希望你在乡间过上一段安静的日子。

王尔德书信集到了，非常感谢你。真是本极好的书。一种启示。一定要和你谈谈它。

非常渴望你的来访!

拥抱和热爱

T.

［剑桥大学圣约翰学院收藏］

致阿尔文和玛丽·杜威及家人

［西班牙帕拉莫斯］

1962年8月3日

最亲爱的家人们——

我一直希望现在能收到一封（关于日期的）电报，或一封信——但可能有东西正在途中。你们什么时候去度假？去哪？去科罗拉多吗？

好吧，格洛莉亚来过并已离开，我们迎来一次“真是美妙”的拜访。她的生活里有个新男人。这本该是个大秘密，不过我会告诉你们，因为我必须告诉别人：真是如此奇妙。尼尔森·洛克菲勒！天知道结果会是什么——如果他们结婚那肯定是件怪事。没有别的新客人，除了杰克和德鲁·海因茨（对的：有五十七个品种）乘游艇来了两天。

收留万事部：福克斯的信刚到，包含对第一段所有问题的回答。好吧，我很高兴你们的假期正在临近。某天，并不遥远的某天，你们将来纽约和我住一起，我们会享受一个狂欢的假期！

有只野生狐狸在这里到处跑，所以我们得抓住猫妹，夜晚把她留在屋里。所以猫妹不是很开心。

塔特一家有什么消息么？你们过去一两个月都没提到他们。我猜想他们在科罗拉多。卡普·伯蒂斯发生了什么？顺便问句，他的全名是什么？我从来没有很清楚。我想给他寄封振作信函。

我从书中腾出几个星期来给麦卡尔斯写一篇文章；但这不是很容易，因为 1）我只是为钱而写，这从不是个写任何东西的充足理由，2）我不喜欢做任何跟这本书无关的事情。

非常高兴我最喜欢的侦探能如此快速地解决他三件案子中的两件。

玛丽的节食如何？我自己已经放弃，会等到瑞士后。

向男孩们致爱。拥抱大家——

T.

［纽约公共图书馆收藏］

致牛顿·阿文

［西班牙帕拉莫斯］

1962 年 8 月 8 日

最亲爱的斯格——

我几天来一直想给你写信，但始终没写成任何东西，右手腕突发风湿。至少医生说是风湿。总之好疼；或者多处疼：服下一些极不舒服的药片，暂时把疼痛驱赶开。

无法相信玛丽莲·梦露去世了。[①]她是这样一个心肠善良的女孩，那么纯洁，像天使那样。可怜的小宝贝。老天保佑她。

你读过约翰·阿尔德里奇在《时报书评》上写的一篇文章吗？[②]一种对我和诺曼·梅勒等的攻击？这让我愤怒(不用说)，而且我认为是屁话连篇。只是概括陈述，毫无任何证据支持——“卡波蒂是个早熟延伸到职业生涯的经典例子”——那指什么意思？请告诉我你是怎么看这篇的——如果你看过的话。

我能不能明年三月或四月来拜访你几天？有很多我想说的。我还想让你看看我书的手稿，可以这么说，趁它还可改动时。

关于邓肯·阿斯维尔。他在英语系教书——(在哥伦比亚)，一门叫作《从荷马到陀思妥耶夫斯基》的课——相当广泛，嗯？他有一间公寓——不过我不知道地址。你不需要介绍信。他非常清楚地记得你。他已成为一个非常聪明的男孩，而且绝对迷人。

希望你已经完成那些令人担忧的杂事，回到你所想做的工作中。

深深的爱，我亲爱的朋友

T.

[史密斯学院图书馆收藏]

---

① 玛丽莲·梦露于1962年8月5日在其洛杉矶家中被发现去世，终年36岁。

② 约翰·阿尔德里奇在1962年7月29日《纽约时报书评》上撰写文章《我们战后的希望成了什么》。他在文中评估他所认为的一些年轻美国小说家的弱点，宣称卡波蒂的风格是“受福克纳保护然后被女性时尚杂志抹粉喷香的”。

致阿尔文和玛丽·杜威

[明信片]

[西班牙帕拉莫斯]

1962 年 8 月 8 日

亲爱的甜心们——

昨天经历一场大冒险：一场森林大火烧了我们隔壁的地方，几乎也毁掉了我们。当消防员(四百多个)要我们离开房子时，我唯一带上的东西只有那本书以及所有跟它有关的材料。不过房子逃过一劫，谢天谢地。对玛丽莲·梦露感到非常难过：她是个甜蜜女孩，而且是个密友。我爱她。

拥抱——T.

[纽约公共图书馆收藏]

致阿尔文和玛丽·杜威

[西班牙帕拉莫斯]

1962 年 8 月 16 日

亲爱的家人——

今天你们去了库查拉——真希望那里凉爽宜人，你们过得开心。谢谢那些剪报——杜威的照片非常好。而且戴尔[·科利]获得提名真是好极了！我希望我能为他投票。

至于戴尔关于行刑日期的理论——是啊，听起来相当有逻辑——虽然我没意识到一个州长可以如此地对州最高法院口授。另外，我认为以这种方式从政确实令人不快。无论何种理由，真的太令人沮丧。十一月！我的天！没完没了啦！？！？就在我觉得事情正往前进展时！现在我感到自己再次完全气馁。拜托，你们能不能问问哈里森他是怎么认为的？他似乎说过托皮卡所有的八卦。

现在没有来访者，但是塞西尔·比顿（他的照片之类刊登在《观察》上）二十五号要来待一个星期。在那之后（我希望）没人：只想继续写我的书——尽管老天才知道为什么，因为看样子我将永远无法出版它。

我给你们写过那场几乎把我们烧掉的森林大火。真的很吓人——如果风向稍微转移，我们就会被烧着。尽管我们肯定能坐船逃掉。

没有格洛莉亚·V.和尼尔森·R.进一步的消息。她去加利福尼亚待几个星期。至于内莉——真是个淘气鬼！事实上，我知道她正在尽力写一本新书。但她深深地爱你们，所以我确信当她重新出现时，你们会是第一个收到她信的。

我真希望戴尔当选。你们觉得这可能吗？

我爱你们大家，非常想念你们。拥抱和亲吻——。

T.

［纽约公共图书馆收藏］

致阿尔文和玛丽·杜威及家人

［西班牙帕拉莫斯］

1962 年 8 月 23 日

亲爱的甜心们——

你们从库查拉回来了吗？好玩吗？我希望自己也能去。

今天收到了我驾照更新的通知。已经填好表格，寄了支票，我地址留的是亲爱的老四号信箱。[①]以便当它寄来时，你好转寄给我。

今天还收到兰登书屋三月要出版的那本大型《作品选集》的护封设计。非常非常漂亮——我肯定你们会喜欢的。但我多么希望是我们的书在出版！每当想到那讨厌的安德森[②]，我就热血沸腾。不过，戴尔的解释我考虑越多，它似乎就越不是相当有逻辑了。因为，不论如何，希和史都不会在选举之前被行刑（没那么好运！）。他们只要向联邦法院提交申诉。因此安德森想要延迟确定行刑日期，这真的没有意义。不是么？不过，没什么跟处理这案有关的事能有太多的意义。塞尔兹尼克一家正在欧洲，可能下个月来这拜访。珍妮弗说她要退出电影界：说她厌倦保持自己的身材。我已完全失去我自己的身材，不过很高兴地听到亲爱的玛丽正在保持线条！我爱你们大家，想念你们大家。拥抱

T.

[纽约公共图书馆收藏]

致玛丽·杜威

[西班牙帕拉莫斯]

1962 年 9 月 4 日

亲爱的玛丽——

今天收到你甜蜜的信和所有的剪报。我真是太糟糕了，如此

---

① 杜威家在堪萨斯花园城的邮政信箱。

② 堪萨斯州州长小约翰·安德森。

"惊慌失措"——可我如此孤立无援地写这本书，以至于现在真的涉及我作为艺术家的整个未来，除写作本身之外，所有的不确定，正把我击溃。我必须说你和阿尔文对我非常耐心，而且非常善良，我真心实意地感激。

宝贝，这只是一张便条附上所附：请给阿尔文买一瓶他最爱的苏格兰威士忌——一份生日礼物来自

你亲爱的

T.

又及：为马哈一家感到相当难过①。我打赌那里头有故事！

［纽约公共图书馆收藏］

致本内特·瑟夫

［西班牙帕拉莫斯］

1962 年 9 月 10 日

亲爱的本——

是的，我觉得护封非常好看：不可能更高兴了；谢谢你！

关于《冷血》。我还在写第三部分（共四部分）：这部分最长，四万字左右，我（预计在二月份）完成之后会直接回家；那时写完的部分就会超过四分之三，我会在那写最后一部分。当然，请记住，案件没达到法定终止，要么对佩里和迪克行刑（一个可能的结局），要么减刑（极不可能），我就无法真的完成这本书。在联邦法院申诉仍有可能，整个案子当然会拖到至少明年夏天。

① 汤姆 · 马哈是花园城沃伦酒店的经理。

不过，我想你会对我的作品满意的：如果你觉得前半部分令人激动——等等！尽管如此，这是我所写过的最难写的作品（我的天！），也是一种日复一日继续不停的、要经历的痛苦——不过这会是很值得的：我知道。

我所有的爱献给菲莉丝，部分给你。

T.

［哥伦比亚大学图书馆收藏］

致阿尔文·杜威

［西班牙帕拉莫斯］

1962 年 9 月 15 日

亲爱的阿尔文——

我正开着车穿过小镇，电报局里的人猛冲到街上，挥舞手臂——好像他知道我会有多焦急多开心地拿到电报。我确实如此。保佑你，亲爱的狐狸！你是我最喜爱的家伙。所以：十月二十五日[①]。终于我们有些结果了：我信任，祈祷，并希望。不过我不知道现在会公开哪些。奸诈律师舒尔茨会继续吗？——或者他不再参与？希和史能活到快乐的老年么？——或者他们会浪子回头，让很多其他人快乐？要知道这些和其他充满悬念的问题的答案，请明天收听你最喜欢的广播节目——《西部正义》，由堪萨斯产品慢速糖浆公司赞助。

我很高兴我亲爱的杜威一家已安顿下来，开始又一年的上

① 对史密斯和希科克行刑的最新日期。

学、工作和游戏。

我十月一日要离开这里——回到：瑞士瓦莱韦尔比耶留局待取。十月十五日我要去巴黎和伦敦待一周左右。我想我会从那打电话给你。只是想听到你们大家美好的、真正美好的声音。

不过，在我离开这里之前，我希望我能收到以下信息。你父亲是否葬在谷景？如果是，生卒日期是什么？碑文怎样写的？这非常重要，如果可能请回函写个便条。[①]

拥抱大家，爱所有人

我

［纽约公共图书馆收藏］

致阿尔文和玛丽·杜威

韦尔比耶

1962年10月8日

亲爱的们——

我喜欢我的生日卡：保佑你们，谢谢你们所有人，尤其是佩特。

不过我很担心阿尔文的胃病。我肯定他已见过一位好的医生——我希望已经好转（虽然我知道这得抱怨一阵）。

有这么多的要说。首先，我们（在西班牙）经历了大暴雨和洪

① 杜威父亲墓碑上的碑文在《冷血》（兰登书屋1966年版）第196页里给出，书结尾场景描述杜威去公墓为其父亲墓上除草，偶然碰见南希·克拉特的朋友苏·基德维尔。

水——有一千人死亡或失踪，另有数以千计的人无家可归：一场令人震惊的灾难。我们逃过最糟糕的部分，但也够糟的——没有电，道路被冲毁，海浪就在门口。不过，幸存下来之后，我们(查理、猫妹和我的朋友杰克·邓菲)就动身前往瑞士——为期两天的车程。但是在西班牙和法国的边境上最可怕的事情发生了。我的通行证(可以让车辆从一个国家开到另一国家的文件)显示过期了五个月。法国海关拒绝让(我们装了约八吨重行李的)车进入法国，而西班牙海关则说如果我把车开回到西班牙他们会没收它。真是进退两难！最后我们把车留在边境，然后坐了辆出租车去佩皮尼昂，不管大小，反正是最近的一个法国城镇。我花了极不愉快的整整两天，从一个办公室到另一个办公室；他们都说我要么抛弃车子，要么交笔一千美元左右的关税，并等八到十天后再拿新的文件！在此关头我勃然大怒。我决定让他们知道他们是在跟谁打交道。我打电话给巴黎，和我朋友、法国工业部长通话。接着，一番搪塞之后过了三个小时，我便开着车进入法国，所有人都拼命地点头哈腰道歉赔不是。我想那小故事的愤世嫉俗的寓意是：千万别和小官员纠缠——找上司(如果你能)。

不管怎样，我们回到了韦尔比耶这里，而且这里也非常好。除了十一月某个时间要去伦敦和巴黎短暂访问，我期望待在这里写我们的书，直到一九六三年最初几个月我会去纽约(和花园城)。

老天，你意识到自从这一切开始已快三年了么？！是的，当我开始这本书时我还是个相当年轻的少年——但在这事结束之前，我将会成为又胖又秃的中年了——天知道我已经上路了。

非常高兴男孩们在学校里学习好：我感觉好像他们是我的外甥！

这么说奸诈律师舒尔茨走了，现在我们有了这位不出名的特纳先生。不知为何我希望舒尔茨还在周围。至少我们知道他是个笨蛋。

写信给我！我爱你们大家。拥抱你们，吻你们

T.

［纽约公共图书馆收藏］

致牛顿·阿文

瑞士韦尔比耶

1962 年 10 月 15 日

最亲爱的斯格——

有这么种人，和他们相处会使一个人变成他们最亲密最长久也最挚爱的朋友——然而他们可以很快地从这个人的生活中永远消失，仅因为他们属于某种奇特的心理类型。一种只在收到信后才写信，只在接到电话时才打电话的类型。这就是说——如果人们不给他写信或打电话，就会再也得不到他的消息。我知道好几个像那样的人，他们这种特性，这种怪异的以眼还眼的心态，总让我感到神奇。菲比·皮尔斯就像那样：我有六年没收到菲比的信——只因为有天，纯属试试，我决定等着让她打电话给我。她从没打来过。从没。经历了十六年的亲密友情！没有吵架，什么也没。只是我们友情中的全部机制一直都是由我来运行的。不过，当然，她会以同样方式对待任何人：正如我所说的，这是一种类型。芭芭拉·劳伦斯是另一个好例子。杰克·邓菲也一样。还有你，我亲爱的，也是。去年冬天，当我从纽约打电话给你，你说："我正想着你，我在想会不会再听到你的消息。"不过为什

么我不能收到你的信呢？为什么，和像你这样的人相处，一切主动必须始终来自另一方呢？我可能会孤独，我可能会生病，我可能上个月就淹死在西班牙的洪水里（该死的几乎将近就被淹死）；可是你向来懒得问。这些观察并非指小气；我只是想知道是什么使得像你、菲比和杰克这样的人表现得像你们这样。我肯定你会写信告诉我：你对回信始终一丝不苟。

无论如何，已回到这里安排写我那永无止境的书——现在进入它的第四年了。我希望你一直能够完成你那所有赚钱的项目，并开始策划神秘的听起来很刺激的方案。

你读过鲁佩特·哈特-戴维斯编写的奇妙书——奥斯卡·王尔德书信集吗？我无法告诉你我发现它们是多么神奇。可怜的人，他什么也没幸免，啥都没有。我想它已在美国出版，或正在出版。如果没有，我会寄本给你。

请你给霍华德[·多迪]写信时代我向他致以爱。我找人要了他的书，但书从没到手，尽管书店声称他们已经寄出。

深深的爱，亲爱的斯格。拥抱你

T.

[史密斯学院图书馆收藏]

致阿尔文和玛丽·杜威

[瑞士韦尔比耶]

1962年10月20日星期日

亲爱的们——

这是一个什么样的星期啊！——大多数时间花在给肖恩先生

打电话，他转而给克里夫[小克利福德·霍普]打电话，然后肖恩会给我打，接着我会再给他打，然后他会打给克里夫——不断地长久地等候在该死的电话旁。终于我决定飞过去——买了机票，收拾好行李，昨天就准备离开，就在那时电报来了(一封发自肖恩，一封发自本·瑟夫，一封发自克里夫)，宣布这样的旅行毫无必要。①所以现在我们又回到了起点——是么？除了我精神极度紧张。

阿尔文，当真正的时刻(祈求上帝)终于到来，你必须得在那里。我一直计划以从你的视角去看——因此从某种意义上说我宁愿你而非我自己去。我很惊愕对此会有任何问题。你是有最正确最公平的理由参加的那个人。

劳伦斯的那场足球比赛如何？我肯定男孩们会很喜欢。你们大概也是。我希望阿尔文的胃好些了。

上星期一件快乐的事情——我在卓别林家度过一晚，看到他们新生三个月大的小男孩——他们的第八个孩子！真的非常惊人：乌娜看起来不超过二十二岁(她三十八岁)，再想想查理吧！——七十三岁还在生！

我爱你们俩，也爱男孩们，还有亲爱的皮特。

T.

又及：觉得随信附上的电报会逗你们笑。②非常粗鲁无礼，你们不觉得么？哈哈。我找到了一位似乎对查理·J.肥堡有用的新兽医。

[纽约公共图书馆收藏]

---

① 他一直在等待着希科克和史密斯行刑日期最终被确定并再无延迟的可能性的消息。但是日期再一次被推迟。

② 大概是发自耶鲁的一位男士的电报，他计划在9月30日为卡波蒂38岁生日举办派对。

致牛顿·阿文

［明信片］

韦尔比耶——

1962年10月25日

斯格——

一切都已原谅，如这小明信片应当说明的。是的，当然我将在春天来看你——假如我能在古巴和柏林之类[①]的地方幸存下来。我也会很快写给你一封充满消息的长信。

爱你的——

T.

［史密斯学院图书馆收藏］

致塞西尔·比顿

瑞士韦尔比耶

1962年10月30日

亲爱的甜心——

收到这信，你是否已从底特律机械的兴奋中回来了——尽管很疲惫？好的，我希望那样；我相信你为你的努力兑现了巨额支票。

这里已经下了三天雪——非常漂亮；虽然我为查理的缘故而担心。不过，一位兽医给了我一颗药片，这确实似乎让事得到了某种控制。

---

① 这张卡片写于古巴导弹危机之际。

是的，我非常乐意来和拉[·伊迪丝·]西特韦尔、王太后和朱恩[·奥斯本]一起吃午餐。听起来非常气派！我们计划十一月十六日去巴黎，并想在二十五日来伦敦。我那四五天住在佩勒姆是否方便？很可能不太方便——坦率地说，因为我可以去斯利姆那或去康诺特酒店。

收到一封信——出乎意料——来自圣的，他似乎在六十四大街和公园大道那里买了一幢非常漂亮的房子！！！正在制作一部电影；而且正同托尼·珀金斯的一部剧彩排。[①]令人惊奇，什么？

不确定我们在巴黎会待在哪里——如果不在大陆酒店，那么就是在旺多姆。

正全神贯注地工作着——即便是古巴也无法让我分心。

杰克向你致以爱。向艾琳致以爱。许多拥抱——

[剑桥大学圣约翰学院收藏]

致唐纳德·温德姆

韦尔比耶

1962 年 11 月 2 日

亲爱的——

早上六点——我已经起床一个小时了：洗漱沐浴后，转动身体三十分钟(我的早锻炼方式)，遛查理，然后坐下喝一杯热绿薄荷。哦是的，我们登山者早睡早起，生活艰辛。

---

① 赫尔曼·劳切尔的剧《哈罗德》持续了两个星期多一点。11 月 29 日首演，12 月 15 日停演。

请寄给我《纽约客》新故事的样张——我这里无法弄到杂志，而且，尽管它应该是每周寄来给我的，却从未有过。

另外，几个月前你告诉我桑迪发表了一篇关于[E. M.]福斯特的文章；我很想看一看。

我希望你的故事，你希望其完成书的那篇，进展顺利，或者甚至已经完成!

是的，当我们二月或者三月份回家时，我们要回到柳树街70号。现在正在让人全部重新粉刷。

事实上，我觉得桑迪在《纽约客》拥有最好的工作。[①]我爱审查部。珀尔斯[？]先生正在帮我完成我的浩大工程。

你知道J. R. 阿克雷赢得某个极好的英语文学奖吗？[②]记不得名称了，不过不管怎样都有一大笔钱。获奖作品是《我们很在乎你》。如果你写信给他，请转达我的祝贺。

我上星期几乎去了堪萨斯——在绞刑官动手之前去见我的朋友。不过在最后关头，他们获得缓期执行。案件要申诉到联邦法院。一切如此难以置信。

英语评论家们对待K. A. 波特非常粗暴——而且不公正。[③]安格斯·威尔森写了一篇尤为出言不逊的评论。

哦，是的，杰瑞[杰瑞德·弗伦奇]仍在那个邪恶的城市。他经常写信给杰克。杰克不愿意告诉我他信中所说内容，因为他[杰克]说我太八卦(？！！！)。不过我觉得杰瑞在养家糊口(或确切地说，是玛格丽特[·弗伦奇]在养)——而且在和一家之主睡着觉。

---

① 桑迪·坎贝尔，温德姆的伴侣，已是《纽约客》的一位事实核查员。
② 阿克雷获得1962年度威亨史密斯文学奖。
③ 凯瑟琳·安·波特的小说《愚人船》于1962年出版。

那些情况之一。

你看过艾尔比的剧吗？[1]

想念你。现在给我写信。深深的爱——

T.

[耶鲁大学贝尼克图书馆收藏]

致牛顿·阿文

巴黎大陆酒店

1962 年 11 月 27 日

亲爱的——

正在巴黎待上几天，但在周末要回到那囚禁群山中。还有我囚笼般的书里。可能我会很高兴见到它们——在这个周末之前。但是哦亲爱的，我真希望我在回家路上了。好吧，三月份不是那么很远了。

这里天冷多雨，但是一直非常美丽——我在吃丰盛的食物，在见各种荒唐可笑的人，每个人，从珍妮特·弗兰纳到温莎一家。

你的书已有校样了吗？我非常想读一读——一定要寄给我一份首批的。

你读过吉米·鲍德温在《纽约客》上的长篇吗？[2]他是个神秘

---

① 《谁害怕弗吉尼亚·伍尔夫？》，10 月 13 日在百老汇比利玫瑰剧院首演。

② 《纽约客》1962 年 11 月 17 日那期几乎全部都用来刊登詹姆斯·鲍德温关于种族关系、公民权利、基督教和黑人穆斯林分裂主义运动的文章《心灵一隅的来信》。该文后来被冠以《在十字架下》收录在鲍德温的《下一次的烈火》一书中。

的结合体，真才和实骗。不过，我喜欢他。

给我写一封甜蜜的信：那会是我的圣诞礼物。拥抱，深爱，亲爱的斯格——

T.

［史密斯学院图书馆收藏］

致阿尔文和玛丽·杜威

韦尔比耶

1962年12月5日

亲爱的甜心们——

那天晚上（或者，在你看来是下午）听到你们亲切的声音真是件令人快乐的事。信号连通得这么好——我本该在沃伦酒店的。不过老天这让我更加想念你们。

回到写书的工作上来了，精力充沛，视角全新——我以前真的很累，但是那次短暂的巴黎伦敦之旅确实对我大有帮助。至于王家午宴——有六位嘉宾，我坐在王太后的旁边，她有些矮胖，美丽迷人。我们谈到了这书和你还有花园城。午宴从一点开始持续到三点（甜点是我所品尝到的最好吃的蛋糕——一种奶油巧克力铺满新鲜树莓）①。女士们戴着帽子——女王戴了一顶奇大无比的红帽子，上边镶着一颗巨大的红宝石。我们先被招待了鸡尾酒，其间有三种不同的酒，最后是白兰地。我离开时有些飘飘欲仙。不用说有更多的要告诉，但我会等着直到我能告诉你们（边喝我们

① 英文里称这种调制品为“夏令布丁”。

自己的鸡尾酒）。

我看到老麦克确实写了关于李·安德鲁斯的备忘录。不大聪明的男人——他每句话都自相矛盾。

亲爱的甜心们，请用随信所附的买个全家都喜欢的圣诞礼物。给这栋房子的。或者无论什么你们想要的。

我爱你们大家，给你们各式各样的拥抱——

T.

［纽约公共图书馆收藏］

致唐纳德·卡利文

韦尔比耶

1962 年 12 月 11 日

亲爱的唐——

巴西！对你来说多么迷人。我十年前在那儿，喜欢里约，也着实喜欢巴伊亚。你去的地方要更加原始，从长远来看，我相信那会更加有趣。我在那（累西腓）待的时间很短——但那里非常热；而且他们肯定能雇用环卫工程师！

至于佩里，无论将要发生什么，都会在不太遥远的时候发生。李·安德鲁斯，一个与佩和迪同一时间被判死刑的男孩上周被行刑了。我刚给佩里寄去一张圣诞支票并告诉他你的消息。

我不知道我的书什么时候会被出版。不用一年左右。书非常的长——大概完成了百分之八十。我真心希望你会喜欢，而且我真心觉得你会的。

我无法跟你多说内莉的新书。是部小说，而且相当短。但她是如此神秘。

唐，请务必保持联系，因为我想让你知道发生了什么。我希望你和你全家的巴西之旅交好运。

永远的——

杜鲁门

[唐纳德·卡利文收藏]

致梅布尔·珀塞尔

[瑞士韦尔比耶]

1962年12月14日

最亲爱的奶奶——

如你所见，我又在这里；但会在三月初回纽约。我希望约翰和弗朗西丝都好，你们大家都圣诞快乐。①

至于阿奇，连同他对我所谓疏忽的所有抱怨——好吧，我在春天与他开始了再友好不过的通信。我写给他一封充满深情且十分个人的信，附上我自己近期的照片。他回复时，既没提及我信中的个人层面，也没提及照片，写给我的是一封长长的生意信件，全是关于我如何应该借给西本·福克一万美元（以便一直处于困难时期的西本可以在生意中东山再起）。我回复说，方式极为友善，我无法借给西本这笔数目。他从没回复我的信！

后来，你写信给我说阿奇自己遇到资金麻烦。也许，如他直接要我给他一点，我倒是可能会那样做的。但那不是他所做的。

① 约翰·珀森斯是阿奇的两个兄弟之一；弗朗西丝是约翰的妻子。

鉴于以上所述，我与他的关系并非他所称的“正常”，这事我认为不应该责怪在我头上。

无论如何，整个事情让我非常受伤，我说我有事要给您写信，这便是了。深深的、深深的爱

杜鲁门

又及：上星期我在伦敦，女王邀请我去吃了午餐。她非常聪慧和迷人，而且非常漂亮！①

［杰拉尔德·克拉克收藏］

致阿尔文和玛丽·杜威

［瑞士韦尔比耶］

1962 年 12 月 22 日

最亲爱的大家——

你们的礼盒今早到达：我决定不要等到圣诞节，而要立刻打开它——而且我喜爱我的衬衫！——真是件漂亮的款式，加进我这洋洋大观的收藏中。你们真是太好了，谢谢你们四位！

猜猜谁在这里？大卫和珍妮弗——他们两人向你们致以最热情的新年问候和祝福。珍妮弗看起来非常漂亮——难以相信她有个二十二岁的儿子。不过当然，她是如此奇妙地在保养自己。他们一月五日回加利福尼亚去。

我收到莫特·克莱尔最疯狂的贺卡——充满对现任霍尔科姆

① 他当然是在夸大事实以给他祖母留下深刻印象。是塞西尔·比顿而不是女王邀请他午餐，而且他所说的女王是王太后，不是那位执政君主。

邮局局长的诽谤控诉。还收到约茜·梅尔的一张贺卡，她说堪萨斯当局告诉温德尔，他们需要他在希和史行刑时出席。[①]到底为什么请的是温德尔而不是阿尔文？一旦你们听说有关最高法院的事情，请让我知道。我见了拜伦·怀特——他是总统的一位密友。[②]所以如果他没有赶紧行动起来——

收到一封电报说我们在柳树街的房子已全部重新粉刷过了，准备就绪迎我们回去。我希望自己现在就在那里——这里已经下了五天雪，而且积得如此之厚以至于可怜的查理无法出门去（如同我相信文明社会里他们所说的）小便。或任何其他事。

非常高兴你们没有平分我的圣诞礼物：每人十二块五能做什么？最好是在布罗德莫饭店全挥霍光。

新年快乐，请写给我一些甜蜜可爱的信。拥抱你们

T.

［纽约公共图书馆收藏］

致威廉·肖恩

［瑞士韦尔比耶］

1962年12月26日

亲爱的肖恩先生——

下个月底兰登书屋将出版一本书，选自我作品的《作品选

① 温德尔·梅尔，堪萨斯芬尼县副警长，在克拉特家地下室里发现凯尼恩·克拉特的尸体。他妻子约瑟芬·梅尔在希科克和史密斯被关押在地方监狱期间为他们提供餐食和杂志。

② 怀特由肯尼迪总统提名为美国最高法院最新成员。

集》——既有小说也有非小说(其中包括白兰度的特写和俄罗斯的那篇[①])。大量的工作与关注参与此书当中——由马克·肖莱尔写了一篇序。我想引起你注意此事的理由是为了避免我将肯定会感到的怨恨，如果杂志如同其过去始终那样对待我：十分无礼地。所以如果杂志不能严肃地并相当详尽地评论我的书(我说严肃地，不是有利地)，那么我想要求你设法做到它完全不被提及。

我堪萨斯的作品进行得非常顺利：我确实满意——尽管疲劳。至于堪萨斯事件本身——所有最近的消息让我觉得大结局已不太远：到了二月应该知道。

我不知道第三部分是寄给你，还是我自己带过来。我现在离写完不远了。哦上帝。

祝福新年一切美好——

你的，

杜鲁门·C.

［佚名收藏］

致阿尔文和玛丽·杜威

［瑞士韦尔比耶］

1963年1月6日

亲爱的甜心们

你们的圣诞节过得真快乐。知道我干了什么吗？工作。新年前夕也是工作。必须。不然我没法在离开这里之前完成我所想的

---

① 《个人领地里的公爵》和《缪斯入耳》。

工作量。所以我每天十点睡，四点起。

谢谢寄来那份纪念克拉特一家的剪报。我一年多前曾捐款给那个基金会，想必如今这事该已完成。这事看起来似乎会相当不错。

是的，我们必须同泰特一家和麦克考伊一家[1]谈科罗拉多的事情。你们知道一个叫斯廷博特斯普林斯的地方么？

我着实希望我们能立刻听到最高法院的消息。但是，你是否意识到佩里还没有提出上诉？只是希科克。我相信这是个让事情拖两倍长时间的诡计。我已要求克里夫去调查了。

正在计划乘飞机回家。假如瑞士航空会让查理和我同坐。他太脆弱太紧张不能和行李待在一起。老天，这样的旅行——跟查理、猫妹和大约价值百万美元的超重行李一起。

你是否收到《作品选集》呢？读一读《高地之屋》，是关于柳树街 70 号的。写序的马克 · 肖莱尔是加州大学英语系主任。

已是晚上七点。我要去喝一杯冰冰凉的马蒂尼。我需要它。

谁爱你们？

T（就是一个）。

［纽约公共图书馆收藏］

致牛顿 · 阿文

［瑞士韦尔比耶］

1963 年 1 月 11 日

① 莱斯特 · 麦克考伊是堪萨斯西部一个有名的地主和商人。

可怜的宝贝斯格——

真是糟糕透顶！关于你的糖尿病。我很讨厌，尤其是不能喝酒。不过当然我想我永远不可能戒烟——但我做到了。而且不再想抽。好吧，我非常遗憾，甜心，我真希望你现在感觉好些，并保重身体。

非常期待朗费罗那书的到来，一旦抵达会及时让你知道。我希望在出版之日前报纸结束罢工！我知道它会获得绝妙的评价。

我的书马上要完成四分之三(大约十万多字)，而我等不及要离开这里。我当然打算在下个月底。我无法形容自己有多厌倦白雪、群山、孤独和该死的瑞士人，现存最丑陋的种族。美国最单调的小巷在我看来也像天堂一般。

我非常爱你。全部的拥抱

T.

［史密斯学院图书馆收藏］

致本内特·瑟夫

［瑞士韦尔比耶］

1963 年 1 月 14 日

最亲爱的本内特——

希望这信在你去巴巴多斯之前寄到你那(天，我多么希望和你一起去！)。无论如何，当你回来时我会给你看这书的第三部分(四万多字)——相信我，真的，你将会亲历一番！但在我让你读它之前，你必须重读前两部分。第四部分，正在写作中，本身就是一本书——但至少我在冲刺阶段！

非常感谢寄赠我的《作品选集》。

鉴于税务原因，我现在想要《冷血》的一万两千美元的预付金。我想要两张分开的支票，每张六千美元，寄到韦尔比耶我这里。非常感谢！

希望你和最亲爱的菲莉丝及霍恩布洛[阿瑟和莉奥诺拉]一家①（向他们致以爱）过一个快乐的假期。所有的爱——T.

[哥伦比亚大学图书馆收藏]

致阿尔文和玛丽·杜威

[瑞士韦尔比耶]

1963年1月16日

甜心们——

我刚结束工作：我连续打了七个小时的字，现在已是六点三十分——我的鸡尾酒时间。正在写信给你们，并喝着冰凉的干马蒂尼：可爱的活动组合。

祝福你们，寄来剪报和玛丽甜蜜的信。我猜想我没有说得很清楚。《高地之屋》是我寄给你们的那本书里一篇文章的标题，那书现在一定已经寄到了——是从纽约寄的，不是从这里。这书会在二月十八日出版——所以我<u>确实</u>希望纽约报纸的罢工到那时已经结束——因为评论和广告。

过去几天来一直缠绕着我的念头是我会随时收到关于希和史还有最高法院的电报。我告诉克里夫要发电报给我，但他对发电

① 阿瑟·霍恩布洛是《柏油丛林》和《控方证人》等电影的制片人。

报如此小气。我不知道为什么——是我的钱，不是他的。昨天，十五号，他本应该采访托皮卡的两个人，那会一次同时解决所有关于我参加希和史告别的问题。为什么他不发电报告诉我结果呢?！

阿尔文，如果你需要付出那么多的代价，我觉得你不应该停止你自己的节食。确实让我担心——想到你离家在外并身感不适。

玛丽写信说：如果他们不让我带着查理上飞机，他们会让他坐火车吗。但亲爱的，火车怎么跨过大洋呀？可怜的小查理，他因支气管炎日子真的艰难。

向男孩们、杜威妈妈，还有我们新奥尔良的亲戚致以爱。拥抱和亲吻

T.

[纽约公共图书馆收藏]

致牛顿·阿文

[明信片][1]

[瑞士韦尔比耶]

[1963年1月19日]

卡波蒂的独立核威慑[2]

小心，斯格，不然我朋友查理会抓住你的：他受训专咬所有

① 一张真的照片明信片，照片里卡波蒂在韦尔比耶雪地上抱着他的斗牛犬查理。

② 卡波蒂在开一条新闻的玩笑。法国总统夏尔·戴高乐坚持法国拥有独立的核威慑——即原子弹。

文学评论家！尤其是位叫卡津的。

我希望你感觉好多了。如你所看到的，我有点胖。

你的书还没到达。

所有的爱

T.

［史密斯学院图书馆收藏］

致阿尔文·杜威

［瑞士韦尔比耶］

1963年1月22日

亲爱的阿尔文——

好的，我终于从克里夫那听到他在托皮卡会议上关于我参加希和史告别会的结果了。回答是不行（所给的理由：要求的过多）。我只不过是第一个提出要求的人！而且聘请了一名律师来做这件事！老天！但是，这是一个我不打算接受的回答。我们走着瞧。但重要的是——你。我想你最好现在就开始操作。查清楚。因为如果情况越来越糟，我打算贿赂希科克让他指定我为证人；我想他被允许指定两个，所以也许我可以贿赂他指定我们两个（钱到他母亲手上）。

阿尔文，我希望你的小病已平稳下来。下次见面时我希望你身体健康——那天，上帝允许的话，距现在不会太久。

向所有的人致以所有的爱——

T.

［纽约公共图书馆收藏］

致塞西尔·比顿

［瑞士韦尔比耶］

1963年2月4日

最亲爱的塞西尔——

我一直每天早上三点或者四点就起床工作——现在是四点。不过昨天我完成了第三部分！我这一生从没这么努力过。不过现在完成了，我知道你会真的为之兴奋。这是我所求的一切——它表明很多。但我筋疲力尽；就像九架新调的钢琴一样紧绷着——我不知道怎么能让自己重新充满精力写第四章和最后一章——这将会再花一年时间。真希望我能有一会儿清空自己的灵魂、内心和头脑。

还在等待听到堪萨斯的消息，不过无论如何都会在月底离开这里。至于我什么时候会见到你——为什么不在加利福尼亚①？也许，到我去堪萨斯的时候，你会在好莱坞，所以我就直接出来从那里飞回纽约。或许我们还能在旧金山过个小周末。

听起来真是糟糕——寒冷和不适！不过显然到处都是一样。这里非常寒冷——一旦太阳下山，我无法让鼻子出门。

我不明白关于［鲁道夫·］纽瑞耶夫的事情。他拥有什么样的性生活呢？他是爱上埃里克·布鲁恩②啦？我觉得他（纽）令人反感。不过我们在这话题上从未达成过一致（关于什么构成吸引力）。

---

① 比顿将为《窈窕淑女》的好莱坞版本制作设计，电影由雷克斯·哈里森和奥黛丽·赫本主演。

② 丹麦人布鲁恩是皇家丹麦芭蕾舞团和美国芭蕾剧团的主演。

我在报纸上读到关于[奥利弗·]梅塞尔先生的困难。真是弱智。

杰克在滑雪。查理在吠叫。狄奥提玛整个冬天睡过去了。我们都很遗憾你没法来——明年！写行字吧——所有的爱。

T.

[剑桥大学圣约翰学院收藏]

致牛顿·阿文

[瑞士韦尔比耶]

1963 年 2 月 10 日

最亲爱的斯格——

收到利特尔和布朗的通知，他们说差不多三个星期前已寄给我牛顿·阿文著的《朗费罗，人生与作品》。所以它现在应该随时都可能到，我几乎等不及了。我告诉兰登书屋要给你寄我的《作品选集》——它证明是本非常好看的小书。多可惜，我们的书在报纸罢工时出版——现在我们没法向出版商抱怨缺乏广告。

现在是瑞士自一八七五年以来最冷的冬天——每天晚上零下二十到四十度。滑雪胜地（包括这个）完全空旷无人——正是太冷而没法滑雪。但今天我感觉到空气中的冰雪消融的气息——我猜想当我一离开太阳就会出来。截至目前，我计划三月三日走——回到布鲁克林柳树街 70 号。当然，我会立刻和你取得联系的。

我前些日子收到安德鲁的一封短信（总的来说我从没收到任何人的信：这就是你连续多年蒸发之后所发生的事情），他说他最近遇到一个非常聪明的年轻男人(没给名字),这人告诉他说自己在为《记者报》评论你的书,还说这是“一本真正出色的作品,属于一流”。安德鲁如此喜欢你。但他正是那种奇怪类型的人。

我注意到(在这封信里,也在我更正式的写作里)自己连续在用“正”这个词。我想这一定是受堪萨斯的影响。我耳朵已经如此适应那草原韵律!

希望你收到我同我狗朋友查理一起的照片。他真有趣。而且可爱。

你也是。可爱,我指的是。我爱你,斯格。

满腔柔情——

T.

[史密斯学院图书馆收藏]

致本内特·瑟夫

[瑞士韦尔比耶]

1963 年 2 月 14 日

亲爱的本内特——

欢迎回来;我希望你和菲莉丝在荫凉巷的假期过得愉快。

我完成了第三部分——之后难以控制地哭泣了两天:我一直处于如此可怕的神经紧张状态。不管怎样,肖恩给我拍来电报说了一长串的最高级形容词,我渴望你的意见。但我不会在你重读前两部分之前让你读这部分。所以做好功课。因为我会在三月三日回来。停留暂住(除了去堪萨斯)。

我非常想念你和菲莉丝。深深地爱你们两人——

所以期待着

T.

〔哥伦比亚大学图书馆收藏〕

致阿尔文和玛丽·杜威

〔瑞士韦尔比耶〕

1963年2月15日

亲爱的甜心们——

希望你们在布罗德莫度过了美好时光——虽然遗憾这时光不得不如此短暂。

好的，我已收到戴尔的信，收到克里夫的信；并且，他们就此谈过后，决定在我拜访堪萨斯之前什么都不做。

说到这个——我前些日子写信给卡普·伯蒂斯要他帮我弄一辆雪佛兰科尔维特63型，当我到花园城时就准备好，一个原因是我想要一辆有堪萨斯牌照的车配我的堪萨斯驾照——不然我就得用纽约牌照并得参加纽约的驾考（你们知道我永远不会通过的）。除此之外，我想开车回来横跨全国进行一些访问。你们见过这些63型的科尔维特吗？我觉得它们绝妙：比任何欧洲运动车型都更漂亮——甚至美过法拉利。我请卡普写信给我说他能否在三月二十日之前把车备好——但从那之后我意识到在我离开这里之前，没有那么多时间——你们可不可以要他给我发电报呢？因为如果他没法弄到车——那么我会让一个朋友在加利福尼亚给我买一辆然后把车开到花园城（我会在去花园城之前到加利福尼亚）。哦亲爱的，我总是请你们帮忙——但请告诉卡普发电报给我，弄到了或没弄到。

我想我们的朋友内莉会在花园城来见我。不过，她是如此地忙于自己电影的推广（她有提成，那就是为什么；即使如此，我觉得任何严肃的艺术家让自己以此方式被剥削是非常有失体面的）。

我们三月三日离开这里。瑞士航空给了查理与人同乘的特别许可。猫妹也一样。出发前会写信。

深深，深深的爱

T.

又及：我上个星期刚把书的第三部分寄给肖恩先生。他电报给我说："一部杰作一部人们两百年后还将阅读的艺术作品。"所以，看见了吧——你们不仅会出名，而且会永生！这可不是玩笑。

[纽约公共图书馆收藏]

致牛顿·阿文

[瑞士韦尔比耶]

发自：纽约布鲁克林1区柳树街70号

1963年2月18日

最亲爱的斯格——

你的书来了，我昨天一天在读它，今天整天，读完了书，衷心祝贺你，斯格——非常杰出，非常漂亮，一本迷人的书，一件艺术品，真正的艺术。[①]我对此感到激动，知道它会影响深远。我也

① 该书即阿文的朗费罗传记。

喜欢书的外观：护封极其引人注目，排印非常美观——我确信范维克·布鲁克斯[1]一定为献词感到自豪。我很为你骄傲，我的朋友。

所有的爱

T.

［史密斯学院图书馆收藏］

致玛丽·杜威

［瑞士韦尔比耶］

发自：纽约布鲁克林1区柳树街70号

1963年2月23日

最亲爱、最亲爱的玛丽——

我一直在担心阿尔文，为他祈祷：我非常钦佩他，我真心实意地想着他——我由衷地希望现在他已舒服许多，并走向完全恢复。[2]我惊叹你非凡良好的精神状态，如此的感激（也非常感动）你花时间随时告诉我消息。我迫切地想给你电话——但在这个小镇上很难办到。不过，我一到纽约就会打给你的（或者如果电话连接好后会——我宁愿期望找个混乱的地方）。

无论如何，不要惊讶如果你某天收到这封信而第二天又收到我的信。

① 范维克·布鲁克斯是阿文的朋友与导师，评论家和学者，专业研究十九世纪美国文学。

② 杜威有过两次严重的心脏病发作。

向阿尔文和男孩们致以最真的爱。许多拥抱，宝贝玛丽

T

［纽约公共图书馆收藏］

致牛顿·阿文

［瑞士韦尔比耶］

发自：纽约布鲁克林1区柳树街70号

1963年2月27日

最亲爱的斯格——

我感到非常非常的抱歉，得知你一直病得如此厉害，在医院待了如此之久。你姐姐真好，写信给我，我知道有她在身边一定是一种宽慰。

我下个星期就回家了，会给你姐姐打电话的——希望你那时已经出院。我本来接着应该去堪萨斯的；不过会推迟去那先来看你；或者，如果你现在还感到无力见客人，那我就以后再来（堪萨斯之后）。①

上帝保佑你。我永远的爱

T.

［史密斯学院图书馆收藏］

---

① 阿文在这封信写出后一个月就死于胰腺癌。卡波蒂在他死之前不久跟他通过电话。

致塞西尔·比顿

发自：纽约布鲁克林1区柳树街70号

1963年2月28日

亲爱的甜心——

我们明天离开——虽然天知道怎样：杰克的护照过期了(一年！)，而且尽管打了无数个电话给兽医，为动物办的文件都还没到——还有哦，无尽的各种各样的混乱！不过，我仍希望我们会完整无损地抵达上边的地址(担心时刻表明紧张)。

看！——我把墨水洒得到处都是。①

我看到《图兰朵》今晚首演。②祝你好运——我确信你和你的剧会赢得满堂喝彩。真是可惜你竟错过。

你在好莱坞痛苦么？或者只是太忙而无暇顾及。好吧，我准备来看你。我干了一件疯狂奢侈的事情：给自己买了一辆非常花哨的跑车——科尔维特顶级跑车(让美洲豹甚至法拉利都看起来像儿童玩具)。我买不起，至少可以说。但是经过这些年的埋头苦干，我内心深处突然爆发——于是我买下这辆车。它被交付到堪萨斯给我。所以我可以开车出来到加利福尼亚。我们可以在拉斯维加斯见面度个周末。然后我可以用我的神圣之车载你回去。接着我们可以在下个周末前往旧金山。好吧，这是件可以考虑的事。无论如何，我需要置身书外休息一番。

我亲爱的侦探(阿尔·杜威)住在医院，已患了两次严重的冠

① 页面上有墨水污迹。

② 比顿为普契尼歌剧在大都会歌剧院的演出设计场景和服装。

心病。而且我亲爱的老朋友牛顿·阿文只能活几周时间了(癌症)。[1]所以一波未平，一波又起。除非有人在乎。

很多的爱，亲爱的。写个便条让我知道你是否还在酒店。或者告诉我能打电话给你的地方。

杰克向你问好。查理也是——他莫名其妙地活过了冬天。狄奥提玛看起来很好：甚至胖了一点。

拥抱

T.

［剑桥大学圣约翰学院收藏］

致阿尔文和玛丽·杜威

［纽约布里奇汉普顿］

［1963年7月20日］

亲爱的心们

会在你们动身去库查拉之前打电话；不过同时——还有这封信。

可怜的杜威。不过我确信所有这种建造工作会对他的体形产生奇迹：也许我该做那种工作。无论如何，希望他双手现在已经强健起来；我也相信，阿尔文会少“犯背痛”。

猜猜发生了什么？佩里·史密斯的律师，罗伯特·宾汉姆，打电话来问我是否会去他们的人身保护法听证会，并证明这两个男孩在花园城受到的是多么不公正的审判。好吧，你们可以想象

---

① 阿文于1963年3月21日去世。

我对他说了什么。但显然他们在九月之前都不会开始听证。我的天。

最近一期《新闻周刊》（七月二十二日）你们看到第六十一页没有。让你们发笑没？

我十月二十日左右一定会去加利福尼亚，回来会经过花园城，小小地拜访一下。

我昨天跟李小姐谈过，她说她要给你们打电话，所以可能她已打过——无论如何，她在城里，那里人们正经受着酷暑热浪和高温潮湿。

阿尔文，当你在守护那些银行的安全时，为什么不找到一种防呆办法去抢一家：我会帮你忙的。

想念你们，爱你们所有人

T.

又及：随信所附的是奖励保罗在花园干活起了水泡。他必须在库查拉花掉每一分。

[纽约公共图书馆收藏]

致佩里·史密斯

[纽约布里奇汉普顿]

1963年8月7日

亲爱的佩里——

这里又有些照片——或至少那些（柯蒂斯组的）可以根据大小裁剪。所有较小一点的是阿维顿照的。我已仔细估量过，所以我希望这次它们能抵达你那里。

我跟内莉通过电话；她说她今天写信给你。

我已找到你想要的诗的第一段——我确定它有两大段，但由于某些原因我在笔记本里抄了第一段（三年前！），第二段要么没抄，要么就是给弄丢了。抱歉。

有种人无法适应
　毫不安分守己
故伤透亲朋心灵
　随意天涯浪迹
漫游田野漂泊水灾
　他们攀登陡峭山顶
其吉卜赛血统祸害
　不知道如何歇停
若径直往前会远走
　他们强壮英勇真挚
但永远厌倦现有
　且追求奇异新知[①]

永远的——

杜鲁门

纽约布里奇汉普顿501信箱

杜鲁门·卡波蒂

[杰拉尔德·克拉克收藏]

---

① 出自罗伯特·W.塞维斯《育空魔咒与其他诗歌》，“无法适应的人”。

致玛丽·杜威

纽约布里奇汉普顿

1963年9月8日

亲爱的甜心——

今早收到你(一如往常)甜蜜的信。随信附上的是给阿尔文即将到来的生日的——请给他买他最喜欢的苏格兰威士忌和大份牛排。

刚从城里待了几天回来——给自己量身定做了几件新的冬季套装(适合在布朗宫殿[1]穿的)。听起来确实很有趣——我非常期待。我上星期六和安妮·福特共进午餐——她说她决定和亨利离婚:没大损失——他无聊得可怕,而她正好相反:她正得到一笔超过一千万的安置费——我不是指沙丁鱼。

十一月五日会去洛杉矶。会在奥黛丽·赫本那住——直到十五日,然后坐飞机来见你。

深深的爱,我亲爱的朋友

T.

[纽约公共图书馆收藏]

致阿尔文和玛丽·杜威

[纽约布里奇汉普顿]

[1963年9月11日]

---

① 丹佛的一家酒店。

亲爱的甜心们——

随信附上的是我提到的剪报。还有一封我知道你们会发现非常感人的信——一封对我就帕特里克死亡写给他们信的回复(知道我不需要说我寄给你们这个是出于狂妄)。①

计划明天给你们打电话，所以加上这句话——

我是你们的挚爱，永远充满爱

杜鲁门

又及：会很感激你们，如果寄回剪报和杰的信。

[纽约公共图书馆收藏]

致本内特和菲莉丝·瑟夫

[电报]

纽约北安普敦

1963年9月17日

值此你们银婚纪念日之际我计划送你们山姆·斯皮格尔的游艇②同时请接受拥抱和热爱及许多甜蜜亲吻来自独一无二的杜鲁门·卡波蒂

[哥伦比亚大学图书馆收藏]

---

① 卡波蒂在肯尼迪夫妇的新生儿子死亡后寄送给他们鲜花和慰问信。杰奎琳·肯尼迪1963年8月26日回复："我一直在想一个伟大的作家所拥有的力量。所有你写的东西都令人感动。一个自私的想法——但如果所有你一生所写的只是训练写出那仅让我——和杰克——读到的七行——我非常高兴你成为作家。"

② 斯皮格尔是《非洲皇后》和《阿拉伯的劳伦斯》等电影的制片人。

致塞西尔·比顿

纽约布里奇汉普顿

1963 年 9 月 17 日

最亲爱的——

今天收到你甜蜜的来信：喜爱关于大苏尔露营和金[1]在银岩石边钓鱼的部分。我应该认为那会补偿许多许多。

仍旧在海边，这里现在相当的阴沉寒冷：我们似乎总是来得太早又待到太晚；但我希望逗留到下个月中。我十一月十日要来找你。我发觉我既会错过阿斯科特赛马也会错过舞会现场——但我有些与我书相关的复杂要事，不能在那之前离开。事实上，我不在乎我是否写《窈窕淑女》那篇。那是我一点也不担心的。我只是想花些时间和你在一起，就这么定了。

我现在处于真正令人心惊的状况，充满紧张焦虑。佩里和迪克有个重新审判的上诉尚待联邦法院裁决：如果他们将得到此(一次新的审判)我就会多少完全崩溃。听证会在十月九日，裁决应该在十五日之前下达。事实上我觉得他们不会得到审判。不过你没法说准。无论如何，如果一切顺利，我应该能够在春天之前完成这书。如果我能忍受那么久的话。

我任何人都没见——除了一个周末在佩雷家——在那见到 C. Z.[格斯特]——她肚子怀孕那么大，以至于变得有些奇形怪状，不应该去公共场合。[2]杰克很好——他一直在给狄奥提玛画像，像画得非常迷人。向克里斯[·艾什伍德]和唐[·巴查迪]致以爱。

---

① 金是比顿新的美国年轻恋人。

② 格斯特的女儿科妮莉亚出生于 11 月。

所有的拥抱，亲爱的甜心

T.

[剑桥大学圣约翰学院收藏]

致佩里·史密斯

纽约布鲁克林柳树街70号

1963年12月15日

亲爱的佩里——

昨晚我醒来突然想起：佩里说他不知道任何关于我的事，并非真的。我醒着躺在床上想着此事，然后意识到在某种程度上这是真的。你甚至都不了解我生活中的表层事实——都和你的有些特定的相似之处。[1]我是个独子，块头比岁数小很多——在学校总是最小的男孩。我三岁那年，父母亲离婚。父亲(之后结过五次婚)是个旅行推销员，我童年的大部分时光都跟着他在南方各地游荡。他对我并不坏，但我不喜欢他，至今依然如此。(我再没见过他，他住在新奥尔良)。我母亲，生我那年才十六岁，非常美丽。她和一个非常有钱的古巴男人结了婚，我十岁起就和他们住在一起(大部分时间在纽约)。不幸的是，我母亲，经历了几次流产后出现了精神问题，酗酒成性，使我的生活十分悲惨。后来，她(服安眠药)自杀了。我十六岁退学，自那时起便一直靠自己——在一家

① 这段简略传记准确描述了卡波蒂的情感历程，但实际情况只是接近。比如他父母是在他七岁而不是三岁时离的婚，而且尽可以确定的是，他父亲仅再婚两次。

杂志社找了份工作（在很小的时候开始写作）。我在智力和艺术上一直早熟——但情感上发育未全。当然，我总是有情感问题——主要是因为一个你在我们最后一次探访时问我的“问题”，且这个问题我如实回答了（不是回答不够明确）！[①]

这是份非常粗略的简历。但是我不习惯如此透露知心话。不过，我不在意告诉你任何事。

永远的，

杜鲁门

［佚名收藏］

致阿尔文和玛丽·杜威

［佛罗里达迈阿密海滩］印度河岛 12 号[②]

1964 年 1 月 18 日

亲爱的心们——

刚刚收到老爸“令人愉快”的公报——他真是极其可爱想得如此周到。我真的一直感觉情绪低落——几近痛苦。一切绝对难以置信。我的天！为什么他们就不任其如此而了解此事呢？没什么能再让我更惊讶了。多么愚蠢首先没做一份副本！不，我没有告诉《纽约客》或兰登书屋。我只是无法面对它。当然这不是我的错，但他们会对我非常恼怒——也许是合理的，因为我给他们

① 史密斯曾问卡波蒂是否同性恋。卡波蒂告诉他说是。

② 卡波蒂正在拜访他朋友加德纳和简·考尔斯。考尔斯拥有《形象》杂志等。

做过各种保证。好吧，没什么可做的了——除了尽力再经历一年这种完全荒唐而毫无必要的折磨。

这里的天气确实非常易变——一天很热，第二天极冷。不过这是间漂亮的房子，而且查理喜欢它——他有了个女朋友：一只大拳师犬。

我下星期某天进城时将寄给你们一箱水果——这个岛上除了高尔夫俱乐部没有别的。我指，没有商店。

向男孩们也向皮特致以全部的爱。

拥抱和亲吻

T

又及：正如你们从随信附上的剪报上看到的，我们的困境在大西洋两岸都不是秘密——[①]

［纽约公共图书馆收藏］

致阿尔文和玛丽·杜威

佛罗里达博因顿海滩杰米妮

［1964年2月4日］

亲爱的甜心们——

随信附上的是这个地方的一张照片——或是它的一小部分。

---

① 随信附上的是登在1964年1月5日（伦敦）《星期日泰晤士报》上的一篇题为《作家访谈录：新年进展报告》的文章，卡波蒂将其中的一段作出标记："杜鲁门·卡波蒂必须玩个不快乐的等待游戏，直到他能够完成有望成为一次极其显著的练笔，一部可称为丰富的纪实作品：《冷血》，一幅关于一件仍在等待其真实结局的堪萨斯凶杀案影响的画面。"卡波蒂在"不快乐"一词下划了线。

有二十二位仆人和一个私人高尔夫球场。查理和我拥有我们自己的小海滩屋和我们自己的男管家。非常漂亮。吉先生有他自己的涡轮喷气式飞机(配备空姐)，我们明天就要飞到拿索——只是为了午餐。[①]所以如果我必须受罪，我最好在这里遭受。不然呢?

寄了一箱葡萄水果，不过没有鳄梨，因为他们没有这东西。

下周晚些时候会打电话给你们。我想念你们并爱你们

T.

[纽约公共图书馆收藏]

致阿尔文和玛丽·杜威

佛罗里达博因顿海滩杰米妮

1964年2月14日

亲爱的甜心们——

继续我们昨晚的谈话——我指真的：我很希望你们成为我的客人在旧金山度个春假。我这里有很多非常迷人的朋友，我知道我们会喜欢的。我们可以在圣弗朗西斯家(或马克·霍普金斯家)住一个星期——也可以南下到好莱坞让塞尔兹尼克一家为我们举办一个大派对。也许，维[·泰特]不去纽约，会愿意和我们一起来。[②]四月中会是最好的时间。考虑一下此事，尽可能早点让我知道。

查理和我现在独自在这里——除了二十二个仆人(不计算两个

① 卡波蒂正在拜访他朋友洛伊尔和格洛莉亚·吉尼斯。

② 泰特的丈夫，主持史密斯-希科克审判的法官，前一年11月去世。

法国厨师和一小群园丁)，所以快来吧!

顺便说一下，玛丽，别担心内莉。那正是她的方式。而且永远会那样。没什么大不了的。她崇拜你们两位。

我忘了谢谢你们的情人节礼物。我非常喜爱!

拥抱和亲吻

T.

[纽约公共图书馆收藏]

致阿尔文和玛丽·杜威

佛罗里达博因顿海滩杰米妮

1964 年 2 月 28 日

亲爱的家人们——

今天收到玛丽甜蜜的来信。吉一家从墨西哥回来了，我们一直在到处飞。去看了里斯顿-克莱的拳击赛——这非常有趣(虽说相当假)。[①]杰基和罗斯·肯尼迪夫人昨晚在这里共进一顿安静的晚餐——杰基很瘦很悲伤，但可以微笑一点。查理和我星期二要离开去纽约，我到时会打电话给你们(当我们到达那里后)。

关于旧金山。事实上，邀请已包含飞机票(你们觉得我是个什么样的主人呢，嗯？)。你们可以从丹佛飞。来吧。我们一起走。不会花你们一分钱的。考虑一下。顺便说句，如果你们不去的话就不要对维提起了。我非常喜欢她，也想让她高兴起来，但我不

① 拳击手卡修斯·克莱(即后来的穆罕默德·阿里)于 1964 年 2 月 25 日在迈阿密海滩礼堂击败桑尼·里斯顿，首次赢得重量级世界拳王称号。

想在这样的旅行上要为她全权负责。

热爱和拥抱

T.

［纽约公共图书馆收藏］

致阿尔文和玛丽·杜威

［纽约布鲁克林］

1964 年 3 月 28 日

亲爱的心们——

我想你们最好写信给维，通知她我们的计划，把我们的安排协调好。这里列举约定活动中的一部分——

四月十八日：预定旧金山圣弗朗西斯酒店。不晚于晚上六点到达。

四月十八日星期六：晚上八点在惠特尼·沃伦家晚宴。

惠特尼是位鳏夫（非常合格）。他无疑是加利福尼亚最优雅，也可能是最富有的男人。

四月十九日星期日：午餐，渔人码头。

晚上：赫伯特·凯恩夫妇为我们举行晚宴。

他们非常年轻极为有趣。他是旧金山编年史首屈一指的作家。她是有名的墨西哥美女。

四月二十日星期一。午餐，尚未确定。

晚上：在唐人街同肯尼斯·霍伊茨马共进晚餐。

四月二十一日星期二。午餐同巴纳比·康拉德夫妇一起——

社会名流。

晚上：同威廉·华莱士夫妇共进晚餐。也是社会名流。他是旧金山首席律师。夫人原名艾娜·克莱尔。

四月二十二日星期三。离开前往洛杉矶。预定比弗利山贝莱尔酒店。

晚上：由塞尔兹尼克一家举办晚宴。很多电影界人士。

四月二十二日。由欧文· 拉扎尔[①]夫妇举办晚宴。

诸如此类！——随信附上的支票是用来买丹佛到旧金山的机票——会很快打电话。爱

T.

［纽约公共图书馆收藏］

致玛丽·杜威

［纽约布鲁克林］

发自：纽约布里奇汉普顿501信箱

1964年5月8日

最亲爱的玛丽——

原谅我没理会你的请求，但我感觉我必须对你今早到来的信发表评论。首先，我知道你偶尔会感觉不太舒服，但我不清楚你所经受的真正压力。你似乎，如同往常一样，如此甜蜜迷人热情而又随和——实际上，你已经让我无比“快乐”：我认为你极其美

① 拉扎尔，通常叫史威夫蒂，是好莱坞最显赫的代理之一。

好，我所有的朋友也如此认为——让我深感困扰的是你可能想的不同。你有着如此一种自然的快乐和自信，以至于我只是从没想到你需要像维——其独自一人且并非我密友（如你和阿尔文那样）——所需要的小小帮助。我很抱歉：我本该更加敏感些。相信我，我绝不可能更加喜欢别人而不是你。或是比以往为你感到更加骄傲。这是事实，任何别的都是误解。

我希望以上所说的十分清楚，但可能也不，由于我刚看过医生，在那里我着实十分震惊。我上嘴唇一直有的麻烦似乎是由癌症引起。直到下个星期五他们才能知道我必须经受什么样的治疗——是手术（这会令我严重破相）还是爱克斯光。他们认为不是什么特别严重的，但我当然不禁感到心烦意乱。我等知道结果时会给你电话。顺便说一下，别跟任何人提起这事。

我的爱献给你和最亲爱的阿尔文。

你们永远的挚友

T.

［纽约公共图书馆收藏］

致阿尔文和玛丽·杜威

［纽约］

［1964年5月18日］星期一

亲爱的甜心们——

这一封匆忙的短信告诉你们一切安好！马奇医生错了——我可以杀了他，他害我经受如此严酷的考验。切片结果是阴性——虽然有些问题，但不是癌症。乖乖，这些个所谓的专家！

所以我心情舒畅地和杰基一起度过了周末，她比往常精神好些。所以非常愉快且宁静。

星期五要回到海滩去。

希望一切都好。

深深的爱

T.

又及：我在街上看到尼基·邓恩，他说他和林恩收到你们一封如此甜蜜的来信。[1]

［纽约公共图书馆收藏］

致阿尔文和玛丽·杜威

纽约布里奇汉普顿501信箱

1964年5月23日

亲爱的甜心们——

我本准备今晚打电话给你们，但电话出了点问题——他们设置了某种新的拨号系统，于是线路似乎全都串得不可开交。顺便提一下，号码已改为：516 5370507。这么说要从现在一直等到下个周末，那时我们可能会听到关于听证的消息。虽然法院在下星期之前不会做出任何裁决。我不知道自己能否忍耐这悬而不决！

我上星期全部时间都花在城里——在那被杜安·韦斯特先生

① 多米尼克·邓恩此时是位电视制片人。他和他夫人埃伦，绰号为“伦尼”，住在比弗利山。卡波蒂、杜威一家和维奥莱特·泰特访问加利福尼亚期间参加了邓恩夫妇为其结婚十周年纪念举办的晚会。

撞见。内莉和我（因为我们的罪过）带他们去看了《你好，多利》——呃。我觉得他很糟糕，但那妻子情况更糟！结束了！真成对！再也不了。——看到帕特·劳福德，她向你们问好，说要告诉你们她终于（在纽约）找到了间公寓，当你们来时会给你们办个派对。[①]学会的典礼（见剪报）非常威风。[②]我希望你们能看到我坐在台上尽力看起来显得尊贵。哈哈，我爱你们想念你们！

拥抱

教练

［纽约公共图书馆收藏］

致阿尔文·杜威三世

［纽约布里奇汉普顿］

1964 年 5 月 25 日

亲爱的杜威——

你拥有真正的天赋——一种值得训练与发展的：我不是很经常对任何人说这种话——这世界充满过多失意的（和误导的）艺术家。

《真蓝》十分有趣，体现了一种真正的文学才能的清晰闪烁——微弱但肯定在那。但这不是一部剧，甚至也不是独幕剧。技术上说，是一种小品——即使如此它仍没完全实现。荒诞手法

① 帕特·劳福德，肯尼迪总统的妹妹，与演员彼得·劳福德结婚。

② 随信附上的是 1964 年 5 月 21 日《纽约时报》上关于卡波蒂和其他人前一天加入美国艺术和文学学会的文章。其他新会员有詹姆斯·鲍德温、里昂·埃德尔、拉尔夫·埃利森、伯纳德·马拉穆德和约翰·厄普代克。

(它事实上只是一种短暂的文学时尚)对年轻的未来作家来说是一个诱人的陷阱——因为内容如此任意，如此松散，如此容易地得到。也因为当一个人只是在高深莫测自命不凡(夸夸其谈)时，它是如此容易地显得意味深长且意义深远。所有的荒诞派并非全都如此(贝克特有天赋，尤涅斯库也有，程度较轻)；但这让年轻作家模仿，既不是健康的也不是有益的形式。

一个人是不能被教会写作的。要能学会写作只能通过写作——和阅读。阅读由真正艺术家所写的好书——直到你明白它们为什么好。我很确定你从没这样做过；你必须。这里有几本书我想让你从图书馆借来读一读；我选择这些书是因为我觉得你会喜欢它们，并因为它们体现了什么是真正的写作。1）史蒂芬·克莱恩的《红色英勇勋章》。2）威拉·卡瑟的《我的安东尼娅》。3）威拉·卡瑟的《失踪的女人》。4）《凯瑟琳·曼斯菲尔德短篇小说集》。5）卡森·麦卡勒斯的《心是孤独的猎手》。

这对某些人来说可能是份奇怪的书单。但我有自己的理由。此外，这只是个开始；当你读完这些书后我会寄给你另一书单。如果这些书图书馆里找不到，就告诉我，我会帮你弄到。

与此同时，忘掉出版的事。你时日还多，且有很长的路要走。一条艰难的。但以你的敏感性和你的想象力，我想你只会成功。我会尽我所能来帮你。

向保罗、皮特、爸比、玛丽和你致以爱

杜鲁门

［纽约公共图书馆收藏］

致塞西尔·比顿

纽约布里奇汉普顿501信箱

1964年6月11日

最亲爱的塞西尔——

原谅这难以识别的潦草字迹，我的肩周炎发作，极为麻痹无力，痛苦难忍，卧床多日刚刚起身。呃。在那之前，我经历了极不愉快的两周，因为一位医生相信我患有唇癌。他们在我嘴唇上切了一大块(留下明显的伤疤)，送去切片检查——结果是阴性。这些该死的医生！无论如何，自从我上次写信给你，极少有顺利进展。

不过我希望你的故事有很大不同。我希望金已到达，你们一起正在做奇妙的事。可能此时此刻你们正在某处哥特风格的暮光中沐浴。

显然杰克和我在海滩这里。我们有间非常舒适而迷人的小屋。一个适宜工作的地方，我希望现在赶紧行动。

不知道任何八卦。很久以前我和杰基·K.在[詹姆斯和明妮·]福斯堡家中共进晚餐，福斯堡一家对我很生气因为杰基和我整晚都在谈论性。他们觉得这是我的错。哈哈。向金致以爱。拥抱与亲吻

T

又及：堪萨斯没有新消息。

[剑桥大学圣约翰学院收藏]

致克里斯托弗·艾什伍德

纽约布里奇汉普顿501信箱

1964年6月18日

亲爱的克里斯托弗——

昨天我通读了《单身男子》。[①]今天，依然对其难以忘却，重读了绝大部分。这是你最优美最有力的作品。一部风格上最为卓越的精美杰作；但是，啊！——远不止那。你那洞悉的准确与诚实，总是让人同时发笑和战栗。这是令人肝肠寸断的东西，然而非常有趣，且总是，总是，感人至深。所闪耀出来的是你思想与艺术中的真正高贵。我对你非常自豪，也嫉妒不已。

我弄丢了自己的通讯簿，所以把这寄由你出版商转交。我希望收到它时你一切顺利并在工作着。至少我正在工作——虽然我不知道为何目的，因为不管是写完还是出版的前景都似乎越来越遥远。我的爱献给唐。献给你：一个拥抱和一声问候！

杜鲁门

［亨利·E. 亨廷顿图书馆收藏］

致阿尔文·杜威三世

［纽约布里奇汉普顿］

1964 年 7 月 1 日

亲爱的杜威，

请原谅拖延好久才回复你的来信，但法院这些活动一直让我难以抽身——或者我是否该说缺乏活动呢？

无论如何，让我最感兴趣的是你对《我的安东尼娅》的反应。你说你过于全神贯注地看书，从中没“学到”任何东西。但

① 艾什伍德的《单身男子》发表于 1964 年。

是一个人无法从一本书中学到任何东西，至少在艺术上，除非全神贯注。这不是一个意识的过程——或者仅极为罕见。一个人只从自己所喜欢的东西中真正学到东西。如果一本书或一篇故事让你感到无聊，那么你倒不如放下它。此时，所有我想让你做的是尝试形成一种好坏写作之间的本能知识。它会自然而然地发生——你会明白的。顺便问一下，你觉得《心是孤独的猎手》怎么样?

以下是我想要你试试的另一些书：

欧内斯特 · 海明威著《永别了，武器》
伊萨克 · 丹尼森著《走出非洲》
舍伍德 · 安德森著《小城畸人》
《罗伯特 · 弗罗斯特诗歌选》

爱你的
杜鲁门

如果《走出非洲》（绝妙的书！）无法借到，我会寄一本。

［纽约公共图书馆收藏］

致阿尔文 · 杜威三世

纽约布里奇汉普顿

1964 年 7 月 4 日

亲爱的杜威，

我非常喜欢你写的信。回答一些你的问题：是的，霍莉［ · 格莱特利][1]是个真实的女孩——但是故事里所描述的事件，或至少大部分，是虚构的。我经常在自己书中用“真”人，然后围绕这些人创作一个故事。内莉书里大多数人源于生活。我的故事《圣诞忆旧》完全是自传式的。

至于《别的声音——》——这是本非常难懂的书。首先，它并非真的是本小说——而是篇长的散文诗。这书的“秘密”，其意义(它有一个)位于最后几页。我不打算告诉你那是什么，因为某天你会自己明白的。你对生活了解得还不够多——

你提到伊万·亨特的短篇故事。他是个极其平庸的作家。现在，一点问题都没有，烂作品让人开心(我相当喜欢一些确实很烂的作家——阿加莎·克里斯蒂、伊恩·弗雷明等)，但重要的是要意识到他们是很烂的事实。不过这是你随着阅读的进步和品位的本能养成才会发现的事情。

你一定要养成写作的习惯，即使是每天只写一段。试试写日记。一个很好的练习就是描写，在一张或两张纸上，一些完全如你所见的场景或人物：当我在你这个年龄时，我惯常十分认真地做这练习——能让你变强，像钢琴练习。此时，你没必要去尝试写篇完整的短篇故事。无论如何，写你所熟悉的东西。

我打算寄给你一本书《作家访谈录》，我想你会发现这书很有帮助。[2]

不，乔·贝尔[3]不是受卡森·麦卡勒斯的酒保的启发。

---

① 《蒂凡尼的早餐》里的女主人公。

② 《作家访谈录》(1958)是一本选自《巴黎评论》的作者访谈汇编，包括帕蒂·希尔1957年同卡波蒂的访谈，访谈中卡波蒂描述诸如其阅读习惯和写作方法等之类事情。

③ 《蒂凡尼的早餐》里的一个人物。

你读过托马斯·沃尔夫写的《天使望故乡》没有？我对它持有许多保留，不过肯定觉得你应该读它。当然你必须读《麦田守望者》——虽然可能你已读过。

请把信封里的剪报给你爸妈看。

所有的爱给所有人

T

［纽约公共图书馆收藏］

致阿尔文·杜威三世

［纽约布里奇汉普顿］

1964 年 7 月 16 日

亲爱的杜威——

“小品”非常有趣，但过于松散。如我之前所说的，你暂时应该把自己限制在“练习”上——描写皮特，用简单的一两段。描写和你一同工作的人。他们长什么样，你觉得他们是什么样的人。他们吃什么，说些什么，引用他们的对话。描写你的农场。坚持写你所明白的简单事物。可能这种素材在你看来不会有所启发——<u>一开始</u>不会。但这会教会你大量的关于写作的东西。请寄给我所有你做的练习，我会详细地评判它们。真的难以评论最近这篇小品，因为它无<u>关</u>任何确切或真实的事情。如你所见，我会坦率而且严厉。

我订购了一些书给你，但它们还没到达。

我的爱献给你和小保罗还有你可爱的妈妈和<u>那个</u>大侦探（独一无二的）。

拥抱——

T.

［纽约公共图书馆收藏］

致阿尔文和玛丽·杜威

［纽约布里奇汉普顿］

［1964年7月28日］星期二

亲爱的甜心们——

我刚同克利福德·H.谈完关于这个博比·鲁普的事情。[1]比利·怀德[2]十分渴望让他发布，而且一直就其给我施加很大的压力。如果阿尔文要和博比谈谈，告诉他自己已经读过原稿，且这对博比来说再好不过(老天可鉴，确实如此)，毫无任何可能让他尴尬的内容，也许博比能被说服不再少不更事。不过，可能有原因阿尔文为何不想做这事。但是，如果阿尔文他愿意——请打电话给克利夫。他会给你们两份稿——一份是最初原始稿，另一份则是特别的。博比告诉克里夫说他不反对自己的性格与个性被用在电影里，只要不透露名字。第二份稿是在此基础上的折中，可以在如果他回避签署第一份最初的原始稿时提出来。我讨厌请求帮这么麻烦的忙，但，这已变得很重要。我星期六会从新罕布什尔打电话给你——在那准备和佩雷一家在他们的湖边小屋里小住几天。

---

① 博比·鲁普是南希·克拉特的男朋友。
② 比利·怀德是《日落大道》、《龙凤配》和《热情似火》等影片的导演。

我希望阿尔文的感冒已好转，足以击败可怜的哈里森和他的新娘。

告诉小杜威我收到了他的练习，它们表现出很大的进步。他已走上正路，但必须坚持。我会很快直接写信给他的——

我想念你们，最亲爱的玛丽。我想你们两人。拥抱和挚爱

T.

［纽约公共图书馆收藏］

致阿尔文·杜威三世

［纽约布里奇汉普顿］

1964 年 7 月 30 日

亲爱的杜威——

那些“练习”显示出很大的进步。观察质量很好，视觉上。但你应该包含事实——人们会问：那人结婚与否，他年龄多大，他大概的收入，是否有小孩。我并不指这样的东西始终都有关——那是你将不得不自己来判断的事。

但是，你刻意不怕麻烦要找一个古怪的或很长的词，其实一个更简单的就足矣。大多数刚入门的作家都这样做——显然印象中以为好的写作就是花哨文字。并非如此。力争简单——普通的，日常用词通常是最好的。重要的是你如何安排它们。尝试这个练习——写出一幅你非常喜欢的某个人的肖像，然后是一幅你实在不喜欢的某个人的。

我寄给你了一篇短小说，叫做《收藏家》——并不是杰作，

但是写得非常好，而且我想你会发现它十分有趣。[1]

好的，你正在取得进步！至于西默农——我对他有一点了解，我不会说他很不开心：他是世界上最富有的作家！[2]哈哈。

爱你的

T.

［纽约公共图书馆收藏］

致本内特·瑟夫

纽约布里奇汉普顿

1964年8月22日

亲爱的本内特——

为什么我的《作品选集》一书没有被放进"现代图书馆丛书"里？我被许诺过它将会的——事实上，那是我写这本书的主要原因；而且在我看来这事已拖延得足够久。你能想象，我看着如此多的同时期的人（梅勒、塞林格、伯纳德·马拉穆德之类——没有一个是兰登书屋的作家）都被列入这一丛书中，是多么的令人恼火，而同时这同一家出版商却忽视自己的作家？这不公平——从人情上，也从文学成就上讲。凭后者理由，不仅《作品选集》应该被放进"现代图书馆"里，而且《别的声音，别的房间》同样如此（这书企鹅将在秋季列入他们的"美国经典丛书"）。诚如你所深知，我一直忠诚于兰登书屋，喜欢那里的每件事和每个人；我

① 《收藏家》(1963)是英国小说家约翰·福尔斯的处女作。

② 比利时小说家乔治·西默农，《作家访谈录》里被采访的作家之一。

计划继续如此。但是忠诚是一件互利互惠的事——这是最不公平，而且实在难以理解的政策，兰登书屋漠视我的作品，却推崇梅勒、马拉穆德之流的。这对我来说是一件严肃的事情，一个严肃的投诉——而且我知道你会视其为如此，因为我确信你会看到其中的合法性。

《冷血》已近完成；我正从中抽出几个星期时间来拟一本这个冬天我打算写的小说大纲。我会让你看看大纲的。

我的爱献给你

［哥伦比亚大学图书馆收藏］

致阿尔文·杜威三世

纽约布里奇汉普顿

1964年8月25日

亲爱的杜威——

《赌注》和《小木屋》都很好。《约翰·霍华德》也如此——它们全都表明你正在取得进步。当我十月来到花园城时我们会仔细查看这几篇的细节——这是唯一能解释我为什么觉得某事是对或是错的办法。①

我很高兴你花如此多的时间来担心写些什么。这是个值得养成的好习惯。你必须每天写些东西——无论如何。而且你必须学

① 卡波蒂编辑了杜威小品的手稿，在其中一篇上头写道："亲爱的杜威——我对所有这些都做了批改。你做得很好。我对进步很满意。爱献给大家——T."

会改写东西。加以润色。我希望你这个冬天会选修打字课。这对你将会是极有用的!

爱所有人

T.

别用省略号(……);用破折号(——)

我准备给你寄本短小但绝妙的、关于标点和普通英语用法的书。我希望你把它记牢。

[纽约公共图书馆收藏]

致阿尔文和玛丽·杜威

[纽约布里奇汉普顿]

1964年9月1日

亲爱的甜心们——

定在十月二十三日星期五如何?我们可以在丹佛相会,然后星期日去花园城。我十月八日要去加利福尼亚,将必须在那里呆两个星期。无论如何,如果这听起来可行,亲爱的玛丽可以帮我们四位(包括维,由于我知道她想去)预定布朗宫殿的房间。

我准备和瑟夫一家在基斯科山度过劳动节的周末;不然的话会打电话给你,但不想用别人家里的电话。不过,会在下个星期晚些时候给你电话的。

我在另函中寄给你一份希科克写给最高法院的长(达八十八页)且惊人的信。他把它寄给我以获批评(!!!)——于是我将其复印之后,寄还了回去。阿尔文,请不要给任何人看。只是留着，当我来到花园城时你可还过来。

爱你们，拥抱你们。我想念你们！

T.

［纽约公共图书馆收藏］

致玛丽·露易丝·阿斯维尔

［纽约布里奇汉普顿］

1964年11月22日

亲爱的玛丽露——

祝福你，寄来你甜蜜的珍贵的信。我很喜欢我们的小旅行，你是位天使——所有那些“草原伙伴”（正如佩里·史密斯称呼他们的）都为你疯狂：你应该看看他们写给我的信。[1]你真是个亲切友好的人，送给玛丽礼物：你可以想象它们让她多么的开心。

十一月一直断断续续地待在海滩，但明天会回到城里去，主要为了在即将到来的一周多看看杰基：她非常紧张疲倦和忧郁，因为所有的纪念事件。想想仅在一年前的今天——似乎是那么的长久。

你真的喜欢我的书，真令人感动，不啻为一种奖励。[2]我有点害怕你去读它——因为我知道如果我在愚弄自己，而且弄出一个真的错误（关于报告文学的艺术可行性），你是不可能会（成功地）

① 卡波蒂十月到了花园城，陪同前往的是桑迪·坎贝尔，《纽约客》的事实核查员。他们先飞到丹佛，在那里卡波蒂招待了杜威一家和其他一些的花园城朋友，还有阿斯维尔，她住在新墨西哥圣达菲。

② 他请求阿斯维尔读《冷血》，他对她评价的尊重超出几乎所有其他人之上。

撒谎的。

应该会在十二月二十日左右去瑞士。我并不想去。可能我不会去。但我得去个地方工作——完成那三四十页。我真的不介意待在长岛这里。但我无法独自留下。而且让杰克放弃群山将会是太吝啬。无论如何，我肯定会在四月左右来看你和阿吉。

我爱你。比任何时候更爱（也就是说非常）。向阿吉致以爱。杰克也致以爱。

你永远的朋友

（小小）T.

给我写信！

［阿斯维尔的家人收藏］

致彼得·欧文

［纽约布鲁克林］

［1964 年 11 月 23 日］

亲爱的欧文先生

此为回应对简·鲍尔斯小说《两个严肃的女人》[①]的置评请求。

"我唯一抱怨鲍尔斯女士的是她的作品出版得太少。人们会喜欢她众多的奇思妙想和富有争议的洞见。她无疑是位真正的原创散文体作家，正如任何读过《两个严肃的女人》的人都能证

① 鲍尔斯唯一的小说《两个严肃的女人》，最初于 1943 年发表。彼得·欧文于 1965 年出版其英语版。

明的。”

真诚的

杜鲁门·卡波蒂

1964年11月23日

［得克萨斯大学奥斯丁分校收藏］

致桑迪·坎贝尔和唐纳德·温德姆

［明信片］

［瑞士韦尔比耶］

［1964年12月23日］

亲爱的人们——

安全到达，已安居在我冰冷鹰巢里。但还没完全喘过气来：会在休息稍许后写信给你们。密切关注每周二《时报》。[①]想念你们。爱你们

杜鲁门

［耶鲁大学贝尼克图书馆收藏］

致阿尔文和玛丽·杜威

［瑞士韦尔比耶］

1964年12月28日

---

① 卡波蒂请坎贝尔向他报告每周二《纽约时报》所综述的最高法院周一的裁决。法官准备考虑希科克和史密斯审查定罪的请求。

亲爱的甜心们——

过了一个非常安静的圣诞节——在工作，期望新年（和新年前夜）同样如此。我很高兴也很感激能够得到安静并远离那一切纷扰。现在只要查理会安静下来就好了！——但是山地空气似乎使他活跃起来——他相当喧闹而且整天纠缠着我。

杰基同帕特、博比和琼以及所有那些小家伙一起去了阿斯彭。[①]告诉了帕特阿斯彭离你们不太远，她说她可能会给你们打个电话——我能说的就是，我真高兴我没在阿斯彭。

自从到达这里之后就没收到希和史的消息；如果他们看到《新闻周刊》上的那篇文章，可能我再也不会收到了（我认为迪克不会愿意被称作“实用的怪兽”——嘀！嘀！）。[②]

我真的在过着非常斯巴达式的生活：早上五点起床，一整天都在断断续续地工作，晚上六点半喝酒，八点吃饭，九点上床睡觉。

我希望最亲爱的爸比不用到处跑得太多。我非常想念你们大家，希望打电话没那么昂贵（更不要说时差的不便）。

明天会打断我的安排，去拜访卓别林一家数日。如你们所知，我很喜欢乌娜，过了这么久非常期待见到她。

我也爱你们。你们所有人——包括皮特。写信给我。拥抱和亲吻

T.

［纽约公共图书馆收藏］

① 杰奎琳·肯尼迪和已故总统的三个弟妹——帕特里夏·肯尼迪·劳福德、博比·肯尼迪和琼·肯尼迪·史密斯——及其孩子们。

② 一篇题为《说谎者》的文章登在 1964 年 12 月 28 日的《新闻周刊》上，报道卡波蒂于圣诞节前在纽约第九十二街青年诗歌中心朗读《冷血》。

致阿尔文和玛丽·杜威

［瑞士韦尔比耶］

1965年1月9日

亲爱的羊羔们——

哎呀，你们的圣诞节庆听起来像是快乐得疲惫不堪！不过，玛丽原本令人愉快的来信，今天收到的，其中有一段让我脊背顿生一股凉意。我知道，当我喝下两杯（或五十杯：哈哈）威士忌之后，我很容易邀请人们周游世界——但是：我真的邀请马克斯菲尔德一家来纽约了吗？如果真的，那是什么时候？此外，我记不得关于凯·韦尔斯和洛杉矶任何该死的事情？！！？但是，真实的事是（严格只在我们之间）维期望当她三月到达纽约时，我会在那里——虽然我从没说过我会，也不明白我如何能。不过，可能那样会很好，因为我下个月底得去罗马，我猜想这会以某种方式和她的航程正巧碰上——我在罗马有很多神奇的朋友，所以我猜测她会很喜欢那而不感到失望，即使我未能去成纽约那段。哦好吧——一个人能做如此之多的事情。无论如何，纽约那段（全陪）是我留给你们的——

桑迪［·坎贝尔］给我寄来了照片，随信附上的是那张玛丽给我们拍的，他没有寄给你们（真是卑鄙小人）。他是否寄了我们都围拢在那木马四周的一张？我最喜欢那张。

收到希和史的多封长信，全都非常的友好，所以我猜想他们没有看过那篇文章。一如往常，他们充满法律计谋，而且也对卡瑞尔·福格特的裁决(你们寄给我的剪报)非常兴奋。[1]我有种预感到你们收到这封信时最高法院会已作出裁决。

被那份“正方”[2]剪报逗乐了。但是有好正方和坏正方。坏正方如同杜安·韦斯特和他的漂亮新娘约沙法,无所不知一无所知。

关于工作真是运气不佳。但谁知道,可能到那时候你又不需要一份工作了。我指,奇迹已经发生。难道不该轮到我们了么?爱献给男孩们,拥抱和亲吻——

T

[纽约公共图书馆收藏]

致桑迪·坎贝尔

[瑞士韦尔比耶]

[1965年1月13日]

亲爱的桑迪——

我觉得照片非常好;非常感谢,先生。杜威一家也非常满

---

① 查理·斯塔克伟泽,由其十四岁的女友卡瑞尔·安·福格特陪同,在1958年的一次疯狂谋杀中,穿越内布拉斯加和怀俄明农场连杀十一人。斯塔克伟泽1959年被处决,而福格特被判处终生监禁。福格特的律师根据最高法院1964年《埃斯科贝多》决定(被告未被告知其获得律师的权利而作的证词在法庭上是不许可的),提出请求人身保护,并且一位法官裁定她原始声明的获取方式违背了《埃斯科贝多》确立的法律原则。但是这并未导致新的审判,由于最高法院后来于1966年裁定《埃斯科贝多》不应追溯运用。福格特最终在1976年被假释。

② 一份剪报里缅因州参议院玛格丽特·蔡斯·史密斯界定“正方”一词变化的意义。

意。维·泰特已去周游世界。佩里和迪克没有新消息——他们只是充满期望地等待着最高法院。

我也是。听着。法院二月整个月将会休庭。三月重新开庭。这意味着一月份只剩两个星期一，他们可以下达裁决的时间——十八日和二十五日。请看好《时报》，那些日子的每一天电文按以下发送——“令状否决”或“令状准予”，如果无事，就只“无事”。请务必如此做，因为我无法忍受想方设法都不知道的焦虑。

希望一切进展顺利。想念你。爱献给唐和你

T.

[耶鲁大学贝尼克图书馆收藏]

致桑迪·坎贝尔

[明信片]

[瑞士韦尔比耶]

1965 年 1 月 19 日

桑迪——

刚收到电报。[①]祝福你！现在让我们交叉起一切吧——膝盖，眼睛，手，指头！深爱着唐尼和你

T.

[耶鲁大学贝尼克图书馆收藏]

---

① 美国最高法院 1965 年 1 月 18 日拒绝听证希科克和史密斯的最新上诉。

致佩里·史密斯

［瑞士韦尔比耶］

1965 年 1 月 24 日

亲爱的佩里——

我只是刚刚听到关于法院的否决。我对此感到非常难过。但记住，这不是第一次挫折，请寄给我［罗伯特·］宾汉姆的地址，我这里没有，还有他的电话号码。①

内莉住院了，一次严重的厨房事故的结果。她严重烧伤，尤其是右手。似乎是平底锅之类的着了火并爆炸——这一切发生在她亚拉巴马的家中。

你问起我的宗教信仰。事实上，我们的确曾经讨论过一次这个问题，但我猜想你已忘了。不管怎么说，我不属于教堂，也不是任何正式意义上的“信仰者”。我曾有段时间对东方宗教很感兴趣，当时觉得，现在多少也还是觉得，自己有可能会接受佛教，②可能因为它真的远比宗教更要［此处不清］。

只有天主教才可以被认真对待，让人感到它给信徒一种个人与［此处不清］上帝的认同感，当他们未能（以忏悔方式）实现时，给予真正的安慰。③但于我而言，我只是自行其是罢了。

---

① 罗伯特·宾汉姆是史密斯的律师。

② 卡波蒂认可佛教之后，史密斯在空白处写上“同样”。

③ 史密斯在空白处写道：“请读菲利普·怀利的《夜夜惊魂》——特别的一章是隐姓埋名画谜。它在决定精神事物方面对我影响极大。请读一读。”怀利创作科幻与神秘小说，还有诸如非虚构图书如《一代毒蛇》。《夜夜惊魂》（1944）是篇鬼的故事，带有来世冒险。作者自序开始为：“这是一部关于死亡的小说——关于死亡的生活与其思想的小说。”

爱你的

杜鲁门

［佚名收藏］

致塞西尔·比顿

［瑞士韦尔比耶］

1965年1月27日

亲爱的甜心——

一如往常，我感冒卧床了：我好像自从去年九月起感冒一直没间断。无论如何，你的信在我不太快乐的生活中是一种快乐。我每天工作八九个小时——有必要说下，在忙电影剧本。不，我正在完成我书的最后几页——我必须摆脱它，不管会发生什么。我几乎再也不管他妈的将来会发生什么。

我的理智在危急关头——这可不只是空谈闲语。啊，让它见鬼去吧。我不该写这样沮丧的废话——即使对像你这样同我亲近的人。

偶然读些英语报纸，很高兴看到成功，你的成功，与《窈窕淑女》。我非常喜欢《旁观者》里伊莎贝尔·奎格利的评价。

是的，我的确讨论过《盖恩斯伯格女孩》，还有似乎对它很感兴趣的人：弗雷德·科尔曼，二十世纪福克斯公司一位非常可亲的制片人。他认为这可能对S. M.贝尔曼来说是一个很好的计划，贝尔曼是他的红人之一。科尔曼是我本该为其写剧本的伙计——如果我真写的话。我曾经做过一回，结果他不喜欢——无疑是对的。我没能理解你所说的关于拉扎尔的话——我指，不很清楚。而且我希望已经清楚了：因为我刚收到他给的一张支票，大概一万两千美元，少于预料的数额。

杰克很好，狄奥提玛和我哈洛德的小狗[①]也很好。向金致以所有的爱。

满腔柔情

T.

请写信。

［剑桥大学圣约翰学院收藏］

致桑迪·坎贝尔

洛桑乌希美丽海滨酒店[②]

1965年2月12日

亲爱的桑迪

一个新的日期已为希和史确定：二月十八日。似乎有种种表明，这个日期会保持不变。我没有深究一切理由，决定不参加行刑——简单地说，从文学立场来说这已变得毫无必要。

然而，阿尔文将代替我去——也就是说。在十八日星期四早晨，阿尔文将给你办公室打电话。他将给你念《堪萨斯城星报》行刑故事的文本。你，请你记下文章，然后<u>一字不变</u>地<u>发电报</u>给我（自然由杂志付费）。在这之前，我自己会跟阿尔文谈。

希望这听起来不是疯狂。但是，依我构思成事的方式，我收

---

① 他在伦敦哈洛德买下的查理。

② 美丽海滨酒店是瑞士一个可以眺望日内瓦湖的豪华酒店。

到电报后数小时内就能完成全部手稿。

祈求一切好运。

全部的爱

T.

[耶鲁大学贝尼克图书馆收藏]

致桑迪·坎贝尔

[明信片]

[瑞士韦尔比耶]

1965年2月7日

亲爱的桑迪——

猜猜什么？最高法院又准予延期等待上诉！什么样的国家！什么样的法律体制！三月或四月之前将再什么消息都没有。爱献给你和唐。

T

[耶鲁大学贝尼克图书馆收藏]

致阿尔文和玛丽·杜威

[瑞士韦尔比耶]

1965年2月9日

亲爱的心们——

我猜我在电话里听起来不太高兴，但这消息太让人情绪低落了。无论如何，很高兴听到你们亲蜜甜美的声音！

昨天，我决定要查出那“尖牙”詹金斯[①]到底要搞什么名堂。所以我和他谈了很久(大约两百美元！)。他说他已发送给最高法院一份清单作新的辩护(没指定具体)，也给了每一法官单独的一份案情摘要(“我希望能确保他们全都看到这份——不只是拜伦·怀特和两三个职员。因为那噩梦般的审判不能被允许出现”)。他告诉我堪萨斯律师协会“完全支持我们”。这让我相当惊讶：我以为他们退缩了。然后詹金斯说：“我仍然认为我们可能会获得新的审判。如果我们得到，那他们这次将无法指控那俩小子。他们将被释放。”我想：是的，我希望你是他们杀死的第一个人，你这狗娘养的。但我实际上说的是：“那真的是你的正义观吗？——他们杀死四个人后，还应该被放出去到大街上？那种观念不会让你十分不安吗？”他颇有风度地承认它会。这些律师！真是一帮伪君子！好吧，这点说够了。现在直到三月之前什么都不会发生。如果那时。

我猜想内莉好了很多。你们真是天使打电话给她。我不知道为什么我从没收到杜威的练习——我正准备好好训他一顿。那个辩论赛奖太可惜了。他不是今年春天毕业吗？二月十八日的事改变了我所有的计划——但现在，我还是月底去罗马待一个星期(收到维从香港写的一封信，她想在罗马跟我见面待上四天)。更多的以后再说，但现在所有的爱给你们。拥抱和亲吻

T.

[纽约公共图书馆收藏]

① 约瑟夫·詹金斯是位堪萨斯律师，连同罗伯特·宾汉姆一起在罗素·舒尔兹退出此案后代理希科克和史密斯。

致唐纳德·温德姆和桑迪·坎贝尔

[明信片]

[瑞士韦尔比耶]

[1965 年 2 月 18 日]

亲爱的甜心们——

除了至关重要的一两页，今天把书完成了——出乎意料的是在十八日。筋疲力尽。大约三周后到家。爱你们俩，非常想念你们。

xxxooo

T.

[耶鲁大学贝尼克图书馆收藏]

致本内特·瑟夫

[瑞士韦尔比耶]

1965 年 2 月 20 日

亲爱的本——

昨天我完成了《冷血》——除了几段，我确实指的是段。我将把手稿寄给乔伊·福克斯，但我宁愿你在我加上最后结束语之后再去读它。[1]

最高法院第二次否决了上诉，行刑日子定在二月十八日。但

---

① 约瑟夫·福克斯替换罗伯特·林斯科特作为卡波蒂的编辑。林斯科特 1958 年从兰登书屋退休，1964 年去世，终年 78 岁。

是他们还得延期一次。不过，我认为离最后审判日不会太遥远了。

谢谢你把我的书编进“现代图书馆丛书”。我觉得书很漂亮，非常高兴。

我大约三周后就会到家，渴望见到你。我所有的爱献给我宝贝的菲莉丝！爱你

杜鲁门

［哥伦比亚大学图书馆收藏］

致桑迪·坎贝尔

［瑞士韦尔比耶］

1965 年 2 月 20 日

最亲爱的桑迪

阿尔文极为烦恼地答完关于你寄给他的五十二个问题。[①]如你所知，他身体真的不是太好，而且堪萨斯调查局的过多工作让他非常劳累——他只是没有时间来回答所有那些疑问，除了那些他立即知道答案的。他无法四处走动进行一次新的调查——原因之一是，堪萨斯调查局局长洛根·桑福德会狂怒的。他已经因为我几乎两次丢掉工作。因此可否烦请你缓解他的思绪打个电话给他（布里奇 6－3563），告诉他只做他轻易能做的，不再多做？

我真心感激你所做的一切。但我只是无法忍受让阿尔文陷进

① 坎贝尔以其《纽约客》事实核查员的身份寄给杜威一长串事实性问题的清单。目的是为了核实卡波蒂故事的准确性。

更多的麻烦。我所有的爱献给你和唐——

T.

[耶鲁大学贝尼克图书馆收藏]

致阿尔文和玛丽·杜威

[瑞士韦尔比耶]

[1965年2月20日]

亲爱的甜心们——

我非常高兴今天收到爸比的佳信。我喜爱前一封信里寄来的他的照片——我把它放在我这里的书桌上。

不幸的是，同一邮件里有一封来自查尔斯·麦卡蒂[①]（随信附上的）的信，里面有条极度令人沮丧的消息（我非常多余地在下面划了线）。如果这有效，并且他们的确回到州法院——好吧，这意味着他们可以再一直上诉到美国最高法院。但我不确定这会有效。因为这样的令状是民事诉讼，州地方法官无需被迫准予令状（我相信）。无论如何，我想象不出任何芬尼县的法官会干这事，如果他不必的话。啊，上帝，我如此厌倦，完全厌倦了这一切。而且老天知道我知道你们也如此。

爸比，请不要费心桑迪的问题。请务必。我没法忍受让你浪费时间，你已是如此显而易见的善良、耐心和慷慨。我会写信解释你无法做得比你已做的更多。将来有一天我会补偿你的。这你可以确信。

---

① 堪萨斯州刑事监禁所所长。

的确我已经写完了书——除了至关重要的几个段落。第四部分长达一百四十页。肖恩拍电报给我："无与伦比。真正的经典。"好吧，至少它现在存在——虽然还没昭示天下。

我爱我的情人节，宝贝玛丽。你是否收到"黑暗英俊陌生者"寄来的卡？那些巧克力到了没有？

正在设法鼓起劲来去一次罗马。我担心维会很失望，因为我没有情绪参加许多社交安排。但我会很乐意离开此地一个星期！三月五日将回到这里，大约三月二十日左右离开前往美国。我全部的爱——

T.

［纽约公共图书馆收藏］

致塞西尔·比顿

［瑞士韦尔比耶］

1965年3月20日

最亲爱的塞西尔——

书写完了。感到无聊，心情极度沮丧，因此去罗马待了两周，在那里立马感染了亚洲型流感。多少好一点时同阿涅利一家[①]一起去了圣莫里茨——似乎世界上每一位当权者都在那里：所有共产分子需要做的就是炸掉考尔维利亚夜总会。在那看到了

① 吉安尼·阿涅利是意大利汽车公司菲亚特集团老总，意大利领军工业家之一。他和他妻子马瑞拉都是卡波蒂的亲密朋友。

斐济(她和尼阿科斯[1]待在一起)。还有布兰多利尼一家[2]——他们告诉了我关于你的近况。

那儿多少有点乐趣。但他们真是多么愚蠢的一群。无论如何，我明天去纽约——杰克只行至巴黎，他计划在那里停留十天。

觉得随信附上的最新一期《时代》里的剪报会让你感到好笑。圣又拍了一部叫座的剧：《古怪的一对》。[3]我今年春末会去加州为了那部愚蠢的电影；会再跟科尔曼交涉《盖恩斯伯格女孩》的事情。

你所有我在罗马和圣莫里茨见到的朋友都提到了金，说他们有多喜欢他。其中一个就是戴安娜[·库珀]女士。[4]她的面容几乎没有改变，但其余部分在开始变老。可怜的朱迪·M.[蒙塔古]看起来很恐怖。死亡的头!

你能在布罗德查尔克待上那么久真是太好了。我一回到家，就会去我长岛的房子那。遗憾的是那里还没有完全配备好家具——而且我买不起任何东西。如果我知道我的书什么时候能出版就好了!

查理和狄奥提玛似乎撑过了冬天；我要把它们俩都带上飞机。杰克致以爱。向金和亲爱的艾琳致以爱和所有美好的祝福。

---

① 斯塔夫罗斯·尼阿科斯是位富有的希腊船主。

② 布兰多·布兰多利尼·达达伯爵，一位富有的威尼斯贵族，吉安尼·阿涅利的妹夫。

③ 尼尔·西蒙的《古怪的一对》1965年3月10日在百老汇首演，上演将近一年半，1967年7月2日停演。

④ 戴安娜·库珀女士，拉特兰八世公爵的第三个女儿，一直是位引人瞩目的社会名媛。她是达夫·库珀的遗孀，达夫是位英国政治家，在第二次世界大战之前和其间担任数个高层要职，之后成为英国驻法大使。

满腔柔情

T.

[剑桥大学圣约翰学院收藏]

致阿尔文·杜威三世

[瑞士韦尔比耶]

[1965 年 3 月 22 日]

亲爱的杜威

再一次我认为，写作练习逐句来看写得很好，人物这次塑造得更加全面，并且叙事线条更加完整。但是整个概念过于熟悉，结尾苍白无力。可能他终究被征募，且是寄给你粗鲁明信片的人之一？坚持下去；可能需要写五十到一百个故事之后，风格、主题和技巧会突然一起出现。这就好像学习游泳一样。

原谅匆忙，正动身去纽约——

爱你的

T.

[纽约公共图书馆收藏]

致塞西尔·比顿

[纽约布鲁克林]

1965 年 4 月 19 日

亲爱的塞西尔——

这只是筋疲力尽的潦草笔迹（无论如何你欠我一封信），但我想让你和金知道案子已了结，我的书明年一月就要出版。佩里和迪克上周二被处决了。我在那，因为他们想让我在。那是一个可怕的经历。我真正无法忘掉的事情。总有一天我会告诉你这件事——如果你能忍受它。

这里还是冬天。但我得知你在哪正享受着一个可爱的春天。

爱你、金和艾琳

拥抱你们——

T.

又及：杰克很好。狄奥提玛也一样，查理如往常一样是半个残废。我们海滩边的房子将会非常漂亮——方式简朴。

又又及：没看过戏剧，除了《古怪的一对》——这戏我觉得非常好笑。让圣富得难以忍受。

［剑桥大学圣约翰学院收藏］

致塞西尔·比顿

纽约布里奇汉普顿501信箱

1965年6月16日

最亲爱的塞西尔

三天前完成了书的最后几页。老天保佑。难以置信地突然(相对地)摆脱了所有那些年复一年的紧张和衰老。此时此刻，只感到失落。但心存庆幸，再也不了!

你的新工作室多么美妙。我很高兴你可以花如此多的时间在你的画上。一定很困难，至少可以说，但令人兴奋。

我六月十二、十三日会在伦敦，十四日离开去雅典，然后乘船远航至伊斯坦布尔，土耳其海岸，接着是罗得岛和克里特岛之类的地方。

这将是我几乎六年来所拥有的第一次真正的假期——不再有巨大困扰。你那时会在伦敦吗？我料想你不会在。写封信。还不知道自己会待在什么地方，但会让你知道的。八月十二日会回到这里。

杰克很好。狄奥提玛正在完成她的捕鸟定额。查理自己在支撑着。我的爱献给金。献给艾琳。

满腔柔情

T

［剑桥大学圣约翰学院收藏］

致杰克·邓菲

［希腊斯派措普拉岛］

1965 年 7 月 22 日

亲爱的杰克——

在我正要离开雅典宾馆时收到了你甜蜜的、非常<u>有趣</u>的短信。那个蒂洛森！①

马瑞拉·阿涅利的父亲突然去世了，她不得不飞回意大利。所以我独自和凯·格雷厄姆②乘游艇。想象那场景吧！——整个巨大的游艇属于你。

---

① 蒂洛森是替卡波蒂和邓菲打扫院子的人。

② 凯瑟琳·格雷厄姆是《华盛顿邮报》的出版人。

但是，阿涅利一家，加上其他一些客人，二十六日在罗得岛回到了船上。我们将绕过伊斯坦布尔，然后直接沿着海岸去士麦那。

斯派措普拉是座尼阿科斯的私人岛屿。神奇！美丽！在这里待了两天，今天早晨离开。

希望查理和猫妹一切都好。我爱你，也想念我亲爱的人

T.

［杰拉尔德·克拉克收藏］

致塞西尔·比顿

［纽约布鲁克林或布里奇汉普顿］

1965年9月20日

最亲爱的塞西尔——

这些日子一直紧张忙乱。我的书本周在《纽约客》上开始连载了。[①]很难相信——经过这些年后。感觉过于心神不定和紧张，以至于没法静坐在此，所以准备去新墨西哥待两周——独自。

我上星期不得不去了波士顿，在那里时看了勒纳的音乐剧，评价非常糟糕。[②]第一幕有点吸引人，有两首好听的歌，巴巴拉·哈里斯演得很好。但第二幕则完全令人失望，实在是毫无意义，令人沮丧。奥利弗的作品简直丑陋。演出可能有一定的成功，但

---

① 《纽约客》以四期连载发表《冷血》。

② 《晴朗的日子里你能看见永远》，艾伦·杰伊·勒纳编剧、作词，伯顿·莱恩作曲，1965年10月17日在百老汇马克·海林格剧院首演。奥利弗·史密斯，比顿的另一竞争对手，设计舞台布景。

我肯定幸亏没你什么事。还看了利兰的音乐剧《炎热九月》(根据《野餐》改编),评价也很糟,但我还算喜欢它。[①]

收到你从威尼斯寄来的明信片,愉快地注意到其快乐的语气。我希望你能在乡间待着画你的新画。我对我看到的那几幅印象深刻——它们如此新颖,充满生气,强劲有力:真正的绘画。一种精彩的启程与成长。

杰克很好;查理在支撑着,狄奥提玛还是老样子。我想念你。我爱你。

T.

又及:我如何能让你笑,用关于为阿姆斯特朗-琼斯一家[②]即将来访所做的社交准备故事!!难以置信!

致凯瑟琳·格雷厄姆

[纽约]

[1965年11月23日]

亲爱的凯凯——

祝福你,如此美好的拜访,我们的堪萨斯朋友们感到眼花缭乱、欣喜若狂——我也一样。[③]你那样做简直就是天使,多么亲切

① 他是确实喜欢那剧的少数几个人之一。利兰·海沃德,该音乐剧的制作人,在波士顿使其停演。

② 他在谈及斯诺登伯爵安东尼·阿姆斯特朗-琼斯与其妻子玛格丽特公主。斯诺登是比顿的另一竞争对手,尽管其是位摄影家,并非场景设计师。

③ 格雷厄姆在华盛顿招待了卡波蒂,连同阿尔文和玛丽·杜威,还有维奥莱特·泰特。

善良，关心周到，慷慨大方，我将满怀喜悦与感激永远记住它——致以爱，满腔柔情

杜鲁宝贝

［凯瑟琳·格雷厄姆基金会收藏］

致阿尔文和玛丽·杜威

［瑞士韦尔比耶］

1966年2月15日

亲爱的甜心们——

我在医院病房里度过这里的第一周与某种病毒抗争。但最终我有力气拿起笔来。除此以外，觉得这里一切安好——猫妹状态很好，查理的哮喘还是老样。

希望你们收到了我的情人节电报。我喜欢玛丽可爱的贺卡。我今天收到希达[1]一封十分美好的短信——迪恩肯定在四处游走！还收到维的一封短信，她似乎正享受她的乘船游览。

我字写得似乎有点乱——别介意。

你们真是太好了，对《伦敦镜报》记者很友善。但我真不知道你们为什么要如此。让他们见鬼去吧。让这些人自谋生计。随着时间的推移，各种各样的人都会来跟随你。当然很多事是很可笑很有趣的。但要当心那些骗子！

书于三月十四日在英格兰出版。我会设法让你们看到评论——我被事先告知，评论很好；甚至好过美国的。

① 希达是玛丽·杜威的妹妹。

我大约三月二十日会到家。可能在这之前。我在堪萨斯大学露面[①]之后的那个周末，我们为何不去布罗德莫？星期六和星期日。你们决定。

我爱你们俩。我爱保罗和杜威。我非常想念你们。

拥抱和亲吻

T.

［纽约公共图书馆收藏］

致唐·卡彭特[②]

［纽约］

［1966 年 5 月 11 日］

亲爱的唐·卡

我读过你在《壁垒》上的评论。那相比于一些我长年累月逆来顺受的抨击，是一个充满热情的拥抱。至于你自己对批评的反应，你只要学会去忽略它。当然，对于第一本书那是很难做到。但这是本很好的书，它会找到它自己富有欣赏力的赞美者。

我已将你推荐至美国艺术和文学学会创作性作品基金。决定要等数月之久，我不知道你是否会得到——我们拭目以待。

---

① 卡波蒂 1966 年 4 月在劳伦斯为堪萨斯大学大约 3 500 名学生作了朗读，那里的学生报纸称其为“美国文学的狮子”。

② 唐·卡彭特是位加利福尼亚小说家和电影剧本作家。他在新左派和反主流文化的文学杂志《壁垒》1966 年 4 月刊上发表了关于《冷血》褒贬参半的评论。当他自己的首部小说《暴雨降落》在同一季露面时，也招引了褒贬参半的关注，他写信给卡波蒂以期缓和其对《冷血》的批评，卡波蒂风度优雅地写此信回复。

我希望你正在写本新书。

衷心祝福

杜·卡波蒂

［埃德蒙·米勒收藏］

致杰克·邓菲

［巴黎旺多姆广场 15 号里兹酒店］

［1966 年 7 月 27 日］

亲爱的杰克

这里一切难以置信地忙碌，但我想是值得的。[①]机场接待处就像林德伯格：甚至电视制作人员也是。将于星期天去葡萄牙。

——地址是：葡萄牙塞图巴尔嘉奖农场拉齐维尔转交

（至八月八日）

我希望你从海滩天堂给我打过电话；我离开之前曾想跟你谈一谈。[②]华盛顿的一切都好。

我想念你，最亲爱的，如此爱你。希望一切如意，拥抱查理和猫妹。

满腔柔情

T.

［杰拉尔德·克拉克收藏］

---

① 他在推销《冷血》。

② 邓菲在新泽西海洋度假胜地海滩天堂拜访亲戚。

1966—1984

应许和未应许的祈祷

“你可能会说，杜鲁门·卡波蒂已经变得无所不能，”六十年代末的一份报纸曾经这样说道。那些他从五十年代初就有意接近的国际团体，如今竞相邀请他光临它们的游船、气派的大楼和会所。只要缺少他的连珠妙语和富有感染力的笑声，纽约的派对似乎就有失完美。随着金钱源源而来，他和邓菲从布鲁克林高地的小公寓搬到了曼哈顿的一套漂亮住宅，可以俯瞰东河及临近的联合国大厦。盛夏里，他们在长岛东部还有一处避暑之所，而在冬天，他们在瑞士阿尔卑斯山区也有自己的房子。年仅四十二岁的卡波蒂从一九六六年的成功中走来，似乎拥有了所有作家——或者说所有人——希望拥有的一切。

为了《冷血》一书，他花了好几年的时间进行调查和创作，他常常说，那令人心力交瘁的几年永远地改变了他。他说：“谁也不会知道《冷血》耗费了我多少心血，它折磨我一直到了骨髓。”他说得似乎没错。尽管常常显出一副玩世不恭的做派，但实际上，卡波蒂是一位严格自律、绝不降格以求的作家。不管是长短篇小说、旅行杂记、人物传略，还是戏剧和电影脚本，他样样擅长。即使是并不成功的作品，比如他的两部戏剧，也展现出一位真正作家的才华和技艺。

然而，随着六十年代过去、七十年代到来时，他显然迷失了方向，就连他自己也清楚这一点。他创作了几部电视剧，都不曾登上荧屏，撰写了一部电影剧本，面临的也是退稿的命运。他甚至连续几个月不可思议、毫不气馁地想把杰奎琳·肯尼迪那位长相迷人但缺乏天赋的妹妹李·拉齐维尔打造成一位影视明星。与此同时，他的酒喝得太多，并且开始尝试那个年代的新潮毒品。过了不久，用他自己的话说，他就酗酒成性，频频光顾戒酒所，但始终未能戒掉酒瘾。

尽管杰克·邓菲一直是他的忠诚伴侣——据卡波蒂自己说，是这个世界上他唯一完全信任的人——他们在一起的时间却越来越少。卡波蒂心性太过躁动，难以在一个地方久居，因此似乎常常在东游西走，而邓菲则恰恰相反，保持着不变的生活规律：夏天在长岛，秋天在曼哈顿，冬天在韦尔比耶。由于《冷血》的大部分是在韦尔比耶写成，对卡波蒂来说，阿尔卑斯山的那处世外桃源如今似乎成了一座囚牢。卡波蒂曾经说服邓菲试一试棕榈泉的新居，但邓菲中途退却了。他将那个沙漠绿洲称为“干渴之尽头”，很快又返回韦尔比耶。

尽管朋友很多，名单可以写满一个电话本，卡波蒂却越来越孤独，于是跟一连串已婚或离婚男人有了暧昧关系，其中最后和最为人熟知的一位是约翰·奥谢，对方来自纽约州旺托的中产阶级郊区，有四个孩子。这些关系必然以分手告终，从而使卡波蒂深受痛苦和打击，发誓要——有时也的确进行了——报复。

尽管面临着这种种问题，卡波蒂还是继续写作，并且写得很好。不管是酒醉还是清醒，他始终都清楚坏作品、好作品与一流作品之间的区别，除非达到他自己定下的极高标准，他连一个句子都绝不让人阅读。在好几年的时间里，他多次谈到将成为其代表作的《应许的祈祷》一书，并将其与普鲁斯特的《追忆似水年华》相提并论。一九七五年秋，他终于让《君子》杂志发表一个章节，名为“巴斯克小屋，1965 年”——巴斯克小屋是曼哈顿的一家有名的餐厅，是故事中许多情节的发生地。有些令人讨厌的人物是以卡波蒂的一些富豪朋友为原型，他们立刻作出了反应。他们向他吐露了自己的秘密，当他将其公布于众后，他们的态度也就大变，仿佛他只是一位不速之客而已。他不再是无所不能。

《应许的祈祷》中的更多章节陆续发表，卡波蒂还成功推出一本短篇小说和论文集，名为《给变色龙听的音乐》。他的书信缩减成了明信片和电报，缺少以前书信的生动和热情——想说什么时，他就拿起电话。早在一九四七年，当他第一次去加利福尼亚时，曾经写道：“宁可死在威尼斯，也不要活在好莱坞。”但具有讽刺意味——他自己可能也会喜欢——的是，一九八四年八月二十五日，杜鲁门 · 卡波蒂就死在那里，原因可能是吸毒过量。

致阿尔文和玛丽·杜威

[明信片]

[瑞士韦尔比耶]

[1967年1月31日]

亲爱的甜心——

今天从摩洛哥[①]回来，看到了你们友好的信。周末会回复，也可能打电话。紧紧拥抱你们，爱你们——

T.

[纽约公共图书馆收藏]

致阿尔文和玛丽·杜威

[明信片]

[意大利卡普里]

[1971年2月初]

待在佩雷夫妇家里，他们向你们问好。房子很漂亮。收到了阿尔文的信及有关暴风雨的剪报。天啊！显然不是一个安全的居住之地——不管从哪个角度说。非常想念你们。月底回家。拥抱和爱你们——

T.

［纽约公共图书馆收藏］

致唐纳德·温德姆和桑迪·坎贝尔

［明信片］

［瑞士韦尔比耶］

［1967 年 2 月 23 日］

亲爱的甜心——

一直非常想念你们。去撒哈拉做了一次很棒的旅行，除此之外，在这里一直感冒。三月初回家。深爱你们俩——

T.

［耶鲁大学贝尼克图书馆收藏］

致凯瑟琳·格雷厄姆

［加州棕榈泉］塞拉达

［1968 年 1 月初］

亲爱的凯——

那鱼子酱啊！——圣诞节那天，我一个人待在乡下，吃了整

① 卡波蒂与李·拉齐维尔一起访问了摩洛哥。

整一磅。吃的时候，配了三个烤土豆。把我失窃[①]的损失差不多补偿回来了。上帝保佑你，谢谢你。

我很喜欢我这儿的房子，非常漂亮。你寒假就该来这儿过冬。气候非常宜人!

想念你。深爱你。

杜鲁门

又及：我独自开车横穿全国来这儿的。很辛苦，但是比较有趣。花了六天时间。[②]

［凯瑟琳·格雷厄姆基金会收藏］

致杰克·邓菲

［电报］

［加州棕榈泉］

［1968 年 1 月 17 日］

杰克·邓菲［韦尔比耶］

出版日快乐最亲爱的杰克全心地爱你来自——杜鲁门和查理及快乐[③]

［杰拉尔德·克拉克收藏］

① 就在 1967 年圣诞节前不久，卡波蒂位于长岛的家遭窃。后来有三人被捕，被控犯有此罪。

② 实际上，是唐纳德·温德姆陪同卡波蒂前往加利福尼亚的。

③ 邓菲的小说《夜行人》刚刚出版。

致塞西尔·比顿

[纽约]

[1968年春]

最亲爱的塞西尔——

我今天看到了书的清样——的确是比顿精选。篇目选得很好——的确独具风格，令人印象深刻。不管是篇目还是设计等，都完全是一流。正如我在给你的电报中所说，关于在杂志发表之事，我完全随你。

我一直在努力工作，而且没有干别的，但手头这本书，还有我(独立)制作的一部非常复杂的纪录片——都总是断断续续。这一切，加上我们美国人生活中的悲剧[1]，不禁使人觉得犹如一种无法解决的智力拼图难题。杰克很好；狄奥提玛就坐在我旁边的椅子上；可怜的查理在坚持！想念你，爱你——

T.

[剑桥大学圣约翰学院收藏]

致塞西尔·比顿

[纽约布里奇汉普顿]

[1968年秋]

塞西尔我亲爱的，

昨天我(在一家花店)闻到一股晚香玉的芳香——结果晚上就

① 他指的无疑是越南战争和大学校园暴力，尤其是发生于1968年4月4日的小马丁·路德·金遇刺身亡事件。

梦见了你。我常常想起你，并且总是带着满腔的爱与感情——这是两种完全不同的情感，后者还包含敬重。我总是在想：我得给塞西尔写信。但由于在我的书[1]上花了太多的精力，简直不想写任何东西。再说，我的生活中没有什么值得一提的事情。我买下了棕榈泉的那座房子——将里面翻修一新，完全变了个样。我知道你不喜欢那地方，但房子现在非常漂亮。

查理还活着，而且非常有生气，狄奥提玛也一样——比以前更加优雅了。杰克也如此。我们都在长岛的海滩这儿。杰克无论如何也不肯去加利福尼亚——还是那么顽固！

下周我会去观看你的展览。这里的媒体都在报道它，并且是一片赞誉。

就目前而言，我今年还没有去伦敦或欧洲的计划，因为我所有的心思都在那本书上。

请原谅这封愚蠢的信笺，我只是想说想念你和爱你。紧紧地拥抱你。致以深切的情意。

T.

［剑桥大学圣约翰学院收藏］

致杰克·邓菲

［加州棕榈泉］

［1969年1月12日］

① 指《应许的祈祷》。

我最亲爱的深爱着的杰克——

你寄到纽约然后被退回来的信，我终于收到。我将它们读了一遍又一遍——因为我太想念你了。我一整天都在想你。

这里非常安静，而且我很喜欢这儿的花园、泳池和阳光；我的工作也进展顺利。我九点半睡觉，大约七点半起床。查理和我一起睡在大床上。它没再经常呕吐了。

是的，茉特尔[1]做的“夜总会”（很搞笑）午餐我根本就没有吃。她隔天来一次，帮我做好一条肉糕，我可以当晚餐。安妮每周只来做一次清洁。

很高兴你有了一台很好的留声机。我把以前从你那儿偷的哥伦比亚留声机拿了出来——用起来很不错。

请安装一部电话吧，求求你。[2]我现在有了新号码——714（区号）325 6682。给我打电话吧——查理会喜欢的，我也一样。全身心地爱你，心肝儿。

T.

［杰拉尔德·克拉克收藏］

致约翰·马尔科姆·布里宁

［纽约］

［1969年11月］

① 茉特尔·贝内特是他在棕榈泉的管家。

② 尽管他这样请求，邓菲还是拒绝在韦尔比耶的家里安装电话。

亲爱的M.，

没错，我的确差点儿把命丢了，现在刚刚出院；正在等待拆线。[①]你收到我的信了吗？我寄到了尤卡坦——或者别的什么地方。我在棕榈泉（而不是别处！）有一座房子，希望你过来小住。房子很漂亮——如果你喜欢沙漠的话。我会在这儿一直住到十二月一日，很希望见到你。问比尔［·里德］好。也祝你一切好。

T.

［特拉华大学图书馆收藏］

致杰克·邓菲

［纽约］

［1970年初］

最最心爱的宝贝儿，

我刚刚坐下来准备给你写信，邮差就送来了你的短笺……谈到天气一直不好，你觉得无聊和紧张；你总是喜欢事情一成不变，干吗不放松一下，去巴黎的里兹酒店住一阵呢……在欧洲明明有一套房间，却不好好利用，偶尔才去转一转，未免太傻了！[②]连狄奥提玛都喜欢里兹酒店！不管怎么说，我很高兴你觉得更能专注于自己的创作；至于现在还不确定这是一本什么样

① 10月间，在长岛的一条公路上，他的一条新养的斗牛犬麦琪想从他的美洲豹敞篷车上跳下去，使他差点丧生。惊慌之中，他一脚踩了油门而不是刹车，车子撞在一棵树上，他自己穿过挡风玻璃摔了出去，顿时失去知觉。他在南安普敦医院住了两天。麦琪安然无恙，汽车彻底撞毁。

② 邓菲在韦尔比耶。

的书，大凡真正的作家，又有谁能百分之百地清楚自己在写的是什么呢？

不，我们没打算办一座斗牛犬农场。麦琪平安无事。它与查理真的相处很好，查理喜欢跟它玩耍，有时甚至主动挑起游戏。

我的痔疮又犯了，真的让我很遭罪；唯一的治疗办法就是手术（很痛苦，但没有危险），我想我得考虑了，不过，嗯……你觉得呢？

天啊，真希望你能装一部电话，这样我们就能聊一聊了。

我注意到有些账单（比如宠物保护所的）这几个月经常冒出来。你没有支付吗？

拥抱和吻你，并致以全世界的爱……

T.

［杰拉尔德·克拉克收藏］

致杰克·邓菲

西班牙马略卡霍尔塔

1970 年 7 月

最亲爱的杰克西——

这是一座美丽无比的庄园——它坐落在海上，还有些漂亮的洞穴。位置非常偏远——最近的村子（不过是几栋房舍）也在八英里之外，而帕尔玛——简直就像一个小型的巴塞罗那——则相距三个小时的车程。所以人们在这里过着非常宁静、健康的生活。我觉得好多了，所有的那些烦心事，比如国税局、加州法院以及即将要应付的二十世纪福克斯公司的麻烦，[1]等等等等，能够暂时搁置一边，真是太好了。我只是不去考虑这些问题，但愿能够有一整年的时间来周游世界。唉！下周二将去韦尔比耶，天气好的话，会逗留一周，然后回来或者去威尼斯拜访布兰德里尼（吉安尼·阿涅利的妹妹）一家。不管怎样决定，我都会告诉你，那么只要你愿意，就会有客人登门。

希望阿贝不再打喷嚏了，迪奥待在家里，麦琪没有太淘气。

想念你，心肝。衷心地爱你

T.

［杰拉尔德·克拉克收藏］

致杰克·邓菲

韦尔比耶

1970 年 8 月 5 日

最亲爱的杰克，

我租了一辆车，开到这儿，实在是美极了——山上白雪皑皑，田野鲜花盛开。唉，在我们对面，他们又在盖一座小屋，但

① 他为一部电视纪录片采访了加州的一名已被判罪的杀人犯。当该项判决由于诉讼程序的原因而被推翻后，卡波蒂被传唤在重审中出庭作证。他认为采访是两人间的推心置腹，所以对传唤置之不理，并不辞而别，结果因藐视法庭受到传讯，于是在 1970 年 10 月投案自首，被处以 500 美元的罚款和三天的监禁，最终不得不入狱，但只服刑 18 小时。1967 年秋，二十世纪福克斯公司花费 35 万美元，购买了他计划创作的小说《应许的祈祷》的电影版权，交稿日期为 1971 年 1 月 1 日。但随着这个日期的临近，卡波蒂的作品仍然没有写成，于是福克斯公司要求他返还第一期预付稿酬 20 万美元，卡波蒂最终不得不返还这笔款项。

好在这会是最后一座了，因为再也没有地方。

我见到了所有人。格文纳德太太说把你的衣服洗好了，我说我会去取。还有(此处不清)太太，看上去很精神，非常清爽，见到我很高兴，我今天还与科特雷夫妇共进了午餐。我准备在这里一直待到周末，然后去都灵(阿涅利家)和威尼斯(写信给我就由威尼斯布兰德里尼公馆的布兰德里尼公爵转交)，然后回来稍事逗留，再乘机离开。

我见到了米切丽太太，她很好，把房子收拾得井井有条。真的，这里非常温馨，非常漂亮。地毯看上去很棒。别担心。我会让一切保持井然有序。

在报纸上看到了有关纽约热浪的消息。但愿对你和麦琪影响不是太大。爱你。

再会——

T.

[杰拉尔德·克拉克收藏]

致杰克·邓菲

[威尼斯布兰德里尼公馆]

1970年8月15日

生日快乐，天使杰克！[①]

我在韦尔比耶度过了真正愉快、凉爽、清静的一周——我实在喜欢那套小屋——之后，于昨天到达这里。

---

① 邓菲的生日是8月22日。他生于1914年。

这是一座美丽至极的公馆，我现在住在其中的一套宽敞房间里。我准备在这儿一直待到下个周末，然后驾车回韦尔比耶停留几天，再乘飞机前往伦敦，在莱兹维尔家小住几日①——所以会在约两周半后回家。这个假期我真的非常开心，因为这是我第一次可以无牵无挂、没有负担地到处转转。不过，能够回家，回到所有我热爱的人身边，我还是非常高兴。

我去了洛桑的银行(瑞士信用卡)，我们在那儿有 18 000 美元。我分文未动。

我在这儿的切科尼公司定制了两套西服。我的体重不错。在韦尔比耶经常一连步行数英里。

我爱你。

× × ×

T.

[杰拉尔德 · 克拉克收藏]

致玛丽 · 鲁迪西尔

[纽约州布里奇汉普顿]

[1970 年 9 月 25 日]

亲爱的小人儿——

听说你病了，我非常难过——整个夏天我都在外地，刚刚才回来。

关于你想让我提前付款的事，我也就不拐弯抹角了：眼下

---

① 莱兹维尔一家住在伦敦。

我不能照办。我今年的股票亏了很多，还有不少钱套在加州的一桩新开发的生意里。你也知道，以往只要你需要，我总是会帮你，也许过了年初，等我了解了自己的收益情况后，我会想想办法。

接下来的几个月我都会待在这里。我知道你很失望，我也很抱歉；但我真的爱你，并衷心希望你的身体有了好转——

T

［埃德蒙·米勒收藏］

致杰克·邓菲

巴黎旺多姆广场 15 号 里兹酒店

［1971 年 7 月 22 日］

亲爱的杰克——

飞行很顺利，但是在我们的老窝，由于没有你来叫醒我、叨扰我，并共享蜜汁柚子，我觉得很孤独。也许没等你收到信我就到家了。希望你对格洛莉亚[①]的拜访愉快。代我亲吻麦琪、狄奥和AP。我爱你们。

T.

［杰拉尔德·克拉克收藏］

① 格洛莉亚·邓菲是邓菲最喜爱的妹妹。

致凯瑟琳·格雷厄姆

［明信片］

瑞士韦尔比耶

［1972年2月10日］

凯——

这儿冰天雪地，非常宁静。过去的三年里，我的情绪总是起伏不定，但是现在，我觉得那些糟糕的波动全都在渐渐消失。想念你，全身心地爱你——

T.

又及：预计会在这里一直待到四月。

［凯瑟琳·格雷厄姆基金会收藏］

致杰克·邓菲

［纽约州纽约或布里奇汉普顿］

1972年7月5日

亲爱的杰克——

我读完哈兹利特的书[①]后就睡着了，一觉醒来，心中充满了对你的柔情、感激和爱慕。拥有你是我有生以来唯一最美好的事情。我是那么仰慕你、敬重你。相比于爱你，我想这也许更加重要。爱一个人的原因可能非常肤浅，非常糊涂。而我爱你却是出

① 他指的可能是英国散文家和评论家威廉·哈兹利特（1778—1830）的某部作品。

于正确的理由。

T.

又及：这不是给你的生日礼物，我只是想让你现在了解我的心情。

［杰拉尔德·克拉克收藏］

致路易斯·尼泽尔

纽约州布里奇汉普顿

1973 年 5 月 16 日

收到令人敬仰的尼泽尔先生的来信——哪怕是一封批评信[①]，

① 卡波蒂卷入了几桩文坛是非，其中最为有趣的是与《玩偶谷》等畅销书的作者杰奎琳·苏赞之间的纠葛。事情是由卡波蒂挑起，因为 1969 年，在参加约翰尼·卡森主持的《今夜秀》节目时，卡波蒂对她的文学能力表达了不屑。后来她在同一档节目中进行了反击，挖苦他女人般的做派，还模仿他孩子似的尖声细气的嗓音等，只是没有明说他是同性恋。当他再一次在卡森的节目中露面时，终于又找到了机会。他告诉卡森及其上百万观众，她“看上去就像一位穿着男装的卡车司机”。这话伤害了她——因为她的确比较粗壮，外貌有几分男人气。于是她和她丈夫直奔她的律师——赫赫有名的路易斯·尼泽尔——的办公室，要求他起诉卡波蒂诽谤。尼泽尔后来写道：“语言就像化学物质。有些混合起来会嗞嗞作响，还有些则会爆炸。传遍全国的笑声使得她和欧文·曼斯菲尔德——既是她丈夫，也是负责为她的作品做推广的一位颇有才华的合作伙伴——径直来到我的办公室。”尽管尼泽尔认为卡波蒂事实上构成了诽谤，但还是建议苏赞不要起诉。但几年后他改变了主意，因为卡波蒂向一位采访者吹嘘说，苏赞之所以没有起诉他，是因为尼泽尔告诉她这种案子她毫无胜算。按他的说法，尼泽尔曾经告诉他的委托人，卡波蒂的律师只需要让十来位真正的卡车司机穿上女人的衣服，在陪审团面前走两趟，就会证明卡波蒂说得没错，她的确像一位穿着女装的卡车司机。当然，这种话尼泽尔根本就没有对苏赞说过，是卡波蒂杜撰了他与他的委托人之间的谈话。于是他给卡波蒂写了一封信，要求对方道歉。卡波蒂的回复——也就是这封信——平息了他和苏赞的怒气，事情也就此画上句号。

也是一大乐事！这封信写得太美了；如果您的委托人苏赞女士能有您这种品位该多好！至于我的“冒犯”——嗯，我听说，应该是好几年前，苏女士和她丈夫曾经要求查看卡森的节目，而且有律师的陪同（那位律师大概就是您了，因为我在某份报纸上看到，您是那位女士的法律顾问）。也可能是您事务所里的什么人？要不就纯属子虚乌有？无论如何，我非常明白您的意思，并真诚地道歉。

关于您的委托人，我是说过一些话，不过我不明白您为什么认为那是“诽谤”。我说的只是，在她的某些宣传照片中，她“看上去就像一位穿着男装的卡车司机”，在我看来，这只是一种审美评价——是口随眼动。也许有点刻薄，但并无恶意。

对您的委托人，我毫无恶意，反而很尊重她，认为她是个非常敬业的人，清楚地知道自己在做什么，以及如何去做。

与此同时，我也建议您留心一下苏女士说过的有关我的一些话——就在三周前《洛杉矶时报》的一篇访谈中。她一遍遍地暗示我是同性恋（真是特大新闻！），是个对她的多产感到眼红的懒家伙。

对我而言，就算她获得诺贝尔奖，也丝毫不关我的事——赛珍珠也获得过呢。

不管怎么说，还是感谢您提醒我注意那份《晚间》（或《夜间》？）杂志[①]。我此前还闻所未闻。那次采访是去年秋天发生在新奥尔良的事情，发表在《新奥尔良时报副刊》上。

我主动写的信从未超过十封左右，回复的就更少了。所以把

---

① 就是在《夜间》杂志上，发表了对卡波蒂的访谈，其中详细描述了他所谓的尼泽尔对苏赞的建议。

这封信保存起来吧。也许有朝一日我会成名，那么您的孙子们就可以把它卖给索斯比拍卖行。但如果有人给您写信，十分友好地说可能会起诉您，您怎么可能不予回复呢？

杜鲁门 · C.

致凯瑟琳·格雷厄姆

科罗拉多州科罗拉多泉布罗德莫酒店

［1974 年 3 月初］

亲爱的凯西——

从医院出来后，我将在这里休养一周。[①]现在感觉好多了，非常感谢你送来的花。

事态的发展可真是有趣——我患了支气管肺炎，然后庭审还是推迟了半年！！我再也不想重新卷入那摊烂事了。[②]

我知道你从好几个方面为我担心。其实大可不必。

估计我很快就可以回到纽约，希望我们可以真正地好好谈一谈，我知道你是我可以借个肩膀依靠的为数不多的朋友之一——不过我想，你会发现我靠在你肩膀上的脑袋并没有那么沉重。

我爱你。

T.

［凯瑟琳 · 格雷厄姆基金会收藏］

---

① 此前卡波蒂曾在加利福尼亚州幻影牧场的艾森豪威尔医疗中心住院。

② 卡波蒂曾经与《华盛顿邮报》签订合同，负责报道在休斯敦进行的一桩轰动一时的涉及性侵和暴力的谋杀案的审理。由于患病，他得以解除合同。

致杰克·邓菲

[丹佛]

1974年3月

这个冬天可真难熬！最令人伤心的就是狄奥提玛，我每天都想起它，也知道你有多么想念它。[①]我也想念它。还想念你。以及麦琪。但现在不会等太久了。

我仍然住在丹佛的[此处不清]山医院——再过五天左右就可以出院——已经完全戒掉了酒瘾和毒瘾。走到这一步并不容易，如果没有这些高明而友好的专业人员的帮助，我想可能无法做到。在这里，我遇到了各种特别不同寻常的人，并且全都喜欢——除了几个无可救药、行尸走肉般的人之外。

我卖掉了棕榈泉的房子！价格不是很理想，但这是迈出了将我过于复杂的生活简单化的一大步。

我已经把所有的事情都搁置一边，好专心写一部中篇——可能有六万字。我对此感到乐观，但关键是要干点什么并有始有终。没错，支气管肺炎呀，手术呀，尤其是完全摆脱了对酒的化学依赖性，的确很不容易。但是我觉得自己有了目标。

处理完棕榈泉的事务后，我会去纽约——尽管由于汽油荒等等，还不知道怎么去。反正四月初会到那儿。

非常向往你那漂亮小屋的壁炉里的温暖炉火。再说一遍，亲爱的，杰克，我想念你，向你致以深深的爱。

T.

---

① 1958年，卡波蒂和邓菲在希腊的帕罗斯岛上时，有个男孩把一只小猫扔进海里，被邓菲救了起来。在给他妹妹格洛莉亚的信中，邓菲写道："我为它取名为狄奥提玛，那是将爱的真谛教给苏格拉底的那个女人的名字。"狄奥提玛于2月死去。

又及：棕榈泉房子的房契是在你的保险柜里吗？如果是的话，钥匙在哪儿？回信寄至棕榈泉米拉多尔大道853号。

拥抱你

T.

［纽约公共图书馆收藏］

致里奥·勒曼[1]

纽约州长岛旺托斯蒂芬街3445号

海湾男孩有限公司

1974年4月17日

亲爱的里奥，

能请你帮个忙吗？由于各种琐碎的事务，我越来越难以找到时间“做自己的事情”。

正如你们不少人所知，由于我喜欢经常四处旅行，想与我建立或保持联络往往很不容易，有时甚至不可能。为了便于联络，我已经邀请我的合伙人约翰·奥希尔当我的业务经理、经纪人、秘书兼顾问。

奥希尔先生会完完全全、时时刻刻根据我的兴趣和实际情况

① 这是一封寄给卡波蒂的几位朋友的格式信函，正式宣布约翰·奥希尔作为他的业务经理进入他的生活——及其他各个方面。信中的地址是奥希尔位于长岛旺托郊区的一幢小屋，离纽约市不远。这封信让卡波蒂的朋友们大为震惊，他们认为这表明卡波蒂已经屈从奥希尔的要求，同意让奥希尔掌管他的事务。它几乎可以肯定是出自奥希尔之手，而且有些地方根本说不通。比如收信人是勒曼，但第二段开头的“正如你们不少人所知”却同时针对好几个人。

来安排新的工作，并且了解我目前的工作状况。他可以并将会代我全权处理上述事务。

请只在需要马上答复时才用信纸头上的电话和地址与我们联系。

通过该联系方式可以随时了解我们的去向。

请将此信息转达给你认为需要知晓的人。

非常感谢。

此致

杜鲁门·卡波蒂 [签字]

杜鲁门·卡波蒂 [打字]

[哥伦比亚大学图书馆收藏]

致多丽丝·罗伯茨·戈因[1]

[1975年1月9日之后]

亲爱的戈因太太——

好好地请您“丈夫”回想一下他为我的书《蒂凡尼的早餐》所写的书评，您就会意识到自己的信有多么可笑。[2]在您的朋友事业刚刚起步时，我对他很友好并伸出援手，可他对我——还有K. A. 波特和她以前的情人斯蒂芬·斯宾德——的回报却是彻底的

① 威廉·戈因的妻子多丽丝·罗伯茨给卡波蒂写了一封信，请卡波蒂写一篇书评，纪念她丈夫的小说《呼吸之家》出版二十五周年。

② 戈因曾经写过一篇批评《蒂凡尼的早餐》的文章（《那个制造情人的老手》，发表于1958年11月2日《纽约时报书评》），认为卡波蒂思想怪异，毫不庄重，无法完全驾驭自己的想象力，并对此进行了讽刺。

背信弃义。

顺便提一下，我认为您是一位非常优秀的演员。[1]

此致

T. 卡波蒂

［佚名收藏］

致杰克·邓菲

［佛罗里达州基韦斯特］

1975 年 3 月 2 日

最亲爱的杰克——

不知道你是否收到我从（墨西哥）科苏梅尔岛寄给你的信——那地方太可怕了！格洛莉亚和洛伊尔［·吉尼斯］把我从那儿救了出来，用自己的飞机把我送到拿骚，我在那儿与佩雷斯一家待了两天。然后我来到了基韦斯特，大卫·沃尔克尔斯基借给我一套漂亮的小房子，条件是让他们在 870 号住上一周。[2]这里非常宁静舒适，我的短篇小说《莫哈韦》已经写完，被《君子》杂志以一万美元买下，将于六月那一期发表。在某种意义上，我觉得这是我最好的短篇之一。三月十八日至四月十八日，我将去不同的大学巡讲。最近经常锻炼、游泳，身体状况非常不错。我在这儿的地址是佛罗里达州基韦斯特码头公

① 罗伯茨是一位颇有名气的演员。

② 1965 年，在《冷血》大获成功之后，卡波蒂从布鲁克林高地搬到了曼哈顿联合广场 870 号的一套俯瞰东河的公寓里。

寓。这里常常微风习习，不像这个无趣的州的其他地方那么潮湿。就算你还没有去巴黎，我猜你也会去的。[1]我好像又恢复了创造力，每天都可以连续高效地工作数小时。从我了解的情况来看，温斯科特的这个冬天比较温和，因此可能（老天保佑）不会有洪水。[2]祝麦琪健康，祝你在自己的窝里工作有成。深爱着你，紧紧地拥抱你。想念你——

T.

[杰拉尔德·克拉克收藏]

致威廉·斯泰隆

[加州比弗利山[3]]

1976 年 1 月 9 日

亲爱的比尔，

衷心感谢你针对我作品的那一章所写来的信。[4]相关反应简直是众说纷纭，有的谓之胡言乱语，有的斥之嗜杀成性。不过我想，在像你这样有着善良愿望的一些人——尽管似乎为数不多——的支持下，我会坚持下去。下一期连载（非常长，超过 40 000 字）已经安排在 5 月那一期《君子》上，题为《未被宠坏的

① 邓菲每年都去韦尔比耶过冬，而在返回纽约的途中，往往会在巴黎逗留。

② 卡波蒂和邓菲在长岛各有一座小屋，它们彼此相邻，而且在经过一个多雪的寒冬之后往往会漏雨。

③ 卡波蒂当时在比弗利山的罗伊德山顶大道 9421 号租了一套房子，与约翰·奥希尔住在一起。

④ “巴斯克小屋，1965 年”是卡波蒂正在创作的小说《应许的祈祷》中的一章，发表在 1975 年 11 月期《君子》杂志上。

坏蛋》。哈哈。代问罗斯好。也祝你一切好！

杜鲁门

［杜克大学珀金斯图书馆收藏］

致杰克·邓菲

［加州比弗利山］

1976年1月11日

亲爱的杰克和麦琪，

希望你们旅途顺利，祝愿韦尔比耶老巢一切都白雪皑皑，令人心旷神怡。

我在海滩待了四天左右——主要是在清理工作室。[①]也的确需要清理。天气有点冷，但海天碧蓝清澈，真的非常美丽。我开车返回城里，把车留在卡尔顿加油站，让贝利先生去取。

我昨天刚回到这里，会一直待到二月十五日，然后开始大学巡讲（在俄克拉何马大学）；我曾经想彻底摆脱这件事，但是得诉诸法律才行。不过我还是多少将它缩短了一些。

希望你买到了一副不错的墨镜。我敢肯定是阳光让你的眼睛不舒服。

我正在创作《应许的祈祷》。下一期连载拟于5月发表。

请往这儿写信。你也一样，麦琪。拥抱你们，深深地爱你们。

T.

［杰拉尔德·克拉克收藏］

---

① 他指的是自己位于长岛的房子。

致杰克·邓菲

［加州比弗利山］

［1976年2月2日］

亲爱的杰克，

终于在眩晕山庄这儿收到了你们的两封信，很高兴你和麦琪安全抵达，特别是还赶上了去韦尔比耶的大巴。如今一分一文都很顶事。说到这儿，我随信附上了几张支票，用以支付韦尔比耶的开销等等。

我的小说的下一章（篇幅为42 000字）将在5月那一期《君子》上刊出，封面还将登载我的一张很棒的照片（戴着一顶黑色礼帽）。①

关于你想要的出版社的地址，我得回到纽约——二月二十日——之后才能寄给你。②干吗不找唐纳狄奥办公室去要呢？③

不停地有人邀请我演电影，都被我谢绝了——不过有个角色我颇感兴趣：肯·罗素在与纽瑞耶夫合作，拍一部关于尼金斯基的电影，他想让我扮演佳吉列夫。一准会让林肯·科斯特恩火冒三丈！！！④

我会从这儿给麦琪寄一根骨头。

---

① 题为《未被宠坏的坏蛋》那一章实际长度为24 000字。在头一年秋季发表此前的《巴斯克小屋》一章而引起轰动之后，《君子》杂志趁势而上，让卡波蒂登上封面，照片上的卡波蒂身穿黑衣，手握一把象牙柄匕首，犹如一位杀手。“卡波蒂再度出击！”封面上的标题写道，“更多的内容出自本年度被谈论最多的小说《应许的祈祷》。”

② 邓菲的第一部小说《约翰·弗里》当时正由另一家出版社再版。

③ 坎蒂达·唐纳狄奥是邓菲的文学经纪人。

④ 卡波蒂根本没有演成这样一部电影。

我为可怜的莫雷感到非常难过。整件事情就像西蒙农小说中的情节一般。

希望你在工作，并让那双新滑雪靴派上一些用场。给麦琪一个大大的吻。深深地爱你们

T.

刚刚收到你的信。这里有一张 1 500 美元的支票。我不明白你干吗要找格洛莉亚[·邓菲]借钱。任何时候只要你的账户里差钱，就尽管告诉我。

拥抱你——

T.

[杰拉尔德·克拉克收藏]

致杰克·邓菲

[加州比弗利山]

1976 年 2 月 3 日

亲爱的杰克——

茉特尔[·贝内特]去世了，我刚从棕榈泉回来。她被埋葬在一个美丽幽静之处，地处山间沙漠上的绿洲之中。现在我恐怕再也不会去那儿了。

我找到了麦琪喜欢的那种骨头，今天已经寄出去了。天气一直非常好，希望你那儿的雪情有所好转。

二月二十日前后我会在纽约待上几天，然后在三月一日前后再去待上一周左右。巡讲将于四月中旬结束，我显然再也不会接那种活了。

《君子》杂志的5月刊将全都用来登载我小说中那个篇幅为42 000字的章节，事情已经完全确定下来。因此我们可以拭目以待。

希望你找到了《约翰 · 弗里》的出版社的地址。希望你收到了我附有支票的信件。如果在我巡讲期间你突然需要些什么，就发电报至乔伊 · 福克斯转给我，地址是五十大街东201号兰登书屋。

我看了一部法国电影《阿黛尔 · 雨果的故事》，[①]简直棒极了。你肯定会喜欢的。一定得去看看。

为什么不给乌娜［· 卓别林］打个电话呢？我想她非常孤独，一定会高兴见到你。[②]电话号码是韦威51－03－51。另外，也希望你给塞西尔［· 比顿］（伦敦佩勒姆公馆8号）写写信。这会是一件大善事。我收到了他的两封信——字写得歪歪倒倒，但思路还很清晰。[③]

我不得不让人把温斯科特的树篱修剪了一下，因为帕尔福先生再也不肯给你的储油罐加油——这就意味着管子会冻住等等。我是通过戴顿（从这儿给他打的电话）安排的，所以别担心，事情都得到了处理。

代问米切丽太太好。

问麦琪好，我爱你们俩——

门鲁杜 · 蒂波卡

［杰拉尔德 · 克拉克收藏］

---

① 弗朗索瓦 · 特吕弗导演的《阿黛尔 · 雨果的故事》，由伊莎贝尔 · 阿佳妮主演，讲述的是维克多 · 雨果的女儿疯狂爱上一位法国军官的故事。

② 卓别林夫妇当时住在瑞士，距离韦尔比耶不远。

③ 比顿于1974年7月发生过一次重度中风。

致威廉·斯泰隆

［佛罗里达州迈阿密枫丹白露酒店］

寄自：纽约州纽约联合广场 870 号

1976 年 9 月 6 日

亲爱的比尔，

《君子》杂志本期刊登的《承诺》一书的那个章节的确是一种承诺；令人身心愉悦——而且非常搞笑。[①]你作品中的智慧，以及敏感的力量，总是让我感到振奋。

你可能会纳闷，不知道我在迈阿密这座空荡、炎热、无聊的城市干什么。嗯，我想找一个可以清静下来的地方，真正地清静下来，把我书中余下的章节完善一下。所以我想到了这家糟糕的酒店。从某种意义上说，效果还相当不错。自你的生日至今，我瘦了 35 磅，看上去非常健康。[②]我成了一位终生禁酒主义者，并且真正乐在其中。问罗斯好！

爱你们的

杜鲁门

［杜克大学珀金斯图书馆收藏］

致约翰·马尔科姆·布里宁

［纽约州布里奇汉普顿］

［1976 年 9 月 21 日］

---

① 《君子》杂志 1976 年 9 月刊上发表了斯泰隆的小说《苏菲的选择》（1979）的节选“莱丝丽的诱惑”，讲述了叙述者斯丁戈追求腼腆的犹太裔美国姑娘莱丝丽·勒彼杜斯的故事。

② 1976 年 6 月 11 日，斯泰隆进入五十一岁。

亲爱的甜心——

杰·克拉克是一位很棒的作家，为人也非常好。[①]你和比尔会喜欢他的。你们对他可以畅所欲言——天知道，别人都已经这样做了。我瘦了35磅，花了上百万看牙医，看上去就像个十六岁的小伙子。

爱你的T.

[特拉华大学图书馆收藏]

致杰克·邓菲

[明信片]

[纽约]

[1978年1月28日]

亲爱的杰克和麦琪——

我给你们[此处不清]一张明信片，但忘了贴邮票。所以现在重寄一张。我感觉<u>很好</u>，并且非常洁身自好。明天去马提尼克岛，随身携带的读物只有一卷本的西蒙娜·韦伊全集。但愿有你说的那么好！拥抱你们俩，爱你们的T.

[杰拉尔德·克拉克收藏]

---

① 卡波蒂的传记作者杰拉尔德·克拉克已经请求采访布里宁。克拉克写的传记《卡波蒂》于1988年出版。

致杰克·邓菲

前往马提尼克岛[的飞行途中]

航班上

1978年1月29日

亲爱的心肝——

我昨晚无法入睡，所以又读起你的一些信。为莫雷感到非常难过。真是难以置信。简直像西默农的小说。

别为我担心：我在老老实实地服安塔布司[1]，去健身房，看波特医生（我打算要么少见他，要么让他少收点钱，简直太贵了）。我头脑清醒，情绪乐观。尽管为我祝福好了。

我与杰拉尔德·克拉克共进了晚餐；你干吗不给他写封信呢——当我问他是否收到你的信时，他很失望地说，没有。

公寓的新装修工作进展缓慢。他们将于二月十五日将地毯全都掀起来。待地板磨光之后，我会更清楚下一步该怎么办。

海滨那儿也没有消息，只是奥希尔如今说，他把钱全都花光了，一分一文都还不起。他又开始喝酒了，常常在凌晨四五点钟的时候给我的朋友们打电话，对他们（此处不清），说如果我突然死掉该多好，那么他所有的麻烦就会烟消云散！哦，让那一切见鬼去吧。

又及：我希望在马提尼克岛能好好休息一下，今年冬天的压力一直很大。想念你。吻麦琪。亲爱的杰克，你是我一生的至爱。你就是我的生命。

[杰拉尔德·克拉克收藏]

① 安塔布司是供嗜酒者服用的一种戒酒药，服用的人哪怕喝一点点酒，都会引起呕吐等极为不适的后果。

致里奥·勒曼

［明信片］

［马提尼克岛舍尔谢］

1978 年 2 月 3 日

最亲爱的茱特——

我眼下创作的将是一部很棒的作品，名为《给变色龙听的音乐：冬访马提尼克》。[①]我很好，人瘦了，皮肤成了古铜色，十分健康。问格雷好。也祝你一切好。

玛吉

［哥伦比亚大学图书馆收藏］

致杰克·邓菲

［明信片］

［西印度群岛，马提尼克岛］

1978 年 2 月 3 日

你对出自卡波蒂之手的画作感兴趣吗？这是我在棕榈树下写作。[②]身旁有一种很棒的无酒精饮料，名为“柔和滋味”。有些人往里面掺朗姆酒。但我没有。问麦琪好。紧紧地拥抱你们。

T

［杰拉尔德·克拉克收藏］

---

① 《给变色龙听的音乐：杜鲁门·卡波蒂新作》于 1980 年由兰登书屋出版，书中收集了以该书名为题的短篇和另外五部短篇小说、一篇名为《手刻棺材》的非虚构类作品和七篇“谈话体肖像”（卡波蒂语）。

② 见卷首插图。

致麦琪

［明信片］

［西印度群岛马提尼克岛］

［1978 年 2 月 9 日］

亲爱的麦琪，

这里有许多狗，但你不会喜欢它们——都是些可怜、邋遢的家伙。想你——爱你——

T

［杰拉尔德 · 克拉克收藏］

致杰克·邓菲

［明信片］

［明尼苏达州中央市］

1978 年 8 月 2 日

最亲爱的杰克，

我过得很开心。很希望你也在这儿。不，我不会对我最亲密的朋友抱这种希望，我最亲密的朋友就是你。[1]问麦琪好，拥抱你们——

T.

［杰拉尔德 · 克拉克收藏］

---

① 卡波蒂当时正在明尼阿波利斯以北五十英里处的海瑟顿戒酒康复诊所接受治疗。

致杰克·邓菲

［佛罗里达州迈阿密海滩拜尔港］

［科林斯大道 9909 号海景公寓 33154］

1979 年 1 月 20 日

亲爱的杰克——

我在这里已经五天了，希望能有一点太阳；唉，多数时候都是阴雨天气，我明天就要回去了。

瞧瞧信封上吧："写作的能力——民主的源头"。①这些邮票我是专门为你买的。也给卡米尔看看：美国人的确很文明。②

不管是否下雨，我都经常游泳，而且比以往任何时候都要清醒（你会很高兴听到这一点），写作上也有了些进展。

希望你收到了我的电报，告知你玫瑰风公寓酒店的账单已付。我不明白我们怎么会欠他们那么多钱。那里每个月的维护费是多少？③这一点得弄清楚。

我去过银行了，跟你的理财师谈了谈。我喜欢他——有点像米尔克图斯特先生，但比他要硬朗。他很崇拜你，笑呵呵地把你写给他的信递给我看——仿佛在说："那位杰克真是个人物！"

嗯，我知道社会保险将每月发给你 199 美元的零花钱。起码你有了烟钱，尤其是你并不抽烟。

希望你一切都好，麦琪也一样。我的新牙医滑雪时摔断了腿。我爱你，想你，亲爱的。永远。

T.

---

① 信封上贴有一圈一美分的邮票，邮票上画着一个墨水瓶和一支羽毛笔，画的上方写有"写作的能力，民主的源头"的字样。

② 邓菲在韦尔比耶，卡米尔可能是一位瑞士或法国朋友。

③ 他指的是他们的韦尔比耶公寓的维护费。

又及：照片上是我在蹦床上跳跃，所以你可以看出我身体状况很好。

［杰拉尔德·克拉克收藏］

致《伦敦杂志》编辑阿兰·罗斯先生[1]

［西班牙马德里皇宫酒店］

寄自：纽约州纽约联合广场870号

1979年3月29日

亲爱的罗斯先生——

我于1978年8月下旬给您写过一封信，而您显然从未收到。该信涉及多特森·雷德所写的有关《田纳西·威廉斯致唐纳德·温德姆的信》一书的文章。涉及雷德先生声称我所说过的一些话；我从未说过那些话，尤其没有说过威廉斯先生因为温德姆先生未经他同意或认可就出版他的信件而“大发雷霆”。

该信的其他内容涉及雷德先生对温德姆先生的总体评价，认为温德姆先生不管是作为一位作家还是作为一个人，档次都很低——而事实却恰恰相反。[2]作为一位作家，温德姆先生享有

---

① 阿兰·罗斯是《伦敦杂志》的编辑。

② 雷德的《田纳西·威廉斯的私人信件》一文发表在《伦敦杂志》1978年7月刊上。雷德写道：“唐纳德·温德姆在圈内的名气——如果说有点名气的话——只在于写出了一些矫揉造作的散文。他这个人……总是愤愤不平和假装清高，由于在创作道路上努力多年却成就甚微而更加心怀不满。”1978年8月26日，卡波蒂告诉温德姆，他给《伦敦杂志》写了一封“措辞强烈”的信，为温德姆辩护。那封信显然不知所踪，于是温德姆催促他再写一封，在1979年3月21日桑迪·坎贝尔怒气冲冲地打来一通电话之后，卡波蒂终于提笔。多年的友情就此终结，卡波蒂再也没有见过温德姆和坎贝尔。经过这些不愉快的事件之后，卡波蒂与田纳西·威廉斯达成迟来的和解，并将《给变色龙听的音乐》一书献给了他。

极高的声望，而整体而言，他诚实可靠的为人也已经为人们所公认。

此致

杜鲁门·卡波蒂

［耶鲁大学贝尼克图书馆收藏］

致桑迪·坎贝尔

西班牙马德里皇宫饭店

1979年3月29日

亲爱的桑迪——

你说我"'又'失去了两位朋友"，也就是你和唐。如果真是这样，那我感到无比伤心。不过，就唐而言，我觉得他应该自己表明这一点。如果他愿意舍弃一份延续了三十年的友情——一份我始终珍惜的友情（正如我也一直珍惜与你的友情一样），那么我想，他至少应该亲口告诉我。

接到你的电话（那些话没道理，起码我觉得不公平，不管对还是不对）时，我先是感到震惊，然后是气愤，但平静下来之后，我可以尽量从你的角度来理解这件事。打官司是一件既费钱又恐怖的事情（我对此深有体会，因为我经历了四次，目前还有两桩悬而未决）；人们的确会失去前瞻性，而变得目光短浅。不过，我还是不明白，我想不出自己是怎样惹恼了你们。我的确给《伦敦杂志》写过一封信——不管你们相信与否（当时我正在海瑟顿诊所接受治疗，当时的情形甚至不适合给一位弥留之际的祖母写信）。至于阿兰·舒尔茨[1]，你和阿兰都没有要我写任何信或提供任何说明。

在我们通电话时，你几次出言威胁，其中还威胁要对我冠以“骗子”之“名”。我当时的第一个念头就是：“哦，你已经这样做了，而且是以最广而告之的形式，就在去年七月《纽约时报杂志》的一些文章中引用的你所说的那些话里。”我没有对你指明这一点，对所有其他人我也只字未提（尽管天知道，别人都在提及——我指的是有关奥利弗·史密斯的房子等的说法）。[2]诚然，我现在本不该旧事重提；但出于人之常情，我不得不提起。

我猜想，你打电话来责备我也同样是出于人之常情。杰拉尔德·克拉克不经意间向我说起过，唐以为我与[多特森·]雷德以及T.威廉斯经常交谈和见面。我与雷德的确有过四五次电话交流，但其中只有一次提及打官司，而且完全只是顺带地提了提。至于威廉斯，我只见过一次，是在一次小型晚宴上，我们简单地聊了几句，根本就没有提起你们。

桑迪，我非常希望我们能够重归于好；如果不能的话，我也想感谢你们过去的慷慨——我将永远铭记你和唐对我的友好与关爱，特别是在我久病未愈期间。

随信向你们致以我的爱，一种诚挚、持久的情谊。

杜鲁门

又及：我没有带打字机，也没有《伦敦杂志》的地址——所以，请将信封里的另一封信转给罗斯先生好吗？

[耶鲁大学贝尼克图书馆收藏]

---

① 卡波蒂和温德姆的律师。

② 安妮·泰勒·弗莱明引用了温德姆和坎贝尔讲述的有关卡波蒂的一个故事，说卡波蒂曾经当着他们的面，让一位记者以为位于布鲁克林柳树街上的房子完全是他的，而实际上，他只是租用了一楼的公寓而已。

致杰克·邓菲

［纽约］

1980 年 2 月 15 日

最亲爱的杰克

我不想谈旅行中的痛苦来让你心烦。没关系——见到你和麦琪我就无比快乐。你们太可爱了。

我爱你，杰克。快回家吧，带给我一个紧紧的拥抱。

T

［杰拉尔德·克拉克收藏］

致《访谈》杂志的读者

［1980 年 4 月］

亲爱的朋友们，

希望你们喜欢我十二月发表的作品（《手刻棺材》），并且乐于听到电影公司已经花大钱将它买下。除此之外，所有的一切都是一团糟。我去了瑞士，被一位醉醺醺的滑雪者撞倒，那家伙体重超出 250 磅。我只是手和背部受了伤，还有点脑震荡，其他并无大碍，可真是万幸。于是我飞往加利福尼亚去休养，结果却遇上二月份那几场可怕的暴雪和洪水。我的女房东的屋子险些滑下悬崖。[①]好几个房间都灌满了泥浆。不过，屋子还是保住了——我也

① 他住在电视脱口秀主持人约翰尼·卡森的前妻乔安·卡森家里。她的房子位于洛杉矶贝莱尔区，坐落在正好俯瞰日落大道的一个小山上。

好歹逃过一劫。

其实我想要说的是，在此后的一段时间里，我在《访谈》上将不常露面，因为我的《应许的祈祷》一书终于要进入收尾阶段。不过，我准备在九月那一期上给你们一个惊喜，一篇很长的文章，非常长：有点像自制的炸弹。[①]在此期间，祝你们一切顺利。

T. C.

又及：九月份我会出版一本书，里面会收录我在《访谈》上发表过的多篇文章。该书将名为《给变色龙听的音乐》。

又又及：还有一件事，你们有谁还记得《一天的辛劳》吗？——那是关于我的清洁工玛丽·桑切斯的故事，以及我一整天陪她去各个公寓做清洁的经历。[②]哦，那部作品也要拍成电影。[③]但我们现在很难找到扮演玛丽的合适人选。埃瑟尔·沃特斯到了五十岁时一定会很合适。必须是一位非常优秀的黑人女演员(五十到六十岁之间)，戏路要非常宽，对喜剧和荒诞事件有敏感的理解力。如果你们有谁能推荐一位合适的女演员，请给我写信，我会感激不尽。

致《访谈》杂志的读者[④]

[纽约]

[1980 年 5 月]

---

① 该文不曾面世。1980 年 5 月刊上的信件是卡波蒂当年向《访谈》的最后一次投稿。

② 《一天的辛劳》发表于《访谈》1979 年 6 月刊。

③ 《手刻棺材》和《一天的辛劳》都从来未曾拍成电影。

④ 该信以《卡波蒂的一封信》为题发表于《访谈》1980 年 5 月刊上。

亲爱的朋友们——

塞西尔·比顿去世了——不算太突然，因为大约四年前，他经历过一次中风。[①]

我们曾经一同游历过很多地方。游遍了欧洲、非洲和东方。他是一位很棒的旅伴。对观光我毫无兴趣，他却兴致盎然；因此，当我懒洋洋地闲逛时，他总是乐此不疲地搜寻风景，并用自己的相机为我们两人将它们记录下来。

这些年来，他给了我成百上千张照片，但我摆出来的只有一张，于某个夏天拍摄于丹吉尔的海边礁石之上。

照片上还有简·博尔斯，所以我才特别喜欢它。简是上天赐予的最为独特而神秘的奇迹之一（实际上，她是一位来自俄亥俄州的犹太裔姑娘），她自成风格的作品本该赢得各种荣誉和广大的读者，但事实却并非如此，这让我一直无法理解。她只写了三本书：《两位正经的女士》（小说）、《避暑别墅》（剧本）和《绿色棒棒糖》（短篇小说集），但每一本都非常优秀，与其他人的作品截然不同。她于十年前在西班牙一座修道院去世。她的一部作品选集已经出版。[②]读一读吧。

关于我发表在《访谈》上的作品《一天的辛劳》中的清洁工玛丽·桑切斯，有许多人推荐了扮演她的女演员，我想向你们大家表示感谢。我们在考虑所有的主演。许多人推荐了艾丝特·罗尔。她的确不错，但过于专业。别忘了：玛丽是黑人，年龄为五六十岁，也许六十五岁。我有个预感，当我们找到这个人选时，

① 比顿于 1980 年 1 月 18 日去世，享年七十六岁。

② 简·博尔斯于 1973 年去世。《绿色棒棒糖》是她的作品集《单纯的快乐》（1966）中的一个短篇。《简·博尔斯作品选》（1966）将她的小说、戏剧和短篇小说收录在一册书里，由卡波蒂作序。

她会是娱乐圈的人，但不一定是演员。可能是一位歌手，一位被遗忘的杂耍演员，或某个地方剧团的小演员。有那么多的人才——甚至天才——没有被利用，没有被发掘，实在是令人奇怪。瞧瞧简·博尔斯吧！我敢肯定有许多人不仅具有很高的天赋，而且根本没有想到这是一种天赋。我有一位年长的表姐，是我的小说《圣诞旧事》中的原型，她就很有天赋；她显然并不自知，别人也不知道：大多数人都认为她是个性格古怪、头脑简单但很擅长缝制百衲被的女人。

我又去了一趟加州(人们怎么可能在那儿生活啊，简直无法忍受)，去讨论《手刻棺材》的演员遴选。制片方莱斯特·博尔斯基与联合艺术家协会有好几组名单。A组包括：杰克·佩博尔的扮演者——罗伯特·杜瓦尔，奎因先生的扮演者——史蒂夫·麦克奎恩，艾迪·梅森的扮演者——爱伦·伯斯丁。这三位演员我都很欣赏。但就个人而言，我更倾向于一组非明星阵容。

除此之外，我一直在忙于写作《应许的祈祷》。

前不久的一天，有个人在马路上拦住我，问我是否知道去唐人街怎么走。我说："就在市中心，只管往市中心走没错。"

接着，我想起儿时的一位邻居，一个壮实的男孩，整个夏天一直在自己的后院里挖一个又大又深的洞。最后，我问他这样干是为什么。

"为了去中国。你瞧，洞的另一头就是中国。"

哦，他根本就没能到达中国；也许我根本就不会写完《应许的祈祷》；但我会坚持挖掘下去！

祝一切顺利。

T.C.

致杰克·邓菲

[电报]

[纽约]

[1982年2月25日]

(1936)韦尔比耶

杰克·邓菲

想你需要你发电报告诉我何时可以见到你爱你的杜鲁门

[杰拉尔德·克拉克收藏]

卡波蒂年表

1924 年　出生于新奥尔良(9 月 30 日)，父亲阿奇 · 珀森斯，母亲莉莉 · 梅 · 福尔克 · 珀森斯；受洗时他被命名为杜鲁门 · 斯屈克夫斯 · 珀森斯。

1930 年　被送到亚拉巴马州蒙罗维尔，寄养在年长的福尔克表亲家里。

1931 年　母亲第一次去纽约，将自己的名字从莉莉 · 梅改为妮娜，并与阿奇离婚(11 月 9 日)。

1932 年　母亲嫁给乔瑟夫 · 卡波蒂(3 月 24 日)。几个月后，她将杜鲁门接到位于纽约市的新家。

1933—1936 年　在圣三一学校上四、五、六年级，该校位于曼哈顿西区，是一所私立圣公会男校。

1935 年　被乔 · 卡波蒂收养(2 月 14 日)，姓氏从珀森斯改为卡波蒂。

1936 年　进入圣约翰军事学校，该校是位于纽约州奥西宁的一所圣公会学校，距离曼哈顿三十英里。

1937 年　回到圣三一学校。

1939 年　卡波蒂一家迁至距离纽约市不远的富人区康涅狄格州格林尼治镇，杜鲁门进入格林尼治高中。

1942 年　卡波蒂一家搬回纽约，住进公园大道 1060 号的一套公寓。杜鲁门未能与格林尼治高中的 1942 届毕业生一起毕业，又进入西区的一所私立中学富兰克林中学，并最终于 1943 年毕业于该校。在富兰克林中学上学期间，他找到一份为《纽约客》杂志当送稿工的工作。

1943 年 他的第一部短篇小说《冷的墙》在《短篇小说十年》上发表。

1944 年 在《短篇小说十年》上发表另外两部短篇：《属于自己的貂皮大衣》和《物形》。

1945 年 《米里亚姆》发表在《小姐》6 月刊上。这是他在发行量大的杂志上首次发表作品，并立即引起纽约文坛的关注。不久，他的其他作品在《小姐》及其竞争对手《时尚芭莎》上相继发表。鉴于《米里亚姆》的成功，兰登书屋与他签订了他的第一部长篇小说《别的声音，别的房间》的出版合同。

1946 年 春夏两季，在位于纽约州北部的艺术家、作家和音乐家社区“雅都”度过了十一周。正是在这里，他认识了马萨诸塞州北安普敦史密斯学院的一位文学教授牛顿·阿文，并与他开始了一段长久的关系。秋天时，由于母亲经常酗酒生事，他不得不离开他们位于公园大道的公寓，搬到布鲁克林的家，但在那里只住了短短几个月。

1947 年 夏天在楠塔基特岛上度过。《别的声音，别的房间》完稿。

1948 年 《别的声音，别的房间》出版(1 月 19 日)。

代表《时尚芭莎》前往海地，后来创作了以太子港为背景的短篇小说《花房》。

乘船前往欧洲(5 月 14 日)，8 月初回国。

遇见杰克·邓菲(10 月)。

1949 年 与邓菲一起乘船前往欧洲(2 月 26 日)。12 月返回纽约。

1950年　再次前往欧洲(4月7日),与邓菲一起在西西里岛陶尔米纳住了下来。开始创作《草竖琴》。

1951年　与邓菲一起回到纽约(8月)。《草竖琴》于9月出版。他开始将其改编成剧本。

1952年　《草竖琴》在百老汇上演(3月27日),但只公演了一个月。

他与邓菲回到陶尔米纳。9月搬至罗马,在那里,大卫·O.塞尔兹尼克邀请他参与由他妻子珍妮弗·琼斯及蒙哥马利·克里弗特主演的电影《终站》的编剧工作。

1953年　与导演约翰·休斯顿一起在拉维罗创作另类喜剧《战胜恶魔》的剧本,该片主演包括珍妮弗·琼斯、亨弗莱·鲍嘉、吉娜·劳洛布里吉达和罗伯特·莫里。

6月与邓菲一起前往波托菲诺,将短篇小说《花房》改编成百老汇音乐剧。

1954年　卡波蒂的母亲妮娜服用一瓶安眠药自杀身亡(1月4日)。卡波蒂从巴黎匆忙回家。

《花房》在百老汇上演(12月30日)。

1955年　《花房》在演出165场后宣布停演(5月22日)。

12月下旬随《乞丐与荡妇》剧团访问苏联。

1956年　他和邓菲在布鲁克林高地租了一套公寓,在近十年的时间里,这里成为他们在纽约的家。

记述他苏联之行的《缪斯入耳》在《纽约客》上连载(10月20日和27日),并由兰登书屋推出单行本(于11月)。

与塞西尔·比顿一起前往亚洲(12月27日),准备以马龙·白兰度主演的电影《樱花恋》的制作过程为题材创作一部短篇。

1957 年　从亚洲回国(2 月中旬)。

撰写的白兰度传略《个人领地里的公爵》刊登在《纽约客》上(11 月 9 日)。

1958 年　重访莫斯科，准备写一部短篇，但后来放弃。

与邓菲一起前往欧洲(5 月 29 日)，夏季一直待在希腊的帕罗斯岛上，10 月返回纽约。

《蒂凡尼的早餐》发表在《君子》杂志上。

1959 年　在《纽约时报》上看到有关克拉特一家被谋杀的报道(11 月 16 日)。后来与哈珀·李一同前往堪萨斯。

迪克·希科克和佩里·史密斯在拉斯维加斯被捕(12 月 30 日)，并被押回堪萨斯，面临谋杀克拉特一家的指控。

1960 年　陪审团认为希科克和史密斯谋杀克拉特一家的罪名成立(3 月 29 日)。

春夏两季在西班牙帕拉莫斯租了一座房子，准备写一本书，该书后来名为《冷血》。秋天，他和邓菲迁往位于瑞士阿尔卑斯山区的小村庄韦尔比耶。

1961 年　春夏两季还是在西班牙度过，冬天住在瑞士。将亨利·詹姆斯的《螺丝在拧紧》改编成名为《无辜的人》的电影。

1962 年　返回美国(1 月)，采访佩里·史密斯的妹妹。夏天又回到西班牙，冬天待在韦尔比耶。

1963 年　牛顿·阿文死于癌症(3 月)。

卡波蒂和邓菲回到美国，住在布鲁克林高地的公寓里。夏秋两季，他们在长岛布里奇汉普顿度过。

1964 年　《冷血》的创作还剩下最后一章，他必须等到了解希科克和史密斯的结局后才能写完。

1965 年　在现场目睹希科克和史密斯被执行死刑(4 月 14 日)。
《冷血》分四期在《纽约客》上连载(9 月 25 日起)。
从布鲁克林搬至曼哈顿联合广场。

1966 年　《冷血》由兰登书屋出版(1 月),顿时引起轰动。
卡波蒂在曼哈顿的广场饭店举办六十年代最负盛名的宴会(11 月 28 日)。

1967 年　《冷血》电影上映(12 月)。

1970 年　冬春两季住在棕榈泉;声称自己的新小说《应许的祈祷》已完成一半。

1975 年　《应许的祈祷》的第一章“巴斯克小屋,1965 年”发表在《君子》杂志上(10 月)。看到自己成了作品中没有多加掩饰的人物,他的富豪朋友们与他反目。
在洛杉矶出演由尼尔·西蒙改编的喜剧电影《怪宴》(11 月)。

1976 年　《怪宴》上映(6 月)。

1980 年　他的短篇小说及其他作品集《给变色龙听的音乐》出版。这是他的最后一本著作。

1981 年　卡波蒂的父亲阿奇·珀森斯去世(6 月 7 日)。

1984 年　两次严重摔倒,并因一种潜在的致命性疾病静脉炎而接受治疗(年初的冬天)。
逝于洛杉矶(8 月 25 日),距离自己的六十岁生日还差一个月。

致　谢

在美英两国各地的图书馆和私人藏品中，都可以找到杜鲁门·卡波蒂的书信。收藏量最大的是纽约公共图书馆，其收信人包括阿尔文和玛丽·杜威夫妇、卡波蒂的密友之一安德鲁·林登、他的高中老师凯瑟琳·伍德和《纽约客》的编辑威廉·肖恩。这里还有一部分卡波蒂写给他父亲阿奇·珀森斯、他长久的伴侣杰克·邓菲以及纽约州北部艺术家和作家社区“雅都”的主任伊丽莎白·艾姆斯的信件。第五大道图书馆的管理员们热情友好地为我提供了以上书信的复印件，在此我谨致谢忱。

还有相当数量的卡波蒂书信也可以在纽约市找到。我想感谢哥伦比亚大学图书馆的管理员所给予的帮助，该图书馆收藏有卡波蒂致兰登书屋的信函，包括写给他长期的责任编辑罗伯特·林斯科特以及兰登书屋的创始人之一本内特·瑟夫的信件。卡波蒂写给里奥·勒曼的信最后都将由哥伦比亚大学图书馆收藏。我想感谢斯蒂芬·帕斯卡尔，他正在整理勒曼的文稿，但允许我先睹为快。耶鲁大学贝尼克图书馆收藏有卡波蒂写给唐纳德·温德姆的数十封书信，而特拉华大学图书馆则收藏了他写给约翰·马尔科姆·布里宁的信件。温德姆和布里宁与卡波蒂多年交往甚密，所以我很感激以上两家图书馆关注了我的请求。还有一部分重要信件——卡波蒂致塞西尔·比顿的信——收藏于剑桥大学圣约翰学院图书馆，我很感谢该学院图书管理员乔纳森·哈里逊的帮助。另有一些数量不多的书信收藏于得克萨斯大学奥斯丁分校、史密斯学院（卡波蒂致牛顿·阿文的信件）、杜克大学、拉德克里夫学院、华盛顿大学圣路易斯分校以及加利福尼亚的亨利·E.亨廷顿图书馆。我给许多其他机构的图书管理员写过信或打过电话，了解他们是否拥有我可以收录的信件。结果我得到了好几十封，如果我在这里没有一一列出，希望他们能够原谅。所有的人都鼎力相助，几十位图书管理员让我受益良多，尽管他们全都从事着一份默默无闻的职业。

私人收藏中也可以找到相关信件。玛丽·露易丝·阿斯维尔的家人让我看了卡波蒂写给她的许多封信。已故的凯瑟琳·格雷厄姆为我复印了她手里的信，还有理查德·艾弗顿、珀尔·卡津·贝尔、唐纳德·卡利文、彼特·杰尔、沃尔德马·汉森和肯尼斯·希尔沃曼也一样。还有人指出了可能的渠道，提供了不同方式的帮助，他们是：斯比罗斯·安德里欧普洛斯、史蒂芬·M. L.阿隆森、卡罗琳·博拉斯、简·布莱恩、乔伊和迈克尔·布朗、威廉·巴克利、凯伦·库克、安东尼·克劳福德、大卫·法尼斯、威廉·格雷斯、凯特·古杨法尔奇、格雷格·约翰逊、威廉·米格罗、诺曼·梅勒、迈特·罗迪斯、杰弗里·史沫尔顿、安妮特·塔珀特和雨果·威克斯。

本书的编辑工作与杜鲁门·卡波蒂财产委员会合作进行，该财产委员会由卡波蒂的执行人阿兰·U.舒尔茨监管，在此我也向他谨表谢意。他支持但不干预，这是一位编者所能得到的最好帮助。兰登书屋的责任编辑为本书提出的建议总是合理明智，让我受益匪浅，但对于收录哪些信件，则全由我自己负责。我也感谢兰登书屋团队的许多成员，包括达娜·艾萨克森、凯西·芮维奇、劳拉·戈尔丁和文森特·拉·斯卡拉，感谢他们的幕后支持。像以往一样，也衷心感谢我的经纪人海伦·布兰，使我有机会承担这项复杂的工程。

最后，我还要感谢三个人，他们为本书的问世付出了十分辛勤的劳动。史蒂芬·凡尔尼在初期负责联系图书馆和了解信件的收藏下落。芭芭拉·夏尔维一边认真判别卡波蒂那有时难以辨认的字迹，一边用打字机打了几百封信件；她还为许多脚注做了调查研究。埃德蒙·米勒也打了几百封信件，并承担了许多其他重要工作；他就像一位优秀的侦探，对于信中提及的哪怕是最鲜为人知的人，他也不可思议地能够查清相关信息。在此我向他们三位深表谢意。

图书在版编目(CIP)数据

盛宴易散：卡波蒂书信/(美)杜鲁门·卡波蒂
(Truman Capote)著；李祥坤，陈栩译. —上海：上
海译文出版社，2016.11
(卡波蒂作品)
ISBN 978-7-5327-7287-2

Ⅰ.①盛… Ⅱ.①杜… ②李… ③陈… Ⅲ.①书信集
—美国—现代 Ⅳ.①I712.65

中国版本图书馆CIP数据核字(2016)第126059号

图字：09-2009-741号

盛宴易散：卡波蒂书信
[美]杜鲁门·卡波蒂 著 李祥坤 陈栩 译
责任编辑/管舒宁 装帧设计/张志全工作室

上海世纪出版股份有限公司
译文出版社出版
网址：www.yiwen.com.cn
上海世纪出版股份有限公司发行中心发行
200001 上海福建中路193号 www.ewen.co
山东鸿杰印务集团有限公司印刷

开本 850×1168 1/32 印张 19.25 插页 5 字数 289,000
2016年11月第1版 2016年11月第1次印刷
印数：0,001—5,000册

ISBN 978-7-5327-7287-2/I·4437
定价：80.00元

ISBN 978-7-5327-7287-2